新能源汽车关键技术丛书

现代电动汽车、混合动力电动汽车和燃料电池电动汽车
（原书第3版）

Modern Electric, Hybrid Electric, and Fuel Cell Vehicles, Third Edition

［美］梅尔达德·爱塞尼（Mehrdad Ehsani）
［美］高义民（Yimin Gao）
［英］斯蒂法诺·隆戈（Stefano Longo） 著
［英］坎比兹·M. 易卜拉希米（Kambiz M. Ebrahimi）

杨世春　华旸　熊素铭　闫啸宇　曹耀光　崔海港　译

机械工业出版社

本书论述了传统内燃机（ICE）汽车、纯电动汽车（EV）、混合动力电动汽车（HEV）和燃料电池电动汽车（FCV）的基本原理、理论基础和设计方法。基于数学原理，严谨描述了各种典型车辆的性能特征、配置、控制策略、设计方法、建模和仿真相关内容。

本书还涉及传统内燃机汽车的传动系统，纯电动汽车和混合动力电动汽车构造、电驱动系统，各类混合动力电驱动系统的设计方法、能量储存系统、再生制动、燃料电池及其在车辆中的应用，以及燃料电池混合动力驱动系统设计。本书强调从系统角度考虑驱动系统，而不仅局限于单独部件的分析，通过数学推导逐步展开设计方法分析，并给出了仿真设计实例。

本书的适用对象为从事电动车辆研发及应用的工程技术人员、相关专业的高年级本科生和研究生，以及与电动汽车相关的制造业、管理机构和学术界的专业人员。在关于现代先进电动汽车体系方面，本书是一本内容广泛、综合的参考书。

译 者 的 话

在石油资源递减、温室效应加剧以及大气环境恶化等多重压力驱动下,"电动化"已成为汽车产业的热点与必然趋势,与此同时也给中国汽车产业带来了全新发展机遇。我国新能源汽车已进入大规模应用的关键时期,自2015年起我国新能源汽车产销量已连续四年保持全球第一,受国家制造强国建设战略咨询委员会、工业和信息化部委托、中国汽车工程学会编制的《节能与新能源汽车技术路线图》中,预计2020年新能源汽车销量占汽车总体销量7%以上,2025年占比突破20%,保有量突破2000万辆,发展各种类型的纯电动汽车、混合动力电动汽车和燃料电池电动汽车对于推动产业生态发展、促进行业技术进步、提升人民生活水平具有重要意义。

为适应新能源汽车产业的飞速发展,我国迫切需求相关领域的优质参考资料与教材。本书涵盖了纯电动汽车、混合动力电动汽车和燃料电池电动汽车的系列研究成果,涉及机械、电子、控制等多个学科,通过数学推导逐步展开设计方法分析,给出了大量图文及相应设计实例,结构清晰、详略得当,可作为现代汽车体系的综合参考书,为读者提供全面的工程科学技术知识与实践设计指导。原书英文版在前两版内容基础上进行了多处修正和更新,增加了新的四章和附录,且对原有章节也引入了大量新材料,使得第3版内容更为完善且系统。译者深信,机械工业出版社引入本专著(原书第3版)将为我国新能源汽车相关学术界和工程界同仁提供有益的借鉴与参考,将有助于提高相关研究人员和工程技术人员的理论水平与开发能力,促进我国新能源汽车事业的健康发展。

本书第7章由浙江大学熊素铭完成,其余章节翻译过程中,译者得到了北京航空航天大学新能源汽车创新团队的大力支持。研究生潘宇巍、金鑫娜、顾启蒙、张祚铭、范智伟、周思达、周新岸和李强伟等参与了本书的校对工作,在此对他们的帮助深表感谢。

由于水平有限,译文中难免有不妥或疏漏之处,敬请读者不吝指正。

译 者
于北京航空航天大学交通学院
2019年6月

原书前言

纯电动汽车与混合动力电动汽车已在国际市场得到广泛认可与接受。然而,尽管化石燃料带来的全球变暖问题得到日益关注,纯电动汽车与混合动力电动汽车仍不足以与传统车辆相抗衡,其部分原因来自传统车辆的低成本和燃料的丰富性。纯电动汽车和混合动力电动汽车只有在提供更好、更适合产品能力时才可能主导汽车市场。例如,由于传统汽车的价格仍相对昂贵,因此低成本电动汽车可能在发展中国家中占主导地位;而对于发达国家,将全尺寸发动机与小型电动机/发电机混合,从而实现整车性能、燃料经济性、排放和成本的优化,这一方案可能具有优势。

原书第3版通过引入适当的技术和设计方法来实现上述目标。此外,本版本受益于之前版本读者、学生和学术研究人员提供的多项建议,在此表示感谢。

内燃机汽车的发展是现代工业技术的最大成就之一。然而,高度发展的汽车工业和持续规模应用已经引发了严重的环境和资源问题,空气质量恶化和全球变暖成为现代生活的威胁。日益严格的排放和油耗标准正在促进安全、清洁、高效车辆的迅猛发展。当前,人们普遍认为纯电动汽车、混合动力电动汽车和燃料电池电动汽车技术的应用是可预见的未来内最有前途的车辆解决方案。

为应对这一挑战,世界各地越来越多的工程学院已在本科和研究生培养中设立了先进能源和车辆技术的相关课程。1998年,本书作者为得克萨斯农工大学机械和电气工程专业的学生首次开设了"先进车辆技术——纯电动和混合动力电动汽车设计方法"课程。在准备课程时,作者发现虽然在技术文献和报告中已有丰富信息,但仍缺乏可供学生和教授使用的更严谨、综合的教科书。此外,工程师们也需要一本系统的参考书来充分理解这项新技术的基本要素。原书第1版可填补这一需求,当前版本相较以前版本引入了新主题,并介绍了更深层次的分析方法。

本书论述了传统内燃机(Internal Combustion Engines, ICE)汽车、纯电动汽车(Electric Vehicles, EV)、混合动力电动汽车(Hybrid Electric Vehicles, HEV)和燃料电池电动汽车(Fuel Cell Vehicles, FCV)的基本原理、理论基础和设计方法。基于数学原理,严谨描述了各种典型车辆的性能特征、配置、控制策略、设计方法、建模和仿真相关内容。本书还涉及传统内燃机汽车的传动系统,纯电动汽车和混合动力电动汽车构造、电驱动系统,各类混合动力电驱动系统的设计方法、能量储存系统、再生制动、燃料电池及其在车辆中的应用,以及燃料电池混合动力驱动系统设计。本书强调从系统角度考虑驱动系统,而不仅局限于单独部件的分析,通过数学推导逐步展开设计方法,并给出仿真设计实例。

具体而言,第3版中包含了前两版中内容的多处修正和更新,并增加了新的四章和附录，即第4章：车辆变速器；第18章：具有最优混动比的全尺寸发动机混合动力电动汽车设计；第19章：动力总成系统优化；第20章：多目标优化工具箱用户指南；以及附录：丰田普锐斯技术概述。此外，原有章节还引入了大量新的材料，使得第3版内容更为完善且对读者更为有益。

全书由20章和附录构成。第1章将讨论现代运输的社会及环境重要性，以及伴随而来的空气污染、全球变暖和石油枯竭问题，并分析未来车辆技术发展对石油供应的影响，其结果将有益于下一代车辆发展战略的制定。此外，还将简要回顾纯电动汽车、混合动力电动汽车和燃料电池电动汽车的发展历程。

第2章将给出关于车辆性能、动力装置特性和传动特性的基本概念，并引入用于描述车辆性能的数学公式。本章主要为车辆驱动系统设计提供必要的基本知识。作为对第1版的补充与完善，加强了关于制动系统及其设计和性能描述的内容，从而为纯电动汽车、混合动力电动汽车和燃料电池电动汽车的混合制动系统设计提供更坚实的基础。

第3章将介绍不同类型热机的主要运行特性。在传统动力总成和混合动力总成中，发动机作为主动力源是最重要的子系统。对传统汽车和混合动力电动汽车的设计和控制而言，必须充分理解发动机特性。

第4章将介绍传统汽车和混合动力电动汽车的变速器，提出并分析多种传统和现代的变速器系统。

第5章将介绍纯电动汽车。主要包括电驱动系统及其储能装置的设计、牵引电动机的设计和传动装置的设计、车辆性能的预测和系统仿真结果。

第6章将建立混合动力牵引的基本概念，随后讨论混合动力电动汽车的各种配置方式，包括串联混合动力、并联混合动力、转矩耦合和转速耦合混合动力等类型，并给出这些配置的主要工作特性。

第7章将介绍几种电驱动装置，包括直流电动机、交流电动机、永磁无刷直流电动机和开关磁阻电动机驱动系统。从牵引系统的角度出发，论述其基本结构、工作原理以及控制和操作特性。

第8章将给出串联式混合动力驱动系的设计方法，包括发动机和储能系统、牵引电动机、变速器、控制策略和功率变换器的系统导向设计方法，并给出设计实例。作为对第1版的完善与补充，增加了关于多种功率转换器的内容。

第9章将给出并联式混合动力驱动系的设计方法，包括驱动模式和分析、控制策略、主要部件（如发动机、储能装置和传动装置）的设计，以及车辆性能仿真模拟。在之前基础上，增加了受约束的发动机起停控制策略、模糊逻辑控制策略和基于动态规划的控制优化的相关内容。

第10章将介绍混联式混合动力驱动系的运行特性、设计方法和控制策略，该章为第2版的新增内容。

第11章将介绍插电式混合动力汽车的设计和控制原理，主要讲述驱动系相关的控制策略、储能设计和电机设计部分，该章为第2版的新增内容。

第12章将介绍轻度混合动力驱动系的设计方法，其中包括并联式转矩耦合和混联式转矩-转速耦合两种方式。该章着重描述工作过程分析、控制系统开发和系统仿真。

第13章将介绍电池、超级电容器和飞轮等多种储能技术。该章着重讨论储能装置的功率和能量容量，此外还引入混合储能概念。

第14章将阐述混合制动系统的设计和控制原理。其中制动安全性和制动能量回收是主要关注点。该章将讨论在典型循环工况下与车速和制动功率相关的可用制动能量特性，分析保证车辆制动安全情况下的前后轮制动力分配策略，阐明如何在机械制动和回馈制动间实现总制动力的分配，并引入两种先进混合制动系统及其控制策略。该章基于作者近期研究工作进行了重新撰写。

第15章将描述不同种类的燃料电池系统，主要关注它们的运行原理、特性、应用技术及燃料供给，也将阐明燃料电池系统的车载应用。

第16章将介绍燃料电池混合动力驱动系的设计。该章首先建立燃料电池混合动力汽车的概念，随后分析其工作原理和驱动控制系统，最后围绕燃料电池系统设计、电驱动系统和储能系统设计阐述相关设计方法，并给出一个设计实例及其性能仿真结果。

第17章将阐述越野履带式串联混合动力汽车的设计方法，重点介绍软地面上的运动阻力计算、牵引电动机系统设计、发动机/发电机系统设计和峰值电源系统设计。

第18章、第19章和第20章是第3版的新增内容。内容包括新型全尺寸发动机最佳混合动力汽车设计理念、动力总成系统优化及相关软件介绍。

本版的附录内容为丰田普锐斯混合动力系统的概述，目的是为读者提供商用混合动力的动力总成其结构、工作模式和控制系统等方面的相关实例。

本书适用于研究生或高年级本科生的先进车辆相关课程，其配套软件在原书（英文版）的CRC出版社网站上发布：www.crcpress.com/9781498761772。取决于不同学科学生（如机械或电气工程等）的专业背景，授课教师可灵活选择其中的适用部分。

原书英文版在得克萨斯农工大学用于研究生课程教学已有20年时间，基于课程中学生的评论和反馈，本书手稿已多次修订，在此感谢学生们的帮助。

本书也适用于汽车相关工业的工程师、学生、研究人员以及政府和学术界的专业人士，可作为现代汽车体系的综合参考书。

除明确的他人工作外，书中许多应用技术和研究进展是作者和美国得克萨斯农工大学先进车辆系统研究项目的其他成员多年研究成果的汇集。在此感谢美国得克萨斯农工大学先进车辆系统研究组，以及电力电子和电机驱动研究组的全体成员，他们为本书做出了很大贡献。

我们也衷心感谢泰勒-弗朗西斯出版集团（Taylor & Francis Group）工作人员，特别是诺雷·科诺卡（Nora Konopka）女士的努力和帮助。最后但同样重要的是，我们感谢家人们在本书长期努力写作过程中给予的理解和支持。

梅尔达德·爱塞尼（Mehrdad Ehsani）
高义民（Yimin Gao）
斯蒂法诺·隆戈（Stefano Longo）
坎比兹·M. 易卜拉希米（Kambiz M. Ebrahimi）
2018 年 1 月

作 者 简 介

梅尔达德·爱塞尼（Mehrdad Ehsani）

梅尔达德·爱塞尼是得克萨斯农工大学的罗伯特·M.肯尼迪电气工程教授。1974~1981年，他曾先后在得克萨斯大学聚变研究中心担任研究工程师，以及在伊利诺伊州的阿贡国家实验室担任常驻副研究员。1981年至今一直在得克萨斯农工大学工作，目前为电气工程学院讲席教授、先进车辆系统研究组及电力电子与电机驱动实验室主任。他在脉冲电源、高电压工程、电力电子、电机驱动和先进车辆

系统方面已发表论文400余篇，曾获IEEE工业应用协会颁发的多项论文奖及100多项其他国际荣誉和认可。在2001年，由于"混合动力电动汽车理论和设计"方面的贡献被IEEE车辆学会推选为年度创新奖。在2003年，由于"电力电子与驱动高级课程开发和教学方面杰出贡献"入选IEEE本科教学奖。在2005年，他当选为美国汽车工程师学会（Society of Automotive Engineers，SAE）会员。他拥有30多项授予或正在申请的美国和欧盟专利，目前致力于电力电子、电机驱动、混合动力汽车及其控制系统以及可持续能源的研究工作。

爱塞尼博士是IEEE电力电子学会（Power Electronics Society，PELS）执行委员会成员，PELS教育事务委员会主席，IEEE工业应用协会工业功率变换器委员会主席，以及IEEE迈伦·祖克尔（Myron Zucker）学生-教师资助计划主席。1990年，担任IEEE电力电子专家会议主席。他是IEEE动力与推进会议的发起人，也是IEEE车辆技术协会车辆动力与推进创办主席以及联谊委员会主席。2002年当选为车辆技术协会理事会成员。爱塞尼博士是多家技术刊物的编辑委员会成员，也是IEEE工业电子会刊和IEEE车辆技术会刊的副主编。他是IEEE终身会员，是IEEE工业电子学会、车辆技术学会、工业应用学会和动力工程学会的卓越演讲人，也是美国得克萨斯州注册的专业工程师。

作者简介

高义民(Yimin Gao)

高义民于1982年、1986年和1991年先后在中国吉林工业大学获机械工程(主修汽车系统开发、设计和制造)学士、硕士和博士学位。1982~1983年,在中国湖北省十堰市东风汽车公司担任汽车设计工程师,完成了5吨载重汽车(EQ144)的布局设计,并参与其原型生产和试验工作。1983~1986年,在吉林工业大学汽车工程学院攻读研究生,专注于通过发动机和变速器之间的优化匹配以提高车辆燃油经济性的相关研究。

1987~1991年,高义民在吉林工业大学汽车工程学院攻读博士学位,专注于步行车辆的研究与开发,这类车辆在轮式车辆难以运行的严苛路况中具有优势。1991~1995年,在吉林工业大学汽车工程学院担任副教授和汽车设计工程师,开设本科汽车理论和设计课程及研究生汽车试验技术课程,在此期间指导车辆性能、底盘和组件分析,以及指导底盘、动力总成、悬架、转向和制动系统的设计工作。

1995年,高义民作为研究人员加入美国得克萨斯农工大学的先进车辆系统研究计划。此后,在该计划中研究开发纯电动汽车和混合动力电动汽车,主要领域为相关动力总成的基本原理、结构、控制、建模、设计及主要部件。他也是美国汽车工程师学会(SAE)的会员。

斯蒂法诺·隆戈(Stefano Longo)

斯蒂法诺·隆戈为电气和电子工程专业学士,于2007年获得英国谢菲尔德大学控制系统硕士学位,于2010年获得英国布里斯托尔大学控制系统博士学位。其博士论文获得工程技术学会(Institution of Engineering and Technology, IET)控制与自动化奖,以表彰他在控制工程领域取得的重大进展。2010年,隆戈博士在英国伦敦帝国理工学院电气和电子工程系的控制及动力组担任研究助理,从事控制系统设计和硬件

实施的交叉研究。2012 年，担任英国克兰菲尔德大学汽车工程系（现称为先进车辆工程中心）车辆电气和电子系统讲师（助理教授）。2012~2016 年，担任伦敦帝国理工学院的名誉研究助理。自 2014 年起担任汽车机电一体化硕士课程主任，2017 年隆戈博士担任汽车控制和优化高级讲师（副教授）。

隆戈博士已发表同行评议研究论文 70 余篇，出版专著《Optimal and Robust Scheduling for Networked Control Systems（网络控制系统的最优鲁棒调度）》（CRC 出版社，2017 年）。开设了汽车机电一体化、最优化和控制等研究生课程，指导博士研究生并开展学术研究和咨询工作。

隆戈博士是 IEEE 的高级会员，Elsevier 期刊 Mechatronics 的副主编，众多 IEEE 和 IFAC 期刊的技术编辑和审稿人，IET 控制与自动化网络的特许工程师和当选执行委员，IFAC 机电一体化系统和汽车控制技术委员会委员，以及高等教育学院会员。

坎比兹·M. 易卜拉希米（Kambiz M. Ebrahimi）

坎比兹·M. 易卜拉希米博士在英国普利茅斯理工学院获得机械工程学士学位，在威尔士大学获得系统工程硕士学位，在英国卡迪夫大学获得动力学和数学建模博士学位。

目前担任英国拉夫堡大学航空和汽车工程系教授。在此之前，他曾在威尔士大学担任研究助理，承担欧盟项目——基于模型的状态监控，并在布拉德福德大学从事分布式集总模型和最小代价控制策略研究，先后担任机械工程讲师、副教授和教授。

易卜拉希米博士的主要研究领域为系统和控制理论，多变量和大规模系统，机电系统建模和表征，混合动力车辆动力总成系统的能量管理和控制，涡轮系统的监控、故障诊断及叶尖定时，混合动力电动汽车，纯电动汽车和 L 类车辆。在英国及国际期刊和会议上发表或合作发表论文 100 余篇。

易卜拉希米博士是美国机械工程师学会（ASME）及 SAE 的特许机械工程师和会员，自 2012 年起成为动力总成建模与控制会议的主席和组织者；自 2012 年起担任动力系统国际期刊编辑委员会成员；在 2009 年担任动力系统测试赛组织者。他是 ASME 多体动力学杂志的编辑委员会成员，是 1998 年"多变量系统技术应用"的编委（专业工程出版社），以及 2000 年"多体动力学"的编委（专业工程出版社）。

易卜拉希米博士还与 AVL、福特汽车、康明斯涡轮增压技术系统、捷豹和路虎等企业合作，积极参与行业的合作研究。

目　　录

译者的话
原书前言
作者简介
第1章　环境影响与现代交通的历史 ……………………… 1
1.1　空气污染 ………………………… 1
1.1.1　氮氧化合物 ………………… 1
1.1.2　一氧化碳 …………………… 2
1.1.3　未完全燃烧的碳氢化合物 … 2
1.1.4　其他污染物 ………………… 2
1.2　全球变暖 ………………………… 3
1.3　石油资源 ………………………… 4
1.4　引发的代价 ……………………… 6
1.5　应对未来石油供应的各种交通运输发展策略的重要性 ……… 7
1.6　电动汽车的历史 ………………… 9
1.7　混合动力电动汽车的历史 ……… 11
1.8　燃料电池电动汽车的历史 ……… 14
参考文献 ………………………………… 14

第2章　车辆驱动和制动的基本原理 …………………………… 17
2.1　车辆运动的一般描述 …………… 17
2.2　车辆阻力 ………………………… 18
2.2.1　滚动阻力 …………………… 18
2.2.2　空气阻力 …………………… 20
2.2.3　爬坡阻力 …………………… 21
2.3　动力学方程 ……………………… 22
2.4　轮胎与地面间的附着力和最大牵引力 ………………………… 23
2.5　动力系的牵引力和车速 ………… 25
2.6　车辆性能 ………………………… 27
2.6.1　最高车速 …………………… 28
2.6.2　爬坡能力 …………………… 28
2.6.3　加速性能 …………………… 29
2.7　燃油经济性 ……………………… 31
2.7.1　内燃机的燃油经济性 ……… 31
2.7.2　燃油经济性的计算 ………… 32
2.7.3　改善汽车燃油经济性的基本方法 ……………………… 34
2.8　制动性能 ………………………… 35
2.8.1　制动力 ……………………… 35
2.8.2　前后轴的制动力分配 ……… 37
2.8.3　制动调节和制动性能分析 ………………………… 41
参考文献 ………………………………… 44

第3章　内燃机 ………………………… 46
3.1　点燃式发动机 …………………… 46
3.1.1　奥托循环的基础结构和原理 ……………………… 46
3.1.2　运行参数 …………………… 48
3.1.3　改善发动机性能、效率和排放的基本技术 …………… 54
3.1.4　点燃式发动机控制系统简述 ……………………… 55
3.1.5　阿特金森循环工作原理 …… 57
3.2　压燃式发动机 …………………… 60
3.3　替代燃料和替代燃料发动机 …… 61
3.3.1　替代燃料 …………………… 61
参考文献 ………………………………… 64

第4章　车辆变速器 …………………… 65
4.1　动力源特性 ……………………… 66
4.2　变速器特性 ……………………… 67
4.3　手动变速器 ……………………… 68
4.4　自动变速器 ……………………… 71
4.4.1　传统自动变速器 …………… 71
4.4.2　电控机械变速器和双离合变速器 ……………………… 77
4.5　无级变速器 ……………………… 78

4.6 无限变速式无级变速器 ………… 78
4.7 混合动力专用变速器 …………… 79
参考文献 …………………………… 80

第5章 纯电动汽车 …………………… 81
5.1 纯电动汽车的结构 ……………… 81
5.2 纯电动汽车的性能 ……………… 83
　5.2.1 牵引电动机的特性 ………… 83
　5.2.2 牵引力和传动需求 ………… 84
　5.2.3 车辆性能 …………………… 85
5.3 正常行驶时的牵引力 …………… 88
5.4 能量消耗 ………………………… 92
参考文献 …………………………… 94

第6章 混合动力电动汽车 …………… 96
6.1 混合动力电驱动系的概念 ……… 96
6.2 混合动力电驱动系的结构 ……… 99
　6.2.1 串联式混合动力电驱动系
　　　　（电耦合）………………… 100
　6.2.2 并联式混合动力电驱动系
　　　　（机械耦合）……………… 102
参考文献 …………………………… 115

第7章 电驱动系统 …………………… 117
7.1 直流电动机驱动 ………………… 119
　7.1.1 工作原理及其性能 ………… 119
　7.1.2 组合的电枢电压与励磁
　　　　控制 ………………………… 122
　7.1.3 直流电动机的斩波控制 …… 122
　7.1.4 斩波馈电直流电动机的
　　　　多象限控制 ………………… 125
7.2 异步电动机驱动 ………………… 129
　7.2.1 异步电动机的基本工作
　　　　原理 ………………………… 129
　7.2.2 稳态性能 …………………… 131
　7.2.3 恒压频比控制 ……………… 133
　7.2.4 电力电子控制 ……………… 135
　7.2.5 磁场定向控制 ……………… 137
　7.2.6 应用于磁场定向控制的电压
　　　　源逆变器 …………………… 147
7.3 永磁无刷直流电动机驱动 ……… 153
　7.3.1 永磁无刷直流电动机驱动的

　　　　基本原理 …………………… 154
　7.3.2 永磁无刷直流电动机的
　　　　结构和分类 ………………… 154
　7.3.3 永磁体材料性能 …………… 156
　7.3.4 永磁无刷直流电动机的性能
　　　　分析和控制 ………………… 158
　7.3.5 扩展转速技术 ……………… 160
　7.3.6 无检测器技术 ……………… 161
7.4 开关磁阻电动机驱动 …………… 163
　7.4.1 基本磁结构 ………………… 165
　7.4.2 转矩生成 …………………… 167
　7.4.3 开关磁阻电动机驱动
　　　　变换器 ……………………… 169
　7.4.4 运行模式 …………………… 171
　7.4.5 发电运行（再生制动）
　　　　模式 ………………………… 172
　7.4.6 无检测器控制 ……………… 174
　7.4.7 开关磁阻电动机驱动的
　　　　自校正技术 ………………… 178
　7.4.8 开关磁阻电动机的振动与
　　　　噪声 ………………………… 182
　7.4.9 开关磁阻电动机设计 ……… 183
参考文献 …………………………… 186

第8章 串联式（电耦合）混合
　　　　动力驱动系的设计 ………… 192
8.1 运行模式 ………………………… 193
8.2 控制策略 ………………………… 194
　8.2.1 峰值电源最大荷电状态的
　　　　控制策略 …………………… 194
　8.2.2 发动机起停控制策略 ……… 196
8.3 串联式（电耦合）混合动力驱动
　　系的设计原理 …………………… 196
　8.3.1 电耦合装置 ………………… 197
　8.3.2 牵引电动机的额定功率
　　　　设计 ………………………… 201
　8.3.3 发动机/发电机的功率
　　　　设计 ………………………… 204
　8.3.4 峰值电源设计 ……………… 207
8.4 设计实例 ………………………… 208
　8.4.1 牵引电动机的设计 ………… 208

8.4.2 齿轮传动比的设计 ………… 209
8.4.3 加速性能的校核 …………… 209
8.4.4 爬坡能力的校核 …………… 209
8.4.5 发动机/发电机的设计 …… 210
8.4.6 峰值电源的功率容量
设计 ……………………… 212
8.4.7 峰值电源的能量容量
设计 ……………………… 213
8.4.8 油耗 …………………… 214
参考文献 ……………………………… 214

第9章 并联式（机械耦合）混合动力驱动系的设计 …… 216
9.1 驱动系的结构及其设计任务 …… 216
9.2 控制策略 ……………………… 217
9.2.1 峰值电源最大 SOC 控制
策略 …………………… 218
9.2.2 发动机起停控制策略 ……… 221
9.2.3 受约束的发动机起停控制
策略 …………………… 222
9.2.4 模糊逻辑控制技术 ………… 223
9.2.5 动态规划技术 …………… 225
9.3 驱动系的参数化设计 …………… 227
9.3.1 发动机功率设计 ………… 227
9.3.2 传动装置设计 …………… 230
9.3.3 驱动电动机的功率设计 …… 231
9.3.4 峰值电源设计 …………… 234
9.4 仿真 …………………………… 236
参考文献 ……………………………… 237

第10章 混联式（转矩和转速耦合）混合动力驱动系的设计和控制方法 …… 239
10.1 驱动系结构 …………………… 239
10.1.1 转速耦合分析 ………… 239
10.1.2 驱动系结构 …………… 242
10.2 驱动系控制方法 ……………… 247
10.2.1 控制系统 ……………… 247
10.2.2 发动机转速控制方法 …… 247
10.2.3 牵引转矩控制方法 …… 248
10.2.4 驱动系的控制策略 …… 250
10.3 驱动系参数设计 ……………… 254

10.4 车辆仿真实例 ……………… 255
参考文献 ……………………………… 257

第11章 插电式混合动力电动汽车的设计与控制原理 …… 259
11.1 每日出行里程统计 …………… 259
11.2 能量管理策略 ………………… 260
11.2.1 聚焦纯电动续驶里程的
控制策略 …………… 261
11.2.2 混合控制策略 ………… 268
11.3 能量储存装置设计 …………… 273
参考文献 ……………………………… 275

第12章 轻度混合动力驱动系的设计 …… 277
12.1 制动和传动装置消耗的能量 … 277
12.2 并联式轻度混合动力电驱动系 ……………………………… 278
12.2.1 结构 …………………… 278
12.2.2 运行模式和控制策略 …… 279
12.2.3 驱动系设计 …………… 280
12.2.4 性能 …………………… 282
12.3 混联式轻度混合动力电
驱动系 ……………………… 286
12.3.1 含行星齿轮单元的驱动系
结构 …………………… 286
12.3.2 运行模式及控制 ……… 288
12.3.3 控制策略 ……………… 290
12.3.4 配置浮动定子电动机的
驱动系 ………………… 291
参考文献 ……………………………… 291

第13章 峰值电源及能量储存装置 …… 293
13.1 电化学电池 …………………… 293
13.1.1 电化学反应 …………… 294
13.1.2 热力学电压 …………… 295
13.1.3 比能量 ………………… 296
13.1.4 比功率 ………………… 299
13.1.5 能量效率 ……………… 299
13.1.6 电池技术 ……………… 300
13.2 超级电容器 …………………… 303
13.2.1 超级电容器的特性 …… 304

13.2.2 超级电容器的基本原理 … 304
13.2.3 超级电容器的性能 ……… 305
13.2.4 超级电容器的应用技术 … 308
13.3 超高速飞轮 ………………… 309
13.3.1 飞轮的工作原理 ……… 309
13.3.2 飞轮系统的功率容量 … 310
13.3.3 飞轮应用技术 ………… 311
13.4 混合储能装置 ……………… 313
13.4.1 混合储能的概念 ……… 313
13.4.2 由电池与超级电容器组成的主/被动混合储能装置 … 314
13.4.3 电池与超级电容器混合储能设计 ………………… 316
参考文献 …………………………… 318

第14章 再生制动的基本原理 …… 319
14.1 城市行驶工况下的制动能量消耗 ………………………… 319
14.2 制动能量与车速 …………… 321
14.3 制动能量与制动功率 ……… 322
14.4 制动功率与车速 …………… 323
14.5 制动能量与车辆减速度 …… 324
14.6 前后轴上的制动能量 ……… 325
14.7 纯电动汽车、混合动力电动汽车和燃料电池电动汽车的制动系统 ………………… 325
14.7.1 并联式混合制动系统 … 326
14.7.2 全可控式混合制动系统 … 330
参考文献 …………………………… 334

第15章 燃料电池 ………………… 336
15.1 燃料电池的工作原理 ……… 336
15.2 电极电动势与电流-电压曲线 ……………………… 338
15.3 燃料与氧化剂的消耗 ……… 340
15.4 燃料电池系统特性 ………… 341
15.5 燃料电池相关技术 ………… 342
15.5.1 质子交换膜燃料电池 … 343
15.5.2 碱性燃料电池 ………… 344
15.5.3 磷酸燃料电池 ………… 346
15.5.4 熔融碳酸盐燃料电池 … 346
15.5.5 固体氧化物燃料电池 … 347

15.5.6 直接甲醇燃料电池 …… 348
15.6 燃料供给 …………………… 348
15.6.1 储氢 …………………… 349
15.6.2 制氢 …………………… 352
15.6.3 氢的载体——氨 ……… 353
15.7 无氢燃料电池 ……………… 354
参考文献 …………………………… 354

第16章 燃料电池混合动力驱动系的设计 ……………………… 356
16.1 结构 ………………………… 356
16.2 控制策略 …………………… 357
16.3 参数设计 …………………… 359
16.3.1 电动机功率设计 ……… 359
16.3.2 燃料电池系统的功率设计 …………………… 360
16.3.3 峰值电源的功率和能量设计 …………………… 360
16.4 设计实例 …………………… 362
参考文献 …………………………… 364

第17章 越野车辆用串联式混合动力驱动系的设计 ……… 365
17.1 运动阻力 …………………… 365
17.1.1 由地面压实引起的运动阻力 …………………… 366
17.1.2 推土阻力 ……………… 367
17.1.3 行走机构的内阻力 …… 368
17.1.4 地面牵引力 …………… 369
17.1.5 挂钩牵引力 …………… 369
17.2 履带式串联混合动力电动汽车的驱动系结构 …………… 369
17.3 驱动系的参数设计 ………… 371
17.3.1 牵引电动机的功率设计 … 371
17.4 发动机/发电机的功率设计 … 378
17.5 储能系统的功率和能量设计 … 379
17.5.1 牵引用峰值功率 ……… 379
17.5.2 非牵引用峰值功率 …… 380
17.5.3 蓄电池/超级电容器的能量设计 ………………… 382
17.5.4 蓄电池和超级电容器的组合 …………………… 382

参考文献 ………………………… 384

第18章 具有最优混动比的全尺寸发动机混合动力电动汽车设计 …………… 386
18.1 全尺寸发动机混合动力电动汽车的设计理念 ………… 386
18.2 最优混动比 ………………… 387
18.2.1 高速行驶工况下的仿真结果 ………………… 390
18.2.2 电驱动系功率的最优混动比设计 ………………… 391
18.3 10~25kW 电驱动系 ………… 392
18.3.1 发动机功率对混动功率的影响 ………………… 392
18.3.2 车重对混动功率的影响 … 392
18.3.3 乘用车最佳混动功率范围 ………………… 393
18.3.4 乘用车用电驱动系部件 … 395
18.4 与商用乘用车的对比 ………… 396
18.4.1 与2011款丰田卡罗拉的对比 ………………… 396
18.4.2 与2011款丰田普锐斯混合动力的对比 ……………… 397
参考文献 ………………………… 399

第19章 动力总成系统优化 ……… 400
19.1 动力总成建模技术 …………… 400
19.1.1 前向车辆模型 …………… 400
19.1.2 后向车辆模型 …………… 401
19.1.3 前向模型和后向模型的对比 ………………… 402
19.2 定义性能标准 ………………… 402
19.2.1 从油箱到车轮的排放 …… 403
19.2.2 从油井到车轮的排放 …… 403
19.3 动力总成仿真方法 …………… 404
19.4 模块化动力总成结构 ………… 406
19.4.1 工具箱框架 ……………… 407
19.4.2 模块化动力总成结构 …… 407
19.4.3 优化器 …………………… 410
19.5 最优化问题 …………………… 411
19.5.1 扩展优化器以支持多种动力系拓扑 ……………… 411
19.5.2 多目标优化 ……………… 413
19.6 案例研究：动力总成拓扑与部件尺寸的优化 …………… 413
19.6.1 案例研究1：油箱到车轮与油井到车轮的 CO_2 排放 … 414
19.6.2 案例研究2：动力总成成本与油井到车轮的 CO_2 排放 ……………………… 418
参考文献 ………………………… 421

第20章 多目标优化工具箱用户指南 …………………… 423
20.1 软件相关 ……………………… 423
20.2 软件结构 ……………………… 423
20.2.1 输入表 …………………… 423
20.2.2 遗传算法 ………………… 424
20.2.3 适应度评价算法 ………… 424
20.2.4 车辆配置仿真 …………… 424
20.2.5 可用的部件模型 ………… 424
20.2.6 运行仿真 ………………… 425
20.2.7 仿真运行 ………………… 427
20.2.8 仿真结果 ………………… 428
20.3 软件的功能和限制 …………… 429

附录 丰田普锐斯技术概述 ……… 430
A.1 车辆性能 ……………………… 430
A.2 普锐斯混合动力总成和控制系统概述 …………………… 430
A.3 主要部件 ……………………… 432
A.3.1 发动机 …………………… 432
A.3.2 混合动力驱动桥 ………… 433
A.3.3 高压电池 ………………… 434
A.3.4 逆变器组件 ……………… 436
A.3.5 制动系统 ………………… 438
A.3.6 电动助力转向 …………… 440
A.3.7 车身稳定性控制系统 …… 441
A.4 混合动力系的控制模式 ……… 442

第 1 章　环境影响与现代交通的历史

内燃机车辆，特别是汽车的发展是现代工业技术最重大的成就之一。汽车满足了日常生活中众多生活流动性的需求，为现代社会的发展做出了巨大贡献。与其他行业不同，汽车行业的迅速发展促进了人类从早期社会向高度发达工业社会的进步，汽车行业和为其服务的其他行业一起构成了世界经济的支柱，并提供了最大比例的就业岗位。

然而，全世界大量汽车的应用已经产生并正在继续引发严重的环境问题与人类生存问题。大气污染、全球变暖以及地球石油资源的逐步枯竭成为当前人类首要关注的问题。

近年来，在与交通运输相关的研究开发领域中，人们致力于发展高效、清洁与安全的运输工具。纯电动汽车、混合动力电动汽车和燃料电池电动汽车被认为将成为日后替代传统车辆的运输工具。

本章将阐述大气污染、因废气排放导致的全球变暖以及石油资源枯竭等问题，并且简要地回顾纯电动汽车、混合动力电动汽车和燃料电池电动汽车应用技术的发展历史。

1.1　空气污染

目前，所有传统车辆都依靠燃烧碳氢化合物（HC）燃料的方式来获得推进车辆所需的能量。燃烧是燃料与空气反应生成燃烧产物并释放热量的过程，热量通过发动机转化为机械动力，燃烧产物则释放到大气中。

碳氢化合物是由碳和氢原子组成的化合物。理想情况下，碳氢化合物的燃烧只产生二氧化碳和水，不会损害环境。事实上，绿色植物通过光合作用"消化"二氧化碳，二氧化碳是植物生存的必需成分。除非空气中几乎不存在氧气，否则动物不会因呼吸二氧化碳而受到伤害。

碳氢化合物燃料在内燃机中的燃烧并不理想。除二氧化碳和水之外，燃烧产物还含有一定量的氮氧化合物（NO_x）、一氧化碳（CO）和未完全燃烧的碳氢化合物，这些都对人体健康有毒害作用。

1.1.1　氮氧化合物

氮氧化合物（NO_x）来自于空气中的氮气和氧气之间的反应。理论上，氮气是一种惰性气体,然而发动机中的高温和高压为氮氧化合物的形成创造了有利条件。温度是促进氮氧化合物生成的最重要因素。尽管存在少量的二氧化氮(NO_2)和微量的一氧化二氮(N_2O),但最常见的氮氧化合物仍是一氧化氮(NO)。一旦NO排放到大气中,NO与氧反应形成NO_2。随后日光的紫外线辐射将NO_2分解为NO和可攻击生物细胞膜的高活性氧原子。NO_2是造成烟雾的部分原因,其褐色使烟雾可见;它还会与大气中的水反应形成硝酸(HNO_3),在雨中稀释形成"酸雨"。在导致工业化国家森林破坏的同时,酸雨也会对由大理石建造的历史古迹产生腐蚀作用。

1.1.2 一氧化碳

一氧化碳(CO)是碳氢化合物因缺氧而燃烧不完全的产物。一氧化碳对人体和动物而言是剧毒,其毒理如下:吸入人体的一氧化碳进入血浆红细胞后会代替氧气与血红蛋白结合,进而减少红细胞输送到身体各器官的氧气量,弱化人体并使头脑迟钝[1]。头晕是一氧化碳中毒的初期症状,一氧化碳中毒会迅速致人死亡。除此之外,血红蛋白与一氧化碳的结合比与氧气的结合更稳固,由于该化学键非常牢固,正常的身体自愈功能无法破坏,因此一氧化碳中毒的人必须在高压舱中进行治疗,舱中的压力使得一氧化碳与血红蛋白间的结合键更容易被破坏。

1.1.3 未完全燃烧的碳氢化合物

碳氢化合物不完全燃烧会残留未完全燃烧的碳氢化合物[1,2]。由于碳氢化合物本身的理化性质,未燃烧的碳氢化合物可能会对生物造成伤害[2]。某些未燃烧的碳氢化合物可能直接致毒或致癌,该类碳氢化合物包含颗粒物、苯或其他物质。未燃烧的碳氢化合物也是烟雾的成因,即阳光中的紫外线与大气中未燃烧的碳氢化合物和一氧化氮等相互作用,形成臭氧和其他产物。臭氧分子由三个氧原子形成,无色但有毒。臭氧分子会破坏人体细胞膜,加速生物老化或死亡,幼儿、老年人和哮喘患者暴露于高臭氧浓度下会受到严重伤害。在出现空气污染的城市中,每年都会有因空气中臭氧过量而导致的死亡报告[3]。

1.1.4 其他污染物

燃料中的杂质同样会产生污染物排放。燃料中的主要杂质是硫,主要存在于柴油和喷气发动机燃料中,但也存在于汽油和天然气中。硫(或含硫化合物,如硫化氢)与氧燃烧后生成硫氧化合物(SO_x),其主要成分是二氧化硫(SO_2)。SO_2与空气接触后形成三氧化硫(SO_3),随后与水反应生成硫酸,成为酸雨的主要成分。值得注意的是,硫氧化合物的排放一方面来自于汽车尾气,另一方面大量来自于电厂和钢铁厂的煤炭燃烧。此外,火山等自然原因也会产生硫氧化合物排放至大气,但该种说法目前存在争议。

石油公司会在燃料中添加化合物以改良燃料,以图在燃料燃烧时改善发动机性能和寿命[1]。四乙基铅通常被简称为"铅",用于改善汽油的爆燃特性,然而,这种化学物质的燃烧会排放重金属铅,导致神经性疾病"铅中毒"。目前大多数发达国家都禁止使用四乙基铅作为燃料添加剂,四乙基铅已被其他化合物所替代[1]。

1.2 全球变暖

全球变暖是温室效应的结果,而温室效应是由二氧化碳和其他气体(如大气中的甲烷)所导致的。这些气体会吸收地面反射的日光中的红外辐射,并将能量保留在大气中从而导致温升。地球温度升高会影响全球生态系统,引起自然灾害与生态破坏,从而影响人类生存环境[2]。

全球变暖会导致一些濒危物种的消失,因为全球变暖会破坏生态系统中某些种群赖以生存的自然资源。某些物种会从温暖的海洋迁徙至以前较冷的北部海域,从而可能会破坏本土物种的栖息空间,造成生物入侵。在地中海可能已发生了此类事件,因为当地已观察到来自红海的梭鱼。

全球变暖引起的极端气象问题引发了更多关注。全球变暖被认为是招致厄尔尼诺现象的原因,该气象问题扰乱了南太平洋地区气候,经常引发龙卷风、洪水和干旱。极地冰盖的融化是全球变暖的另一个主要危害,该过程会提升海平面,并可能导致沿海地区、甚至是整个地区的永久性淹没。

二氧化碳是碳氢化合物和煤燃烧的产物。交通运输业在二氧化碳排放量中占据很大份额(1980~1999年为32%)。二氧化碳排放的分布如图1.1所示[4]。

图1.2所示为二氧化碳排放量的发展趋势。目前交通运输业显然是二氧化碳排放的主要来源。发展中国家正在迅速发展交通运输业,且这些国家人口众多,下一节将进一步讨论这个问题。

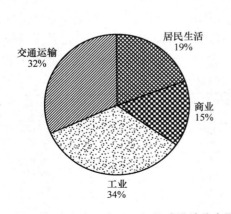

图1.1 1980~1999年的二氧化碳排放分布图

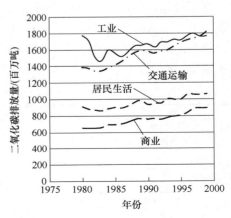

图1.2 二氧化碳排放的发展趋势

因人类活动而释放到大气中的二氧化碳被认为是近几十年来全球气候变暖的主要原因,如图1.3所示。值得注意的是,二氧化碳可以被植物吸收,并以碳酸盐的形式在海洋底封存。然而这些自然同化过程是有限的,并不能吸收所有排放的二氧化碳,因此大气中的二氧化碳仍会积累。

图1.3 全球地面大气温度(IPCC(1995)更新)

1.3 石油资源

绝大多数车辆用燃料是源自石油的液体燃料。石油是一种化石燃料,是由几亿年前(4亿~6亿年前的奥陶纪)埋藏在地质稳定层中的活性物质分解而成的。石油形成过程大致如下:活性物质(主要是植物)死亡后被沉积物缓慢覆盖,随后积聚的沉积物在漫长的时间中逐渐加厚并转化为岩石。死亡的生物被封闭在密闭空间内,加上高温与高压的作用,依据其理化性质会慢慢转变成碳氢化合物或者转化为煤。整个过程需要数百万年才能完成,这就是化石燃料属于不可再生资源、总量有限的原因。

探明储量是指"经地质和工程信息可靠预示的储藏量,是今后可以在现有经济和运行条件下从已知储层中开采的储藏量"[5]。因此探明储量并不是地球总储量的指标。表1.1中给出了英国石油于2000年估算的探明储量,表中的R/P比是指以现有水平连续生产下,已知储量可供开采的年数。表1.1中也列出了每个地区的R/P比。

表1.1 2000年石油探明储量

地区	2000年的探明储量(10亿吨)	R/P比
北美	8.5	13.8
南美和中美洲	13.6	39.0
欧洲	2.5	7.7
非洲	10.0	26.8
中东	92.5	83.6
俄罗斯地区	9.0	22.7
亚太地区	6.0	15.9
全世界	142.1	39.9

在气候不会对开采造成严重影响的地区中，目前开采的石油是来自于地表附近的易采储量。可以相信的是，在西伯利亚或美国和加拿大北极地区，地壳下方的石油储量远远多于其他地区。在上述地区，气候和生态问题是石油勘探或开采的主要障碍。由于政治和技术原因，估算地球石油总储量是一项艰难的任务。表1.2中给出了2000年美国地质调查局对未勘探石油资源的估算。

表1.2 2000年美国地质勘探局对未勘探石油资源的估算

地 区	2000年未勘探石油（10亿吨）
北美、南美和中美洲	19.8
欧洲	14.9
撒哈拉以南非洲	3.0
南极	9.7
中东和北非	31.2
前苏联地区	15.7
亚太地区	4.0
世界（潜在增长）	98.3（91.5）

尽管 R/P 比不包括未来可能发现的石油资源，但其仍然具有深远的意义。事实上 R/P 比是基于已证实的储量，在现有勘探和开采条件下容易获得的储量。而未来的石油发现量是推测的，新发现的石油往往不容易开采，且 R/P 比是基于石油开采量不变的假设。然而石油的消耗和开采量都在逐年增加，以满足发达国家和发展中国家经济增长的需求。石油消耗很可能伴随着一些人口密集国家的迅速发展而呈现巨大增长态势，特别是在亚太地区。图1.4所示为过去20年的石油消

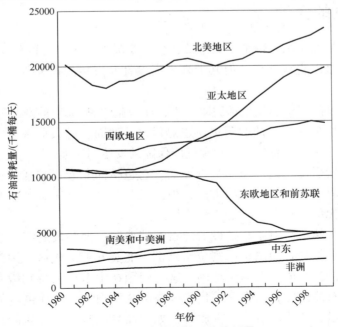

图1.4 每个地区的石油消耗量

耗趋势[7]，石油消耗量以每日消耗的千桶数给出（一桶约为8吨油）。

尽管东欧和俄罗斯地区的石油消耗量在下降，但世界石油消耗总量呈明显增长趋势，如图1.5所示。石油消耗增长最快的地区是亚太地区，全球大部分人口都居住在该地区。预计未来全球的石油消耗将出现爆发性增长，伴之而来的是污染物排放和二氧化碳排放量的成比例增长。

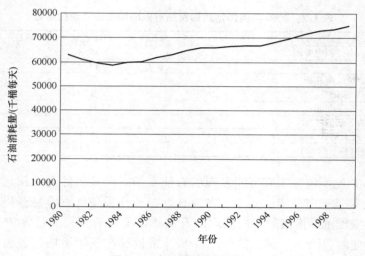

图1.5 全世界的石油消耗

1.4 引发的代价

化石燃料的大量燃烧带来了如污染、全球变暖以及可预见的资源枯竭等问题。虽然相关代价难以直接估计，但其带来了庞大且非直接的损失[8]，包括资金损失甚至人身损失。

由污染引发的代价不仅包括健康危害，还包括重新栽培因酸雨而毁坏的森林，以及清洗和整修被酸雨侵蚀的历史遗迹等代价。然而，健康危害可能是污染引发的最大损失，特别是对有公费医疗和健康保障的发达国家而言。

全球变暖所引发的代价同样难以评估。它包括因龙卷风造成的破坏、由于干旱导致庄稼歉收、因洪水导致的资产损失，以及为救济受害居民而实施的国际援助等各方面的代价，其总量可能极为巨大。

大多数的石油生产国并非是最大的石油消费国。大多数的石油生产来自于中东地区，而大多数的石油消费国则位于欧洲、北美和亚太地区。因此，石油消费国必须进口石油，并依赖石油生产国。这一问题在中东地区特别敏感。西方经济依赖于波动的石油供应，其隐含的代价极高。众所周知，石油供应的短缺会导致严重的经济衰退，其结果是易变质货物（如食品）的损失、商机的丧失以及企业无法维持运转等。

在寻求与石油消耗相关的问题解答时,人们必须考虑上述问题引发的代价。由于这些代价在其所产生的场合中经常是不确定的,因此难以估计。很多代价无法依据最终的收益来进行计算。要解决这些问题,必须保持长期可持续性发展,依靠商业活力而不是依赖于政府补贴。尽管如此,任何解决方案,即使仅是部分解决方案都将降低各种问题引发的代价,并有益于消费者。

1.5 应对未来石油供应的各种交通运输发展策略的重要性

全球石油资源可维持供应的时间完全取决于新储油地的发现,以及累积的石油产量(同样也取决于渐增的石油消耗量)。历史数据表明,新储油地的发现增长缓慢,而另一方面,石油消耗量则呈现图 1.6 所示的高增长率。若石油资源的新发现及消耗量遵循当前趋势,则全世界石油资源约可应用至 2038 年。[9,10]

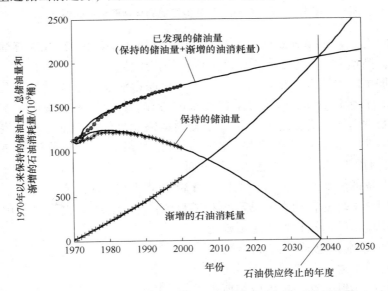

图 1.6 全球石油的新探明储量、保持储量以及渐增的消耗量

探明新的地下石油产地变得日益困难,开采新油田的成本也越来越高。如果石油消耗率无法显著降低,则可相信石油供应的情况将不会发生大的变化。

如图 1.7 所示,交通运输业是首要的石油使用者,1997 年其消耗量占全球石油消耗量的 49%。然而工业化国家和发展中国家的石油消费结构完全不同,在 20 世纪 80 年代,工业化国家的热力和电力行业领域中,非石油能源已具备和石油竞争的能力,其他行业的石油消耗量也低于交通运输业的石油消耗量。

在世界范围内,石油消耗的增加主要来自于交通运输业。工业化国家规划自

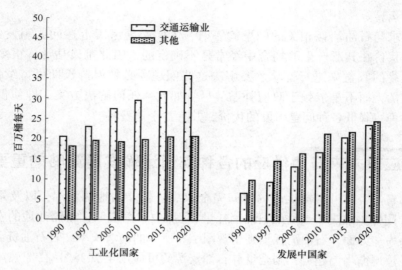

图1.7 交通运输业和其他行业的全球石油消耗量

1997~2020年,石油消耗总增量(每日1140万桶)中的每日1070万桶应来自交通运输业,到预测后期也没有太多经济可行的替代品。

就发展中国家而言,在石油消耗量上,交通运输业的增长是最快的,预计至2020年其增长量接近非交通运输业消耗量的总和。但是,发展中国家不同于工业化国家,石油消耗总增量的42%被用于交通运输业之外的其他领域。发展中国家非交通运输业石油消耗量的增加,部分原因是采用石油产品替代非商品化燃料(如燃烧木材用于家庭制热和烹饪)等方面。

改进车辆的燃油经济性对石油供应有着决定性的影响。至今为止,最有前途的技术应用科学是混合动力电动汽车和燃料电池电动汽车。混合动力电动汽车采用目前规模应用的内燃机作为主要动力源,并以蓄电池和电动机组成峰值电源,其运行效率远高于单独由内燃机提供动力的传统车辆,这一技术应用所需要的工业化生产的硬件和软件已基本准备就绪。另一方面,燃料电池电动汽车比混合动力电动汽车具有更高的效率,且更加清洁环保,但直至目前该方案仍处于实验室研究阶段。燃料电池电动汽车还需要很长的时间来解决其相应的技术难题,才能满足商业化运行的需求。

图1.8所示为在不同发展策略下,

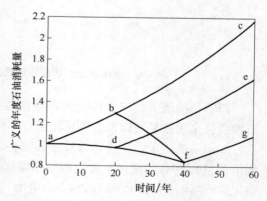

图1.8 下一代车辆的不同发展路径间年燃油消耗量的比较

下一代车辆的综合年燃油消耗量。曲线a-b-c给出了目前车辆年燃油消耗量的发展趋势，其中假设有1.3%的年增长率，该增长率来自车辆总数的年增长率。曲线a-d-e描述了混合动力电动汽车的发展策略，在其前20年间，传统车辆逐渐变为混合动力电动汽车；再经20年后，全部车辆均成为混合动力电动汽车。在该发展路径中，假定混合动力电动汽车比目前传统车辆更为有效（燃油消耗量较后者少25%）。曲线a-b-f-g给出了燃料电池电动汽车的发展策略，在其前20年间，燃料电池电动汽车处于发展阶段，而传统车辆仍主导市场；在后20年间，燃料电池电动汽车将逐渐进入市场，从点b出发到达全部为燃料电池电动汽车的点f。在该发展策略中，假定燃料电池电动汽车比目前传统车辆在燃油消耗量上少50%。曲线a-d-f-g表示在前20年间传统车辆变成为混合动力电动汽车，而在后20年间则由燃料电池电动汽车取代传统车辆。

逐渐增长的石油消耗量更值得关注，因为它涉及石油的年消耗量及其时间累积效应，并直接与石油储量的减少相关（见图1.6）。图1.9所示为在不同发展策略下，综合石油消耗累积量逐渐增长的情况。虽然燃料电池电动汽车比混合动力电动汽车有更高的效率，但其按策略a-b-f-g（后20年采用燃料电池电动汽车）在45年内得出的燃油消耗累积量，将高于由策略a-d-e（前20年采用混合动力电动汽车）得出的燃油消耗累积量。由图1.8可见，策略a-d-f-g（前20年采用混合动力电动汽车，后20年采用燃料电池电动汽车）是最佳的。图1.6和图1.9展现了另一重要事实，即由于在45年后石油供应将更为困难，燃料电池电动汽车不应依赖于石油产品，因此，下一代运输工具的最佳发展策略理应立即采用商品化的混合动力电动汽车，而在此同时，还应尽最大努力及早实现非石油燃料电池电动汽车的商品化。

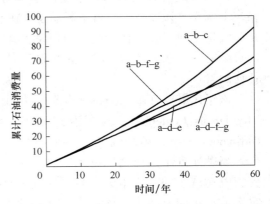

图1.9 关于下一代车辆的不同发展策略之间燃油消耗累积量的比较

1.6 电动汽车的历史

1881年，第一辆电动汽车由法国人Gustave Trouvé制造并问世，该车为三轮电动汽车，采用铅酸电池供电并由0.1hp⊖的直流电动机驱动，整车及其驾驶人的重

⊖ 1hp＝745.7W，后同。

量约为160kg。两位英国教授在1883年制成了相似的电动汽车[11]，因当时该应用技术尚未成熟到可以和马车竞争，故这些早期方案并未引起公众关注。显而易见，速度为15km/h、续驶里程为16km的电动汽车不可能激发潜在用户的兴趣。1894㊀年巴黎至鲁昂的赛事完全改变了这一切，电动汽车以平均速度23.3km/h，在48h53min内行驶了1135km。该速度远胜于马车所能具有的速度，公众开始对无马的车辆或如今所称的汽车感兴趣。

之后20年是电动汽车与汽油车相竞争的年代，这在美国特别明显，美国的城市郊外大多是泥土路，这对有限行程的电动汽车来说不成问题。然而，在欧洲迅速增加的铺面道路对车辆的里程需求不断提高，这就促进了汽油车的发展[11]。

第一辆商品化的电动汽车是Morris和Salom的电动舟（Electroboat）。这辆电动汽车在纽约由其发明者所创建的公司以出租车方式运营。电动舟被证明是比出租马车更有应用价值的运载工具，尽管其购置价较高（约为3000美元，马车约为1200美元）。电动舟可用于4小时制的三班交接运营，中间充电时间为90min。该车装有两台1.5hp的电动机，最高车速可达32km/h，其续驶里程为40km[11]。

该年代最具影响力的技术是再生制动的发明，1897年法国人M. A. Darracq在轿车上实现了该项技术。再生制动技术在制动时回收车辆的动能并向电池组充电，从而大幅增加行驶里程。这是对电动汽车和混合动力电动汽车应用技术最有价值的贡献之一。在市区行车时，再生制动技术对电动汽车能量效率的贡献超出其他任何因素。

该年代最具有影响力的事例还包括由法国人Camille Jenatzy制造的电动汽车"La Jamais Contente"，其车速达到了100km/h。应该指出的是，Studebaker和Oldsmobile首先使电动汽车生产商业化。

当燃油汽车变得功率更大、更灵活，尤其是更易于操纵时，电动汽车开始消失。电动汽车的高成本无法与燃油汽车对抗，而其有限的续驶里程和性能削弱了对燃油汽车的竞争力。该年代最后一款商业上有影响力的电动汽车约在1905年交付使用。在近60年期间，销售的电动汽车仅是一般的高尔夫球车和货车。

1945年，贝尔实验室的三位研究员发明了一种器件——晶体管，这引发了全球电子学和电学的革命，并迅速替代了信号电子仪器应用中的电子管。不久之后发明的晶闸管可以在高电压下切换大电流，实现了不使用低效率变阻器的电动机功率调节，同时可以控制交流电机在可变频率下运转。1966年，通用汽车公司制造了一款名为Electrovan的电动汽车，这款电动车由晶闸管变频器供电，并以异步电动机驱动。

在该年代最有影响的电动汽车是阿波罗宇航员在月球上应用的月球巡回车。

㊀ 原文误为1864年，此处应为1894年。——译者注

该车重209kg，能运载490kg的有效负载，行程约为65km。但是这一地球外空间的车辆设计对于地球上的应用几乎没有什么意义。由于月球上没有空气，为低重力态，而且月球巡回车速度很慢，所以工程师们很容易以有限的生产技术实现较长的续驶里程。

在20世纪60~70年代期间，对环境的忧虑引发了对电动汽车某些方面的研究。尽管同期电池制造技术和电力电子技术取得了进展，但电动汽车的续驶里程和性能仍然是其发展的制约因素。

现代电动汽车在20世纪80年代期间出现高潮，在20世纪90年代初期厂商展示了几种实际的电动汽车，例如通用汽车公司的EV_1，以及标致雪铁龙集团的106 Electric。虽然这些电动汽车与早期电动汽车相比有很大进步，但是在20世纪90年代初期，电动汽车仍然无法与燃油汽车在续驶里程和性能方面竞争。就电池组而言，其能量储存在金属电极内，相同能量下其重量远超过燃油汽车对应的重量。汽车制造工业放弃电动汽车而转向混合动力电动汽车的研究，经过几年的研发，混合动力电动汽车已比以往的电动汽车更接近于流水线批量生产。

在电动汽车研发方面，电池的应用技术最为薄弱，这也阻碍了电动汽车进入市场的进程。业界在蓄电池方面投入了诸多努力和资金，力图改善电池性能并满足电动汽车需求。遗憾的是其进展较为缓慢，电动汽车的性能远落后于市场需求，尤其是单位重量或体积下的储能容量。较低的电池储能容量限制了电动汽车的发展，只在机场、车站、邮件运送和高尔夫球场等某些特定场合得到应用。事实上，基础研究[12]表明，即使电动汽车采用优化的蓄电池储能技术，其性能也无法挑战使用液体燃料的车辆。因此在近几年中，先进车辆技术应用科学也已展开混合动力电动汽车以及燃料电池电动汽车的相关研究。

1.7 混合动力电动汽车的历史

出乎意料的是，混合动力电动汽车的概念几乎与汽车概念一样年代悠久。然而，其原始目的不是有效地降低燃油消耗量，而是辅助内燃机汽车以保证其性能水平。事实上，早期内燃机技术并不及电机工程技术先进。

最早的混合动力电动汽车出现在1899年巴黎美术展览馆[13]，它们是由来自比利时列日市的Pieper研究院和法国的Vedovelli与Priestly电动车公司分别制造的。Pieper电动车是一辆并联式的混合动力电动汽车，它装有一台由电动机和铅酸电池组辅助运行的小型空冷汽油机。记录表明，当该混合动力电动汽车滑行或停车时，发动机向蓄电池组充电；当所需驱动功率大于发动机额定值时，电动机即时提供辅助功率。Pieper电动车不仅是最早的两辆混合动力电动汽车之一，也是第一辆并联式混合动力电动汽车，这无疑是混合动力电动汽车的开端。

在1899年巴黎美术展览馆上展出的另一类型的混合动力电动汽车，是由法国

Vedovelli 与 Priestly 公司制造的第一辆串联式混合动力电动汽车，它由商业化的电动汽车衍生而来[13]。该车是一辆三轮车，在其两个后轮上分别装有独立的电动机。一台 3/4hp 的汽油发动机与 1.1kW 发电机相组合并安装在拖车上，可对蓄电池组进行再充电以扩展其续驶里程。在法国，这一混合动力设计被用于提高电动汽车的续驶里程，而不是为小功率内燃机补充所需的额外功率。

法国人 Camille Jenatzy 在 1903 年巴黎美术展览馆展示了并联式混合动力电动汽车，该车将 6hp 的汽油发动机和 14hp 的电动机相结合，实现了发动机向蓄电池充电，或者由蓄电池辅助驱动。1902 年，另一位法国人 H. Krieger 制造了第二辆串联式混合动力电动汽车，该设计采用两台独立的直流电动机驱动前轮。电动机由 44 块铅酸电池供给能量，采用一台 4.5hp 的乙醇火花点燃式发动机与并励直流发电机组合的方式给蓄电池充电。

1899～1914 年间，出现了兼有并联和串联模式的混合动力电动汽车，虽然电气制动已应用于这些早期设计之中，但没有再生制动的记载。很可能其中大多数，也可能是全部设计都采用在牵引电动机切断电流后，利用电枢短路或在电枢中串入电阻的方法实现制动。1903 年 Lohner-Porsche 的电动汽车是应用这一方法的典型实例[13]。应该注意的是，磁离合器和磁万向节也是常用的方法。

早期制造混合动力电动汽车结构是为了辅助当时功率偏小的内燃机，或是为了提高电动汽车的续驶里程。混合动力电动汽车利用了基本的电动汽车技术，并使之实用化。尽管混合动力电动汽车在设计中有很多的创造性，但在第一次世界大战后，仍然无法与已有重大进步的内燃机汽车相竞争。就功率密度而言，汽油发动机取得了惊人的进步，发动机变得更小、更有效，并且不再需要电动机予以辅助。电动机的附加成本和铅酸电池带来的危害，是第一次世界大战后混合动力电动汽车从市场中消失的关键原因。

早期设计中的最大问题是如何解决电机控制中的难题。在 20 世纪 60 年代中期以前，电力电子技术尚未达到适合应用的水平，且早期电动机采用机械开关和电阻器实现控制。技术水平的限制导致运行范围有限，无法满足汽车的有效运行需求。在这种困难情况下，采用混合动力电动汽车的运行方式是实现上述相容性的唯一方法。

Victor Wouk 博士被公认为是推进混合动力电动汽车的近代研究者[13]。1975 年，他与同事们一起制造了一辆名为 Buick Skylark 的并联式混合动力电动汽车。该车采用马自达旋转式发动机，与手动变速器配合，并由一台固定于传动装置前端的 15hp 的他励直流电动机予以辅助，同时采用 8 块 12V 的汽车蓄电池组用于储存能量。这辆车的最高速度可达 80mile/h（129km/h），在 16s 内可从零速度加速至 60mile/h。

1967 年，在 Linear Alpha 公司工作的 Ernest H. Wakefield 博士更新了串联式混合动力电动汽车的设计。采用 3kW 的小型发动机-交流发电机组用于为蓄电池组充电。然而由于技术上的原因，这一实验很快终止。在 20 世纪 70~80 年代初，出现了概念上与 1899 年法国的 Vedovelli 与 Priestly 设计相类似的增程器。增程器的目的在于提高电动汽车续驶里程，以满足市场需求。其他的混合动力电动汽车原型分别由 Electric Auto 和 Briggs & Stratton 两家公司在 1982 年和 1980 年制成，均为并联式混合动力电动汽车。

尽管在 1973 年和 1977 年发生了两次石油危机，以及不断增加的环境问题，但仍未能促使混合动力电动汽车成功进入市场。研究人员专注于纯电动汽车，在 20 世纪 80 年代制造了许多电动汽车原型车。在该期间人们对混合动力电动汽车兴趣不足的原因归咎于当时电力电子技术、电动机和蓄电池应用技术的欠缺。事实上，20 世纪 80 年代见证了传统内燃机汽车体积变小、催化排气净化器引入以及燃料喷射技术普及等技术进展。

在 20 世纪 90 年代，当人们清楚纯电动汽车难以达到节能目标时，开始对混合动力电动汽车的概念产生很大的兴趣。福特汽车公司启动了福特混合动力电动汽车挑战计划，该计划展现了源于大学对混合动力电动汽车所做的努力。

全世界汽车制造商生产的混合动力电动汽车都取得了巨大的进步，在燃油经济性方面超过了对应的内燃机汽车。在美国，道奇汽车公司制造了 Intrepid ESX-1、ESX-2 和 ESX-3 型混合动力电动汽车。ESX-1 型混合动力电动汽车是串联式混合动力电动汽车，装备有一台小型涡轮增压的三缸柴油机和一组蓄电池；在后轮上安置有两台 100hp 电动机。当时美国政府提出"新一代汽车合作伙伴计划（PNGV）"，包含燃油经济性可达 80mile/USgal⊖ 的中型轿车目标。福特公司的 Prodigy 和通用公司的 Precept 均是该计划的成果。Prodigy 和 Precept 都是并联式混合动力电动汽车，装备有与干式离合器和手动变速器相配合的小型涡轮增压柴油机。它们达到了预期目标，但未能随之生产。

法国的 Renault Next 代表了欧洲方面的成果，该车是一辆小型的并联式混合动力电动汽车，它装有一台 750cm³ 的火花点燃式发动机和两台电动机。该原型车的燃油经济性达到 29.4km/L（70mile/USgal），其最高车速和加速性能已可与传统内燃机汽车相比拟。大众汽车公司也制造了原型车 Chico，其基础是一辆装备有镍氢蓄电池组和一台三相异步电动机的小型电动汽车，在此基础上安装了一台小型的双缸汽油发动机用于电池再充电，并为高速巡航提供附加动力。

在混合动力电动汽车的发展和商业化进程中，最有影响力的当属日本制造商。1997 年丰田公司在日本推出了普锐斯混合动力电动轿车，本田公司也推出了 Insight 和 Civic 混合动力电动轿车。这些混合动力电动汽车目前在全世界得到了广泛应用，实现了燃油消耗量的优化。丰田公司的普锐斯和本田公司的 Insight 混合动力

⊖ 1USgal = 3.785L。

电动汽车具有历史性的价值，它们是解决私家车燃油消耗难题的当代首批商业化的混合动力电动汽车。

1.8 燃料电池电动汽车的历史

早在1839年，William Grove（常称其为燃料电池之父）已发现通过电解水的反向过程可产生电。在1889年，两位研究者Charles Langer和Ludwig Mond创造了"燃料电池"术语，并利用空气和煤气尝试设计制作了第一台实用的燃料电池。当20世纪初期进一步试图发展燃料电池以使煤或碳转换为电能时，内燃机的到来暂时抑制了发展该应用技术的希望。

1932年Francis Bacon成功研制了可能是第一台燃料电池装置，该装置通过碱性电解液和镍电极构成氢氧燃料电池，其中采用了Mond和Langer使用的廉价触媒作用的替代物。由于一些实质性的技术困难，直至1959年，Bacon和公司才首次示范实用的5kW燃料电池系统。Harry Karl Ihrig在同一年展示了在当时令人满意的备有20hp燃料电池的牵引车。

在20世纪50年代后期，美国国家航空航天局（NASA）也开始制造应用于太空飞行任务的紧凑型发电机，并且不久后即为涉及燃料电池应用技术的数百个研究合同提供资金。在成功应用于数次太空飞行任务后，目前燃料电池在空间计划中已具有确认无疑的作用。

在最近十年间，包括主要的汽车制造商在内的一些制造商，以及各领域的美国公司都已经支持正在进行的燃料电池应用技术的研发，以应用于燃料电池电动汽车和其他用途[14]。氢的生成、储存和分配是当前面临的最大挑战。事实上燃料电池电动汽车进入市场仍然需要经历相当长的过程。

参考文献

[1] C. R. Ferguson and A. T. Kirkpatrick, *Internal Combustion Engines—Applied Thermo-Sciences*, Second Edition, John Wiley & Sons, New York, 2001.

[2] U.S. Environmental Protection Agency (EPA), Automobile emissions: An overview, *EPA 400-F-92-007*, Fact Sheet OMS-5, August 1994.

[3] U.S. Environmental Protection Agency (EPA), Automobiles and ozone, *EPA 400-F-92-006*, Fact Sheet OMS-4, January 1993.

[4] Energy Information Administration, U.S. Department of Energy, Carbon dioxide emissions from energy consumption by sector, 1980–1999, 2001, available at http://www.eia.doe.gov/emeu/aer/txt/tab1202.htm.

[5] BP statistical review of world energy—oil, 2001, available at http://www.bp.com/downloads-/837/global_oil_section.pdf.

[6] USGS World Energy Assessment Team, World undiscovered assessment results summary, *U.S. Geological Survey Digital Data Series 60*, available at http://greenwood.cr.usgs.gov/energy/WorldEnergy/DDS-60/sum1.html#TOP.

[7] International Energy Database, Energy Information Administration, U.S. Department of Energy, World petroleum consumption, 1980–1999, 2000.

[8] D. Doniger, D. Friedman, R. Hwang, D. Lashof, and J. Mark, Dangerous addiction: Ending America's oil dependence, *National Resources Defense Council and Union of Concerned Scientists*, 2002.

[9] M. Ehsani, D. Hoelscher, N. Shidore, and P. Asadi, Impact of hybrid electric vehicles on the world's petroleum consumption and supply, *Society of Automotive Engineers (SAE) Future Transportation Technology Conference*, Paper No. 2003-01-2310, 2003.

[10] J. E. Hake, International energy outlook—2000 with projection to 2020, available at http://tonto.eia.doe.gov/FTPROOT/presentations/ieo2000/sld008.htm.

[11] E. H. Wakefield, *History of the Electric Automobile: Battery-only Powered Cars*, Society of Automotive Engineers (SAE), Warrendale, PA, 1994, ISBN: 1-56091-299-5.

[12] Y. Gao and M. Ehsani, An investigation of battery technologies for the Army's hybrid vehicle application, *Proceedings of the IEEE 56th Vehicular Technology Conference*, Vancouver, British Columbia, Canada, September 2002.

[13] E. H. Wakefield, *History of the Electric Automobile: Hybrid Electric Vehicles*, Society of Automotive Engineers (SAE), Warrendale, PA, 1998, ISBN: 0-7680-0125-0.

[14] California Fuel Cell Partnership, available at http://www.fuelcellpartnership.org/

[15] L. L. Christiansen, H. Frederick, K. Knechel, and E. L. Mussman, Meeting the Needs of Modern Transportation Researchers by Transforming the Iowa Department of Transportation Library-Early Efforts & Results. *Transportation Research Board 95th Annual Meeting*, no. 16-3827. 2016.

[16] C. Ergas, M. Clement, and J. McGee, Urban density and the metabolic reach of metropolitan areas: A panel analysis of per capita transportation emissions at the county-level. *Social Science Research* 58, 2016: 243–253.

[17] E. Weiner, *Urban transportation planning in the United States: History, policy, and practice*. Springer, 2016.

[18] M. Alam, J. Ferreira, and J. Fonseca, Introduction to intelligent transportation systems. *Intelligent Transportation Systems*, pp. 1–17. Springer International Publishing, 2016.

[19] R. Jedwab and A. Moradi, The permanent effects of transportation revolutions in poor countries: Evidence from Africa. *Review of Economics and Statistics* 98(2), 2016: 268–284.

[20] S. A. Bagloee, M. Tavana, M. Asadi, and T. Oliver, Autonomous vehicles: Challenges, opportunities, and future implications for transportation policies. *Journal of Modern Transportation* 24 (4), 2016: 284–303.

[21] M. Lawry, A. Mirza, Y. W. Wang, and D. Sundaram, Efficient Transportation-Does the Future Lie in Vehicle Technologies or in Transportation Systems? *International Conference on Future Network Systems and Security*, pp. 126–138. Springer, Cham, 2017.

[22] M. Chowdhury and K. Dey, Intelligent transportation systems-a frontier for breaking boundaries of traditional academic engineering disciplines [Education]. *IEEE Intelligent Transportation Systems Magazine* 8(1), 2016: 4–8.

[23] J. Hogerwaard, I. Dincer, and C. Zamfirescu, Thermodynamic and environmental impact assessment of NH3 diesel–fueled locomotive configurations for clean rail transportation. *Journal of Energy Engineering* 143(5), 2017: 04017018.

[24] J. D. K. Bishop, N. Molden, and A. M. Boies, Real-world environmental impacts from modern passenger vehicles operating in urban settings. *International Journal of Transport Development and Integration* 1(2), 2017: 203–211.

[25] L. A. W. Ellingsen, B. Singh, and A. H. Strømman, The size and range effect: Lifecycle greenhouse gas emissions of electric vehicles. *Environmental Research Letters* 11(5), 2016: 054010.

[26] H. I. Abdel-Shafy and M. S. M. Mansour, A review on polycyclic aromatic hydrocarbons: source, environmental impact, effect on human health and remediation. *Egyptian Journal of Petroleum* 25(1), 2016: 107–123.

[27] W. Ren, B. Xue, Y. Geng, C. Lu, C. Y. Zhang, L. Zhang, T. Fujita, and H. Hao, Inter-city passenger transport in larger urban agglomeration area: Emissions and health impacts. *Journal of Cleaner Production* 114, 2016: 412–419.

[28] W. Ke, S. Zhang, X. He, Y. Wu, and J. Hao, Well-to-wheels energy consumption and emissions of electric vehicles: Mid-term implications from real-world features and air pollution control progress. *Applied Energy* 188, 2017: 367–377.

[29] S. S. Sosale, Performance Analysis of Various 4-Wheelers with IC Engines for Hybridization, 2017.

[30] D. Karner and J. Francfort, Hybrid and plug-in hybrid electric vehicle performance testing by the US Department of Energy Advanced Vehicle Testing Activity. *Journal of Power Sources* 174, 2007: 69–75. http://dx.doi.org/10.1016/j.jpowsour.2007.06.069.

[31] X. Hu, N. Murgovski, L. M. Johannesson, and B. Egardt, Comparison of three electrochemical energy buffers applied to a hybrid bus powertrain with simultaneous optimal sizing and energy management. *IEEE Transactions on Intelligent Transportation Systems* 15, 2014: 1193–1205. http://dx.doi.org/10.1109/TITS.2013.2294675.

第 2 章 车辆驱动和制动的基本原理

车辆动力学是基于一般力学原理并使用数学方法描述车辆特性的理论。由数千个零件构成的车辆是一个复杂系统，需要完善的机械和数学知识来充分描述其运动特性，在该领域已有大量文献进行过论述。本书主要讨论的内容是纯电动汽车、混合动力电动汽车和燃料电池电动汽车的动力传动系统，因此对车辆原理的讨论只限于一维运动。本章将重点讨论车辆性能方面的问题，如车速、爬坡能力、加速性能、油耗和制动性能等。

2.1 车辆运动的一般描述

车辆在其行进方向上的运动特性由施加在车辆上的该方向全部作用力决定。图 2.1 所示为车辆上坡时受到的作用力。驱动轮的轮胎与路面的接触区域中产生的牵引力 F_t 推动车辆向前行进。该牵引力由动力装置产生，并以转矩的方式通过传动装置最终传递到驱动轮。当车辆行驶时，阻力会阻碍车辆的运动。阻力通常包括轮胎滚动阻力、空气阻力和爬坡阻力。根据牛顿第二定律，车辆加速度可表达为

$$\frac{dV}{dt} = \frac{\sum F_t - \sum F_r}{\delta M} \quad (2.1)$$

式中，V 是车速；$\sum F_t$ 是车辆的总牵引力；$\sum F_r$ 是总阻力；M 是车辆的总质量；δ 是将旋转部件的转动惯量等效成平移质量的质量系数。

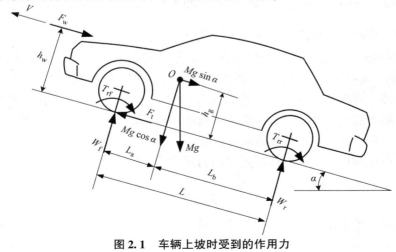

图 2.1 车辆上坡时受到的作用力

2.2 车辆阻力

如图2.1所示,车辆阻力的方向与车辆运动方向相反,包括轮胎的滚动阻力,在图中表现为滚动阻力矩T_{rf}和T_{rr}、空气阻力F_w和爬坡阻力(图中的$Mg\sin\alpha$项),相关阻力将在下面的章节中详细讨论。

2.2.1 滚动阻力

在硬路面上,轮胎的滚动阻力主要来自于轮胎材料的弹性滞后。图2.2所示为静止轮胎的受力情况,力P通过轮胎中心。

轮胎与地面之间接触区域中的压力呈中心对称分布,产生的反作用力P_z与P共线。在加载和卸载过程中,形变z与载荷P的关系如图2.3所示。由于橡胶材料变形存在弹性滞后,所以在相同形变z下,加载时的载荷大于卸载时的载荷。

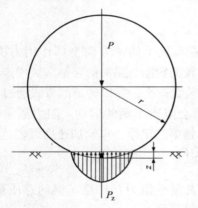 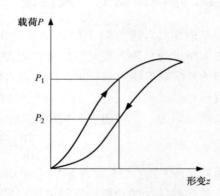

图 2.2　接触区域的压力分布　　　　图 2.3　加载和卸载时轮胎形变与载荷的关系

当轮胎滚动时,如图2.4a所示,接触区域的前半部分为加载状态,而后半部分为卸载状态。因此,变形的弹性滞后会导致地面反作用力呈不对称分布。在图2.4a中,接触区前半部分的压力大于后半部分的压力。这种现象导致地面的反作用力前移,该向前偏移的反作用力在车轮中心上产生了一个阻止车轮滚动的力矩。在软质表面上,滚动阻力主要是由地面变形引起的,如图2.4b所示。此时地面反作用力几乎完全偏移到接触面的前半部分。

因地面反作用力向前偏移所产生的力矩称为滚动阻力矩,如图2.4a所示,其可表示为

$$T_r = Pa \tag{2.2}$$

为保持车轮滚动,需要有作用于车轮中心的力F来平衡该滚动阻力矩。力F

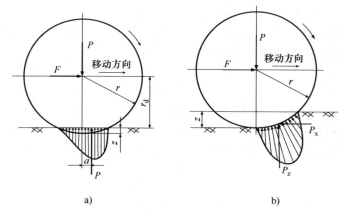

图 2.4 轮胎挠度和滚动阻力
a) 在硬质表面上　b) 在软质表面上

可表示为

$$F = \frac{T_r}{r_d} = \frac{Pa}{r_d} = Pf_r \quad (2.3)$$

式中，r_d 是轮胎的有效半径；$f_r = a/r_d$ 是滚动阻力系数。这样滚动阻力矩便可以等效为作用在车轮中心上、与车轮的运动方向相反的水平力。这个等效力被称为滚动阻力，表达式为

$$F_r = Pf_r \quad (2.4)$$

式中，P 是作用于轮胎中心的纵向载荷。当车辆在坡度道路上行驶时，载荷 P 应由与路面法线的分量代替，此时有

$$F_r = Pf_r \cos\alpha \quad (2.5)$$

式中，α 是路面倾斜角度（见图 2.1）。

滚动阻力系数 f_r 受轮胎材料、轮胎结构、轮胎温度、轮胎压力、胎面几何形状、道路粗糙度、道路材料以及道路上是否存在液体等条件影响。表 2.1 给出了各种路面上滚动阻力系数的典型值。近年来，为节省燃料，研究人员已开发出轿车使用的低阻力轮胎，其滚动阻力系数小于 0.01。

表 2.1　常见路面的滚动阻力系数

路面条件	滚动阻力系数
混凝土或沥青路面	0.013
滚石路	0.02
沥青碎石路	0.025
未铺路面	0.05
田地	0.1 ~ 0.35
混凝土或沥青路面上的货车轮胎	0.006 ~ 0.01
铁轨上的车轮	0.001 ~ 0.002

表 2.1 给出的滚动阻力系数的典型值未考虑该系数随速度的变化关系。根据实验结果，研究人员总结出多种用于计算硬质路面轮胎滚动阻力的经验公式。例如，混凝土路面上轿车的滚动阻力系数可以按式（2.6）计算。

$$f_r = f_0 + f_s \left(\frac{V}{100}\right)^{2.5} \tag{2.6}$$

式中，V 是车速，单位为 km/h；f_0 和 f_s 取决于轮胎的充气压力。

在车辆性能计算中，可以将滚动阻力系数视为速度的线性函数。在通常充气压力范围内，可采用如下公式计算混凝土路面上行驶轿车的滚动阻力系数[2]：

$$f_r = 0.01\left(1 + \frac{V}{160}\right) \tag{2.7}$$

当车速低于 128km/h 时，式（2.7）可以得到足够精度的计算结果。

2.2.2 空气阻力

行驶中的车辆会受到因空气阻碍而产生的阻力，该力被称为空气阻力。空气阻力主要由形状阻力和表面摩擦力组成。

(1) 形状阻力 车辆向前运动推动前方空气，但前方空气无法瞬时排出，造成前方压力增加，形成高气压区域。此外，由于车辆后方的空气不能及时填满车辆向前运动留下的空间，会形成一个低气压区域。因此，车辆运动会产生两个对抗运动的压力区域，即前部高压区产生逆推力，后部低压区产生拉力，两者均阻碍车辆运动，该过程如图 2.5 所示。上述两个力的合力就是形状阻力。之所以称为形状阻力，是因为这一阻力的大小完全取决于车身形状。

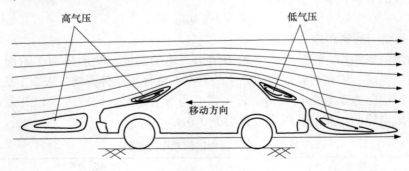

图 2.5 形状阻力

(2) 表面摩擦力 靠近车辆表面的空气以近似于车速的速度移动，而远离车辆的空气则保持静止，其间的空气分子在宽速度范围内产生相对运动。空气分子之间存在的速度差异会产生摩擦力，形成空气阻力的另一部分。

空气阻力是车辆速度 V、车辆迎风面积 A_f、车身形状和空气密度 ρ 的函数，可表达为

$$F_w = \frac{1}{2}\rho A_f C_D (V - V_w)^2 \qquad (2.8)$$

式中，C_D 是表征车身形状的空气阻力系数；V_w 是风速在车辆运动方向上的分量，当 V_w 与车辆移动方向相同时为正号，相反时则为负号。典型车身形状的空气阻力系数如图 2.6 所示。

车辆形式	空气阻力系数
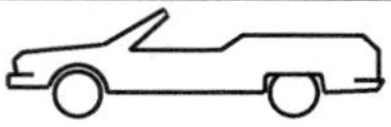 敞篷车	0.5~0.7
 厢式车	0.5~0.7
 浮筒式车身	0.4~0.55
 楔形车身；前灯和保险杆集成在车身内，车身底部覆盖，优化冷却气流	0.3~0.4
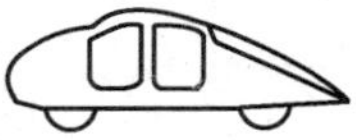 前灯和所有车轮在车身内，车身底部覆盖	0.2~0.25
 K 型（小阻断面）	0.23
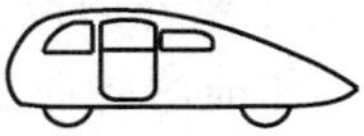 优化的流线型设计	0.15~0.20
货车，大型载货汽车	0.8~1.5
公共汽车	0.6~0.7
流线型公共汽车	0.3~0.4
摩托车	0.6~0.7

图 2.6 不同车身形状的阻力系数

2.2.3 爬坡阻力

当车辆上坡或下坡时，其重量将产生一个始终朝向下坡方向的分量，如图 2.7

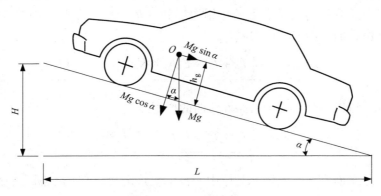

图 2.7 车辆爬坡

所示。这个分量会阻碍车辆向前运动（爬坡）或辅助车辆向前运动（下坡）。在车辆性能分析时，通常只考虑上坡时的工况。这种路面坡度所产生的力通常称为爬坡阻力。

如图2.7所示，爬坡阻力可以表示为

$$F_g = Mg\sin\alpha \tag{2.9}$$

为了简化计算，当路面倾斜角α较小时，通常使用坡度值代替。如图2.7所示，坡度定义如下：

$$i = \frac{H}{L} = \tan\alpha \approx \sin\alpha \tag{2.10}$$

轮胎的滚动阻力和爬坡阻力一起被称为路面阻力，表示为

$$F_{rd} = F_f + F_g = Mg(f_r\cos\alpha + \sin\alpha) \tag{2.11}$$

当路面倾斜角α较小时，路面阻力可以简化为

$$F_{rd} = F_f + F_g = M_g(f_r + i) \tag{2.12}$$

2.3 动力学方程

车辆纵向受力分析过程如图2.1所示。作用于车辆上的主要外力包括前后轮胎的滚动阻力F_{rf}和F_{rr}、空气阻力F_w、爬坡阻力F_g（$Mg\sin\alpha$）和前后轮胎上的牵引力F_{tf}和F_{tr}。其中滚动阻力F_{rf}和F_{rr}分别由滚动阻力矩T_{rf}和T_{rr}表征。对于后轮驱动车辆而言，F_{tf}为零，对于前轮驱动车辆而言，F_{tr}为零。

车辆纵向的动力学方程表示为

$$M\frac{dV}{dt} = (F_{tf} + F_{tr}) - (F_{rf} + F_{rr} + F_w + F_g) \tag{2.13}$$

式中，dV/dt是汽车的纵向加速度；M是汽车质量。式（2.13）中右侧的第一部分是总牵引力，第二部分是总阻力。

为计算轮胎与道路接触面可支持的最大牵引力，必须确定前后车轴上的路面法向载荷。对所有作用在R点上的作用力求和（R为轮胎与地面接触区的中心），得到前轴上沿路面法向的作用力W_f

$$W_f = \frac{Mg\,L_b\cos\alpha - \left(T_{rf} + T_{rr} + F_w h_w + Mg\,h_g\sin\alpha + M h_g\frac{dV}{dt}\right)}{L} \tag{2.14}$$

类似地，可以得到后轴上沿路面法向的作用力W_r

$$W_r = \frac{Mg\,L_a\cos\alpha + \left(T_{rf} + T_{rr} + F_w h_w + Mg\,h_g\sin\alpha + M h_g\frac{dV}{dt}\right)}{L} \tag{2.15}$$

对于乘用车而言，空气阻力对应中心点的高度h_w可近似用车辆重心高h_g代替，则式（2.14）和式（2.15）可以简化为

$$W_\text{f} = \frac{L_\text{b}}{L}Mg\cos\alpha - \frac{h_\text{g}}{L}\left(F_\text{w} + F_\text{g} + Mgf_\text{r}\frac{r_\text{d}}{h_\text{g}}\cos\alpha + M\frac{\text{d}V}{\text{d}t}\right) \quad (2.16)$$

和

$$W_\text{r} = \frac{L_\text{a}}{L}Mg\cos\alpha + \frac{h_\text{g}}{L}\left(F_\text{w} + F_\text{g} + Mgf_\text{r}\frac{r_\text{d}}{h_\text{g}}\cos\alpha + M\frac{\text{d}V}{\text{d}t}\right) \quad (2.17)$$

式中，r_d 是车轮的有效半径。根据式（2.5）和式（2.13），可以将式（2.16）和式（2.17）改写为

$$W_\text{f} = \frac{L_\text{b}}{L}Mg\cos\alpha - \frac{h_\text{g}}{L}\left[F_\text{t} - F_\text{r}\left(1 - \frac{r_\text{d}}{h_\text{g}}\right)\right] \quad (2.18)$$

和

$$W_\text{r} = \frac{L_\text{a}}{L}Mg\cos\alpha + \frac{h_\text{g}}{L}\left[F_\text{t} - F_\text{r}\left(1 - \frac{r_\text{d}}{h_\text{g}}\right)\right] \quad (2.19)$$

式中，$F_\text{t} = F_\text{tf} + F_\text{tr}$ 是车辆的总牵引力；F_r 是车辆的总滚动阻力。式（2.18）和式（2.19）右侧的第一项是车辆静止时前后轴路面法线方向的静载荷，第二项是路面法线方向的动载荷。

轮胎与地面接触面所能提供的最大牵引力通常由道路法线方向的载荷与路面附着系数 μ（在一些文献中也称为摩擦系数）的乘积来描述，超出该值时可能会导致轮胎打滑（更多细节参考 2.4 节）。

对于前轮驱动车辆有

$$F_\text{tmax} = \mu W_\text{f} = \mu\left\{\frac{L_\text{b}}{L}Mg\cos\alpha - \frac{h_\text{g}}{L}\left[F_\text{tmax} - F_\text{r}\left(1 - \frac{r_\text{d}}{h_\text{g}}\right)\right]\right\} \quad (2.20)$$

和

$$F_\text{tmax} = \frac{\mu Mg\cos\alpha[L_\text{b} + f_\text{r}(h_\text{g} - r_\text{d})]/L}{1 + \mu h_\text{g}/L} \quad (2.21)$$

式中，f_r 是滚动阻力系数。类似地，对于后轮驱动车辆有

$$F_\text{tmax} = \mu M_\text{r} = \mu\left\{\frac{L_\text{a}}{L}Mg\cos\alpha + \frac{h_\text{g}}{L}\left[F_\text{tmax} - F_\text{r}\left(1 - \frac{r_\text{d}}{h_\text{g}}\right)\right]\right\} \quad (2.22)$$

$$F_\text{tmax} = \frac{\mu Mg\cos\alpha[L_\text{a} - f_\text{r}(h_\text{g} - r_\text{d})]/L}{1 - \mu h_\text{g}/L} \quad (2.23)$$

在车辆行驶过程中，从发动机输出通过减速器传递至驱动轮上的最大牵引力不应超过由式（2.21）和式（2.23）得到的最大牵引力，否则驱动轮会在地面上打滑，导致车辆运行状态不稳定。

2.4 轮胎与地面间的附着力和最大牵引力

当车辆产生的牵引力超过轮胎和地面接触面所能提供的最大牵引力限制时，

驱动轮将在地面上打滑，因此轮胎和地面间的附着能力有时会成为限制车辆性能的主要因素，尤其是当车辆在潮湿、结冰、积雪或软土路面上行驶时。在上述情况下，作用于驱动轮上的牵引力矩会使车轮在地面上产生明显滑移。作用于驱动轮的最大牵引力取决于轮胎和地面间附着能力所能提供的最大纵向力，而非取决于发动机可提供的最大转矩。

实验结果表明，在各种类型路面上驱动轮的最大牵引力均与轮胎滑移密切相关。即便在良好的干燥路面上，由于轮胎的弹性也同样存在滑移现象。在牵引过程中，轮胎的滑移率定义为

$$s = \left(1 - \frac{V}{r\omega}\right) \times 100\% \tag{2.24}$$

式中，V 是轮胎中心的平移速度；ω 是轮胎的角速度；r 是自由滚动轮胎的滚动半径。在牵引过程中，速度 V 始终小于 $r\omega$，因此轮胎的滑移率始终为正，分布在 0 ~ 1.0 之间。然而，在制动过程中，轮胎的滑移率定义为

$$s = \left(1 - \frac{r\omega}{V}\right) \times 100\% \tag{2.25}$$

与牵引过程相似，制动过程的滑移率 s 同样为 0 ~ 1.0 之间的正值。与滑移率相对应的轮胎最大牵引力可表示为

$$F_x = P\mu(s) \tag{2.26}$$

式中，P 是轮胎受到的垂直载荷；μ 是牵引力系数，也是轮胎滑移率的函数。牵引力系数与轮胎滑移率的关系如图 2.8 所示。

在小滑移的范围内（图 2.8 中的 OA 部分），牵引力系数近似正比于滑移率。如图 2.9 所示，此时的滑移由轮胎本身的弹性产生，而不是由轮胎与地面之间的相

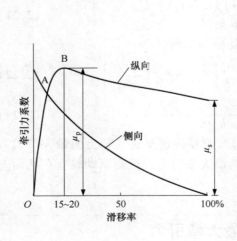

图 2.8 牵引力系数与轮胎纵向滑移的对应关系

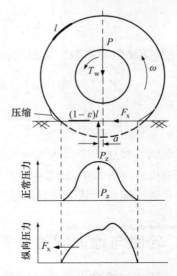

图 2.9 驱动转矩作用下的轮胎状态

对滑动产生。当牵引力矩施加到轮胎上时,轮胎与地面接触的部分会产生牵引力。与此同时,轮胎的前部胎面被压缩,在轮胎的侧壁上也会产生剪切变形。故在接触区域内,轮胎实际的行进距离将小于自由滚动轮胎中的距离。由于轮胎的弹性特性为近似线性,所以实际的牵引力与滑移的关系曲线近似于线性变化。

当驱动轮的转矩和牵引力进一步增加时,轮胎与地面之间将出现滑移。此时,牵引力与滑移量之间为非线性关系,对应于图 2.8 所示曲线的 AB 部分。当滑移率在 15%～20% 时牵引力系数达到峰值,而当滑移率超过 20% 时牵引力系数下降,车辆进入不稳定的运行状态。由图 2.8 可见,牵引力系数从峰值快速下降到纯滑移值。正常行驶情况下,轮胎的滑移率必须限制在低于 15%～20% 的范围内。表 2.2 列出了不同路面上牵引力系数的平均值[2]。

表 2.2 不同路面上牵引力系数的平均值

路面	峰值 μ_p	滑移值 μ_s
沥青和混凝土	0.8～0.9	0.75
混凝土(潮湿)	0.8	0.7
沥青(潮湿)	0.5～0.7	0.45～0.6
砾石路	0.6	0.55
土路(干燥)	0.68	0.65
土路(潮湿)	0.55	0.4～0.5
积雪(压实)	0.2	0.15
结冰	0.1	0.07

2.5 动力系的牵引力和车速

如图 2.10 所示,汽车动力系由动力装置(发动机或电动机)、手动变速器中的离合器或自动变速器中的变矩器、变速器(传动装置)、主减速器、差速器、传动轴和驱动轮等组成。动力装置输出轴的转矩和转速通过离合器或变矩器、变速

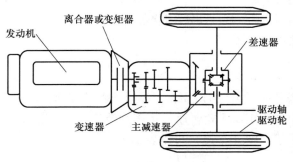

图 2.10 汽车动力系的概念图

器、主减速器、差速器和传动轴传递到驱动轮。手动变速器中的离合器用来实现动力的传递或分离；自动变速器中的变矩器是一种液力装置，其功能如同具有连续可变传动比的手动变速器中的离合器（更多细节参考2.6节）。变速器提供了从输入轴到输出轴的若干个传动比，用于使动力装置的转矩-转速曲线与载荷需求相匹配。主减速器通常是一对齿轮，可实现进一步减速，并通过差速器将转矩分配到每个车轮。

从动力装置传递到驱动轮上的转矩可以表示为

$$T_w = i_g i_0 \eta_t T_p \tag{2.27}$$

式中，i_g 是变速器的传动比，定义为 $i_g = N_{in}/N_{out}$（N_{in} 为输入端转速，N_{out} 为输出端转速）；i_0 是主减速器传动比；η_t 是从动力系统到驱动轮的传动效率；T_p 是动力装置的输出转矩。

如图2.11所示，驱动轮上的牵引力可以表示为

$$F_t = \frac{T_w}{r_d} \tag{2.28}$$

将式（2.27）代入式（2.28）可以得到

$$F_t = \frac{T_p i_g i_0 \eta_t}{r_d} \tag{2.29}$$

在机械传动过程中，齿轮摩擦和轴承摩擦都会产生损耗，以下是各类组件中机械效率的典型值：

1）离合器：99%；
2）每对齿轮：95%~97%；
3）轴承和万向节：98%~99%。

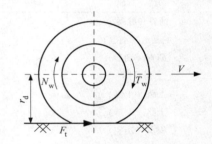

图2.11 作用于驱动轮上的牵引力和力矩

在发动机输出轴和驱动轮之间，传动装置的总机械效率是传动系统中所有组件效率的乘积。手动变速器的总机械效率可采用以下平均值加以近似：

1）直接传动档：90%；
2）其他档位：85%；
3）变速器减速比很高时：75%~80%。

驱动轮的转速可以表示为

$$N_w = \frac{N_p}{i_g i_0} \tag{2.30}$$

式中，N_p 是变速器转速，单位为 r/min，等同于手动变速器车辆中的发动机转速和自动变速器车辆中的变矩器涡轮转速（更多细节参考2.6节）。

车轮中心的平移速度（车速）可以表示为

$$V = \frac{\pi N_w r_d}{30} \tag{2.31}$$

将式 (2.30) 代入式 (2.31) 得到

$$V = \frac{\pi N_p r_d}{30\, i_g i_0} \tag{2.32}$$

2.6 车辆性能

车辆性能通常用最大巡航速度、爬坡能力和加速性能来描述。对车辆性能的预测一般是基于牵引力与车辆速度的关系,可参考 2.5 节的内容。一般假设行驶在道路上的车辆其最大牵引力受动力装置的最大转矩限制,而非受道路附着能力的限制。经常将牵引力(见式(2.29))和阻力($F_r + F_w + F_g$)用于汽车性能分析。图 2.12 和图 2.13 所示分别为汽油机驱动的四档手动变速器汽车和电动直驱车辆的示例。

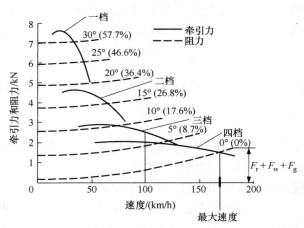

图 2.12　汽油机驱动的手动多档变速器车辆的牵引力与阻力

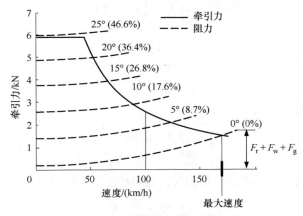

图 2.13　电动单档直驱车辆的牵引力与阻力

2.6.1 最高车速

最高车速定义为在平坦路面上车辆在动力装置最大输出（发动机全节气门或电动机满功率）下可以达到的最高巡航速度。最高车速行驶时车辆牵引力与阻力达到平衡，或达到了由动力装置最高转速与齿轮传动比所决定的车速。汽车牵引力与阻力的平衡关系可以表示为

$$\frac{T_p i_g i_0 \eta_t}{r_d} = M g f_r \cos\alpha + \frac{1}{2}\rho_a C_D A_f V^2 \tag{2.33}$$

式（2.33）表明，当其左侧代表的汽车牵引力与右侧代表的阻力达到平衡时，车辆达到最大速度。如图2.12和图2.13所示，牵引力曲线和阻力曲线的交点即是最高车速。

值得注意的是，对某些具备大功率动力装置或较大传动比的车辆而言，其牵引力曲线与阻力曲线之间没有交叉，此时最高车速取决于动力装置的最高转速。应用式（2.32）可以计算出该状况下的最高车速。

$$V_{max} = \frac{\pi}{30}\frac{n_{pmax} r_d}{i_0 i_{gmin}} \tag{2.34}$$

式中，n_{pmax}和i_{gmin}分别是发动机（或电动机）的最高转速和变速器的最小传动比。

2.6.2 爬坡能力

最大爬坡度定义为汽车在恒定速度下可以通过的最大坡度，例如在车速为100km/h（60mile/h）时可以通过的最大坡度。对于重型商用车或越野车，定义爬坡能力为汽车速度全范围内可以通过的最大坡度。

当车辆在坡度相对较小的道路上以恒定速度行驶时，汽车的牵引力和阻力达到平衡，其表达式为

$$\frac{T_p i_0 i_g \eta_t}{r_d} = M g f_r + \frac{1}{2}\rho_a C_D A_f V^2 + Mgi \tag{2.35}$$

故有

$$i = \frac{T_p i_0 i_g \eta_t / r_d - M g f_r - \frac{1}{2}\rho_a C_D A_f V^2}{Mg} = d - f_r \tag{2.36}$$

式中，d是性能因素，其表达式如下：

$$d = \frac{F_t - F_w}{Mg} = \frac{T_p i_0 i_g \eta_t / r_d - \frac{1}{2}\rho_a C_D A_f V^2}{Mg} \tag{2.37}$$

当车辆在较大坡度的道路上行驶时，其爬坡能力可以通过式（2.38）加以计算。

$$\sin\alpha = \frac{d - f_r \sqrt{1 - d^2 + f_r^2}}{1 + f_r^2} \tag{2.38}$$

车辆的爬坡能力也可以从图 2.12 或图 2.13 所示的牵引力和阻力图中得到。

2.6.3 加速性能

车辆的加速性能通常定义为车辆在平坦路面上从零加速到特定值（如 96km/h 或 60mile/h）所需要的加速时间和加速距离。根据牛顿第二定律（见式（2.13）），可以得到车辆的加速度为

$$a = \frac{dV}{dt} = \frac{F_t - F_f - F_w}{M\delta} = \frac{T_p i_0 i_g \eta_t / r_d - Mgf_r - \frac{1}{2}\rho_a C_D A_f V^2}{M\delta} = \frac{g}{\delta}(d - f_r) \quad (2.39)$$

式中，δ 是转动惯量系数，是考虑到旋转部件动能产生的等效质量增加。质量系数 δ 可以写成

$$\delta = 1 + \frac{I_w}{Mr_d^2} + \frac{i_0^2 i_g^2 I_p}{Mr^2} \quad (2.40)$$

式中，I_w 是车轮总的角转动惯量；I_p 是与动力装置相关旋转部件的总的角转动惯量。计算质量系数 δ 需要用到所有旋转部件转动惯量的值。在这些数值未知的情况下，可以采用如下经验公式来估算乘用车的转动惯量系数：

$$\delta = 1 + \delta_1 + \delta_2 i_g^2 i_0^2 \quad (2.41)$$

式中，δ_1 代表式（2.40）⊖ 右侧的第二项，合理估计值为 0.04；δ_2 代表动力装置相关旋转部件的影响，合理估计值为 0.0025。

图 2.14 和图 2.15 所示分别为汽油机驱动的四档变速器传统汽车和电动单档直驱车辆的加速度与车速的关系曲线。

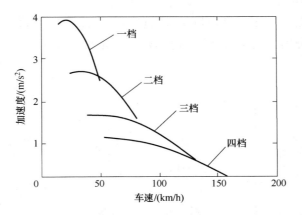

图 2.14 传统汽油机驱动四档变速车辆的加速性能

⊖ 原文误为式（2.56），此处应为式（2.40）。——译者注

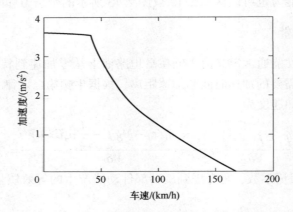

图 2.15　纯电动单档直驱车辆的加速性能

根据式（2.39），从低速 V_1 到高速 V_2 下的加速时间 t_a 和加速距离 S_a 为

$$t_a = \int_{V_1}^{V_2} \frac{M\delta}{T_p i_0 i_g \eta_t / r_d - Mgf_r - \frac{1}{2}\rho_a C_D A_f V^2} dV \quad (2.42)$$

和

$$S_a = \int_{V_1}^{V_2} \frac{M\delta V}{T_p i_0 i_g \eta_t / r_d - Mgf_r - \frac{1}{2}\rho_a C_D A_f V^2} dV \quad (2.43)$$

如式（2.42）、式（2.43）、图 2.13 和图 2.14 所示，动力装置的转矩 T_p 是转速的函数，而转速又是车速（见式（2.23））与变速器传动比的函数。这使得式（2.42）和式（2.43）难以使用解析方法求解，故通常采用数值方法求解。图 2.16 和图 2.17 所示分别为汽油机驱动与电动机驱动车辆的加速时间及加速距离与车速的关系。

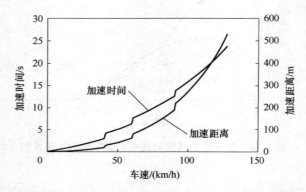

图 2.16　传统汽油机驱动四档变速乘用车的加速时间和加速距离与车速的对应关系

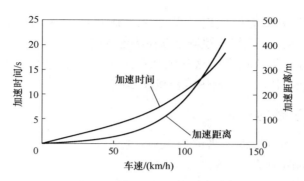

图 2.17 电动单档直驱车辆的加速时间和加速距离与车速的对应关系

2.7 燃油经济性

汽车的燃油经济性定义为车辆百公里行驶消耗的燃油量（L/100km），或每加仑汽油可以行驶的距离（mile/USgal），后者是目前美国现行的燃油经济性计算方法。车辆的燃油经济性取决于多种因素，包括发动机油耗特性、变速器档位数量和传动比、车辆行驶阻力、车速和实际路况等。

2.7.1 内燃机的燃油经济性

内燃机的燃油经济性通常用输出1kWh能量所消耗的燃油量来表示（g/kWh）。典型汽油发动机的燃油经济性如图2.18所示，其不同工作点对应的燃油消耗可能差异巨大。发动机的最佳工作点接近满载点（全节气门开度）。发动机转速对燃油经济性也有明显影响，在给定输出功率下，通常转速更低时其燃油消耗量也会更低。如图2.18所示，当发动机输出功率为40kW时，其最低油耗为270g/kWh，此时发动机转速为2080r/min。

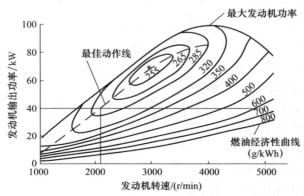

图 2.18 典型汽油发动机的燃油经济性

当车速与输出功率都给定时，发动机工作点由变速器传动比决定（见式（2.32））。理想情况下，无级变速器可以在给定行驶条件下自由选择传动比，以使发动机保持在最佳工作点运行。这一优点促进了各种连续变速传动装置的发展，包括摩擦传动、液力传动，静液压传动和液力机械传动等形式。

2.7.2 燃油经济性的计算

车辆燃油经济性可根据由当前功率和转速得到的发动机燃油消耗率来计算。发动机输出功率为阻力功率与车辆加速功率之和，其表达式如下：

$$P_e = \frac{V}{\eta_t}\left(F_f + F_w + F_g + M_v\delta\frac{dV}{dt}\right) \tag{2.44}$$

式（2.44）可写为

$$P_e = \frac{V}{1000\,\eta_t}\left(Mgf_r\cos\alpha + \frac{1}{2}\rho_a C_D A_f V^2 + Mg\sin\alpha + M\delta\frac{dV}{dt}\right) \tag{2.45}$$

发动机转速与车速和传动比的关系可以写成

$$N_e = \frac{30V\,i_g i_0}{\pi\,r_d} \tag{2.46}$$

通过式（2.44）和式（2.45）确定发动机输出功率和转速后，如图2.18所示，可以通过发动机燃油经济性曲线确定燃油消耗率g_e，燃油消耗率的时间速率如下：

$$Q_{fr} = \frac{P_e g_e}{1000\,\gamma_f} \tag{2.47}$$

式中，g_e是发动机的燃油消耗量，单位为g/kWh；γ_f是燃油质量密度，单位为kg/L。以车速V定速巡航时，距离S内的燃油消耗总量由式（2.48）得出。

$$Q_s = \frac{P_e g_e}{1000\,\gamma_f}\frac{S}{V} \tag{2.48}$$

图2.19所示为传统汽油车在水平路面上以恒定车速行驶时的燃油经济性分析实例。从图中可以看出，当汽车高速行驶时燃油消耗量增加，其原因是随着车速提高，发动机需要输出更多功率用于克服空气阻力。该图还表明，当使用高速档（对应较小传动比）时，在发动机转速降低的同时，车辆的燃油经济性也得到了改善。

图2.20所示为当车速恒定时，发动机工作在最高档和次高档时的工作点特性，从图中可以看出，发动机在

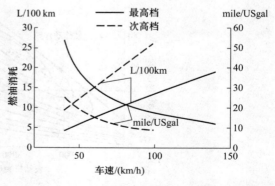

图2.19 传统车辆匀速行驶时的燃油经济性曲线

低档时比在高档时工作效率更低,这也是车辆的燃油经济性可以通过更多档位变速器和无级变速器来改善的原因。

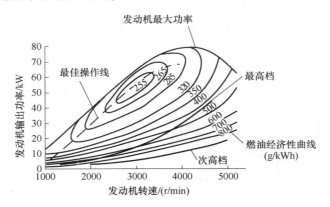

图 2.20　车辆恒速行驶时最高档和次高档对应的发动机工作点

值得注意的是,真实驾驶环境中车辆操作复杂,图 2.12 所示定速巡航时的燃油消耗率不能精确表示实际行驶条件下的燃油消耗率。因此,为模拟实际行驶状态,研究人员设计了 EPA FTP75、LA92、ECE-15、Japan1015 等多种行驶循环工况,通常用车速和行驶时间来表示。图 2.21 所示为美国使用的 EPA FTP75 行驶循环,用于模拟城市和高速公路上的行驶情况。

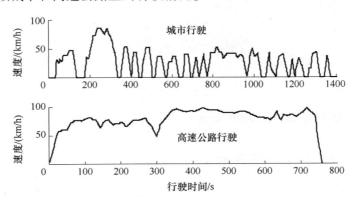

图 2.21　EPA FTP75 城市及高速公路循环工况

可以使用每个时间间隔内的燃油消耗量的总和来计算循环工况下的燃油总消耗量。

$$Q_{tc} = \sum_i \frac{p_{ei} g_{ei}}{1000 \gamma_f} \Delta t_i \tag{2.49}$$

式中,P_{ei} 是第 i 个时间间隔内的发动机平均功率,单位为 kW;g_{ei} 是第 i 个时间间隔内的发动机平均油耗,单位为 g/kWh;Δt_i 为第 i 个时间间隔,单位为 h。计算过程可以使用编程方式进行数值分析。图 2.22 和图 2.23 所示分别为 EPA FTP75 城市及高速道路循环工况下的燃油经济性和发动机工作点的情况。

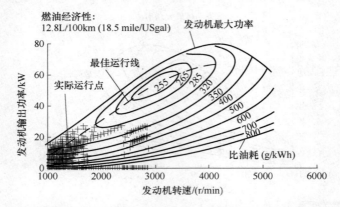

图 2.22　发动机燃油经济性图中 EPA FTP75 城市循环工况下的发动机工作点

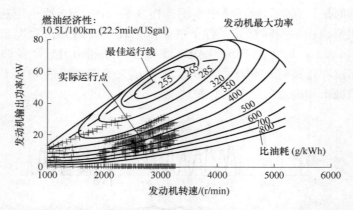

图 2.23　发动机燃油经济性图中 EPA FTP75 高速公路循环工况下的发动机工作点

2.7.3　改善汽车燃油经济性的基本方法

汽车行业一直在持续努力地提高汽车的燃油经济性。从根本上说，提高汽车燃油经济性所使用的技术主要包括以下几方面。

（1）降低车辆阻力　轻型材料结合先进的制造工艺以减轻车辆重量，进而降低滚动阻力和加速阻力，从而降低发动机的输出功率需求。降低车辆滚动阻力的另一个重要手段是在轮胎生产中应用先进技术，如钢丝缠绕子午线轮胎的滚动阻力系数明显低于常规帘布轮胎。通过流线型外形设计、提高汽车表面光滑程度等技术降低高速行驶时的风阻也能够有效改善汽车的燃油经济性。此外，适当的变速器结构、良好的润滑以及变速器中运动部件的正确调整与紧固等方法都可以减少功率传输中的能量损失，实现降低阻力的目的。

（2）提高发动机工作效率 提高发动机工作效率有助于改善车辆的燃油经济性。这一方面有许多可以应用的先进技术，如通过数字方式实现精确空燃比控制、采用能够减少热损失的高性能隔热材料、应用可变点火定时技术和主动控制阀和喷嘴等。

（3）恰当匹配的变速器 如前文所述，变速器的档位和传动比等参数会显著影响车辆燃油经济性。选择变速器的参数时应使发动机接近其最佳燃油工作区域。

（4）先进的驱动系统 近年来研发的新型动力装置和各种混合驱动装置等先进驱动系统可有效改善车辆的燃油经济性。与传统内燃机相比，燃料电池具有高效率和低排放的特点。此外，由传统内燃机与高性能电动机构成的混合驱动系统也能够有效提高车辆的整体效率。

2.8 制动性能

车辆的制动性能无疑是影响车辆安全性的最重要特性之一。在市区行驶过程中，制动过程会消耗大量的能量。近年来，随着纯电动汽车、混合动力电动汽车和燃料电池动力技术的发展，越来越多的电驱动技术已经在车辆中得到应用。车辆驱动系统的电气化使得在制动过程中对损耗能量加以回收成为可能。尽管如此，制动性能仍然是车辆制动系统设计时首要考虑的因素。当采用电制动方式来回收制动损失能量的同时，仍需要基于摩擦方式的机械制动以确保车辆迅速停车。针对上述情况，研究人员开发了混合制动系统。这种混合制动系统的设计和控制目标是：①产生足够的制动力以快速降低车速；②在前后轮上分配合适的制动力以确保车辆在制动过程中的稳定性；③尽可能多地回收制动能量。本节仅讨论车辆制动系统的设计原理，再生制动的相关内容将在第13章中讨论。

2.8.1 制动力

车辆制动系统的功能是在各种路况下都能快速降低车速，与此同时保持车辆行驶方向的稳定性和可操控性。这些需求是通过在车轮上施加足够的制动力，并将制动力在前后轮上合理分配来加以满足。

图2.24a所示为制动过程中的车轮受力状态，通过液压或空气压缩方式将制动块压紧在制动盘上，从而在制动盘上产生制动转矩，该制动转矩在轮胎与地面接触区域产生制动力，通过该制动力实现车辆的减速过程。

制动力可以表示为

$$F_b = \frac{T_b}{r_d} \tag{2.50}$$

制动力随着制动转矩的增加而增加，然而当制动力达到轮胎与地面附着力所

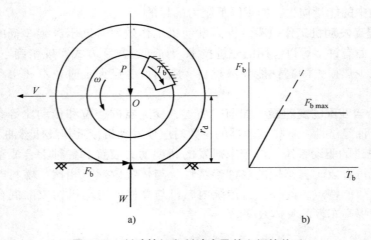

图 2.24 制动转矩和制动力及其之间的关系
a) 制动转矩和制动力 b) 制动转矩和制动力间的对应关系

能支持的最大制动力时,尽管制动转矩仍可继续增加,但制动力无法继续增大,如图 2.24b 所示。受路面附着能力限制的最大制动力可以表示为

$$F_{bmax} = \mu W \quad (2.51)$$

式中,μ 是轮胎与地面接触区域的附着系数。与牵引过程类似,附着系数随着轮胎的滑移而产生变化,如图 2.25 所示。

在制动过程中,轮胎的滑移率被定义为

$$s = \left(1 - \frac{r\omega}{V}\right) \times 100\% \quad (2.52)$$

式中,V 是车辆平移速度;ω 是车轮转速;r 是车轮半径。当 $\omega = 0$ 时,车轮完全锁定,$s = 100\%$。图 2.25 所示为附着系数和滑移率的典型曲线。附着系数在滑移率为 15%~20% 范围内呈现最大值,在滑移率达到 100% 时有所下降。表 2.3 列出了不同路面上附着系数的平均值。

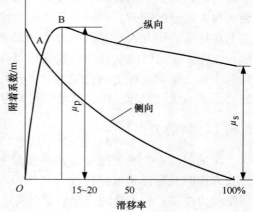

图 2.25 附着系数与轮胎纵向滑移率间的关系

表 2.3 不同路面上附着系数的平均值

路　面	峰值 μ_p	滑移值 μ_s
沥青和混凝土（干燥）	0.8~0.9	0.75
混凝土（潮湿）	0.8	0.7
沥青（潮湿）	0.5~0.7	0.45~0.6

(续)

路　　面	峰值μ_p	滑移值μ_s
砾石	0.6	0.55
泥土路（干燥）	0.68	0.65
泥土路（潮湿）	0.55	0.4～0.5
雪地（压实）	0.2	0.15
结冰	0.1	0.07

2.8.2　前后轴的制动力分配

图 2.26 所示为在水平路面上制动时车辆的受力情况，图中忽略了与制动力相比很小的滚动阻力和空气阻力。j 是制动过程中车辆的负向加速度，可以表示为

$$j = \frac{F_{bf} + F_{br}}{M} \tag{2.53}$$

式中，F_{bf} 和 F_{br} 分别是作用在前轮和后轮上的制动力。

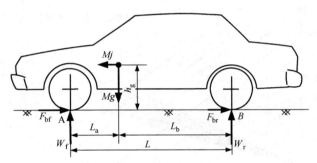

图 2.26　平坦路面制动时的车辆受力情况

最大制动力受轮胎与地面接触区域最大附着力的限制，与作用在轮胎上的方向载荷成正比。由制动转矩产生的实际制动力也应与法向载荷成比例，以使前后轮同时获得最大制动力。在制动过程中，有载荷从后轴传递到前轴，如图 2.26 所示，考虑到前后轮胎与地面接触点 A 和 B 的力矩平衡，前后车轴上的法向载荷 W_f 和 W_r 可以表示为

$$W_f = \frac{Mg}{L}\left(L_b + h_g \frac{j}{g}\right) \tag{2.54}$$

和

$$W_r = \frac{Mg}{L}\left(L_a - h_g \frac{j}{g}\right) \tag{2.55}$$

而施加在前轮和后轮上的制动力应与其法向载荷成正比，因此有

$$\frac{F_{bf}}{F_{br}} = \frac{W_f}{W_r} = \frac{L_b + h_g j/g}{L_a - h_g j/g} \tag{2.56}$$

根据式(2.53)和式(2.56),可以得到制动过程中前后轮理想的制动力分配,如图 2.27 所示。当制动较强时,前后轮都获得最大制动力,该最大制动力受到轮胎与地面接触区域附着能力的限制(无防抱死系统时车轮抱死,有防抱死系统时会约束过大的制动力以避免车轮抱死)。在这种情况下,车辆可以达到的最大负向加速度为

$$|j_{max}|_\mu = \frac{F_{bfmax} + F_{brmax}}{M} = \frac{(W_f + W_r)}{M}\mu = g\mu \tag{2.57}$$

如图 2.27 所示,理想的制动力分配曲线(曲线 I)是一条非线性的双曲线。如果期望在任何道路上行驶时都能实现前后轮同时抱死或 ABS 同时起作用,则前后轴上的制动力应严格按照该曲线进行分配。

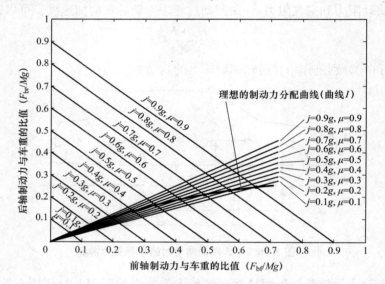

图 2.27 前后轴上的理想制动力分配曲线

严格遵循理想制动分配关系会使制动系统的结构和控制策略极为复杂。然而随着电子技术和微电子控制技术的迅速发展,出现了电子制动系统(Electric Breaking System,EBS)。与当前大多数车辆中使用的传统制动系统相比,EBS 可极大改善制动性能,这一技术将在第 13 章中加以概述。

在传统制动系统中,制动系统施加在前后轴上的实际制动力通常按固定比例分配,该比例关系可以由前轴制动力与车辆的总制动力之比表示

$$\beta = \frac{F_{bf}}{F_b} \tag{2.58}$$

式中,F_b 是车辆的总制动力($F_b = F_{bf} + F_{br}$)。β 仅取决于制动系统的设计,如前轮和后轮制动泵缸的直径,而与车辆参数无关。此时,由制动系统产生的前后轴上

的实际制动力可以表示为

$$F_{bf} = \beta F_b \tag{2.59}$$

和

$$F_{bf} = (1-\beta) F_b \tag{2.60}$$

因此得到

$$\frac{F_{bf}}{F_{br}} = \frac{\beta}{1-\beta} \tag{2.61}$$

图 2.28[⊖]所示分别为理想制动力分配曲线和实际制动力分配曲线（分布标记为曲线 I 和曲线 β）。很显然，两条曲线只存在一个交点，该交点代表前后轴被同时锁定。该交点表征了一个特定的道路附着系数 μ_0，使用 μ_0 代替式（2.56）中的 j/g 并结合式（2.61）可以得到

$$\frac{\beta}{1-\beta} = \frac{L_b + \mu_0 h_g}{L_a - \mu_0 h_g} \tag{2.62}$$

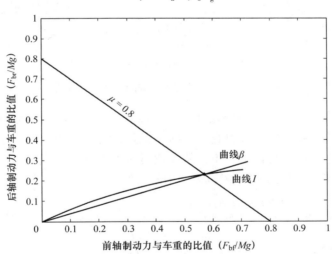

图 2.28　理想和实际的制动力分配曲线

从式（2.62）可以得到 μ_0 和 β 为

$$\mu_0 = \frac{I\beta - L_b}{h_g} \tag{2.63}$$

和

$$\beta = \frac{\mu_0 h_g + L_b}{L} \tag{2.64}$$

⊖　原文误为图 2.27，此处应为图 2.28。——译者注

在附着系数小于 μ_0 的道路上（对应曲线 β 低于曲线 I 的区域）制动时，前轮首先抱死，而当道路附着系数大于 μ_0 时（对应曲线 β 高于曲线 I 的区域），后轮首先抱死。

当后轮首先抱死时，车辆将进入不稳定状态，如图 2.29 所示。该图表明一台双轴车辆受制动力和惯性作用共同作用过程的俯视图。当后轮抱死时，后轮轮胎承受侧向力的能力为零（见图 2.25）。此时若后轮受到侧风、弯道或离心力作用而引发后轮稍有横向位移，则会沿前轴的偏转中心产生侧滑力矩，且该侧滑会不断加剧。当车辆后端转向至 90°左右时，力臂逐渐减小，最终车辆转动 180°，造成车辆反向。

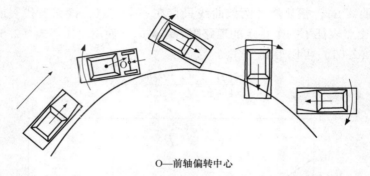

O—前轴偏转中心

图 2.29　由于后轮抱死导致的车辆方向失稳

前轮抱死将导致车辆失去转向能力，驾驶人不能实施有效转向操控。但值得注意的是，前轮抱死一般不会引起方向的不稳定，这是因为前轮发生侧向运动时，会使后轴偏转中心产生自校正力矩，从而使得车辆返回直线路径。图 2.30 所示为当前后轮未在同一时刻抱死时测得的车辆偏向角。

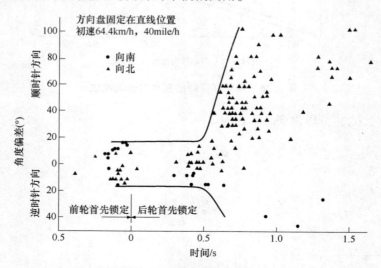

图 2.30　前后轮未能同时抱死所引发的汽车偏向角

前轮抱死所引发的转向操纵很容易被驾驶人察觉，通过释放或部分释放制动踏板即可恢复转向控制。与前轮抱死的情况不同，当后轮抱死且车辆偏向角超过一定阈值时，即使完全释放制动踏板且驾驶技能极为熟练的驾驶人也无法恢复转向控制。这表明后轮抱死是一种更为危险的场景，尤其是在附着系数低的道路上更是如此。由于在光滑的表面上制动力较低，车辆的动能消耗较低，故车辆将在相当长的距离内丧失方向稳定性。为此车辆设计时应保证后轮不会首先抱死。

近年来开发的防抱死系统（Antilock Breake System，ABS）能够有效防止车轮抱死，该系统采用轮速传感器用于测量车轮转速，当检测到车轮抱死时，制动控制系统会降低制动压力，使得车轮能够恢复旋转状态。

2.8.3 制动调节和制动性能分析

1. 制动设计规范

如图2.28所示，如果实际制动力分配曲线 β 低于理想制动力分配曲线 I，则前轮先于后轮抱死，此时车辆仍然稳定行驶，高速行驶的乘用车通常采用这种设计方案。然而，当曲线 β 远低于曲线 I 时，大部分制动力将施加于前轮，后轮的制动力很小。此种设计将导致可用制动力的极大浪费。也就是说，当前轮抱死而后轮未抱死时，后轮上的最大制动力无法得到利用。目前研究人员已经提出了一些制动设计规范以图对该种状况加以改善，其典型代表是ECE制动设计法规。

乘用车的ECE设计法规为

$$\frac{F_{bf}}{W_f} \geq \frac{F_{br}}{W_r} \tag{2.65}$$

式（2.65）意味着在前轮抱死之前，后轮不会抱死。换句话说，实际制动力分配曲线 β 总是低于曲线 I。ECE还规定了后轮上的最小制动力需满足

$$\frac{j}{g} \geq 0.1 + 0.85(\mu - 0.2) \tag{2.66}$$

式中，j 是当前轮在附着系数为 μ 的道路上制动抱死时车辆的负向加速度。式（2.66）表明当前轮抱死时，后轮应有足够大的制动力，以使车辆的负向加速度不小于该式的规定值。

ECE所要求的前后轮的制动力边界条件可按以下方法计算。

式（2.65）的条件是前轮抱死，因此，在附着系数为 μ 的道路上，施加在前轮上最大制动力为

$$F_{bf} = W_f \mu \tag{2.67}$$

式中，W_f 是前轮的垂直方向载荷，按照式（2.54），W_f 可以由车辆的负向加速度表示。在负向加速度为 j 时，车辆的总制动力可以根据式（2.53）和式（2.66）计算得到。依据上述所有方程，即可计算得到前后轮上的制动力。必须注意的是，

图 2.31[⊖]中当 ECE 调节曲线上负向加速度为 j 时（如对于点 A，其 $j=0.6g$），并不意味着道路附着系数 μ 等于 0.6，因为此时后轮没有抱死，此时的附着系数将大于该值。

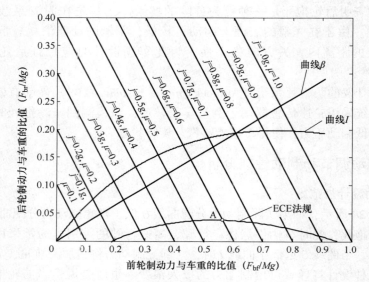

图 2.31　ECE 法规所规定的后轮最小制动力

显然，由制动系统设计获得的实际制动力分布必须位于曲线 I 和 ECE 法规曲线之间的区域内。

2. 制动性能分析

如前所述，传统制动系统设计时制动力按照固定比例进行分配，因而车辆仅在附着系数为 μ_0 的特定道路上行驶时前后轮可以同时抱死。在其他路面行驶时，前轮或后轮无法同时抱死。充分了解并分析前后轮抱死后的制动情况，将有助于纯电动汽车、混合动力电动汽车和燃料电池电动汽车的高性能制动系统设计，使得其不仅可以满足制动性能的要求，而且还可以尽可能多地回收制动能量。

（1）前轮抱死而后轮不抱死的情况　当前轮抱死时，前轮的制动力可用式（2.67）表示。当车辆的负向加速度为 j 时，前轮的垂直方向载荷可用式（2.54）表示。此时前轮上的制动力即可表示为

$$F_{bf} = \frac{Mg\mu}{L}\left(L_b + \frac{j}{g}h_g\right) \tag{2.68}$$

由于

$$F_{bf} + F_{br} = Mj \tag{2.69}$$

⊖ 原文误为图 2.30，此处应为图 2.31。——译者注

因此

$$F_{\text{bf}} = \frac{Mg\mu}{L}\left(L_{\text{b}} + \frac{F_{\text{bf}} + F_{\text{br}}}{Mg}h_{\text{g}}\right) \qquad (2.70)$$

最终得到

$$F_{\text{br}} = \frac{L - \mu h_{\text{g}}}{\mu h_{\text{g}}}F_{\text{bf}} - \frac{Mg L_{\text{b}}}{h_{\text{g}}} \qquad (2.71)$$

对于不同的路面附着系数 μ，式（2.71）会生成一组曲线（称为曲线 f），表示前轮抱死而后轮未抱死时，作用于前后轮之间制动力的关系，如图 2.32 所示。

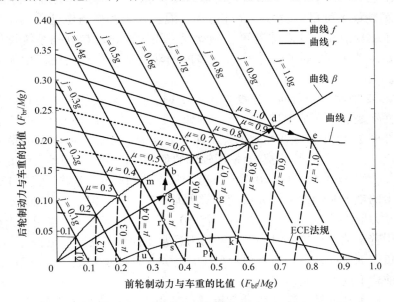

图 2.32 各种附着系数路面上的制动过程分析

（2）后轮抱死但前轮未抱死的情况 类似地，当后轮抱死但前轮不抱死时，在不同附着系数的道路上后轮制动力与前轮制动力的关系如下：

$$F_{\text{br}} = \frac{-\mu h_{\text{g}}}{L + \mu h_{\text{g}}}F_{\text{bf}} + \frac{\mu Mg L_{\text{a}}}{L + \mu h_{\text{g}}} \qquad (2.72)$$

根据式（2.72）在不同附着系数的道路上画出的曲线称为曲线 r，如图 2.32 所示。

（3）制动过程分析 绘制曲线 I、曲线 β、ECE 法规曲线、曲线 f 和曲线 r 的图，如图 2.32 所示。

详细制动过程可分析如下：

1）在 $\mu < \mu_0$ 的道路上（图 2.32 中 $\mu = 0.5$ 和 $\mu_0 = 0.8$ 的情况），制动时前后轮的制动力增加，沿着实际制动力分配曲线 β 逐渐移动至点 a，即曲线 β 和 $\mu = 0.5$ 时曲线 f 的交点。此时前轮抱死后轮未抱死。进一步制动将导致后轮上的制动力迅速增加，前轮上的制动力沿着 $\mu = 0.5$ 的曲线 f 缓慢增加直至到达点 b，后轮也被抱

死，车辆达到最大负向加速度 $j = \mu g = 0.5g$。这种情况不会导致车辆不稳定。

2）类似地，在 $\mu > \mu_0$ 的路面上（图2.32中 $\mu = 1.0$ 和 $\mu_0 = 0.8$ 的情况），制动时前轮和后轮上的制动力沿着曲线 β 上升至点 d，即曲线 β 和 $\mu = 1.0$ 时曲线 r 的交点。此时后轮抱死，但前轮未抱死。继续制动将导致制动力沿着曲线 r 增加到达点 e，而后前轮抱死，车辆达到最大负向加速度 $j = \mu g = 1.0g$。在这个过程中，由于载荷从后轮向前轮转移，故后轮上的制动力略微下降。这种情况会导致车辆不稳定。

3）在 $\mu = \mu_0$ 的路面上（图2.32中 $\mu = 0.8$ 和 $\mu_0 = 0.8$ 的情况），显然，前后轮将同时锁定在 c 点，车辆达到最大负向加速度 $j = \mu g = 0.8g$，此为理想情况。

（4）前轮最大可用制动力 在纯电动、混合动力和燃料电池乘用车中，电动机大多用于驱动前轮。这意味着再生制动仅适用于前轮。在制动系统设计和控制中，在满足制动法规的前提下，应将更多的制动能量分配给前轮以增加可回收的制动能量。

如图2.32所示，当负向加速度 j 小于 μg 时，前后轮的制动力可以在一个范围内变化，而不是必须在某个特定点上。例如，当 $\mu = 0.7$ 和 $j = 0.6g$ 时，制动力变化的范围在图2.32中粗实线指定的点 f 和点 g 之间。显然，前轮上的最大制动力由点 g 决定。但是，在同一道路上采用较低的负向加速度时，制动力的变化范围将变大。例如，当 $j = 0.5g$ 和 $\mu = 0.7$ 时，范围从点 b 到点 p，考虑到满足 ECE 法规，因此前轮上的最大制动力由点 n 决定。类似地，对于 $\mu = 0.5$ 和 $j = 0.4g$ 时，前轮的最大制动力取决于点 r 而不是点 s；当 $j = 0.3g$ 时取决于点 u。很明显当负向加速度和道路附着系数差异较小时，最大制动力通常由曲线 f 决定，也符合 ECE 法规。然而，当负向加速度远小于道路附着系数时（如在良好道路上轻微制动），ECE 法规将决定前轮上的最大制动力。

上述分析为纯电动、混合电动和燃料电池电动汽车辆的混合制动系统（机械及电气）设计和控制提供了基础，更多细节将在再生制动的章节中讨论。

参考文献

[1] J. Y. Wong, *Theory of Ground Vehicles*, John Wiley & Sons, New York, 1978.
[2] R. Bosch, *Automotive Handbook*, Robert Bosch GmbH, Karlsruhe, Germany, 2000.
[3] S. Mizutani, *Car Electronics*, Sankaido Co., Minato-Ku, Tokyo, Japan, 1992.
[4] I. Bolvashenkov, J. Kammermann, and H.-G. Herzog, Methodology for selecting electric traction motors and its application to vehicle propulsion systems, *Power Electronics, Electrical Drives, Automation and Motion (SPEEDAM), 2016 International Symposium* on, pp. 1214–1219, IEEE, 2016.
[5] D. Manoharan, S. Chandramohan, S. Chakkath, and S. Maurya, Design, Development & Testing of Test Rig Setup for Unmanned Aerial Vehicle Propulsion Systems. No. 2017-01-2064. SAE Technical Paper, 2017.
[6] W. Kriegler and S. Winter, A3PS: Austrian association for advanced propulsion systems, In *Automated Driving*, pp. 617–620, Springer International Publishing, 2017.

[7] C. Capasso, M. Hammadi, S. Patalano, R. Renaud, and O. Veneri, A multi-domain modelling and verification procedure within MBSE approach to design propulsion systems for road electric vehicles. *Mechanics & Industry* 18(1), 2017: 107.

[8] N. P. D. Martin, J. D. K. Bishop, and A. M. Boies, How well do we know the future of CO2 emissions? Projecting fleet emissions from light duty vehicle technology drivers. *Environmental Science & Technology* 51(5), 2017: 3093–3101.

[9] H. Mirzaeinejad, M. Mirzaei, and R. Kazemi, Enhancement of vehicle braking performance on split-μ roads using optimal integrated control of steering and braking systems. *Proceedings of the Institution of Mechanical Engineers, Part K: Journal of Multi-Body Dynamics* 230(4), 2016: 401–415.

[10] J. Lu, H. Hammoud, T. Clark, O. Hofmann, M. Lakehal-Ayat, S. Farmer, J. Shomsky, and R. Schaefer, A System for Autonomous Braking of a Vehicle Following Collision. No. 2017-01-1581. SAE Technical Paper, 2017.

[11] L. Martinotto, F. Merlo, and D. Donzelli, Vehicle braking systems and methods. U.S. Patent Application 15/184,806, filed June 16, 2016.

[12] B. Anthonysamy, A. K. Prasad, and B. Shinde, Tuning of Brake Force Distribution for Pickup Truck Vehicle LSPV Brake System During Cornering Maneuver. No. 2017-01-2491. SAE Technical Paper, 2017.

[13] M. Rosenberger, M. Plöchl, K. Six, and J. Edelmann, eds, The dynamics of vehicles on roads and tracks. *Proceedings of the 24th Symposium of the International Association for Vehicle System Dynamics (IAVSD 2015)*, Graz, Austria, August 17–21, 2015, Crc Press, 2016.

[14] X.-T. Nguyen, V.-D. Tran, and N.-D. Hoang, An investigation on the dynamic response of cable stayed bridge with consideration of three-axle vehicle braking effects. *Journal of Computational Engineering* 2017, 2017: 4584657:1–4584657:13.

[15] H. Zhang and J. Wang, Vehicle lateral dynamics control through AFS/DYC and robust gain-scheduling approach. *IEEE Transactions on Vehicular Technology* 65(1), 2016: 489–494.

[16] M. Corno, F. Roselli, L. Onesto, S. Savaresi, F. Molinaro, E. Graves, and A. Doubek, Longitudinal and Lateral Dynamics Evaluation of an Anti-Lock Braking System for Trail Snowmobiles. No. 2017-01-2512. SAE Technical Paper, 2017.

第3章 内燃机

从目前直至可预见的未来，内燃机仍是汽车中最主要的动力装置。在混合动力电动汽车中，内燃机亦是首选的主要动力源，但是内燃机在混合动力电动汽车中的运行模式与传统汽车有所不同，即混合动力电动汽车中的内燃机更多工作于高功率区间，不需要快速改变其功率输出。但目前尚无专门针对混合动力电动汽车设计和开发的内燃机。本章将简述混合动力电动汽车中常用火花点火或汽油内燃机的关键特征和性能，另外还将阐述可应用于混合动力汽车的其他几种发动机，例如四冲程压燃发动机（大多数为柴油燃料）和替代燃料发动机。

3.1 点燃式发动机

3.1.1 奥托循环的基础结构和原理

大部分点燃式发动机采用汽油作为燃料。近年来随着技术不断发展，在结构没有较大改变的前提下，点燃式发动机也可以使用天然气和乙醇等替代燃料。

图3.1所示为一种奥托循环汽油机的概念结构，该结构主要由动力部分（曲轴、连杆、活塞和气缸）、进排气系统（空气滤清器、节气门、进排气歧管、进排气门和气门控制凸轮）、燃料供给系统（油箱（图中未包含）、油泵（图中未包含）和喷油器）、点火系统（蓄电池（图中未包含）、点火线圈（图中未包含）和火花塞）、冷却系统（冷却液和散热器（图中未包含））和润滑系统（图中未包含）等部分构成。

通常情况下，在进气歧管内形成的可燃混合气进入气缸燃烧产生

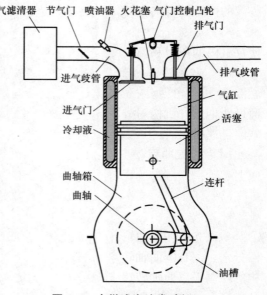

图3.1 点燃式汽油发动机

热量，气缸内温度和压力迅速增加，推动活塞向下运动，通过连杆将活塞的直线运动转变成曲轴的旋转运动。

四冲程点燃式发动机意味着活塞的每个工作循环由四个不同冲程组成[1,2]，其过程如图3.2所示。

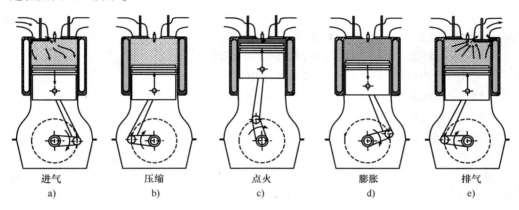

图3.2 点燃式发动机的四个冲程

(1) 进气冲程（气缸进气过程） 进气门开启，排气门关闭，活塞沿气缸由上止点（Top Dead Center，TDC）向下运动，进气歧管内形成的可燃混合气由进气门吸入气缸，如图3.2a所示，当活塞达到下止点（Bottom Dead Center，BDC）后，进气门关闭（此时进排气门均处于关闭状态）。

(2) 压缩冲程 进排气门均处于关闭状态，活塞自下止点沿气缸向上运动，吸入的可燃混合气在气缸中被压缩，如图3.2b所示。当活塞接近上止点时，火花塞点火，点燃气缸中的压缩可燃混合气，如图3.2c所示，随后可燃混合气燃烧，使气缸内的压力和温度剧烈上升。

(3) 做功冲程（产生动力或做功的过程） 活塞运动经过上止点后，气缸内可燃混合气燃烧产生的高压推动活塞向下运动，如图3.2d所示。气缸中产生的高压通过曲柄连杆机构对外做功。在做功冲程结束时，排气门开启，高温废气通过排气门迅速排出。

(4) 排气冲程 当活塞运动经过下止点后，排气门保持开启状态，此时活塞向上运动，气缸内燃烧后的剩余气体被排出，如图3.2e所示。在排气冲程结束时，排气门关闭。该过程中会有残余废气无法排出，残余废气将会稀释下次充气过程。排气冲程结束后，标志着下一个循环的开始。

一次完整循环曲轴旋转两周（曲轴旋转720°），其中做功冲程只占整个循环的四分之一（180°曲轴转角），这要求凸轮轴（用以打开和关闭气门）必须在操纵机构的控制下以曲轴转速（发动机转速）的一半转速进行旋转。做功冲程产生的部分能量会被储存于飞轮中，为其余三个冲程提供能量。

3.1.2 运行参数

1. 参数指标

发动机厂商在产品技术规范中标明的发动机性能关键参数包括：
1) 最大功率，即发动机在短期内可输出的最高功率；
2) 额定功率，即发动机在连续运行时可输出的最高功率；
3) 额定转速，即在额定功率输出情况下的曲轴转速。

应用于车辆的发动机其性能被更严格地定义如下：
1) 发动机有效工作区间范围内，每一转速下可获得的最大功率或最大转矩；
2) 发动机良好运行时的转速和功率范围。

2. 指示转矩和平均指示压力

发动机转矩取决于气缸中的压力，而压力随着曲轴旋转不断变化。"指示"一词表示通过热动力学（气缸的压力和容量）来评价发动机的转矩或功率，忽略在做功过程和能量传递过程中产生的机械损失。图3.3从概念上表明了不同曲轴转角所对应的气缸压力变化。图3.4更详细地说明了气缸工作过程中压力值的变化。

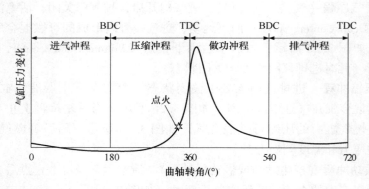

图 3.3 气缸压力与曲轴转角的关系

如图3.4所示，当气缸处于进气冲程（g→h→a）时，由于进气阻力的影响，缸内压力通常低于大气压力；在压缩冲程（a→b→c）中，随着活塞上移，气缸压力不断升高，当活塞接近上止点时，火花塞产生火花，点燃气缸中的可燃混合气，缸内压力随着可燃混合气的燃烧迅速增加，在曲轴转角经过上止点后并到达特定曲轴角度时（c点）气缸压力值最大，由此进入做功冲程；在做功冲程（c→d→e）中，气缸内的高压气体推动活塞向下运动，通过连杆机构产生并在曲轴上输出转矩；当活塞接近下止点时排气门开启，缸内气体通过排气门迅速出气缸，在排气冲程（e→f→g）中，缸内废气以高于进气冲程的压力被排出气缸。

指示转矩通常由在一个循环中所做的总功予以确定,而一个循环内所做的总功一般称为总指示功,以 $W_{c,in}$ 表示

$$W_{c,in} = \int_{\text{面积}A} pdV - \int_{\text{面积}B} pdV \quad (3.1)$$

式中,p 是气缸内的压力;V 是气缸容积。如图 3.4 所示,由于进气冲程的压力低于排气冲程的压力,因此面积 B 中所做的功为负值。为了在一个循环中做功达到最大,应通过增加做功冲程的压力来尽可能地增大面积 A;同时应增加进气冲程压力及减小排气冲程压力来尽可能地缩小面积 B。当进气冲程压力大于排气冲程压力时,面积 B 对应的功将为正功,这对应着增压或涡轮增压式发动机的工作情况。

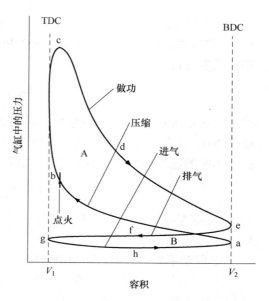

图 3.4 点燃式发动机气缸容积-压力图

发动机指示转矩取决于发动机排量大小(发动机排量被定义为所有气缸的总几何容积,通常单位为 L)。与指示转矩相关的更有用的相对特性是平均指示压力 imep,即每一个循环单位气缸工作容积所做的功。

$$\text{imep} = \frac{\text{每一循环的功}}{\text{气缸工作容积}} \quad (3.2)$$

平均指示压力的物理意义为每个工作循环中单位容积所做的功,这是评价发动机性能的重要指标。发动机示功器通常用于测量气缸压力和计算每个工作循环所做的功(式(3.1)),而气缸压力与气缸容量的变化相关(见图 3.4)。

平均指示压力与指示转矩的关系如下:

$$\text{imep} = \frac{2\pi n_R T_i}{V_d} \quad (3.3)$$

式中,n_R 是每个气缸完成一个完整冲程对应的曲轴转数($n_R=2$ 表示四冲程发动机,$n_R=1$ 表示两冲程发动机);T_i 是指示转矩,单位为 Nm;V_d 是发动机的气缸工作容积,单位为 L。发动机指示转矩由气缸的平均指示压力 imep 和气缸容积 V_d 所决定。在给定发动机排量时,增加平均指示压力是提高发动机指示转矩的唯一方法。

通过测量平均指示压力,通过式(3.3)可以得到发动机指示转矩。需要注意的是,平均指示压力或指示转矩指的是气缸容积的利用效率,与容积效率、空燃比、气门正时、点火正时等条件相关。指示转矩为等效曲轴转矩,由气缸压力数学转化而来,不同于曲轴上的测量转矩。

通常用术语"指示热效率"和"指示燃油消耗率"来衡量发动机动力系统（气缸和活塞）的燃油利用效率。指示热效率定义为单位输入热能所产生的指示功，其表达式为

$$\eta_i = \frac{P_i}{f h_u} \tag{3.4}$$

式中，P_i 是指示功率，单位为 W，其表达式为 $P_i = T_i \omega_e$，其中 T_i 是指示转矩，单位为 Nm，ω_e 是发动机角速度，单位为 rad/s；f 是气缸的燃油流量，单位为 g/s；h_u 是燃油的低位热值，单位为 J/g。综上所述，指示燃油消耗率 isfc 的表达式为

$$\text{isfc} = \frac{q}{P_i/1000} \tag{3.5}$$

式中，isfc 是指示燃油消耗率，即每千瓦时消耗的燃油量（g/kWh）；q 是每小时的燃油消耗量（g/h）。

3. 制动平均有效压力和制动转矩

并非气缸中产生的全部功率（指示功率和指示转矩）均能传递至曲轴，其中部分要用于驱动发动机附件和克服发动机的内部摩擦。发动机的基础附件包括水泵、机油泵、燃油泵和凸轮轴，其他附件则取决于应用情况，例如冷却风扇、发电机、转向助力泵和空调压缩机等。在发动机测试中，由发动机曲轴驱动的附件应加以明确。所有为驱动发动机附件和克服摩擦而消耗的功率和转矩统称为摩擦功率 P_f 和摩擦转矩 T_f。曲轴上的可用功率为指示功率和摩擦功率之差，可用转矩为指示转矩与摩擦转矩之差，分别表示为

$$P_b = P_i - P_f \tag{3.6}$$

与

$$T_b = T_i - T_f \tag{3.7}$$

式中，P_b 和 T_b 分别是曲轴的制动功率和制动转矩；如前一节所讨论，P_i 和 T_i 分别是指示功率和指示转矩；P_f 和 T_f 分别是曲轴的摩擦功率和摩擦转矩。

有效功率（曲轴对外输出功率）与指示功率之比称为机械效率。

$$\eta_m = \frac{P_b}{P_i} = 1 - \frac{P_f}{P_i} \tag{3.8}$$

发动机的机械效率取决于节气门开度，也与发动机设计及发动机转速相关。现代汽车发动机在节气门全开、转速约 1800~2400r/min 时的典型效率为 90%；当发动机在最高转速时效率降低至 75%。发动机的机械效率随着节气门开度减小而降低，在怠速时效率为零。

通过从指示功或从平均指示压力中除去发动机的机械损耗，就可以得到在曲轴上测量的净功或制动平均有效压力 bmep。对大多数排量的发动机而言，由于良好的发动机设计水平，其最大平均有效压力基本相同。制动平均有效压力的典型值如下[1]：对于自然吸气点燃式发动机，在发动机最大转矩对应转速下产生最大

值，即在 850～1059kPa（125～150psi⊖）范围内，在最大功率处平均有效压力值降低 10%～15%；对于涡轮增压汽车点燃式发动机，最大制动平均有效压力在 1250～1700kPa（180～250psi）范围内，最大功率时制动平均有效压力在 900～1400kPa（130～200psi）范围内。

有效燃油消耗率 bsfc 和有效热效率通常用于评价发动机的燃油利用效率。在发动机测试中，用燃油消耗流量 f，即单位时间内的质量流量来表示，单位通常为 g/s。有效燃油消耗率的物理意义是曲轴在单位时间内输出单位功率所消耗的燃油量（g/kWh），表达式为

$$\text{bsfc} = \frac{3600 f}{P_\text{b}} \quad (3.9)$$

式中，f 是燃油流量，单位为 g/s；P_b 是曲轴测得的输出功率，单位为 kW。在国际单位制下，有效燃油消耗率单位为 g/kWh。通常期望获得较低的有效燃油消耗率。对于点燃式发动机，有效燃油消耗率的典型最佳值约为 250～270 g/kWh。

一个无量纲的术语"发动机效率"也被用来测量发动机燃油利用率，意指实际输出的有用功与所消耗燃油的热量（能量）之比。

$$\eta_\text{f} = \frac{1000 P_\text{b}}{f h_\text{u}} = \frac{3.6 \times 10^6}{\text{bsfc} \cdot h_\text{u}} \quad (3.10)$$

式中，P_b 是曲轴输出功，单位为 kW；f 是燃油流量，单位为 g/s；h_u 是燃料的低位热值，单位为 J/g。

4. 排放测量

发动机排放的有毒气体主要包含一氧化碳（CO）、氮氧化合物（NO_x）、未充分燃烧的碳氢化合物（HC）和颗粒物（PM）等。发动机排放水平通常以排放物在废气中的占比来评估，单位为 mg/m^3、$\mu g/m^3$ 或 ppm。为了便于比较，应将废气修正到标准条件，即总压力为 101.3kPa、水蒸气压力为 1kPa、温度为 273K 的情况下进行测量。PM 可以用粒子数（PN）进行表示，单位为 $1/m^3$ 或 1/km。

比排放量类似于燃油消耗率，通常被用来衡量排放水平。比排放量定义为曲轴对外输出单位功时的排放质量，单位为 g/kWh。

5. 发动机工作参数

发动机节气门全开时的转矩、功率与发动机转速的对应关系通常被称为发动机的转矩或功率特性，是发动机特性中最值得关注的问题之一，它也能很好地评估表示车辆性能。

点燃式发动机节气门全开时的运行特性如图 3.5 所示。指示功率是指在压缩和做功冲程中，气缸内气体作用于活塞的平均功率，指示功率减去摩擦功率得到有效功率，最大有效功率对应的转速略低于发动机最高转速。指示转矩的最大值出

⊖ $1\text{psi} = 1\text{lb/in}^2 = 6894.757\text{Pa}$。

现在发动机中等转速区域，与容积效率为最大值时的速度近似相等。由于高转速时会有更多的摩擦损耗，故有效转矩在高速区域比指示转矩下降得更多。

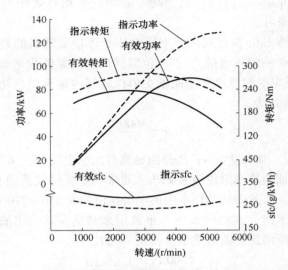

图 3.5　随发动机转速变化的指示和有效功率、转矩及燃油消耗率

在部分负荷和节气门开度一定时，这些参数具有类似的特性；但在高速时，发动机转矩与满载时相比快速下降，如图 3.6 所示。当节气门部分打开时，对高速流动的空气产生更大的阻力，容积效率随之下降，此时进气系统的总摩擦也会随之上升。

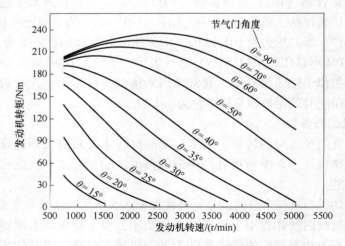

图 3.6　不同发动机节气门开度和转速下对应的转矩特性

与发动机运行有关的另一个主要因素是燃油消耗特性。如图 3.7 所示，发动机

的油耗特性（有效燃油消耗率）随发动机转速和负载的不同而有很大差异。有效燃油消耗率最小时，发动机通常运行在其最佳工作区域，该区域一般位于最大转矩输出对应的中速区域，此时的进气和排气冲程的损耗最小。另一方面，最佳工作区域接近全负荷运行（节气门全开）状态，运行损耗相对于总指示功率的百分比较小。在车辆设计时，发动机的工作点应接近该区域，以获得较高的燃油经济性。

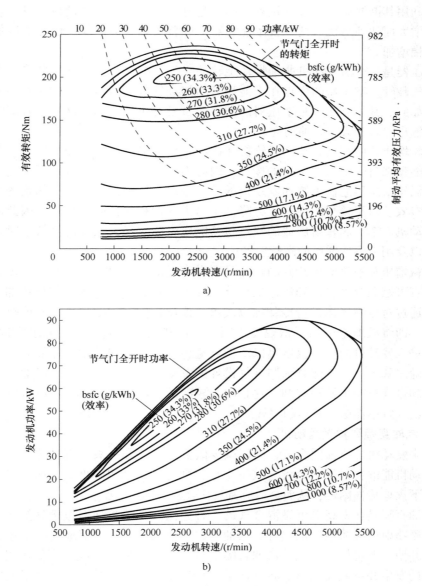

图 3.7　典型点燃式发动机的燃油消耗特性

3.1.3 改善发动机性能、效率和排放的基本技术

1. 强制进气

内燃机产生的转矩值取决于进入气缸的空气量,增加进气量的简易途径是增大进气歧管中的压力,这可由三种方法实现,即可变进气歧管、增压或涡轮增压。

进气歧管如同管乐器,它有多个谐振频率。可变进气歧管可按发动机转速调整,以利用其谐振频率。进气歧管正确调整时,气缸内的进气量将因进气歧管中气压的增大而达到最优。这一技术能够有效改善发动机的供氧,但是不能使输出转矩大幅增加。

增压器是一个由发动机曲轴带动旋转的空气压缩机,通过增压器将压缩空气送入进气歧管。增压器的优点在于能显著增加进气歧管压力,即使在发动机低速时也是如此。其主要缺点是增压器的功率取自发动机的曲轴,这意味着降低了发动机的输出,且加大了燃油消耗。

涡轮增压器由废气驱动的涡轮机和该涡轮机带动的空气压缩机组成。涡轮增压器的能量来自通常未被利用的废气,因此不会因增加涡轮增压器而影响发动机效率。涡轮增压器能显著增加发动机的功率输出,特别是与进气冷却系统相配合时更为有效。由于较高的进气压力降低了与进气冲程相伴随的负功,因此能显著提高发动机效率。涡轮增压器的缺点包括响应时间缓慢,在发动机低速时效果不明显,以及用于涡轮增压的高转速等。

机械增压和涡轮增压共同的缺点是爆燃和排放。压缩进气使空气升温,而升温意味着可燃混合气自燃和爆燃的风险增加,以及氮氧化合物的排放增加。上述问题可通过对压缩气体进行冷却加以改善,该过程借助于中间冷却器或热交换器来实现,即将压缩空气通过散热器,同时在散热器外部通过空气或水实现散热。这样,进入发动机的空气温度足以降低到避免发生自燃和爆燃,氮氧化合物的排放量也随之降低。应该注意强制进气设计的发动机比自然进气发动机的压缩比更低。冷却进气对产生转矩有利,这是因为较冷的空气密度较大,所以若空气温度较低,则气缸中能吸入较多的空气。

2. 汽油直喷和稀燃发动机

如果发动机燃烧稀混合气,则能减少碳氢化合物和一氧化碳的排放。如果点燃式发动机能够在极稀薄的混合气下工作,则排放将大幅降低。然而,稀薄混合气条件下火焰传播困难,从而会造成氮氧化合物的排放增加。

汽油直喷是获得高效可燃混合气的一种方法。由于喷油器位于气缸内,故其必须高压喷射以缩减油滴的尺寸。燃油喷射邻近火花塞,局部地提高了可燃混合气浓度并使之能更好地点火。汽油直喷的另一个优点是具有进气冷却作用,减少了爆燃的发生并可使发动机在较高压缩比情况下工作,这进一步改善了发动机的效率。直喷带来的问题包括成本的增加以及氮氧化合物排放的增加。

3. 多气门和可变气门正时

虽然许多发动机只使用两个气门，但高性能发动机往往使用三个、四个或五个气门来增加进气流通面积。发动机高速工作时多气门可显著提升发动机转矩，但低速工作时较大的进气流通面积会使进气流速缓慢，从而造成低速转矩损失。另外多气门意味着多凸轮轴，这增加了发动机的成本和复杂性。一些高性能发动机会采用可变气门升程和可变气门正时技术。

4. 可变压缩比

可变压缩比可使强制进气的发动机在不同进气压力时都能以最佳压缩比工况运行。当进气机构不提供最大进气压力时，发动机可增加压缩比而不会有自燃或爆燃的风险。在部分转矩输出情况下，提高压缩比可改善燃油经济性。

发动机停缸技术可以使发动机停止部分气缸工作，从而改变压缩比。使用跳转点火等技术可以在不使用节气门的情况下实现发动机转矩控制。

5. 排气再循环

排气再循环（Exhaust Gas Recirculation，EGR）是指将部分废气重新注入燃烧室，以减少发动机有效排量的方法。在传统车辆上应用这一技术能够降低部分转矩输出时的油耗，同时保持发动机的加速性能。排气再循环的最大好处是降低了排放，其原因在于排气再循环减少了燃烧的燃油量，从而减少废气温度，使得氮氧化合物的排放大幅降低。

根据排气再循环的结构可将其分为内部排气再循环和外部排气再循环两种类型。

6. 智能点火

智能点火系统可以使发动机在任意工作转速或负载条件下设定最佳点火提前角进行点火，以获得性能、效率和排放的优化。大功率的点火系统可防止气缸失火，特别适用于稀薄混合气或外部排气再循环的发动机。

7. 新型发动机材料

发动机新材料的发展将在两个方面提高燃油经济性。首先，由于陶瓷材料具有较低的传热性（热损耗较低），故可以预期其比金属材料拥有更好的隔热性能和更高的热效率。其次，具有高抗拉强度的增强纤维塑料等轻质材料可以有效减轻发动机重量。

3.1.4 点燃式发动机控制系统简述

现代发动机配备了集成电子控制系统来控制发动机的运行。控制过程包括喷油控制，即控制燃油喷射系统根据当前的发动机运行情况，如节气门开度、空气流量和温度等将适当量的燃油喷入气缸。控制系统还完成行点火正时控制、爆燃控制、怠速控制和发动机诊断等功能。

图3.8所示为基本发动机控制结构（没有展示所有信号）。微处理器电子控制单元（Electronic Control Unit，ECU）接收来自不同传感器的发动机运转信号，并

根据 ECU 预装的控制算法生成控制信号发送给各执行器。传感器主要包括发动机转速传感器、冷却液温度传感器、节气门开度传感器、进气流量传感器、爆燃传感器、进气歧管压力传感器等。

喷油控制的基本功能是控制正确的喷油量。为改善燃油经济性，通常使用稀薄燃烧。然而过稀的空燃比会导致失火从而影响发动机性能，如输出转矩低、排放高、燃油经济性差、振动严重等。此外，所有现代发动机都配备了三元催化器来降低排放，如图 3.9[3] 所示，三元催化器只在非常接近理想空燃比的狭窄空燃比窗口内有效。发动机冷起动时，由于汽油蒸发减少，故可燃混合物趋于稀薄；如图 3.8 所示，发动机冷起动后的一段时间内，需要通过喷油控制加以补偿。在冷起动喷油补偿结束后，仍可

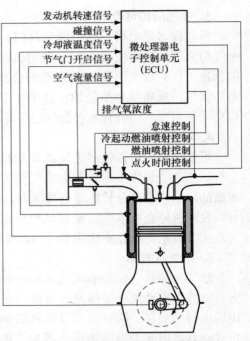

图 3.8　点燃式发动机控制系统框图

在发动机预热过程中补偿一段时间，目的是为了提高发动机性能，特别是急加速性能。发动机控制系统还可以通过控制空气流量来调节发动机怠速。

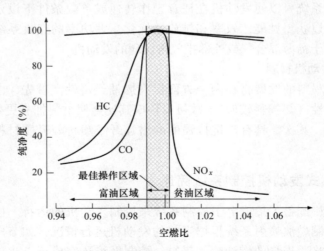

图 3.9　三元催化器在不同空燃比下的效果[3]

发动机控制系统还控制点火正时，以优化点火提前。在低温、高速、大节气门开度条件下，点火正时将会提前。

发动机控制系统还执行爆燃控制。爆燃传感器被用于检测发动机爆燃。当检测到爆燃时，点火提前角将会随之延迟。有关发动机控制的更多细节，读者可以参考相关文献。外部排气再循环可用于进一步改善爆燃。

发动机控制系统可能还包括汽油颗粒捕集器等，既可以作为集成的四元催化净化器，也可以作为单独的设备使用。

3.1.5 阿特金森循环工作原理

1. 最初的阿特金森循环发动机

最初的阿特金森循环发动机结构使得进气、压缩、做功和排气冲程在曲轴一次旋转中完成，在做功冲程和排气冲程中有效利用气缸容积，使得其具有比进气冲程和压缩冲程更大的容积。

图 3.10 所示为阿特金森循环发动机的概念结构和工作原理，最初的阿特金森循环发动机的动力系统由曲轴、连杆、摆臂、活塞和气缸组成。当所有部件处于位置 1 时，活塞处于其上止点位置。当曲轴从位置 1 旋转到位置 2 时，活塞会向下达到第一个停止点，这个过程是进气冲程，打开进气门关闭排气门并将空气燃料混合物吸入气缸。随着曲轴进一步旋转到位置 3，活塞回到上止点，压缩气缸内的可燃混合物，同时关闭进气门和排气门。当气缸接近上止点时，火花塞点火，点燃气缸内压缩空气燃料混合物。很明显，活塞在进气冲程和压缩冲程中扫过的体积是从其上止点到第一个下止点。通过上止点后，活塞沿气缸向下达到第二个下止点，相应地曲轴旋转到位置 4，此过程为做功冲程。在位置 4，排气门打开，曲轴从位置 4 旋转到位置 1，使活塞从第二个下止点向上移动到上止点，推动气体从气缸排出，此过程为排气冲程。在排气冲程中，活塞的扫过的体积是从第二个下止点到上止点。

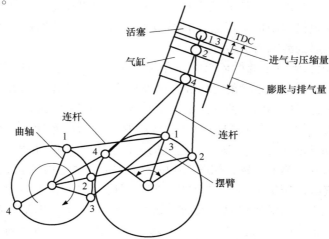

图 3.10　阿特金森循环发动机的结构和工作原理

图 3.11 所示为阿特金森循环发动机的 P-V 图。阿特金森循环发动机与相同容积的奥托循环发动机相比（从 V_1 到 V_2），在一个循环中做功更多（图中的区域 C），从而可以提高燃料利用率。

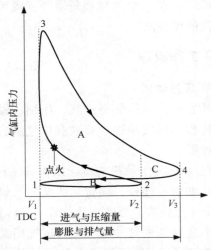

图 3.11　阿特金森循环发动机的 P-V 图

阿特金森循环发动机的另一个显著特点是曲轴旋转一周对应一个功率冲程，该特性可以提高发动机功率密度。

2. 现代阿特金森循环发动机

早期的阿特金森循环发动机并没有被广泛制造和在车辆中大量使用，可能原因是它的结构比现代普遍使用的发动机更为复杂。然而，近年来一些发动机制造商在现代发动机中实现了阿特金森发动机的特点，而无需对现代发动机结构做过多改变。原始阿特金森发动机的基本特征是在压缩冲程和做功冲程中使用不同的气缸容积，而在现代发动机中可通过轻微改变进气门的关闭时间来实现（将进气门的关闭时间推迟到活塞向上运行之后）。

图 3.12 所示为阿特金森循环四冲程发动机的运行过程。当活塞自上止点向下运动时进气门开启，进气歧管的可燃混合物被吸入气缸，如图 3.12a 所示。与奥托循环发动机关闭进气门不同，活塞向上运动时进气门保持开启状态，如图 3.12b 所示，此时部分吸入的混合气被迫回流到进气歧管，直到活塞到达压缩冲程起点位置（Compression Start Center，CSC），进气门关闭，开始压缩冲程。活塞继续向上运动压缩气缸内的可燃混合物，如图 3.12c 所示。当活塞运动接近上止点时，火花塞点火，点燃气缸内压缩的可燃混合物。当活塞运动过上止点后，气缸内混合气燃烧产生的高压将活塞沿气缸向下推动，如图 3.12d 所示。当活塞接近下止点时，排气门打开，气缸内的废气被推出。当活塞通过下止点后，活塞向上运动将排气门的残余废气排出，如图 3.12e 所示。阿特金森发动机曲轴旋转角的气门正时如

图 3.13 所示，图中还显示了奥托循环的气门正时。

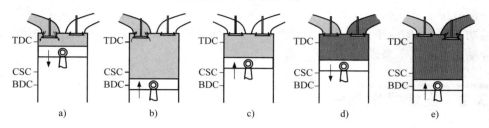

图 3.12 阿特金森循环的四冲程

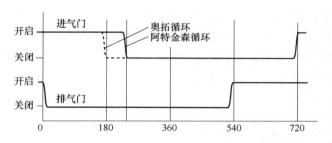

图 3.13 阿特金森循环发动机的正时时间（进气、压缩、做功、排气）

很显然进气冲程和压缩冲程中活塞扫过的容积小于做功和排气冲程。图 3.14 所示为现代阿特金森循环发动机的 P-V 图。相较于同样压缩容积的奥托循环发动机，阿特金森发动机做功更多，如图中区域 C 和 D 所示，这可以提高发动机的燃油利用率。

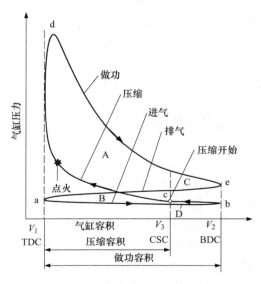

图 3.14 现代阿特金森循环发动机的 P-V 图

阿特金森循环发动机的一个缺点是气缸容积利用率低（只有气缸几何容积的一部分用于进气和压缩冲程），从而降低了发动机的功率密度（单位气缸几何容积的功率值）。但由于混合动力电动汽车对发动机功率的要求较低，因此该缺点对混合动力电动汽车来说可能并不严重。

3.2 压燃式发动机

压燃式发动机通常使用柴油作为燃料。压燃式发动机的工作原理与点燃式发动机类似，同样具有四个独立冲程，即进气、压缩、做功和排气。然而，在压燃式发动机中只有空气被吸入气缸，在活塞到达上止点之前，燃料直接喷入气缸，并被压缩空气的高温所点燃。在给定发动机转速下的空气流量基本上没有变化，通过在每个循环中改变喷入的燃料量来实现负载控制。与点燃式发动机相比，压燃式发动机的工作差异在于：

1) 压缩比更高；
2) 在压缩过程初始阶段只有空气参与；
3) 可燃油气混合物总是稀薄的。

这些工作特点使得压燃式发动机与点燃式发动机相比，其燃油经济性更高。另外，压燃式发动机通常工作转速较低，因此其摩擦损耗也更小。

由于压燃式发动机的空燃比总是稀薄的，因此其一氧化碳排放量远低于点燃式发动机。在柴油发动机工作过程中，未燃烧的碳氢化合物有两个来源。首先是在反应区周围有部分混合气由于过于稀薄而无法燃烧，而着火延迟越长，相应碳氢化合物的排放就越多。然而，即使着火延迟时间再短也会有碳氢化合物排放，此时的碳氢化合物排放主要来源为保留在喷嘴中（喷嘴座与喷孔之间的空间）和喷孔中的燃料，这些燃料可以进入燃烧室，从而产生碳氢化合物的排放。

氮氧化合物的形成与温度、局部氧浓度和燃烧时间密切相关。在柴油机中，氮氧化合物是在扩散燃烧阶段形成的，位于燃烧薄弱区。可通过增加喷射速率来减少扩散燃烧持续时间，以减少氮氧化合物排放。延迟喷射时间也会减少氮氧化合物的排放，因为延后喷射能降低温度，然而喷射延迟会降低发动机效率并增加排气温度。

柴油发动机燃烧时产生的黑烟源于扩散燃烧反应区域中的燃油富集区。在延迟期结束时的快速燃烧之后，后续燃烧受空气向柴油气的扩散速度控制，同时燃烧产物从反应区扩散。碳氢化合物大分子经热分解形成煤烟颗粒，煤烟颗粒是由聚团形成的。煤烟颗粒进入反应区稀薄侧时被氧化，在做功冲程结束后被进一步氧化。

在扩散燃烧过程中，柴油富集区的高温增加了烟气的生成。通过缩短扩散燃烧阶段，可以减少碳烟排放，其原因是减少了碳烟形成的时间，增加了碳烟氧化的时间。扩散阶段可以通过增加涡流、微粒化喷雾来缩短。通过喷射提前方法也可以减少碳烟。

3.3 替代燃料和替代燃料发动机

到目前为止,交通运输过程中消耗的燃料主要是石油产品,如汽油和柴油。由于对石油供应和环境的担忧,人们越来越关注将一部分传统燃料转换为非石油替代燃料。开发电动汽车是一个很好的方向,然而由于电池技术的局限性,电动汽车的利用仍然限制在有限的应用场景中。本书讨论的可充电混合动力汽车仍然属于传统燃料汽车的类别,其发动机仍然使用汽油或柴油作为燃料。插电式混合动力汽车可以将一部分汽油或柴油以电能来替代,但它们仍然需要发动机作为主要动力来源。本节将简要介绍替代燃料发动机技术,可用于替代常规车辆的单一动力源和混合动力电动汽车的主动力源。

3.3.1 替代燃料

目前被认为最有希望作为替代燃料的是乙醇、压缩天然气(Compressed Nature Gas, CNG)、丙烷和生物柴油。表 3.1 为上述燃料与汽油和柴油的比较。

表 3.1 汽油和柴油与替代燃料的性能比较

种 类	汽油	2 号柴油	乙醇	CNG	丙烷	氢	生物柴油
化学式	$C_4 \sim C_{12}$ 化合物	$C_8 \sim C_{25}$ 化合物	C_2H_5OH	CH_4 (83%~89%) C_2H_6 (1%~13%)	C_3H_8	H_2	$C_{12} \sim C_{22}$ 族
分子量	100~105	约 200	46.7	16.04	44.1	2.02	约 292
碳含量	85~88	87	52.2	75	82	0	77
氢含量	12~15	13	13.1	25	18	100	12
氧含量	0	0	49.9	—	—	0	11
低位热值/(mJ/kg)	43.4	42.8	26.9	47.1	46.3	121.5	37.5
理论辛烷值	88~98	—	108.6	127+	112	130+	—
马达辛烷值	80~88	—	89.7	122	97	—	—
自燃温度/℃	257	210	365	482~632	450	500	—
可燃性极限(体积分数)	—	—	—	—	—	—	—
低	1.4	1	4.3	5.3	2.2	4.1	—
高	7.6	6	19	15	9.5	74	—
理想空燃比(质量比)	14.7	14.7	9	17.2	15.7	34.3	13.8
15℃热值/(kJ/kg)	348	232	921	509	449	447	—

1. 乙醇和乙醇发动机

乙醇是由各种被称为"生物质"的植物材料发酵产生的,这些植物材料包括甘蔗秆、玉米粒、甘薯根、木薯根和木材等。乙醇是一种可再生能源,与汽油相比,乙醇作为点燃式发动机燃料具有以下优点:

1) 乙醇的高辛烷值和高自燃温度允许点燃式发动机使用较高的压缩比,从而提高燃油经济性;

2) 乙醇汽化的高热值有效降低了歧管中可燃混合物的温度,从而提高发动机的容积效率(更多的可燃混合物被吸入气缸中)。

相较于汽油,乙醇存在以下缺点:

1) 蒸发潜热值高会导致压缩冲程的汽化程度低,从而可能导致冷起动困难;

2) 乙醇的能量密度低,相同的行驶距离时会需要更大的油箱。

在汽油发动机中可使用乙醇作为燃料,不需要改变发动机结构和控制系统硬件,但需要更改控制软件,以配合与汽油燃烧时相比更大的燃油喷射量需求,从而达到最佳空燃比(汽油为14.7,乙醇为9)。

由于蒸发潜热值较高,乙醇燃料发动机在冷环境中冷起动时可能会遇到困难。克服该困难的一种常用方法就是在乙醇中混合一部分汽油,比如在美国广泛使用的 E85。另外,通过强化点火装置来加大点火能量可能会有益处。使用乙醇燃料时,点火正时可能会比汽油燃料提前。

2. 压缩天然气和天然气发动机

天然气在室温下是气态的,其能量密度比液体燃料低得多。在车辆中储存天然气的一般方法是将其加压到 20~30MPa,在进入发动机之前需要一个压力调节器来降低其压力。

与汽油相比,天然气具有很高的辛烷值和自燃温度。这种独特的特性使得发动机的设计具有比燃烧汽油更高的压缩比,而不会产生爆燃问题。众所周知,高压缩比可以显著提高发动机的热效率。天然气的缺点也很明显,即需要一个笨重的储气罐(钢瓶)。

以下是三种类型的天然气燃料发动机。

(1) 专用型发动机 专门型压缩天然气(CNG)发动机只适用于 CNG 燃料。这种发动机经过专门设计,具有更高的压缩比和 CNG 专用燃料供应和控制系统。由于其专用特性,通常比其他两种类型的发动机具有更好的性能。

(2) 双燃料发动机 双燃料发动机有两个独立的燃料系统,即天然气或汽油燃料均适用。双燃料系统由发动机管理系统控制,使发动机能够在 CNG 和汽油模式之间切换。

在 CNG 模式下,通过气轨将气瓶内的压缩气体送入压力调节器,以减少气体压力。天然气喷嘴将所需气体精确地送入进气歧管,然后可燃混合物被火花塞点燃。目前市场上有许多转换组件,可以很容易地将汽油发动机转换成双燃料(汽油和天然气)发动机。

双燃料发动机的主要优点是它可以充分利用廉价的天然气,同时仍保持着燃烧汽油的灵活性。显然与专用 CNG 发动机相比,双燃料发动机不能达到那么高的压缩比,因此不能充分利用 CNG 的高辛烷值。

(3) 双燃料压燃式发动机 另一种典型的双燃料发动机是可使用天然气和柴油作为燃料的压燃式发动机。这种发动机不需要改变原有压燃式发动机的基本结构,但需要增加一套与柴油系统并行运行的气体燃料系统,其操作原理如图 3.15 所示。

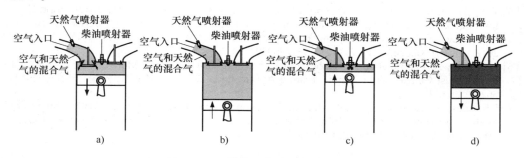

图 3.15 天然气和柴油双燃料发动机

在进气冲程中,如图 3.15a 所示,当活塞向下运动时,天然气通过喷嘴注入歧管并与空气混合。当活塞运动经过下止点后并向上运动时,空气和天然气的混合气被压缩,如图 3.15b 所示。当活塞接近上止点时,柴油机喷油器向气缸内喷入一定量的柴油,如图 3.15c 所示。高温空气和天然气的混合气立即点燃柴油,燃烧的柴油进一步点燃空气和天然气的混合气,然后发动机进入做功冲程,如图 3.15d 所示。

压燃式发动机通常比汽油发动机具有更高的压缩比。由于天然气的自燃温度较高,所以高压缩比不会引起空气和天然气的混合气自燃,高压缩比也能显著提高发动机的热效率。

这种发动机也能仅采用柴油作为燃料,这使得燃料选择更加灵活。

3. 混氢发动机

氢气拥有比汽油高得多的低位热值(见表 3.1)。氢气的燃烧提高了层流燃烧速度,从而提高燃烧的稳定性,还可能通过提高外部排气再循环水平使得发动机更接近稀燃极限,因此改善排放并提升发动机性能。氢气在缸内的燃烧速度明显快于汽油,从而可减少燃烧持续时间,这有助于增加压缩比,改善发动机整体效率并降低燃油消耗。

可以从外部向车辆添加氢燃料,车辆可以直接储氢,也可使用甲醇生成物或电解水的方法来进行车载制氢。

参考文献

[1] J. B. Heywood, *Internal Combustion Engine Fundamentals*, McGraw-Hill Inc., New York, 1988.

[2] R. Stone, *Introduction to Combustion Engines*, Second Edition, Society of Automotive Engineers (SAE), New York, NY, 1992.

[3] S. Mizutani, *Car Electronics*, Sankaido Co., LTD, Warrendale, PA, 1992.

[4] S. Petrovich, K. Ebrahimi, and A. Pezouvanis, MIMO (Multiple-Input-Multiple-Output) Control for Optimising the Future Gasoline Powertrain-A Survey (No. 2017-01-0600). 2017, SAE Technical Paper.

[5] T. Q. Dinh, J. Marco, D. Greenwood, L. Harper, and D. Corrochano, Powertrain modelling for engine stop–start dynamics and control of micro/mild hybrid construction machines. *Proceedings of the Institution of Mechanical Engineers, Part K: Journal of Multi-Body Dynamics*, 2017, https://doi.org/10.1177/1464419317709894.

[6] I. Souflas, A. Pezouvanis, B. Mason, and K. M. Ebrahimi, Dynamic Modeling of a Transient Engine Test Cell for Cold Engine Testing Applications. 2014, ASME Paper No. IMECE2014-36286.

[7] I. Souflas, A. Pezouvanis, and K. M. Ebrahimi, Nonlinear recursive estimation with estimability analysis for physical and semiphysical engine model parameters. *Journal of Dynamic Systems, Measurement, and Control*, 138(2), 2016: 024502.

第4章 车辆变速器

车辆变速器实现从动力源（原动机）到传动系和车轮的功率传递（转矩和转速）。混合动力电动汽车中由于变速器有两个或两个以上原动机作为输入，故其将功率传递至传动系/车轮的结构比传统汽车或纯电动汽车更为复杂。图4.1所示为一种典型的汽车动力传动系，由动力源（内燃机）、传动系（变速器、主减速器、差速器、传动轴）和驱动轮组成。动力源产生的转矩通过传动系传递给驱动轮。传动系存在多种类型配置方式，这也属于汽车工业技术发展的扩展领域。

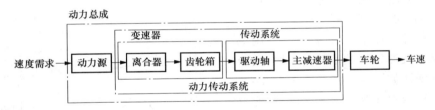

图4.1 汽车的动力传动系

变速器系统在确定整个系统的牵引力、燃料消耗和能量调节方面都发挥着核心作用。动力输出轴的转矩和转速通过离合器或变矩器、齿轮箱、主减速器、差速器和传动轴传递到驱动轮。离合器用于手动变速器，以调节齿轮箱和动力输出之间的耦合关系。自动变速器中的液力变矩器是一种液力装置，功能类似于具有连续可变齿轮传动比的手动变速器。齿轮箱提供从输入轴到输出轴之间的几个传动比，以满足动力输出的转矩-速度特性和负载需求之间的匹配。主减速器通常是一对齿轮，可实现进一步减速并将转矩通过差速器分配给每个车轮。

在变速器系统的设计和分析中，应考虑两个主要因素，其一是自由度（Degree of Freedom，DOF），一个典型的手动变速器可以有五个自由度（或五个不同的传动比）。其次是变速器的拓扑，变速器拓扑定义了几何特性、空间关系以及齿轮排列方式，该拓扑还受变速器操作模式的影响，例如混合动力变速器的输入/输出或工作过程中的换档（如通过再生制动或制动来停止变速器中某部分的旋转）。就电动车而言，如4.2节所述，变速器并不是必需的。然而有些情况下通过两档齿轮箱可以匹配较小的电动机或电池系统，使其在实现相同功率输出的同时效率更优。

4.1 动力源特性

对车辆应用而言,动力源的理想性能特性是能够在全速范围内以恒定功率输出,如图4.2所示,输出转矩会随着速度以类似于双曲线的形式变化。理想情况下可以在任何车速下实现动力源的最大功率输出,从而获得最佳的车辆性能。实际上在低速时可以认为转矩输出恒定,以免超过轮胎与地面接触区域附着力限制的最大值。这种恒定的动力特性使得车辆在低速行驶时具有很高的牵引力,以满足车辆在低速时对加速度、牵引力或爬坡能力的高需求。

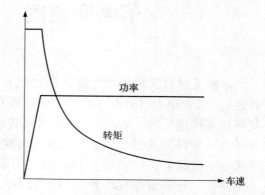

图4.2 汽车牵引动力源的理想性能特性曲线

内燃机是目前地面车辆最常用的动力源。汽油发动机在节气门全开时的典型特性如图4.3所示,其转矩-转速特性和牵引车辆所需的理想性能特性差别很大。发动机在怠速时开始平稳运行,并在适中转速下实现良好燃烧并输出最大转矩。转矩会随着转速增加而逐渐下降,其原因是进气减少,以及不断加大的机械和润滑摩擦损失。在特定的更高转速下输出功率达到最大值,超过该转速时发动机功率开始下降。在车辆应用中,发动机的最大允许转速通常设置为略高于最大功率输出的转速。

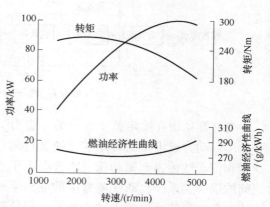

图4.3 汽油机的典型性能特性曲线

如图4.3所示,内燃机的转矩-转速曲线与理想转矩曲线相比较为平缓。因此通常采用多档变速器方式来调节发动机的转矩-速度曲线,该过程如图4.4所示。

随着纯电动汽车、混合动力电动汽车和燃料电池电动汽车的快速发展,电动机作为另一种动力源的方案变得日益重要。电动机具有良好速度调控特性,通常其转速-转矩特性更接近理想曲线,如图4.5所示。

通常,电动机的转速可以从零速开始,当转速增加到基速时,电压升高到其额定值,此过程中磁通量保持恒定。在零速到基速范围内,电动机可产生恒定的转矩输出。电动机转速超过基速后,电压保持不变,电动机工作在弱磁状态,这时输出功率保持恒定,而转矩随着转速呈类似双曲线下降。由于电动机的转速-转矩曲线接近理想值,因此可采用直驱或两档变速器来满足车辆性能要求,如图4.6所示。

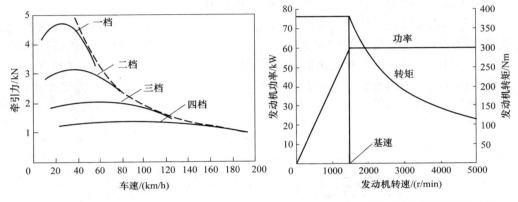

图4.4 内燃机与多档变速器匹配后的牵引力-车速曲线

图4.5 牵引电动机的典型性能特性曲线

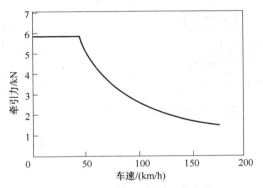

图4.6 直驱电动车的牵引力-车速关系曲线

4.2 变速器特性

变速器主要由齿轮箱(具有不同传动比的一组齿轮系)和以机械、电动或液压方式工作的动力中断装置(离合器机构)组成。变速器的特性要求取决于对动力输出特性和整车性能特性的要求。

如前所述,作为纯电动车辆动力输出装置的电动机具有良好控制特性,不需要多档传动装置,因此目前大多数纯电动汽车采用单档直驱方式,然而不能排除未来仍可能采用多档传动方式。本节将对传统变速器技术进行回顾,该技术也适用于微型混合动力电动汽车和轻型混合动力电动汽车。

混合动力专用变速器（Dedicated Hybrid Transmission，DHT）是指专为电动/内燃机混合动力车辆传动系统设计的混合动力变速器。例如，丰田普锐斯的 DHT 可以使用至少两种推进源，即内燃机与一个或多个电动机/发电机以串联、并联、动力分流等方式实现混合驱动，或以纯内燃机模式驱动。

但是，内燃机在低转速下必须使用多档或连续变速器来增大转矩，此处的变速器是指用于将发动机动力传递到驱动轮的所有系统。对于传统的内燃机汽车应用，通常有两种基本类型的变速器，即手动变速器和自动变速器。图 4.7 所示为汽车传动系统的分类和类型。变速器还可以分为有级式变速器（若干个固定传动比）或无级式变速器（连续传动比）两大类。

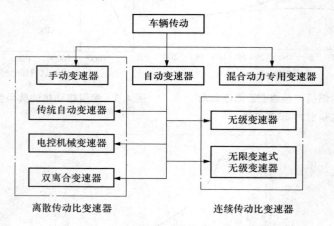

图 4.7 传统汽车传动系统的分类和类型

此外，表 4.1 列出了不同传动系统的属性和特性，如离合器类型、执行模式和运行系统等。

表 4.1 传动系统的属性和特性

类 型	离合器类型	执行系统	齿轮系统	运行模式	传 动 比
MT	摩擦离合器	脚踏板	标准齿轮箱	手动档位选择	固定传动比
AT	液力变矩器	液力	行星齿轮箱	自动换档	固定传动比
AMT	摩擦离合器	电动执行机构	标准齿轮箱	自动换档	固定传动比
DCT	摩擦离合器	电动执行机构	标准齿轮箱	自动换档	固定传动比
CVT	液力变矩器	液力	无	自动换档	可变传动比
IVT	无	无	行星齿轮箱	自动换档	可变传动比

4.3 手动变速器

如图 4.8 所示，手动齿轮变速器由离合器、齿轮箱、主减速器和传动轴组成。

主减速器具有恒定传动比，该传动比通常是根据变速器处于最高档时的传动比来选定的。乘用车的齿轮箱一般有 3~5 种传动比，使用汽油或柴油发动机的重型商用车的齿轮箱传动比数量更多。

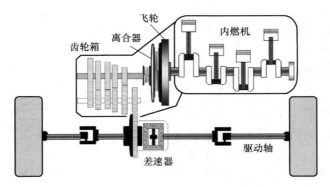

图 4.8　带有手动变速器的典型前轮动力总成

手动变速器、电控机械变速器和双离合器变速器通常使用副轴结构。图 4.9 所示为典型的五速手动变速器示意图，其中所有齿轮（包括倒档）都使用了同步器。通过手动变速器中的摩擦离合器，可以使发动机与变速器逐渐分离或接合，以切断或传递动力。离合器还可以控制变速器与发动机飞轮间的接合。动力进入齿轮箱后，通过选定的啮合齿轮经变速器输出轴传递到副轴。如图 4.9 所示，每对齿轮间都安装有同步器，可通过爪式锁止结构来实现同步器接触和分离。第四档的传动比为 1:1，一般被称为直接驱动，而最高档（第五档）被称为超速驱动，其输出轴的转速比输入轴（发动机转速）更高。

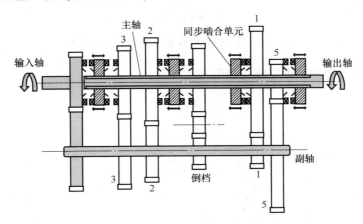

图 4.9　手动变速器结构示意图

最高车速决定了变速器最高档位的传动比（即最小传动比），而最低档位的传动比（即最大传动比）由最大牵引力或爬坡能力的需求决定。如图 4.10 所示，当设置介于最大和最小传动比之间的传动比数值时,应使得牵引力-车速曲线与理想曲线尽可能接近。

在变速器设计的第一次迭代中,最高档和最低档之间的传动比选择可使发动机所有档位对应的发动机速度范围相同。这种策略对燃油经济性和车辆性能都有好处。例如,在正常行驶过程中,可根据车辆速度选择合适的档位,以使发动机工作在节省燃料的最佳速度范围;当急加速时,发动机可以在高功率输出的转速范围内工作。这种方法如图 4.11 所示。

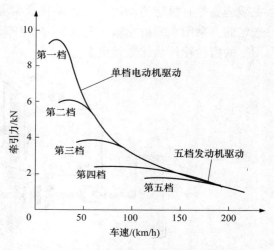

图 4.10 汽油发动机汽车牵引力特性曲线

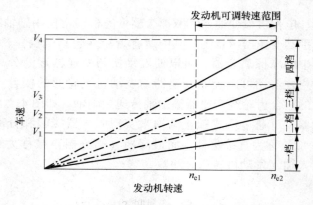

图 4.11 每个档位的车速与发动机转速范围

对于五档变速器,可以建立以下关系:

$$\frac{i_{g1}}{i_{g2}} = \frac{i_{g2}}{i_{g3}} = \frac{i_{g3}}{i_{g4}} = \frac{i_{g4}}{i_{g5}} = K_g \tag{4.1}$$

和

$$K_g = \sqrt[4]{\frac{i_{g1}}{i_{g5}}}^{\ominus} \tag{4.2}$$

式中,i_{g1}、i_{g2}、i_{g3}、i_{g4}、i_{g5} 分别是一档、二档、三档、四档和五档的传动比。在更一般的情况下,如果确定了最小传动比 i_{gn} 和最大传动比 i_{g1},并且已知档位的数量 n_g,则因子 K_g 可计算如下:

㊀ 式(4.2)原文为求三次方根,此处应为求四次方根。——译者注

$$K_g = \sqrt[n_g-1]{\frac{i_{g1}}{i_{g_n}}} \tag{4.3}$$

每个档位的传动比可以通过式（4.4）计算。

$$i_{gn-1} = K_g i_{gn}$$
$$i_{gn-2} = K_g^2 i_{gn}$$
$$\vdots$$
$$i_{g1} = K_g^{n_g-1} i_{gn} \tag{4.4}$$

乘用车在正常行驶过程中通常使用较高速的档位，则档位间的传动比通常为

$$\frac{i_{g1}}{i_{g2}} > \frac{i_{g2}}{i_{g3}} > \frac{i_{g3}}{i_{g4}} > \frac{i_{g4}}{i_{g5}} \tag{4.5}$$

式（4.5）会影响低档传动比的选择，对于商用车辆，变速器中的传动比通常基于式（4.5）选择。

图 4.12 所示为带五档变速器的汽油机汽车和单档直驱电动汽车的牵引力与速度曲线。可见电动机具有更为理想的转矩-速度特性曲线，可用使用简单的直驱方案来满足牵引力的需求。

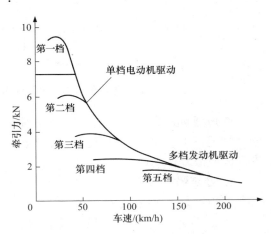

图 4.12 具有五档变速器的汽油发动机车辆和具有单档变速器的电动汽车的牵引力关系

4.4 自动变速器

自动变速器（Automatic Transmission，AT）可以自动改变传动比而无需驾驶人的手动输入。自动变速器可大致分为传统自动变速器（Coventional Automatic Transmission，CAT）或液力自动变速器、电控机械变速器（Automated Manual Transmission，AMT）、双离合变速器（Dual-Clutch Transmission，DCT）、无级变速器（Continuously Variable Transmission，CVT）、无限变速式无级变速器（Infinitely Variable Transmission，IVT）和混合动力专用变速器（Delicated Hybrid Transmission，DHT）。

4.4.1 传统自动变速器

传统自动变速器或液力自动变速器使用流体将功率（转矩和速度）从内燃机传递到驱动端。液力变速器广泛用于乘用车，一般由变矩器和行星齿轮变速器组成，如图 4.13 所示，变矩器连接到变速器的输入轴。液力变速器采用由系列制动

器和离合器控制的行星齿轮系来改变传动比。

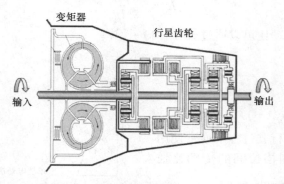

图 4.13 传统的液力变速器结构示意图（变矩器和行星齿轮）

变矩器将发动机动力平稳地传递到变速器中的齿轮对上，而不会有动力流中断的情况发生。通过控制行星齿轮组中的制动器和离合器，变速器可以在传递功率的同时改变传动比。

1. 变矩器

变矩器是一种液力耦合装置，由至少三个旋转元件组成，包括叶轮、涡轮和导轮，如图 4.14 所示。叶轮连接到发动机轴，涡轮连接到变矩器的输出轴，变矩器输出轴又连接到多档变速器的输入轴。导轮的功能是使涡轮能够产生高于变矩器输入转矩的输出转矩，从而获得转矩提升。导轮上通常安装有单向离合器，车辆起步后涡轮转速接近泵的转速，导轮可自由旋转。此时变矩器相当于液力耦合器，输出转矩与输入转矩之比为 1:1。

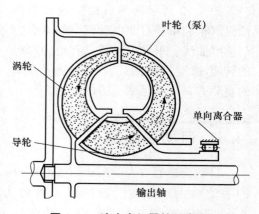

图 4.14 液力变矩器的示意图

液力传动的主要优点可概括如下：

1) 匹配合适时，发动机不会熄火；
2) 液力传动实现了发动机和驱动轮之间的柔性耦合；
3) 与适当的多档变速器匹配，可提供接近理想状态的转矩-速度特性。

液力传动的主要缺点是在停-走行驶模式下，其驱动效率低且结构复杂。

液力变矩器的性能特点可由以下四个参数描述：

$$\text{转速比 } C_{sr} = \frac{\text{输出转速}}{\text{输入转速}} \tag{4.6}$$

转矩比是前面提到的齿轮比的倒数

$$\text{转矩比 } C_{tr} = \frac{\text{输出转矩}}{\text{输入转矩}} \quad (4.7)$$

$$\text{效率 } \eta_c = \frac{\text{输出转速} \times \text{输出转矩}}{\text{输入转矩} \times \text{输入转矩}} = C_{sr} C_{tr} \quad (4.8)$$

$$\text{容量系数(尺寸因子)} K_{tc} = \frac{\text{转速}}{\sqrt{\text{转矩}}} \quad (4.9)$$

容量系数 K_{tc} 可用于描述变矩器吸收或传递转矩的能力,它与叶片的尺寸和几何形状密切相关。

变矩器的典型性能特点如图 4.15 所示,其横轴为转速比,纵轴分别为转矩比、效率和输入容量系数(输入转速与输入转矩二次根之比)。在车辆起步时输出转速为零,转矩比在失速状态下为最大;随着转速比增加,转矩比不断降低(齿轮比减小);最终变矩器转矩维持在 1.0,即液力耦合器状态,此时由于叶轮(泵)和涡轮之间的滑动,输入和输出转速间存在的差异很小。在失速状态(速比为零)下,液力变矩器的效率为零,变矩器效率随着转速比的增加而增加,当变矩器作为液力耦合器(转矩比等于 1.0)时达到最大值。

由于变矩器为发动机直接驱动,因此为确定变矩器的实际工况必须限定发动机工作点。为确定发动机及变矩器的组合性能,引入发动机容量系数 K_e,并将其定义为

$$K_e = \frac{n_e}{\sqrt{T_e}} \quad (4.10)$$

式中,n_e 和 T_e 分别是发动机转速和转矩。典型发动机容量系数随速度的变化关系如图 4.16 所示。如前所述,发动机轴通常直接与变矩器的输入轴相连。为实现良好匹配,发动机和液力变矩器应具有相似的容量

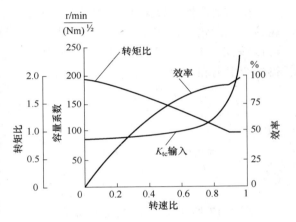

图 4.15 变矩器的性能特性

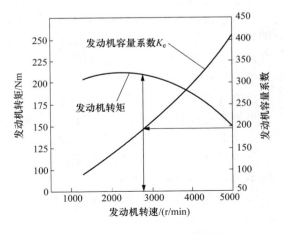

图 4.16 典型发动机的容量系数

系数。

$$K_e = K_{tc} \tag{4.11}$$

匹配过程首先需要明确发动机的转速和转矩。根据发动机工作点，可以基于式（4.10）[注]确定发动机容量系数 K_e。由于 $K_e = K_{tc}$，因此与特定发动机工作点对应变矩器的输入容量系数已知。如图 4.15 所示，液力变矩器输入容量系数 K_{tc} 的特定值可以通过液力变矩器的性能特性确定变矩器转速比 C_{sr} 和转矩比 C_{tr}。变矩器的输出转矩 T_{tc} 和输出转速 n_{tc} 可由式（4.12）和式（4.13）得出。

$$T_{tc} = T_e C_{tr} \tag{4.12}$$

和

$$n_{tc} = n_e C_{sr} \tag{4.13}$$

由于变矩器的转矩比范围有限（一般小于 2），因此通常会再连接一个多档齿轮箱，该齿轮箱由多个行星齿轮组构成，能够自动换档。根据齿轮箱的传动比，可以按式（4.14）和式（4.15）计算得到牵引力和车速。

$$F_t = \frac{T_e C_{tr} i_g i_0 \eta_t}{r} \tag{4.14}$$

和

$$V = \frac{\pi n_e C_{sr} r}{30 i_g i_0} = 0.377 \frac{n_e C_{sr} r}{i_t} \tag{4.15}$$

图 4.17 所示为一台配备有液力变矩器和三档齿轮箱的乘用车的牵引力随车速的变化曲线。

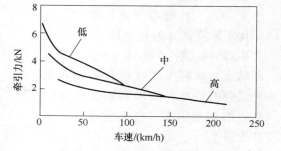

图 4.17 配备液力变矩器的乘用车的牵引力-车速特性曲线

2. 行星齿轮系

行星齿轮系可通过耦合来增加或减少动力或转速，也可以实现反向旋转。图 4.18 所示为一个行星齿轮系，包含齿圈 A、太阳轮 S 和围绕太阳轮旋转的行星轮 P。行星轮 P 与太阳轮 S 和齿圈 A 的内圆齿保持常啮合状态。行星架 C 上连接有行星轮轴，行星轮 P 沿行星轮轴旋转。可以在太阳轮、齿圈或行星架上施加制动，从而使齿轮系的特定部分速度为零。

手动变速器中使用的标准齿轮系

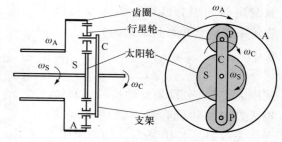

图 4.18 行星齿轮系

[注] 原文误为式（4.9），此处应为式（4.10）。——译者注

有一个自由度（DOF），即单输入单输出；而行星齿轮系有两个自由度（需要两个输入来获得输出）。

为确定三根轴间的速度关系，可以根据太阳轮和齿圈上的齿数来确定变比（行星轮作为惰轮，不影响传动比）。太阳轮与齿圈之间的基本比例 R_{SA} 为太阳轮上的齿数与齿圈齿数之比。

$$R_{SA} = \frac{-t_A}{t_S} \tag{4.16}$$

式（4.16）中的负号表示太阳轮与齿圈间转动方向相反。为推导太阳轮和齿圈间的转速比，考虑一种情况，其中行星架轴静止（$\omega_C = 0$）。如果 ω_A^0 和 ω_S^0 是行星架固定时的齿圈转速和太阳轮转速，则有

$$R_{SA} = \frac{\omega_A^0}{\omega_S^0} \tag{4.17}$$

如果整个行星齿轮系以 ω_C 的速度旋转，则齿圈的转速为

$$\omega_A = \omega_A^0 + \omega_C \tag{4.18}$$

太阳轮齿轮的转速为

$$\omega_S = \omega_S^0 + \omega_C \tag{4.19}$$

将式（4.18）和式（4.19）代入式（4.17）可得

$$R_{SA} = \frac{\omega_A - \omega_C}{\omega_S - \omega_C} \tag{4.20}$$

或者可以写作

$$\omega_A = R_{SA}\omega_S + \omega_C(1 - R_{SA}) \tag{4.21}$$

因此行星齿轮系中任意两轴的转速比都可以得到，图4.19所示为行星齿轮系中的信号流[3]。

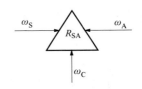

图 4.19 行星齿轮系中信号流的示意图

3. 复合行星齿轮

通过将两个或更多行星齿轮系连接在一起，可以设计出复合式变速器。在此基础上结合多个离合器和制动器，可以实现不同的传动比。这种技术是许多自动或专用混合变速器的基础。如图4.20所示，辛普森式齿轮系就是由两个行星齿轮系组成的复合齿轮箱结构。

辛普森式变速器的信号流框图如图4.21所示。

威尔逊齿轮系是另一种复合行星齿轮系结构，该结构可以提供四个正向传动比和一个倒档传动比。

Lepelletier齿轮系也是一种复合行星齿轮系结构，该设计被用于ZF 6HP的六

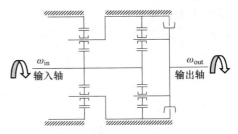

图 4.20 辛普森式行星齿轮组系统

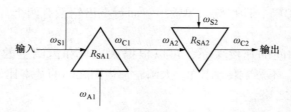

图 4.21　辛普森式复合变速器的信号流框图

速自动变速器中。其输入端是一个简单的行星齿轮系，输出端是 Ravigneaux 齿轮组，共使用了三个离合器和两个制动器，可提供六个正向传动比和一个倒档传动比。图 4.22 所示为 Lepelletier 变速器的示意图。

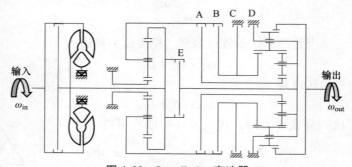

图 4.22　Lepelletier 变速器

行星齿轮系结构是一种特别灵活的装置，除了被用于自动变速器之外，它们还经常被用于全混合动力、CVT、IVT、差速器、传动箱和超速单元等装置中。

这些装置的齿轮传动比可以通过改变第三轴的速度来改变，而转矩分配则由太阳轮和行星轮上的齿数来决定。

图 4.23 所示为雷克萨斯使用的 ZF 8HP 八档自动变速器的结构示意图，其中包含四组行星齿轮组，使用了五个换档部件（三个离合器和两个制动器），其各档位对应的速比和换档部件状态见表 4.2。

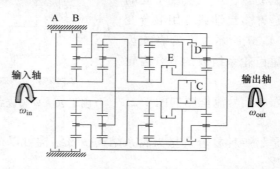

图 4.23　ZF 8HP 八档变速器的结构示意图

表 4.2　ZF 8HP 变速器档位速比和换档部件状态表

档位	制动器 A	制动器 B	离合器 C	离合器 D	离合器 E	速比 i	速比极差
1	■	■	■			4.696	1.50
2	■	■			■	3.130	1.49
3		■	■		■	2.104	1.26
4		■		■	■	1.667	1.30
5		■	■	■		1.285	1.29
6			■	■	■	1.000	1.19
7		■		■	■	0.839	1.25
8	■			■	■	0.667	共 7.05
R	■	■				-3.297	

4.4.2　电控机械变速器和双离合变速器

电控机械变速器（AMT）或序列式手动变速器和双离合变速器（DCT）都是采用计算机控制的伺服系统来自动地改变齿轮箱的速比。改变速比需要通过离合器来中断发动机和齿轮箱之间的动力传递，因此 AMT 或 DCT 是由摩擦离合器、齿轮箱（与手动变速器类似的齿轮组和同步系统）、换档伺服机构和变速器控制单元（Transmission Control Unit，TCU）组成的。通过采用液压或电动机伺服方式来操作离合器和换档机构，可以实现基于节气门位置的理想转速和转矩传递。AMT 和 DCT 通常具有自动模式、经济模式及运动模式。与手动变速器相比，它们一般具有更好的换档性能和燃油经济性，并具备自动变速器的便利性。

图 4.24 所示为一个 DCT 结构，它亦被称为直接换档变速器（Direct Shift Gear，

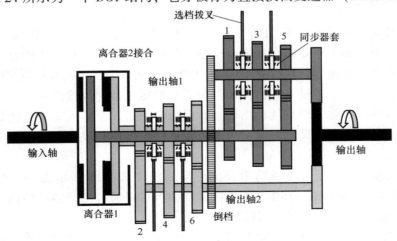

图 4.24　DCT 的结构示意图

DSG）或双离合器变速器，这是一种基于双离合器和两套同步输出齿轮组的变速系统，实质上是一种具有两套离合器和两套齿轮传动的 AMT，它通过预先选择所需档位来减少换档延迟。

4.5 无级变速器

无级变速器（CVT）的齿轮传动比在一定范围内可以连续变化，从而提供了无限的齿轮传动比组合。这种连续变比使得实现发动机及车轮间的任意转速和转矩匹配成为可能。因此，也具备实现理想转矩-速度曲线（恒功率曲线）的可能性。

汽车中的无级变速器通常使用带轮结构，一个锥盘与发动机轴相连，另一个锥盘与输出轴相连，使用高强度带（或链条）将两个锥盘连接在一起。通过调节锥盘间的距离来改变传动带在输入输出锥盘上的工作直径，从而获得不同的传动比

$$i_g = \frac{D_2}{D_1} \tag{4.22}$$

式中，D_1 和 D_2 分别是输出锥盘和输入锥盘的有效直径。

到现在为止，这种变速器还受到锥盘和高强度带间摩擦限制的影响。目前改进的方案是通过高强度金属带设计，以提供更高的坚固性和接触性。

此外尼桑还开发了一种有特色的设计方案，即使用三个摩擦齿轮，一个连接到发动机轴，另一个连接到输出轴，第三个齿轮与另外两个齿轮紧密接触，该齿轮旋转时可调节有效直径，从而实现可变速比。

4.6 无限变速式无级变速器

无限变速式无级变速器（IVT）在前进和后退的全范围速度区间内能够实现连续传动比调节，而不需要离合器或变矩器。其使用变速机构来替代离合器或变矩器，是一种无级变速的分流型设计 CVT。IVT 在输入和输出之间有两条平行的能量传输路径，一条路径通过变速机构装置将最小的能量传递到输出轴，而大部分能量将通过主路径从输入轴到达输出轴。行星齿轮的第二个输入来自变速机构的输出，它能有效地控制传动比或输出速度。变速机构可以是电动机、机械或液压执行机构。

IVT 也被称为转矩分流或功率分流传动系统。图 4.25 所示为一个分路分流（Split-Path Transmission，SPT）IVT 系统。发动机功率通过两条路径传递，下方行星齿轮传输路径由变速机构加以控制。

图 4.26 和图 4.27 所示为两种不同类型的无限变速式无级变速器[3]。

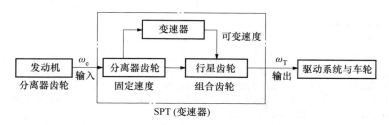

图 4.25 分路分流 IVT 结构框图

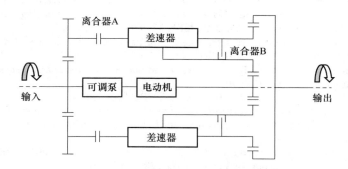

图 4.26 Sundstrand IVT 系统

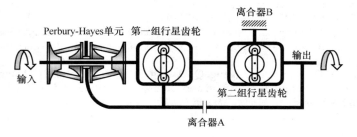

图 4.27 Perbury-Hayes 摩擦滚子型 IVT

4.7 混合动力专用变速器

通过在变速器系统中集成电动机、发电机和行星齿轮系，可以将电动机和内燃机的动力加以结合，形成一种能够在不同驱动模式下运行的混合传动系统。例如，DHT 使内燃机能够与电动机一起驱动车辆，也能使内燃机驱动发电机来给电池充电。

丰田普锐斯的变速器是最早发展的 DHT 概念之一。后续章节将更详细地探讨 DHT。

参考文献

[1] H. Naunheimer, B. Bertsche, J. Ryborz, and W. Novak, *Automotive Transmissions, Fundamentals, Selection, Design and Application*. Springer International Publishing, 2009.

[2] R. Fischer, F. Küçükay, G. Jürgens, R. Najork, and B. Pollak, *The Automotive Transmission*. Springer International Publishing, 2015.

[3] G. G. Lucas, Road vehicle performance, methods of measurement and calculation. Gordon and Breach, 1986, ISBN 0-677-21400-6.

[4] Robert Bosch GmbH, *Bosch Automotive Handbook*. Eighth Edition, July 16, 2011.

[5] L. Guzzella and A. Sciarretta, *Vehicle Propulsion Systems: Introduction to Modeling and Optimization*. Springer, January 29, 2015, ISBN-13: 978-3642438479.

[6] H. Scherer, ZF 6-speed automatic transmission for passenger cars. SAE Technical Paper 2003-01-0596, 2003, doi: 10.4271/2003-01-0596.

[7] H. Naunheimer, B. Bertsche, J. Ryborz, and W. Novak, *Automotive Transmissions Fundamentals, Selection, Design and Application*. 2011.

[8] A. Emadi, (Ed.) *Advanced Electric Drive Vehicles*. CRC Press, 2014.

[9] K. Rahman et al. Design and performance of electrical propulsion system of extended range electric vehicle (EREV) Chevrolet Voltec. *IEEE Energy Conversion Congress and Exposition (ECCE)*, 2012.

[10] J. De Santiago et al. Electrical motor drivelines in commercial all-electric vehicles: A review. *IEEE Transactions on Vehicular Technology*, 61(2), 2012: 475–484.

[11] J. O. Estima and A. J. Marques Cardoso, Efficiency analysis of drive train topologies applied to electric/hybrid vehicles. *IEEE Transactions on Vehicular Technology*, 61(3), 2012: 1021–1031.

[12] T. Imamura et al. Concept and approach of multi stage hybrid transmission. SAE Technical Paper 2017-01-1098, 2017, doi: 10.4271/2017-01-1098.

[13] M. Awadallah, P. Tawadros, P. Walker, and N. Zhang, Dynamic modelling and simulation of a manual transmission based mild hybrid vehicle. *Mechanism and Machine Theory*, 112, 2017: 218–239.

[14] L. Zhenzhen, S. Dongye, L. Yonggang, Q. Datong, Z. Yi, Y. Yang, and C. Liang, Analysis and coordinated control of mode transition and shifting for a full hybrid electric vehicle based on dual clutch transmissions. *Mechanism and Machine Theory*, 114, 2017: 125–140.

第 5 章 纯电动汽车

5.1 纯电动汽车的结构

如图 5.1 所示，之前的电动汽车主要是将现有内燃机车辆的发动机和油箱替换为电动机驱动系统和电池组，同时保留所有其他部件。这种电动汽车由于重量大、灵活性差、性能一般等缺点，导致其逐渐淡出实际应用。而现代纯电动汽车是从初始的车身和车架设计开始加以定制，这满足了电动汽车独特的结构设计要求，同时也利用了电驱动的巨大灵活性。

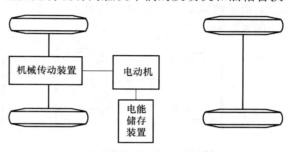

图 5.1 电动汽车的动力系示意图

现代电驱动系的概念如图 5.2 所示[1]。驱动系统由三个主要的子系统组成，即电动机驱动子系统、能源子系统和辅助子系统。电动机驱动子系统包括整车控

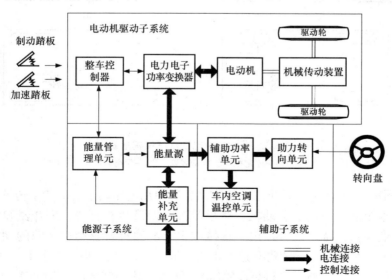

图 5.2 纯电动汽车结构的概念性图示[1]

制器、电力电子功率变换器、电动机、机械传动装置和驱动轮。能源子系统包括能量源、能量管理单元和能量补充单元。辅助子系统由助力转向单元、车内空调温控单元和辅助功率单元组成。

　　基于加速踏板和制动踏板的控制输入，整车控制器向功率变换器提供适当的控制信号，用来调节电动机和能量源之间的功率流。电动汽车再生制动时会产生逆向的功率流，这部分能量可以回馈到能量源中，待需要时可再次被利用。大多数电动汽车中的蓄电池、超级电容和飞轮都具备储存再生能量的能力。能量管理单元与整车控制器配合，控制再生制动和能量回收过程，能量管理单元还监控能量源的可用性。辅助电源为所有车载辅助设备（特别是车内空调温控和助力转向装置）提供不同电压等级的必要功率。

　　由于纯电动汽车电驱动性能和能量源的多样性，其可能具有多种结构形式，如图 5.3 所示[1]。

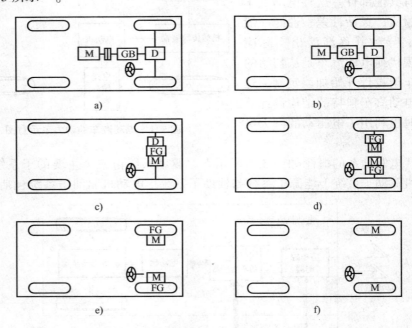

图 5.3　可能的纯电动汽车结构形式[1]

D—差速器　GB—固定档齿轮传动装置　FG—变速器　M—电动机

　　1）图 5.3a 所示为一种可选结构方案，其中用电驱动系统取代了传统汽车中的内燃机。电驱动系统包括电动机、离合器、齿轮箱和差速器，离合器和齿轮箱可以用自动变速器代替。离合器用于连接或中断电动机与驱动轮之间的动力。齿轮箱提供了一系列传动比，使得车速与动力能够匹配负载需求（参考第 2 章）。差速器是一种机械装置（通常是行星齿轮组），使得车辆在转弯时两侧的车轮能够以不同的速度转动。

2）如图 5.3b 所示，借助电动机能够在较大速度区间内提供恒功率输出（参考第 2 章）的特性，可采用固定速比的齿轮代替多档变速器，并省去了结构中的离合器。这种结构不仅降低了机械传动装置的尺寸和重量，还因其不需要换档过程简化了传动系统的控制。

3）如图 5.3c 所示，类似于图 5.3b 中的传动系方案，但是将电动机、固定速比齿轮和差速器集成为一个部件，其两端出轴与两侧驱动轮相连。整个驱动系得到了进一步简化，结构也更为紧凑。

4）如图 5.3d 所示，用两台牵引电动机代替机械差速器。当车辆沿着弯曲路径行驶时，两侧电动机将以不同转速运行。

5）如图 5.3e 所示，为进一步简化驱动系，可将牵引电动机放置于车轮内，这种结构就是所谓的轮毂电动机驱动。可采用一种薄型行星齿轮来降低电动机转速并提升电动机转矩，该行星齿轮结构具有高减速比以及输入和输出轴集成布置的优势。

6）如图 5.3f 所示，完全舍弃了电动机与驱动轮之间的机械传动装置，将低速轮毂电动机的外转子直接与驱动轮相连。此时电动机转速控制等同于车轮转速控制，因此也对应车速。然而，这种结构要求电动机具有更高的转矩，以满足车辆起动和加速时的性能需求。

5.2 纯电动汽车的性能

汽车的驾驶性能通常由其加速时间、最高车速和爬坡能力来加以评价。在电动汽车驱动系统设计中，适当的电动机功率和变速器参数是为满足整车性能指标首要考虑的因素。所有这些参数的设计主要取决于如第 2 章所述的牵引电动机转速-功率（转矩）特性，本章将对此进行讨论。

5.2.1 牵引电动机的特性

可调速牵引电动机的特性通常如图 5.4 所示。在低速区域（即低于图 5.4 中的基速时），电动机具有恒转矩特性；在高速区域（高于基速时），电动机具有恒功率特性。这种特性通常用转速比 x 来表示，定义为电动机最高转速与基速之比。在低速运行时，电动机控制器输出给电动机的端电压随着转速增加而升高，但磁通保持不变；转速为基速点时，电动机端电压达到电源电压；转速

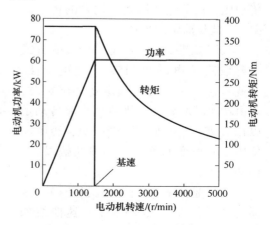

图 5.4 典型调速电动机的工作特性

超过基速后，通过弱磁使电动机端电压保持不变，磁通随速度的增加呈类似双曲线趋势下降。因此电动机的输出转矩也随转速增加而下降[2-4]。

图 5.5 所示为一台 60kW 电动机在不同转速比 x 下的转矩-转速特性（$x=2$，4 和 6）。显然恒功率区域大的电动机，其峰值转矩也更大，此时车辆的加速度和爬坡性能都得以提高，传动系也可以简化。然而每种类型的电动机都有其最大速比限制，例如，永磁电动机因为永磁体的存在使得弱磁困难，其转速比 x 通常较小（$x<2$）；开关磁阻电动机的转速比 x 可以达到 6，异步电动机的转速比 x 可以达到 4[2,5]。

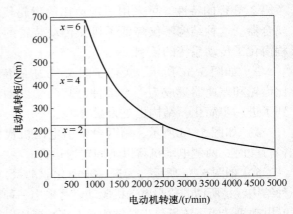

图 5.5　$x=2$，4 和 6 时的 60kW 电动机特性曲线

5.2.2　牵引力和传动需求

驱动轮上由牵引电动机产生的驱动力和车辆速度之间的关系可以表示为

$$F_\mathrm{t} = \frac{T_\mathrm{m} i_\mathrm{g} i_0 \eta_\mathrm{t}}{r_\mathrm{d}} \tag{5.1}$$

和

$$V = \frac{\pi N_\mathrm{m} r_\mathrm{d}}{30 \, i_\mathrm{g} i_0} \tag{5.2}$$

式中，T_m 和 N_m 分别是电动机的转矩输出（单位为 Nm）和转速（单位为 r/min），i_g 是变速箱的传动比；i_0 是主减速器的传动比；η_t 是电动机到驱动轮的传动效率；r_d 是驱动轮的半径。

采用多档变速器还是单档直驱方式主要取决于电动机的转速-转矩特性。也就是说，在电动机额定功率给定时，若恒功率区域较大，则单档直驱传动足以在低速下产生足够的牵引力；否则应使用多档位变速器（两档或两档以上）传动方式。

一辆配备 $x=2$ 电动机和三档变速器的电动汽车，其牵引力-车速曲线如图 5.6 所示。其中一档覆盖 a-b-c 车速

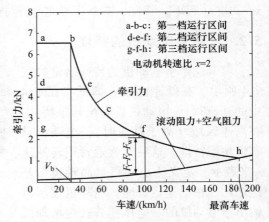

图 5.6　电动汽车配备 $x=2$ 电动机和三档变速器时的牵引力-车速曲线

区间；二档覆盖 d-e-f 车速区间；三档覆盖 g-f-h 车速区间。

一辆配备 $x=4$ 电动机和两档变速器的电动汽车，其牵引力-车速曲线如图 5.7 所示。其中一档覆盖 a-b-c 车速区间；二档覆盖 d-e-f 车速区间。

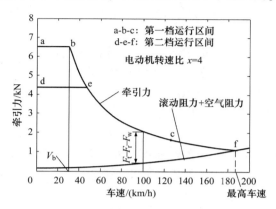

图 5.7 电动汽车配备 $x=4$ 电动机和两档变速器时的牵引力-车速曲线

一辆配备 $x=6$ 电动机和单档直驱传动的电动汽车，其牵引力-车速曲线如图 5.8 所示。

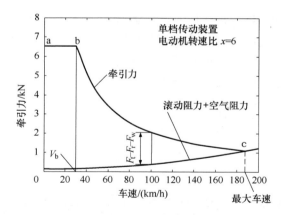

图 5.8 电动汽车配备 $x=6$ 电动机和单档直驱传动时的牵引力-车速曲线

这三种设计具有相同的牵引力-车速曲线。因此，车辆将具有相同的加速度和爬坡能力。

5.2.3 车辆性能

基本的车辆性能包括最大巡航车速、爬坡能力和加速性能。基于图 5.6～图 5.8，可以通过牵引力曲线和阻力曲线的交点得到最高车速。应该注意的是，在使用较大功率牵引电动机或较高传动比的设计中，有时不存在这样的交点。在这种情况下，最高车速是由牵引电动机的最高转速决定的。

$$V_{\max} = \frac{\pi N_{\mathrm{mmax}} r_{\mathrm{d}}}{30\, i_{\mathrm{gmin}} i_0} \tag{5.3}$$

式中，N_{mmax} 是牵引电动机所支持的最高转速；i_{gmin} 是传动系的最小传动比（最高档）。

如图 5.6 ~ 图 5.8 所示，爬坡能力可由车辆净牵引力 $F_{\mathrm{t-net}}$ 决定，其中 $F_{\mathrm{t-net}} = F_{\mathrm{t}} - F_{\mathrm{r}} - F_{\mathrm{w}}$。在中速及高速情况下，车辆的爬坡能力比低速情况下要差。给定车速下的最大爬坡度可由式（5.4）计算得到。

$$i = \frac{F_{\mathrm{t-net}}}{Mg} = \frac{F_{\mathrm{t}} - (F_{\mathrm{r}} + F_{\mathrm{w}})}{Mg} \tag{5.4}$$

式中，F_{t} 是驱动轮上的牵引力；F_{r} 是轮胎的滚动阻力；F_{w} 是空气阻力。但在低速时，由式（5.4）计算得到的爬坡度要低于实际值，存在一定误差，此时应按照式（5.5）计算爬坡度。

$$\sin\alpha = \frac{d - f_{\mathrm{r}}\sqrt{1 - d^2 + f_{\mathrm{r}}^2}}{1 + f_{\mathrm{r}}^2} \tag{5.5}$$

式中，f_{r} 是轮胎滚动阻力系数；$d = (F_{\mathrm{t}} - F_{\mathrm{w}})/Mg$，被称为车辆的性能系数（参考第 2 章）。

车辆的加速特性是指车辆从低速 V_1（通常为零车速）到更高车速（对乘用车一般为 100km/h）所用的时间。乘用车的加速特性一般比最高巡航车速和爬坡能力更为重要。这是由于电动机驱动系统的功率需求是由整车对加速能力的要求决定，而不是由最高巡航车速或爬坡能力决定的。由式（2.58）、图 2.28 和图 2.29 可知，电动汽车的加速时间可表示为

$$t_{\mathrm{a}} = \int_0^{V_{\mathrm{b}}} \frac{M\delta}{\dfrac{P_{\mathrm{t}}}{V_{\mathrm{b}}} - Mgf_{\mathrm{r}} - \dfrac{1}{2}\rho_{\mathrm{a}} C_{\mathrm{D}} A_{\mathrm{f}} V^2} \mathrm{d}V + \int_{V_{\mathrm{b}}}^{V_{\mathrm{f}}} \frac{M\delta}{\dfrac{P_{\mathrm{t}}}{V} - Mgf_{\mathrm{r}} - \dfrac{1}{2}\rho_{\mathrm{a}} C_{\mathrm{D}} A_{\mathrm{f}} V^2} \mathrm{d}V$$

$$\tag{5.6}$$

式中，V_{b} 和 V_{f} 分别是电动机基速对应的车速和最终车速（见图 5.6 ~ 图 5.8），P_{t} 是电动机基速时传递到驱动轮的牵引功率。式（5.6）右边的第一项是车速低于电动机基速对应车速的区间；第二项是车速高于电动机基速对应车速的区间。

式（5.6）很难直接得到解析解。初步估算加速时间和牵引功率的对应关系时，可以先忽略滚动阻力和空气阻力，即加速时间可以表示为

$$t_{\mathrm{a}} = \frac{\delta M}{2 P_{\mathrm{t}}} (V_{\mathrm{f}}^2 + V_{\mathrm{b}}^2) \tag{5.7}$$

汽车转动惯量系数 δ 是一个常数。牵引功率 P_{t} 可以表示为

$$P_{\mathrm{t}} = \frac{\delta M}{2 t_{\mathrm{a}}} (V_{\mathrm{f}}^2 + V_{\mathrm{b}}^2) \tag{5.8}$$

需要注意的是，由式（5.8）得到的功率仅为车辆加速所消耗的功率。为准确求出牵引功率，需考虑克服滚动阻力和风阻所消耗的功率。加速时的平均牵引功率可以表示为

$$\overline{P}_{\text{drag}} = \frac{1}{t_a} \int_0^{t_a} \left(M g f_r V + \frac{1}{2} \rho_a C_D A_f V^3 \right) \mathrm{d}t \tag{5.9}$$

参照图 2.28 和图 2.29，车辆速度 V 可通过时间 t 表示为

$$V = V_f \sqrt{\frac{t}{t_a}} \tag{5.10}$$

将式（5.10）代入式（5.9）并积分，得到

$$\overline{P}_{\text{drag}} = \frac{2}{3} M g f_r V_f + \frac{1}{5} \rho_a C_D A_f V_f^3 \tag{5.11}$$

可求出车辆在 t_a 时间内，从零车速加速到 V_f 的牵引功率为

$$P_t = \frac{\delta M}{2 t_a}(V_f^2 + V_b^2) + \frac{2}{3} M g f_r V_f + \frac{1}{5} \rho_a C_D A_f V_f^3 \tag{5.12}$$

式（5.12）表明，对于给定的加速特性，电动机基速较低意味着电动机的功率值较小。但该功率的下降速率与电动机基速的下降速率并不相同。在式（5.12）中对 V_b 进行微分，可得

$$\frac{\mathrm{d} P_t}{\mathrm{d} V_b} = \frac{\delta M_v}{t_a} V_b \tag{5.13}$$

图 5.9 所示为 $\dfrac{\mathrm{d} P_t}{\mathrm{d} V_b}$ 与电动机速度比参数 x 的实例。在这个例子中，加速时间为 10s，车辆质量为 1200kg，滚动阻力系数为 0.01，空气阻力系数为 0.3，迎风面积为 2m^2。由图 5.9 可以清楚看出，当 x 较低（即 V_b 较高）时，降低基速（即增大 x）可以显著降低电动机的功率需求，但当 x 较高（即 V_b 较低）时，例如 $x>5$，再增大基速对降低功率需求的效果就不那么明显了。图 5.10 所示为基于式（5.6）和数值方法得到的加速时间和加速距离与最终车速间的关系。

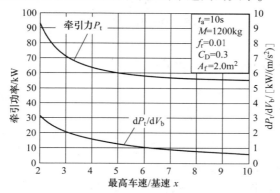

图 5.9　功率与电动机速度比参数 x 间的关系

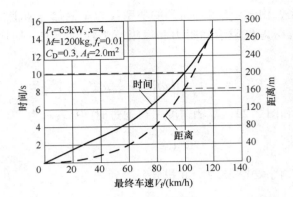

图 5.10 车辆加速时间及加速距离与最终车速间的关系曲线

5.3 正常行驶时的牵引力

5.2 节的相关描述讨论了车速、爬坡能力和加速度方面的整车性能,并据此得到了驱动系统的功率特性。然而在正常行驶条件下,很少会用到这些峰值性能。在大部分行驶时间内,传动系都是处于部分负载工况下。实际牵引力和车速随着运行工况的不同(如加速、减速、上坡、下坡等),会在较大的范围内变化。且这些变化与交通环境及车型也有关,城市工况和高速工况差别很大,乘用车和线路运营车辆也有巨大差异。

在各种实际交通环境下,精确并定量地描述车辆牵引力和车速的变化是非常困难的。因此设计了一些特定行驶循环工况用于描述车辆的典型交通环境。这些行驶循环由在平坦路面上,不同车速与行驶时间的对应关系进行描述。

在特定的循环工况中,车辆的牵引力可以表示为

$$F_\mathrm{t} = Mgf_\mathrm{r}\cos\alpha + \frac{1}{2}\rho_\mathrm{a} C_\mathrm{D} A_\mathrm{f} V^2 + M\delta\frac{\mathrm{d}V}{\mathrm{d}t} \tag{5.14}$$

如图 5.11 所示,在一个较短的时间周期内可假定车速随时间呈线性变化,且加速度为常数。

循环工况内的加速度 $\mathrm{d}V/\mathrm{d}t$ 可由式(5.15)得出。

$$\frac{\mathrm{d}V}{\mathrm{d}t} = \frac{V_{k+1} - V_k}{t_{k+1} - t_k}(k=1,2,\cdots,n) \tag{5.15}$$

图 5.12 所示为部分典型循环工况,分别包括 FTP75 城市循环工况、FTP75

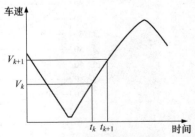

图 5.11 假设短时间内的整车加速度为常量

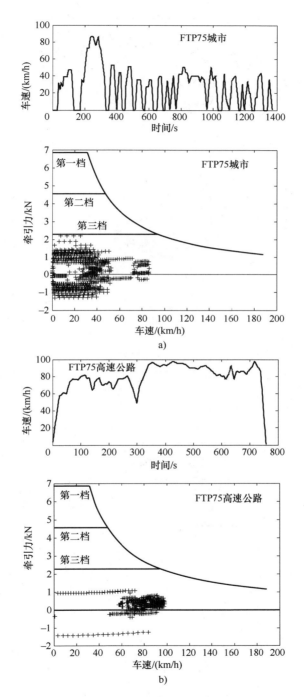

图 5.12 各典型循环工况下车速与牵引力的关系图（工作点标记为"+"）
a) FTP75 城市循环工况 b) FTP75 高速循环工况

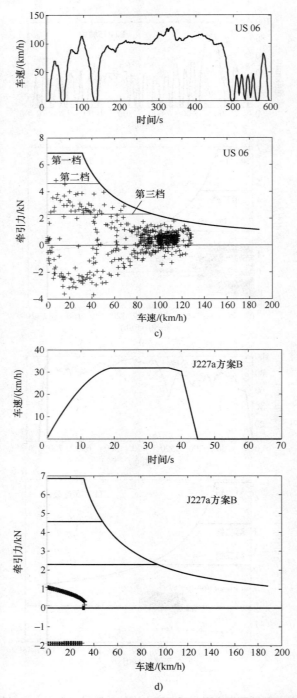

图 5.12 各典型循环工况下车速与牵引力
c) US06 循环工况 d) J227a 循环工况的方案 B

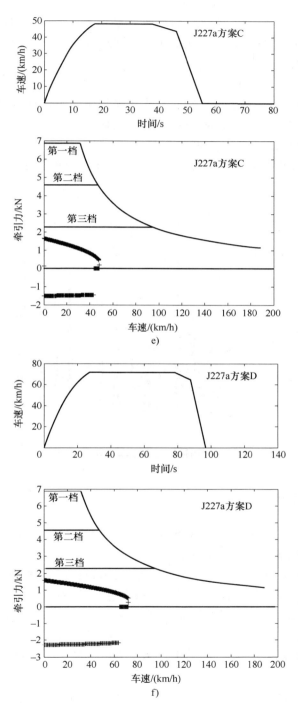

的关系图（工作点标记为"＋"）（续）
e）J227a 循环工况的方案 C　f）J227a 循环工况的方案 D

高速循环工况、US06 循环工况（一种高速和高加速度情况下的循环工况）、J227a 循环工况的方案 B、J227a 循环工况的方案 C、J227a 循环工况的方案 D。J227a 系列由美国汽车工程师协会（Society of Automotive Engineers，SAE）推荐，并已应用于电动汽车和电池的相关评估中。

如图 5.12 所示，利用式（5.14）可求出循环工况中任意时刻的牵引力。该平面图显示了牵引力和车速的对应关系，也清楚地显示了驱动系的主要工作区域。此外，车速和牵引力的时间分布如图 5.13 所示。这一时间分布信息对驱动系的设计非常有帮助，设计时应尽量将高效区与主要工作区域相重合。

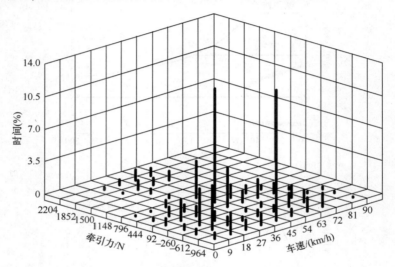

图 5.13　FTP75 城市循环工况下车速与牵引力的时间分布

5.4　能量消耗

在交通运输中，能量单位通常使用 kWh，而不是使用 J 或 kJ，整车能耗通常以单位距离的能耗来评估（kWh/km）。内燃机车辆通常使用单位距离的耗油量来评估能耗，例如行驶 100km 所消耗的燃油升数（L/100km）。在美国，通常使用单位体积燃油所对应的行驶里程来衡量油耗，即每加仑燃油对应的英里数（mile/USgal）。类似于内燃机车辆，采用液体燃料时，单位可采用 L/100km；采用气体燃料（如氢）时，单位可采用 kg/100km 或 mile/kg。配备电池的电动汽车一般用电池输出端的能量消耗（kWh）作为度量，即以 kWh 为单位测定电池能量，并据此计算出整车行驶里程。

能量消耗就是电池输出端的功率积分。为驱动车辆，电池输出功率应等于阻尼功率、传动系的功率损耗和电动机驱动过程中的损耗（包括电子设备中的功率损耗）之和。传动系和电动机驱动过程中的功率损耗可分别通过其各自的效率系数η_t和η_m来描述，蓄电池的输出功率可以表示为

$$P_{b,out} = \frac{V}{\eta_t \eta_m}\left[Mg(f_r + i) + \frac{1}{2}\rho_a C_D A_f V^2 + M\delta \frac{dV}{dt}\right] \quad (5.16)$$

这里没有计入非牵引载荷（附加载荷）。在某些情况下，若附加载荷影响太大以致不能忽略，则应将其与牵引载荷共同计算。当电动汽车中应用再生制动功能时，传统汽车中损耗的一部分制动能量可通过电动机工作在发电状态予以回收，并储存于电池组中而得到利用。电池端的再生制动功率可以表示为

$$P_{b,in} = \frac{\alpha V}{\eta_t \eta_m}\left[Mg(f_r + i) + \frac{1}{2}\rho_a C_D A_f V^2 + M\delta \frac{dV}{dt}\right] \quad (5.17)$$

当再生制动时，式（5.17）中的路面坡度i或加速度dV/dt至少有一个为负值，或二者均为负值。α（$0 < \alpha < 1$）是电动机制动能量占总制动能量的百分比，称为再生制动系数。再生制动系数α是随制动强度以及制动系统的设计和控制而变化的参数，对此将在后面章节中详述。电池组中的净能量消耗为

$$E_{out} = \int_{牵引} P_{b,out} dt + \int_{制动} P_{b,in} dt \quad (5.18)$$

应该注意，式（5.17）所描述的再生制动功率带有负号。当电池组的净能量消耗达到其总能量时，电池组完全放电并需要充电。两次充电间的行驶距离常称为续驶里程。续驶里程取决于电池组的总能量、阻尼功率以及再生制动系数α。

如图5.14所示，牵引电动机的效率随其在转速-转矩、转速-功率平面上的运行点而变化，其中存在最高效的运行区。如前文所述，在设计驱动系时，应使最高效运行区与主要工作区域重合，或至少尽可能地接近。

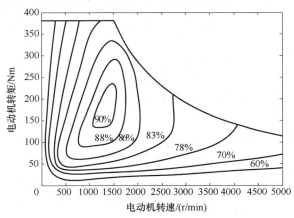

图5.14 典型的电动机效率特性曲线

参考文献

[1] C. C. Chan and K. T. Chau, *Modern Electric Vehicle Technology*, Oxford University Press, New York, 2001.
[2] Y. Gao, H. Maghbelli, M. Ehsani et al., "Investigation of proper motor drive characteristics for military vehicle propulsion," In *Society of Automotive Engineers (SAE) Journal*, Warrendale, PA, 2003, Paper No. 2003-01-2296.
[3] Z. Rahman. M. Ehsani, and K. Butler, "An investigation of electric motor drive characteristics for EV and HEV propulsion systems," In *Society of Automotive Engineers (SAE) Journal*, Warrendale, PA, 2003, Paper No. 2000-01-3062.
[4] Z. Rahman, M. Ehsani, and K. Butler, "Effect of extended-speed, constant-power operation of electric drives on the design and performance of EV-HEV propulsion system," In *Society of Automotive Engineers (SAE) Journal*, Warrendale, PA, 2003, Paper No. 2000-01-1557.
[5] K. M. Rahman and M. Ehsani, "Performance analysis of electric motor drives for electric and hybrid electric vehicle application." *IEEE Power Electronic in Transportation* 1996: 49–56.
[6] D. A. J. Rand, R. Woods, and R. M. Dell, *Batteries for Electric Vehicles*, Research Studies Press, Ltd., Austin, TX, 1998.
[7] A. Bouscayrol, L. Boulon, T. Hofman, and C. C. Chan, "Special section on advanced powertrains for more electric vehicles." *IEEE Transactions on Vehicular Technology* 65(3), 2016: 995–997.
[8] C. C. Chan and M. Cheng, Vehicle traction motors, In *Encyclopedia of Sustainability Science and Technology*, 2015, pp. 1–34.
[9] F. Lin, K. T. Chau, C. Liu, C. C. Chan, and T. W. Ching, "Comparison of hybrid-excitation fault-tolerant in-wheel motor drives for electric vehicles," In *International Electric Vehicle Symposium and Exhibition, EVS28. EVS28 International Electric Vehicle Symposium and Exhibition*, 2015.
[10] C. C. Chan, Overview of electric, hybrid, and fuel cell vehicles, In *Encyclopedia of Automotive Engineering*, 2015.
[11] S. Cui, S. Han, and C. C. Chan, "Overview of multi-machine drive systems for electric and hybrid electric vehicles," In *Transportation Electrification Asia-Pacific (ITEC Asia-Pacific), 2014 IEEE Conference and Expo. IEEE*, pp. 1–6, 2014.
[12] C. Mi and M. Abul Masrur, *Hybrid Electric Vehicles: Principles and Applications with Practical Perspectives*, John Wiley & Sons, New York, 2017.
[13] J. Du and D. Ouyang, "Progress of Chinese electric vehicles industrialization in 2015: A review." *Applied Energy* 188, 2017: 529–546.
[14] M. Quraan, P. Tricoli, S. D'Arco, and L. Piegari, "Efficiency assessment of modular multilevel converters for battery electric vehicles." *IEEE Transactions on Power Electronics* 32(3), 2017: 2041–2051.
[15] V. Ivanov, D. Savitski, and B. Shyrokau, "A survey of traction control and antilock braking systems of full electric vehicles with individually controlled electric motors." *IEEE Transactions on Vehicular Technology* 64(9), 2015: 3878–3896.
[16] J.-R. Riba, C. López-Torres, L. Romeral, and A. Garcia, "Rare-earth-free propulsion motors for electric vehicles: A technology review." *Renewable and Sustainable Energy Reviews* 57, 2016: 367–379.
[17] M. Hernandez, M. Messagie, O. Hegazy, L. Marengo, O. Winter, and J. Van Mierlo, "Environmental impact of traction electric motors for electric vehicles applications." *The International Journal of Life Cycle Assessment* 22(1), 2017: 54–65.
[18] V. Ivanov, D. Savitski, K. Augsburg, and P. Barber, "Electric vehicles with individually controlled on-board motors: Revisiting the ABS design," In *Mechatronics (ICM), 2015 IEEE International Conference on. IEEE*, pp. 323–328, 2015.
[19] L. De Novellis, A. Sorniotti, and P. Gruber, "Driving modes for designing the cornering

response of fully electric vehicles with multiple motors." *Mechanical Systems and Signal Processing* 64, 2015: 1–15.
[20] Y. Chen and J. Wang, "Design and experimental evaluations on energy efficient control allocation methods for overactuated electric vehicles: Longitudinal motion case." *IEEE/ASME Transactions on Mechatronics* 19(2), 2014: 538–548.
[21] Y. Miyama, M. Hazeyama, S. Hanioka, N. Watanabe, A. Daikoku, and M. Inoue, "PWM carrier harmonic iron loss reduction technique of permanent-magnet motors for electric vehicles." *IEEE Transactions on Industry Applications* 52(4), 2016: 2865–2871.
[22] R. de Castro, M. Tanelli, R. E. Araújo, and S. M. Savaresi, "Minimum-time manoeuvring in electric vehicles with four wheel-individual-motors." *Vehicle System Dynamics* 52(6), 2014: 824–846.
[23] S. Dang, A. Odonde, T. Mirza, C. Dissanayake, and R. Burns, "Sustainable energy management: An analysis report of the impacts of electric vehicles," In *Environment and Electrical Engineering (EEEIC), 2014 14th International Conference on. IEEE*, pp. 318–322, 2014.
[24] A. V. Sant, V. Khadkikar, W. Xiao, and H. H. Zeineldin, "Four-axis vector-controlled dual-rotor PMSM for plug-in electric vehicles." *IEEE Transactions on Industrial Electronics* 62(5), 2015: 3202–3212.
[25] M. Yildirim, M. Polat, and H. Kürüm, "A survey on comparison of electric motor types and drives used for electric vehicles," In *Power Electronics and Motion Control Conference and Exposition (PEMC), 2014 16th International. IEEE*, pp. 218–223, 2014.

第6章 混合动力电动汽车

传统内燃机车辆利用石油燃料能量密度高的特点，可实现良好的操纵性能及较远的行驶里程。然而，传统内燃机车辆也存在燃油经济性差和环境污染的问题。燃油经济性差的主要原因在于：①发动机燃油效率特性与实际运行要求不匹配（见图2.22和图2.23）；②制动过程中车辆动能的消耗，当车辆在城市中行驶时尤其明显；③传统内燃机车辆在停-走行驶模式下（见图2.21），其液压传动效率低等。

以蓄电池为动力来源的电动车辆在某些方面具有优于传统内燃机车辆的特点，例如高能量效率和零环境污染。但是蓄电池组的能量密度远低于汽油，使得电动汽车在性能上无法与使用汽油的传统内燃机车辆竞争，尤其体现在蓄电池每次充电所对应的续驶里程性能上。混合动力电动汽车（Hybrid Electric Vehicle，HEV）通常采用两个动力源（一个主动力源和一个辅助动力源），兼具内燃机车辆和电动汽车两者的优点，并克服了它们的缺点[1,2]。本章将讨论混合动力电动汽车动力系的基本概念和运行原理。

6.1 混合动力电驱动系的概念

基本上，任何车辆的动力系都要满足：①产生足够的动力以满足车辆性能的需要；②配置足够的车载能量以保证车辆足够的行驶里程；③高效率；④较低的污染物排放。

一般说来，一台车辆可能具有不止一个动力系。这里，动力系被定义为能量源和能量转换器或动力源的组合。例如汽油（或柴油）-热机系统、氢-燃料电池-电动机系统、化学蓄电池-电动机系统等。具有两个或更多动力系的车辆被称为混合动力车辆。具有电力传动系的混合动力车辆被称为混合动力电动汽车。车辆的驱动系被定义为所有动力系的集合。

混合动力车辆的驱动系通常由两个动力系组成，多于两个的动力系会使得驱动系结构非常复杂。为了回收在传统内燃机以热形式消耗的制动能量，混合动力电驱动系通常含有一个允许能量双向流动的动力系，另一个动力系为能量双向或单向流动均可。图6.1所示为混合动力驱动系的概念以及可能的动力流路线。

混合动力驱动系可通过选定的动力系向载荷提供动力。两个动力系之间有以

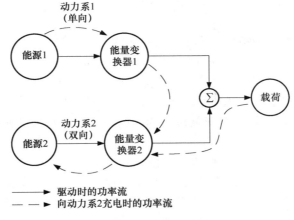

图 6.1 混合动力驱动系的概念图

下多种可用模式以满足负载要求:
1) 动力系 1 单独向载荷提供动力;
2) 动力系 2 单独向载荷提供动力;
3) 动力系 1 和动力系 2 共同向载荷提供动力;
4) 动力系 2 由载荷处获得功率(再生制动);
5) 动力系 2 从动力系 1 中获得功率;
6) 动力系 2 同时从动力系 1 和载荷中获得功率;
7) 动力系 1 同时向载荷和动力系 2 提供动力;
8) 动力系 1 向动力系 2 提供功率,同时动力系 2 向载荷提供动力;
9) 动力系 1 向载荷提供动力,同时载荷向动力系 2 提供功率。

以由汽油(柴油)-内燃机组成动力系 1,蓄电池-电动机组成动力系 2 的混合动力模式为例。

模式 1) 是单发动机驱动模式,这一模式可应用于蓄电池组近乎完全放电而发动机没有剩余功率给蓄电池组充电的情况;或应用于蓄电池组已完全充电而发动机能提供足够动力以满足车辆动力需求的情况。

模式 2) 是纯粹的电驱动模式,此时发动机处于关机状态。这一模式可应用于发动机不能高效运行的场合,例如车速极低状态或在严禁排放的区域内行驶的场合。

模式 3) 是混合牵引模式,可应用于有大功率输出需求的情况,例如当急加速或爬陡坡等场合。

模式 4) 是再生制动模式,此时电动机工作在发电模式,可回收车辆的动能或势能,并将回收的能量储存在蓄电池组中,便于以后重复利用。

模式 5) 是发动机向蓄电池组充电的模式,此时车辆处于停止、惯性滑行或小坡度下坡等行驶状态，即不需要将动力应用于载荷，也不需要吸收来自载荷的能量。

模式6）是内燃机向蓄电池充电与再生制动共存的模式。

模式7）是发动机驱动车辆行驶，同时发动机向蓄电池组充电的模式。

模式8）是发动机向蓄电池充电，同时蓄电池组向载荷供应功率的模式。

模式9）是能量通过车辆质量从热机流入蓄电池的模式。这一混合集成驱动系的典型结构是两个动力系分别安装在车辆的前后轴上，这种工作模式将在后面的章节中讨论。

混合动力电动汽车具有丰富的运行模式，使其相较于单动力系车辆具有更大的灵活性。通过合理结构和正确控制，对每一种特定运行工况采用相应的工作模式，可以优化车辆的整体性能、效率和排放。然而，在实际应用中，决定具体实施哪种模式取决于许多因素，例如驱动系的实际结构、动力系的效率特性和载荷特性等因素。

就车辆总效率而言，应尽量使每一个动力系都能运行于其最佳的效率区间。内燃机一般是在节气门全开时工作在最佳效率运行区，远离该高效区将导致较低的运行效率（见图2.18、图2.20、图2.22、图2.23和图3.6）。另一方面，与内燃机相比，电动机在各种工作区域内的效率变化不像内燃机那样明显（见图5.14⊖）。

如图6.2所示，由于车辆的频繁加速、减速、上坡和下坡，其载荷功率在实际运行中是随机变化的。事实上，载荷功率由两部分组成，一部分是稳定功率（平均功率），其为恒定值；另一部分是具有零平均值的动态功率。在设计混合动力车辆的控制策略时，可以使用一个适用于稳态运行的动力系，例如内燃机和燃料电池来提供平均功率，同时使用诸如电动机驱动系统作为另一个动力系来提供动态功率。在整个行驶循环中，来自动态动力系的总能量输出将为零，这意味着动态动力系的能源在行驶循环结束时能量没有损失，其仅作为功率的调节器。

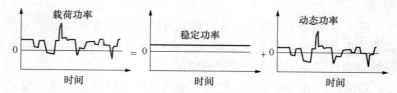

图6.2 将载荷功率分解为稳定分量和动态分量

在混合动力电动汽车中，稳定功率可由内燃机、斯特林发动机或燃料电池等提供。由于动态功率可由动态功率源提供，因此所采用的内燃机或燃料电池比单动力系统设计中的内燃机或燃料电池要小得多，能够使稳定功率源运行在其最佳

⊖ 原书误为图4.14，应为图5.14。——译者注

效率区。动态功率可由配置蓄电池组的电动机、超级电容器或飞轮储能（机械蓄电池）等方式提供，也可由这些储能系统的组合配置提供[1,3]。

6.2 混合动力电驱动系的结构

混合动力电动汽车的结构可大致定义为能量通路与控制端口间的连接关系。传统意义上混合动力电动汽车被分类为两种基本形式，即串联式和并联式的混合动力电动汽车。有意思的是自2000年开始，一些推广应用的混合动力电动汽车难以归入这样的分类之中[4]。因此，混合动力电动汽车现分类为四种，即串联式、并联式、混联式和复合式混合动力电动汽车，具体分类如图6.3所示[5]。上述分类在科学意义上并非十分清晰，且可能引起混淆。实际上，混合动力电动汽车在驱动系内存在两类能量流，一类是机械能量流，另一类是电能量流。在功率交汇点处，始终以同一类功率形式，即电气的或机械的功率形式，而不是电气的和机械的功率形式呈现，即两个功率相加或将一个功率分解。这样或许可以采用功率耦合或解耦特性来更精确地定义混合动力电动汽车电驱动系的结构。例如，电耦合驱动系、机械耦合驱动系以及机械-电气耦合驱动系。

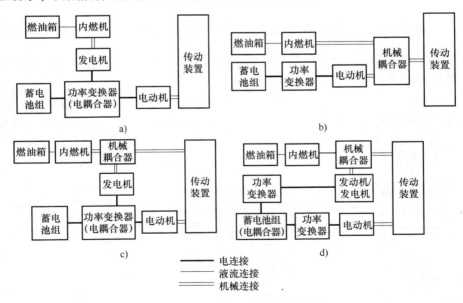

图 6.3 混合动力电动汽车的分类
a) 串联式（电耦合） b) 并联式（机械耦合）
c) 混联式（机械耦合和电耦合） d) 复合式（机械耦合和电耦合）

图6.3a所示为传统意义上的串联式混合动力电驱动系的结构。这一结构的关键特征是在功率变换器中将来自发电机和电池的两个电功率加在一起。该功率变

换器起到电功率耦合器的作用，控制从蓄电池组和发动机到电动机的功率流或反向控制从电动机到蓄电池组的功率流。燃油箱、内燃机和发电机组成主能源，而蓄电池组则起能量调节器的作用。

图 6.3b 所示为传统意义上的并联式混合动力电驱动系结构。这一结构的关键特征是在机械耦合器中将分别来自内燃机和电动机的两个机械功率加在一起。内燃机是主能源设备，而蓄电池组和电动机驱动装置则组成能量调节器。此时，功率流由动力装置，即发动机和电动机所共同控制。

图 6.3c 所示为传统意义上的混联式混合动力电驱动系结构。这一结构的明显特征是使用了两个功率耦合器，既有机械耦合器也有电功率耦合器。实际上，这一结构是串联式和并联式结构的组合，其具有两者的主要特性，并且相比于串联式或并联式的单一结构，拥有更多运行模式。从另一方面来说，它的结构相对更为复杂且多半成本较高。

图 6.3d 所示为通常所说的复合式混合动力电驱动系结构。它具有与混联式相似的结构，唯一的差异在于混联式结构中的电耦合器是功率变换器，而复合式结构中则由蓄电池充当电耦合器。复合式结构在电动机/发电机和蓄电池组之间又增加了一个功率变换器。

6.2.1 串联式混合动力电驱动系（电耦合）

电耦合串联式混合动力电驱动系是一种由两路电源向单个电功率装置（电动机）供能来驱动车辆的驱动系结构。

最常用的串联式混合动力电驱动系结构如图 6.4 所示。其中油箱为单向能源，与发电机相耦合的发动机为单向能量转换器（动力源）。发电机的输出通过可控电

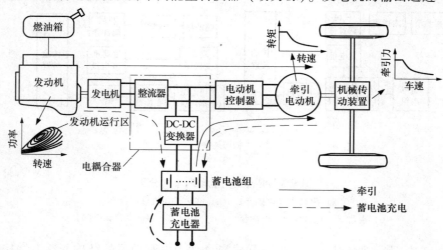

图 6.4 串联式混合动力电驱动系的结构

力电子变换器（整流器）连接到功率直流母线上。电池组为双向能量源，该电池组通过可控的双向电力电子变换器（DC-DC）连接到功率直流母线上，直流母线还与电动机控制器相连。牵引电动机可以工作在电动模式或发电模式，也可以正向或反向旋转。该电驱动系还可能包括一个充电机，以通过墙上插座由电网向蓄电池充电。串联式混合动力电驱动系结构源自纯电动汽车，由于纯电动汽车的续驶里程受制于低能量密度的蓄电池组，所以为改善该问题，在电动汽车上添加了辅助的发动机-发电机组以提升续驶里程。

电驱动系需要通过整车控制器来控制运行和功率流。该整车控制器可采集驾驶人的加速踏板和制动踏板指令，并结合车身其余部件的反馈信息（未在图 6.4 中显示，详情见图 8.1）实现控制。该整车控制器将通过内燃机的节气门、电耦合器（可控整流器和 DC-DC 变换器）和牵引电动机，按下述某种运行模式输出驱动转矩或再生制动转矩：

1）纯电驱动模式：发动机关闭，车辆仅由蓄电池组供电；

2）纯发动机驱动模式：车辆牵引动力仅来自发动机-发电机组，而蓄电池组既不提供能量也不吸收能量，发动机能量通过电动机传递到驱动轮；

3）混合驱动模式：发动机-发电机组和蓄电池组的驱动功率在电耦合器中交汇后，共同为整车提供驱动功率；

4）发动机驱动和电池充电模式：发动机-发电机组在提供驱动车辆所需功率的同时为蓄电池组充电，该发动机-发电机组功率在电耦合器中实现分流；

5）再生制动模式：发动机-发电机组关闭，牵引电动机工作在发电模式，将车辆动能或势能转化为电能储存在蓄电池组中，这部分能量可在后期的驱动中重复利用；

6）电池充电模式：牵引电动机不接收功率，发动机-发电机组只为蓄电池组充电；

7）电池混合充电模式：发动机-发电机组向蓄电池组充电的同时，电动机也工作在发电模式，两者共同向蓄电池组充电。

串联式混合动力电驱动系具有以下三方面的优点：

1）发动机和驱动轮之间没有机械连接，因此发动机可以运行在其转速-转矩（功率）特性图上的任何工作点。如图 6.4 所示，通过准确的功率流控制，可使发动机始终工作在其最佳效率区域内。通过优化设计与精准控制可以进一步提高该狭窄区域中的发动机效率并改善其排放性能，相比于全运行范围内的优化，在该狭窄区域内实现优化更为容易。此外，发动机与驱动轮之间的机械解耦使得在该结构中应用高转速发动机成为可能，而这类发动机通常难以直接通过机械结构来驱动车轮，例如燃气轮机发动机；也使得应用动态特性较慢的发动机（如斯特林发动机）成为可能。

2）由于电动机的转矩-转速曲线（见图 2.12、图 2.14 和图 4.4）非常接近牵引的理想状态，如第 3 章所述，这种驱动系不需要多档变速器，因此该驱动系的结构可能得到较大简化并因此降低成本。若采用两个电动机分别带动一个车轮的结构，则可进一步省去机械差速器。这种双电动机结构实现了车轮间的转速解耦，可实现类似机械差速器的功能，也可实现类似传统牵引控制的辅助防滑功能等。还可以用四个轮毂电动机来独立驱动每个车轮，在这种结构中，每个车轮的转速和转矩可独立控制，因此能显著提高车辆驾驶性能。这对于通常行驶在复杂地形上（如冰、雪和软地面）的越野车来说非常重要。

3) 由于发动机与车轮之间在机械上完全解耦，因此相比于其他结构，串联式混合动力电驱动系的控制策略可得到简化。

然而，串联式混合动力电驱动系有以下缺点：

1) 由于发动机的能量经过两次转换才能传递到驱动轮（在发电机中由机械能转变为电能，在驱动电动机中由电能转变为机械能），所以发电机和驱动电动机两者的功率损失可能造成较大的损耗；

2) 发电机产生了额外的重量和成本；

3) 由于牵引电动机是用于驱动车辆的唯一动力装置，因此其必须加大尺寸来产生足够的功率，才能在加速和爬坡能力等方面获得最佳的车辆性能。

串联式混合动力驱动系的设计和控制原理将在第 8 章中讨论。

6.2.2 并联式混合动力电驱动系（机械耦合）

如同传统内燃机车辆一样，并联式混合动力电驱动系可由发动机直接向驱动轮供给机械动力，而电动机则辅助发动机输出动力。如图 6.5 所示，发动机和电动机的功率通过机械耦合在一起。这一结构的显著特征是通过机械耦合装置将发动机和电动机提供的两种机械功率共同传输给驱动轮。

在串联式混合动力驱动系中描述的所有可能的运行模式，在并联式混合动力驱动系中依然有效。相比较而言，并联式混合动力驱动系优于串联式混合动力驱动系的特点包括：①发动机和电动机都直接向驱动轮输出转矩，不存在能量形式的转换，因此能量损失较少；②由于不需要额外的发电机且牵引电动机比串联式混合动力驱动系更小，故并联式的结构更为紧凑。

并联式混合动力驱动系的主要缺点在于发动机和驱动轮之间为机械耦合方

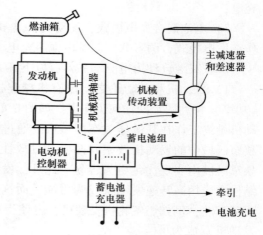

图 6.5 并联式混合动力电驱动系的结构

式，因此发动机工作点不能固定在一个狭窄的转速和转矩区域内。另一个缺点是并联式混合动力驱动系的结构和控制较为复杂。

通常而言，机械耦合包括转矩耦合和转速耦合。在转矩耦合中，发动机和电动机的转矩通过机械耦合装置相加，并将总转矩传递给驱动轮。发动机和电动机的转矩可分别独立控制，但是由于功率守恒的约束条件，发动机和电动机的转速以及车速是以一种确定的关系相互耦合在一起的，不可能独立控制。类似地，在转速耦合中，发动机和电动机的转速可相加在一起，而所有的转矩被耦合在一起，无法独立控制，这两类机械耦合的细节将在后面讲述。

1. 转矩耦合的并联式混合动力电驱动系

（1）转矩耦合装置 图 6.6 所示为一种机械转矩耦合方案的概念图，该转矩耦合装置是一种三端口、两自由度的机械装置。端口 1 是单向输入，端口 2 和 3 是输入或输出，但端口 2 和 3 不能同时为输入。此处的输入意味着能量流入耦合装置，输出意味着能量流出耦合装置。在混合动力电动汽车应用中，端口 1 直接或通过机械传动装置后与内燃机相连接，端口 2 直接或通过机械传动装置与电动机轴连接，端口 3 则通过机械耦合装置连接到驱动轮。

图 6.6 转矩耦合装置概念图

若系统在稳定运行状态下且忽略损耗，则转矩耦合装置的输入功率始终等于其输出功率。这时，假定端口 2（电动机）处于驱动状态，即也处于输入模式，那么向驱动轮的输出满足

$$T_3 \omega_3 = T_1 \omega_1 + T_2 \omega_2 \tag{6.1}$$

转矩耦合装置可以表示为

$$T_3 = k_1 T_1 + k_2 T_2 \tag{6.2}$$

式中，k_1 和 k_2 是转矩耦合装置的结构参数，用传动比描述，且当该装置设计确定时通常为常数。就转矩耦合装置而言，T_3 是载荷转矩，T_1 和 T_2 是互相独立的驱动转矩，并可分别独立控制。但由于式（6.1）的约束，角速度 ω_1、ω_2 和 ω_3 相互关联且不能独立控制，其关联式为

$$\omega_3 = \frac{\omega_1}{k_1} = \frac{\omega_2}{k_2} \tag{6.3}$$

图 6.7 所示为一些常见的机械转矩耦合装置。

（2）转矩耦合的驱动系结构 转矩耦合的并联式混合动力电驱动系有多种不同的结构。基于所使用的转矩耦合装置，可分为双轴或单轴式设计。在每种设计内，传动装置可配置在不同的位置，从而产生相异的牵引特性。良好的设计主要取决于牵引需求、发动机尺寸、电动机尺寸及其转速-转矩特性等。

图 6.8 所示为一种双轴耦合结构，其中应用了两个传动装置，一个位于发动机和转矩耦合装置之间，另一个位于电动机和转矩耦合装置之间。传动装置既可以

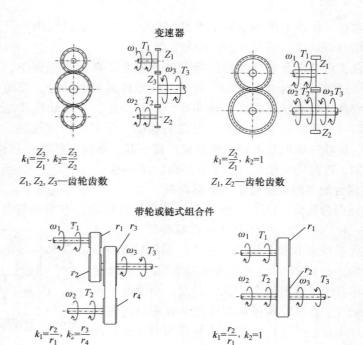

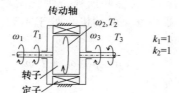

图 6.7 常见的机械转矩耦合装置

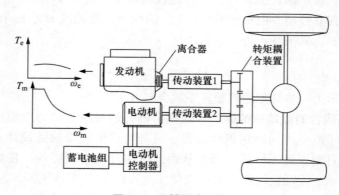

图 6.8 双轴耦合结构

是单档直接传动，也可以是多档传动。图 6.9 所示为不同速比下车辆总牵引力-车速特性曲线。显然，两个多档变速器可以形成更多的牵引力-转速特性曲线组合，因为两个多档变速器可使发动机和电牵引系统（电动机和蓄电池组）两者更有机会共同运行于其最佳区域，所以这种驱动方案的性能和整体效率很可能优于其他类型的设计。与此同时，这一设计也为发动机和电动机的参数设计提供了相当大的灵活性。然而，这种双多档变速器方案将使驱动系的控制更为复杂，为每个变速器选择特定的速比同样会增加控制系统的控制难度[6,7]。

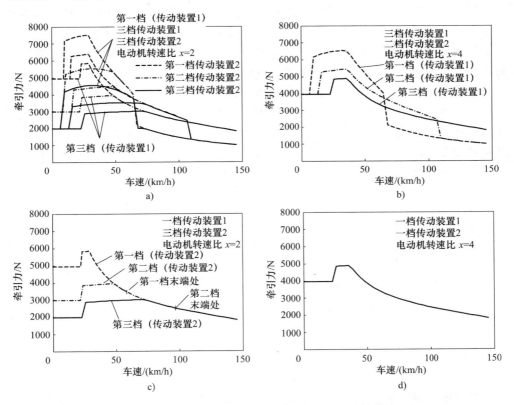

图 6.9 不同传动装置配置下的牵引力-车速特性曲线
a）两个多档传动装置 b）多档发动机传动装置和电动机直驱传动装置
c）单档发动机传动装置和多档电动机传动装置 d）两个单档传动装置

如图 6.9 所示，发动机和电动机可以分别对应多档变速器 1 和单档直驱装置 2。根据传动装置和电动机的相对位置，该结构被归入前传动装置类结构（电动机位于传动装置前方）。这种装置结构的牵引力-车速曲线如图 6.9b 所示。由于轮胎与地面接触处附着力的限制，在混合动力驱动系的设计中应用这种传动装置时，其最大牵引力足以满足爬坡性能，并不需要更大的牵引力。传动装置 2 处应用单档直驱结构，可有效利用电动机在低速时具备高转矩输出特性的内在优点；传动装置1处应用多档变速器，可克服内燃机转速-转矩特性的缺陷（在整个转速变化范围内其转矩输出无明显变化）。多档变速器也有助于改善发动机效率并减小由电动机单独驱动车辆的车速范围，从而防止蓄电池的快速放电。

图6.9c所示为一种迥然不同于上述两种方案的设计对应的牵引力-车速特性曲线。这种结构中发动机应用单档直驱传动装置，而电动机应用多档变速器。这种结构方案无法有效利用发动机和电动机各自的动力输出特点，因此并不是一种适宜的设计方案。

图6.9d所示为一种应用两个单档直驱传动装置时，驱动系的牵引力-车速特性曲线。该配置方案结构简单、控制方便，但驱动系的最大牵引力不足这一缺点有时会限制此种驱动方案的应用。当发动机、电动机、蓄电池组和变速器参数设计合适时，该驱动系也能获得令人满意的整车性能和效率。

另一种双轴式并联混合动力驱动系的结构如图6.10所示，其中变速器位于转矩耦合装置和驱动轴之间，可归类为前传动装置。该变速器以相同比例放大发动机和电动机的转矩。在转矩耦合装置中，可适当选取传动比k_1和k_2的值，以使电动机和发动机能同时达到其最大转速。这种设计方案一般适用于采用相对小型发动机和电动机的情况，此时需采用一个多档变速器来增大低速时的牵引力。

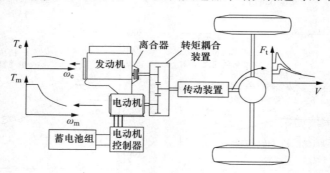

图6.10 双轴式结构

最简单、结构最紧凑的转矩耦合并联式混合动力驱动系方案为单轴耦合结构，该方案中电动机转子起到转矩耦合装置的作用（在式（6.2）和式（6.3）中$k_1=1$且$k_2=1$）。电动机可布置在发动机和传动装置之间，如图6.11所示，可归类为前传动装置；或将电动机安置在传动装置和主减速器之间，如图6.12所示，可归类为后传动装置。

在图6.11所示的前传动装置结构中，变速器同时放大或减小发动机转矩和电动机转矩，此时要求发动机和电动机必须处于相同的转速范围。这种结构常用于小型电动机，即轻度混合动力驱动方案之中。其中电动机可起到发动机的起动机、发电机、发动机动力辅助装置和再生制动装置的作用。

在如图6.12所示的后传动装置结构中，变速器仅放大或缩小发动机转矩，电

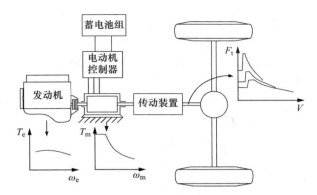

图 6.11 前传动装置单轴转矩合成的并联式混合动力电驱动系

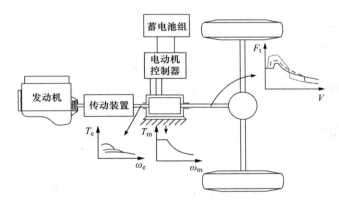

图 6.12 后传动装置单轴转矩合成的并联式混合动力电驱动系

动机转矩被直接传递给主减速器。这一结构可用于电动机较大且恒功率区域较大的混合动力驱动系中,变速器仅用于改变发动机的运行工作点,以改进车辆性能和发动机工作效率。应该注意,当车辆停止且电动机与驱动轮为刚性连接时,电动机无法工作在发电模式并通过发动机为蓄电池组充电。

另一种转矩耦合并联式混合动力驱动系为分离轴结构,如图 6.13 所示,其中

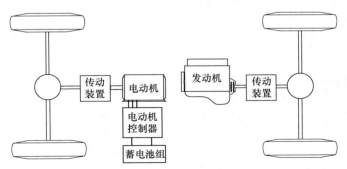

图 6.13 分离轴转矩组合的并联式混合动力电驱动系

一根轴从发动机获取动力,而另一根轴与电动机相连。来自两个动力系的牵引力通过车辆底盘和道路共同作用,其运行原理类似于图 6.8 所示的双轴式结构。应用于发动机和电动机的传动装置既可采用单档直驱传动装置,也可采用多档变速器方案。这种结构的牵引力特性与图 6.9 相似。

分离轴结构具有一些传统车辆的优点,其保留原有发动机和变速器不变,并在另一根轴上增加了电牵引系统。分离轴结构也能实现四轮驱动,由此可优化在光滑路面上的牵引力,且减小了作用于单个轮胎上的牵引力。

然而,电动机和差速系统会占据较大空间,因此会导致乘客舱和行李舱的可用空间减小。若电动机采用直驱方案,且采用两个较小尺寸的轮毂电动机替代较大的电动机,则可解决这一问题。应该注意,当车辆处于停车状态时,蓄电池组不能由发动机予以充电。

2. 转速耦合的并联式混合动力电驱动系

(1) 转速耦合装置 如图 6.14 所示,源于两个动力装置的动力可以通过它们的转速耦合相互关联。类似于机械转矩耦合装置,转速耦合装置同样为三端口、两自由度结构。其中端口 1 与内燃机相连,其能量流动为单向;端口 2 和端口 3 分别与电动机和负载(主减速器)相连,其能量流动方式为双向。

图 6.14 转速耦合装置框图

转速耦合的机械特性可以描述为

$$\omega_3 = k_1\omega_1 + k_2\omega_2 \tag{6.4}$$

式中,k_1 和 k_2 是与结构和几何形状设计相关的常数。在三个转速 ω_1、ω_2 和 ω_3 之中,有两个转速互不相干且可以独立控制。由于功率守恒的约束,其转矩相互关系为

$$T_3 = \frac{T_1}{k_1} = \frac{T_2}{k_2} \tag{6.5}$$

式 (6.5) 中的最小转矩决定了另外两个转矩。

图 6.15 所示为一种典型的转速耦合装置,即行星齿轮单元。

行星齿轮单元是一个三端口装置,分别由标记为 1、2 和 3 的太阳轮、齿圈和行星架构成,三者之间的转速关系如下所述。

首先,当行星架被锁定时,有 $\omega_3 = 0$,这样从太阳轮到齿圈的传动比为

$$i_{1-2}^3 = \frac{\omega_2^3}{\omega_1^3} = -\frac{R_2}{R_1} = -\frac{Z_2}{Z_1} \tag{6.6}$$

式中,ω_1^3 和 ω_2^3 分别是太阳轮和齿圈相对于行星架(当行星架处于静止状态时)的角

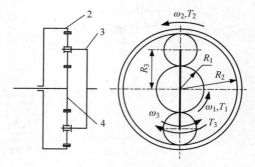

图 6.15 用作转速耦合的行星齿轮单元

速度;R_1 和 R_2 分别是太阳轮和齿圈的半径;Z_1 和 Z_2 分别是太阳轮和齿圈的齿数,对应地与太阳轮和齿圈的半径成正比。如图 6.15 所示,逆时针旋转方向定义为正角速度方向,顺时针旋转方向定义为负角速度方向。

式 (6.6) 表明,因 ω_1^3 和 ω_2^3 具有不同的旋转方向,故传动比 i_{1-2}^3 为负。当行星架脱离固定架时,太阳轮、齿圈和行星架的绝对角速度可以表示为

$$\frac{\omega_1 - \omega_3}{\omega_2 - \omega_3} = i_{1-2}^3 \tag{6.7}$$

由此得

$$\omega_1 - i_{1-2}^3 \omega_2 - (1 - i_{1-2}^3)\omega_3 = 0 \tag{6.8}$$

按照常规,通常不习惯于负传动比的表达方式。因此定义传动比为正值,即

$$i_g = i_{1-2}^3 = \frac{R_2}{R_1} = \frac{Z_2}{Z_1} \tag{6.9}$$

式 (6.8) 可变换为

$$\omega_1 + i_g \omega_2 - (1 + i_g)\omega_3 = 0 \tag{6.10}$$

或

$$\omega_3 = \frac{1}{1+i_g}\omega_1 + \frac{i_g}{1+i_g}\omega_2 \tag{6.11}$$

比较式 (6.11) 和式 (6.4),可得 $k_1 = 1/(1+i_g)$,$k_2 = i_g/(1+i_g)$。

类似于转速的定义,定义作用于行星齿轮单元各部件上的转矩正方向为逆时针旋转方向,定义转矩负方向为顺时针旋转方向。当忽略行星齿轮单元内的功率损耗时,输入行星齿轮单元的总功率应为零,此时有

$$T_1 \omega_1 + T_2 \omega_2 + T_3 \omega_3 = 0 \tag{6.12}$$

联立求解式 (6.11) 和式 (6.12),可得

$$T_3 = -(1+i_g)T_1 = -\frac{1+i_g}{i_g}T_2 \tag{6.13}$$

式 (6.13) 表明作用于太阳轮的转矩 T_1 和作用于齿圈的转矩 T_2 始终有相同的符号 (两者都为正或都为负),而作用于行星架的转矩 T_3 的方向总是与 T_1 和 T_2 相反,如图 6.15 所示。

当太阳轮、齿圈或行星架中某一个部件被锁定,即具有一个自由度的约束时,则该行星齿轮单元将成为一个单档传动装置 (一个输入和一个输出)。当不同部件被锁定时,其转速和转矩关系如图 6.16 所示。

用作转速耦合装置的另一种装

被锁定的部件	转速	转矩
太阳轮	$\omega_3 = \dfrac{i_g}{1+i_g}\omega_2$	$T_3 = -\dfrac{1+i_g}{i_g}T_2$
齿圈	$\omega_3 = \dfrac{1}{1+i_g}\omega_1$	$T_3 = -(1+i_g)T_1$
行星架	$\omega_1 = -i_g \omega_2$	$T_1 = \dfrac{1}{i_g}T_2$

图 6.16 部件被锁定时行星齿轮的转速与转矩

置是具有浮定子的电动机（在本书中称为传动电动机），传统电动机中定子是固定结构，但传动电动机中则将定子释放，形成双转子电动机，即外转子和内转子。外转子、内转子和气隙组成三个端口。如图 6.17 所示，电功率通过气隙转换为机械功率。按照传统定义，电动机转速是内转子关于外转子的相对转速，由于作用和反作用效应，作用在两个转子上的转矩始终相同，因此有常数 $k_1 = 1$ 和 $k_2 = 1$，其转速关系可以表示为

$$\omega_{or} = \omega_{ir} + \omega_{oi} \qquad (6.14)$$

式中，ω_{oi}⊖ 是外转子相对于内转子的转速，其转矩关系为

$$T_{ir} = T_{or}⊖ = T_e \qquad (6.15)$$

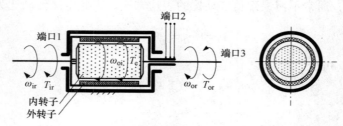

图 6.17 用于转速耦合的传动电动机

（2）转速耦合的驱动系结构 与转矩耦合装置相似，也可以应用转速耦合装置构成各种混合动力驱动系。图 6.18 和图 6.19 所示分别为由行星齿轮和传动电动机两种转速耦合装置组成的混合动力驱动系的实例。在图 6.18 中，发动机通过离合器和传动装置向太阳轮提供动力，变速器用来调整发动机的转速-转矩特性，以满足牵引需求。基于发动机的转速-转矩特性，变速器可以是多档变速器或单档直驱变速器。电动机通过一对齿轮向齿圈供给动力，锁止器 1 和锁止器 2 用来将太阳轮和齿圈锁定，以便满足不同运行模式的需要。可实现的运行模式如下：

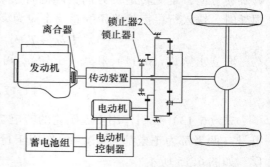

图 6.18 由行星齿轮单元转速耦合装置组成的混合动力电驱动系

1）混合驱动。当锁止器 1 和锁止器 2 脱开（太阳轮和齿圈可以旋转）时，发动机和电动机共同向驱动轮提供正向转速和转矩（正功率）。此时行星齿轮中行星

⊖ 原文误为 ω_{io}，此处应为 ω_{oi}。——译者注
⊖ 原文误为 T_{os}，此处应为 T_{or}。——译者注

架的输出转速和转矩如式（6.11）和式（6.13）所示，即行星架的转速是太阳轮转速（发动机转速或与发动机转速成正比）和齿圈转速（电动机转速或与电动机转速成正比）之和。行星架输出的转矩与发动机转矩和电动机转矩成正比。关于转矩控制将在第9章中分析。

2) 发动机单独驱动。当锁止器2将齿圈锁定而锁止器1脱开时，由发动机单独向驱动轮提供动力。由式（6.11）式（6.13）可知，行星架的转速正比于太阳轮的转速，即 $\omega_3 = \omega_1/(1+i_g)$，并且其输出转矩正比于发动机施加在太阳轮上的转矩，即 $T_3 = (1+i_g)T_1$。

3) 电动机单独驱动。当锁止器1将太阳轮锁定（发动机关闭，离合器脱开）而锁止器2脱开时，由电动机单独向驱动轮提供动力。同样由式（6.11）和式（6.13）可知，行星架的转速正比于齿圈的转速，即 $\omega_3 = (\omega_2 i_g)/(1+i_g)$，并且其输出转矩正比于由电动机施加在齿圈上的转矩，即 $T_3 = (1+i_g)/(i_g T_1)$。

4) 再生制动。锁止器1和锁止器2的状态与电动机单独牵引的模式相同，发动机关闭，离合器脱开，而电动机工作在发电模式（负转矩）。车辆的动能或势能由电系统吸收。

5) 发动机给蓄电池充电。发动机的离合器和锁止器1、2的状态与混合牵引模式相同，但控制电动机反向旋转，即工作在负向转速。此时电动机以正向转矩和负向转速（负功率）运行，电动机吸收发动机的能量并将其传送到蓄电池组。在这种情况下，通过分解发动机转速将发动机功率分成两部分。

由传动电动机组成的混合动力电驱动系如图6.19所示，其具有与图6.18类似的结构。锁止器1和锁止器2分别用于将电动机外转子锁定和将电动机内转子锁定。这种驱动系可完成上述行星齿轮单元的所有运行模式，请读者自行分析。

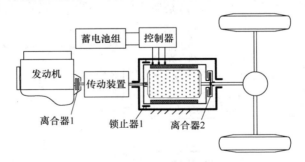

图6.19　由传动电动机转速耦合装置组成的混合动力电驱动系

图6.20所示为一种配置了传动电动机的转速耦合装置。图中的离合器1代替了图6.19中的离合器1；图中的离合器2与图6.19中的离合器2功能相同；图中的离合器3可实现图6.19中锁止器1的功能。

转速耦合混合动力驱动系的主要优点在于两个动力源的转速与车速解耦，因此可自由选择两个动力源的转速。对动力源而言，这是显著的优点，例如斯特林发动机和燃气轮机的效率对转速较为敏感，而对转矩相对不太敏感。

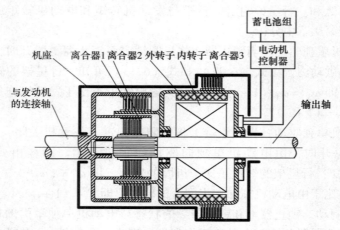

图 6.20 配置传动电动机的转速耦合装置

3. 转矩-转速双耦合的并联式混合动力驱动系

（1）转矩-转速可选耦合模式 将转矩耦合与转速耦合相组合，可以构造一种可交替选择转矩耦合或转速耦合的混合动力驱动系。图 6.21 所示为这样一种混合动力驱动系[8]，当选择转矩耦合模式时，锁止器 2 将行星齿轮单元的齿圈锁定，同时离合器 1 和离合器 3 接合，而离合器 2 脱开。发动机和电动机的转矩通过齿轮 Z_a、Z_b 和离合器 3 在太阳轮轴处结合在一起，实现发动机和电动机动力的共同输出。在这种情况下，行星齿轮单元仅起到减速器的作用。由太阳轮到行星架的传动比定义为 ω_1/ω_3，其值为 $1+i_g$。这是典型的转矩耦合并联式混合动力驱动系。

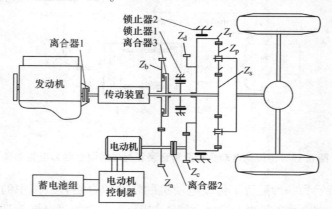

图 6.21 配置行星齿轮单元的可选转矩与转速耦合的混合动力驱动系

当选择转速耦合模式时，离合器 1 和 2 接合，离合器 3 脱开，同时锁止器 1 和

2 释放太阳轮和齿圈。此时行星架与驱动轮连接,其转速是发动机转速和电动机转速的组合(见式(6.11))。但发动机转矩、电动机转矩及驱动轮转矩间的关系保持不变,见式(6.13)。

由于可以在转矩耦合或转速耦合之间选择当前动力耦合模式,因此动力装置将有更多可供选择的运行方式和运行区域,以优化其性能。例如,在低车速时,采用转矩耦合模式,此模式能够满足高加速性能和爬坡能力的需求;而在高车速时,可采用转速耦合模式,以保持发动机转速处于其最佳运行区。

图 6.21 中的行星齿轮单元和牵引电动机可由传动电动机代替,从而构成类似的动力驱动系,其结构如图 6.22 所示。当离合器 1 接合时(此时变速器的输出轴与传动电动机的内转子轴连接),离合器 2 脱开(此时发动机轴与传动电动机内转子脱开),并通过锁止器将传动电动机外转子与车架锁定,驱动系工作在转矩耦合模式。如果将离合器 1 脱开,将离合器 2 接合,并脱开锁定状态,则该驱动系工作在转速耦合模式。

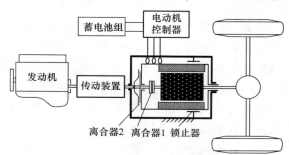

图 6.22 配置传动电动机的可选转矩与转速耦合的混合动力驱动系

这种驱动系的典型优点是,能根据不同的行驶场景选择最佳的耦合模式以实现车辆性能和效率最优。然而由于只有两个有效的动力装置,因此转矩耦合和转速耦合两种模式不能同时工作。

(2) 双耦合模式 通过增加额外的动力装置,可在同一时刻实现兼有转速和转矩耦合模式的混合动力驱动系。一个很好的实例是丰田汽车在普锐斯混合动力电动汽车中开发并应用的驱动系[9]。该驱动系的示意图如图 6.23 所示,其中行星齿轮单元被用作转速耦合装置,而固定轴齿轮组被用作转矩耦合装置。发动机与行星架相连,小型电动机/发电机(功率为几千瓦)与太阳轮相连,组成转速耦合结构。齿圈通过固定轴齿轮组(转矩耦合装置)与驱动轮连接,同时牵引电动机也与固定轴齿轮组相连,形成转矩耦合结构。

由式(6.11)可知,齿圈或齿

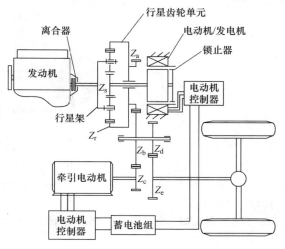

图 6.23 转速和转矩双耦合的混合动力驱动系

轮 Z_a 的旋转速度与车速成正比，也与发动机（行星架）、电动机/发电机（太阳轮）的旋转速度相关，其关系式为

$$\omega_r = \frac{1+i_g}{i_g}\omega_{ice} - i_g\omega_{m/g} \tag{6.16}$$

式中，i_g 是由式（6.9）定义的传动比；ω_{ice} 和 $\omega_{m/g}$ 分别是发动机和电动机/发电机的转速。载荷转矩通过齿轮 Z_b⊖ 作用于齿圈，与发动机转矩和电动机/发电机转矩的关系为

$$-T_r = \frac{i_g}{1+i_g}T_{ice} = -i_g T_{m/g} \tag{6.17}$$

式（6.17）表明，由电动机/发电机输出并作用于太阳轮上的转矩，其方向与发动机转矩方向相反，而与作用于齿圈上的载荷转矩方向相同。当车速较低但发动机转速不太低（高于怠速）时，电动机/发电机必须正向旋转（与发动机同转向）。在这一情况下，电动机/发电机以负功率运行，即处于发电状态。此时发动机功率分为两部分，一部分传送给电动机/发电机；另一部分通过齿圈传递至车辆载荷。这就是将该驱动系统称为功率分流混合动力驱动系统的缘故。

但在车速较高时，若试图使发动机保持在低于给定值的较低转速下工作以获得较高的发动机效率，则电动机/发电机以负转速运行，其旋转方向与发动机转向相反，此时电动机/发电机向行星齿轮单元传输正功率，即工作在电动状态。由以上分析可以清楚得出，电动机/发电机的主要功能是控制发动机转速，也就是说，实现发动机转速与车轮转速的解耦。

在转矩耦合模式下，牵引电动机通过齿轮 Z_c、Z_b、Z_d、Z_e 输出转矩，与通过行星齿轮单元的齿圈输出的转矩共同作用，由此发动机转矩与车辆载荷解耦。

图 6.23 中的小电动机和行星齿轮可以由一台传动电动机替代，如图 6.24 所

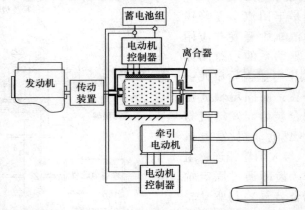

图 6.24 应用传动电动机和双轴结构集成转速-转矩耦合的混合动力驱动系

⊖ 原文误为 Z_4，此处应为 Z_b。——译者注

示[10]。该驱动系具有与图 6.23 中驱动系相类似的特性。图 6.24 中驱动系的一种变更方案为如图 6.25 所示的单轴设计，还可将图 6.25 中的传动电动机和牵引电动机加以集成，实现更为紧凑的驱动系设计，如图 6.26 所示。由于在双气隙中相互耦合的磁场，该集成装置的设计和控制比分离式结构更为复杂。

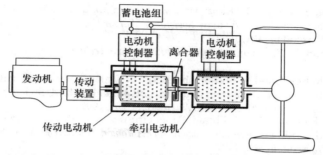

图 6.25 应用传动电动机和单轴结构集成转速-转矩耦合的混合动力驱动系

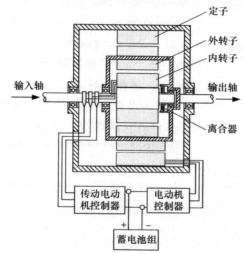

图 6.26 传动电动机和牵引电动机的集成方案

在相关文献中，图 6.25 和图 6.26 所示的集成式或分离式的传动电动机和牵引电动机被称为电气无级变速器（Electrical Variable Transmission，EVT）[11,12]。该名称源于通过转速耦合装置（传动电动机）实现了发动机转速与车速的电气解耦。关于其运行特性和驱动系的控制将在之后讨论。

参考文献

[1] M. Ehsani, Y. Gao, and J. M. Miller, Hybrid electric vehicles: Architecture and motor drives, *Proceedings of the IEEE, Special issue on Electric, Hybrid Electric and Fuel Cells Vehicle*, 95(4), April 2007.

[2] M. Ehsani, K. L. Butler, Y. Gao, and K. M. Rahman, Next generation passenger cars with better range, performance, and emissions: The ELPH car concept, In *Horizon in Engineering Symposium*, Texas A&M University Engineering Program Office, College Station, Texas, September 1998.

[3] M. Ehsani, *The Electrically Peaking Hybrid System and Method*, U.S. Patent No. 5,586,613, December 1996.

[4] K. Yamaguchi, S. Moroto, K. Kobayashi, M. Kawamoto, and Y. Miyaishi, Development of a new hybrid system-dual system, *Society of Automotive Engineers (SAE) Journal*, Paper No. 960231, Warrendale, PA, 1997.

[5] C. C. Chan and K. T. Chau, *Modern Electric Vehicle Technology*, Oxford University Press, New York, 2001.

[6] Y. Gao, K. M. Rahman, and M. Ehsani, The energy flow management and battery energy capacity determination for the drive train of electrically peaking hybrid, *Society of Automotive Engineers (SAE) Journal*, Paper No. 972647, Warrendale, PA, 1997.

[7] Y. Gao, K. M. Rahman, and M. Ehsani, Parametric design of the drive train of an electrically peaking hybrid (ELPH) vehicle, *Society of Automotive Engineers (SAE) Journal*, Paper No. 970294, Warrendale, PA, 1997.

[8] Y. Gao and M. Ehsani, *New Type of Transmission for Hybrid Vehicle with Speed and Torque Summation*, U.S. Patent pending.

[9] Available at http://www.toyota.com, Toyota Motor Company, visited in September 2003.

[10] Y. Gao and M. Ehsani, *Series–Parallel Hybrid Drive Train with an Electric Motor of Floating Stator and Rotor*, U.S. Patent pending.

[11] M. J. Hoeijimakes and J. A. Ferreira, The electrical variable transmission, *IEEE on Industry Application*, 42(4), July–August 2006: 1092–1100.

[12] S. Cui, Y. Cheng, and C. C. Chan, A basic study of electrical variable transmission and its application in hybrid electric vehicle, In *IEEE on Vehicle Power and Propulsion Conference, (VPPC)*, 2006.

[13] K. Kimura et al. Development of new IGBT to reduce electrical power losses and size of power control unit for hybrid vehicles, *SAE International Journal of Alternative Powertrains*, 6, 2017-01-1244, 2017: 303–308.

[14] S. Shili, A. Sari, A. Hijazi, and P. Venet, Online lithium-ion batteries health monitoring using balancing circuits, In *Industrial Technology (ICIT) 2017 IEEE International Conference* on, pp. 484–488, 2017.

[15] A. Lievre, A. Sari, P. Venet, A. Hijazi, M. Ouattara-Brigaudet, and S. Pelissier, Practical online estimation of lithium-ion battery apparent series resistance for mild hybrid vehicles, *IEEE Transactions on Vehicular Technology*, 65(6), June 2016: 4505–4511, doi: 10.1109/TVT.2015.2446333.

[16] V. Saharan and K. Nakai, High power cell for mild and strong hybrid applications including Chevrolet Malibu, SAE Technical Paper 2017-01-1200, 2017, doi: 10.4271/2017-01-1200.

[17] IEEE 2009: 1286–92. http://dx.doi.org/10.1109/VPPC.2009.5289703.

[18] A. Poullikkas, Sustainable options for electric vehicle technologies, *Renew Sustain Energy Reviews*, 41, 2015: 1277–1287. http://dx.doi.org/10.1016/j.rser.2014.09.016.

[19] S. F. Tie and C. W. Tan, A review of energy sources and energy management system in electric vehicles, *Renew Sustain Energy Rev* 20, 2013: 82–102. http://dx.doi.org/10.1016/j.rser.2012.11.077.

[20] M. A. Delucchi et al. An assessment of electric vehicles: technology, infrastructure requirements, greenhouse-gas emissions, petroleum use, material use, lifetime cost, consumer acceptance and policy initiatives, *Philosophical Transaction Series A Mathematicla Physical and Engineering Science*, 372, 2014: 20120325. http://dx.doi.org/10.1098/rsta.2012.0325.

第 7 章 电驱动系统

电驱动系统是电动汽车（EV）和混合动力电动汽车（HEV）的心脏。这些系统由电动机、功率变换器和电子控制器构成。电动机将电能转换成机械能推动车辆，或反之将机械能转化为电能进行再生制动和（或）对车载储能装置充电。功率变换器用来对电动机提供特定的电压和电流。电子控制器根据驾车要求，通过为功率变换器提供控制信号来控制功率变换器，进而调整电动机的运行，以产生特定的转矩和转速。电子控制器可进一步分为三个功能单元，即检测器、接口电路和处理器。检测器通过接口电路将所测量的物理量，如电流、电压、温度、速度、转矩和磁通转换为电信号。这些信号被处理成相应的电平后输入处理器。处理器的输出信号通常被放大后，经由接口电路，驱动功率变换器的功率半导体器件。电驱动系统的功能模块框图如图 7.1 所示。

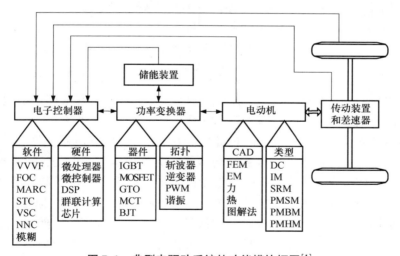

图 7.1 典型电驱动系统的功能模块框图[1]

电动汽车的电驱动系统主要根据以下因素来选择，即驾驶人对行驶性能的期望、车辆规定的性能参数以及车载能源的性能。驾驶人的期望值由包括加速性能、最高车速、爬坡能力、制动性能和行驶里程在内的行驶循环来定义。含体积和重量在内的车辆性能约束取决于车型、车重和载重量。能源系统则与蓄电池、燃料电池、超级电容器、飞轮及各种混合型能源相关联。因此，电驱动系统的优选特性和组件选择过程必须在系统层面上实施，同时必须研究各子系统间的相互作用以及系统权衡中可能的影响。

与电动机的工业应用不同，用于电动汽车的电动机通常要求频繁地起动和停车、高变化率的加速度/减速度、高转矩且低速爬坡、低转矩且高速行驶以及非常大的运行速度范围。应用于电动汽车的驱动电动机可分为两大类，即有换向器电动机和无换向器电动机，如图7.2所示。有换向器电动机主要指传统的直流电动机，包括串励、并励、复励、他励和永磁（Permanent Magnet，PM）励磁的直流电动机。直流电动机需要换向器和电刷来给电枢供电，因而使该类电动机可靠性降低，不适合免维护运行和高速运行。此外，绕线转子励磁的直流电动机功率密度较低。然而，由于技术成熟和控制简单，直流电动机驱动一直在电驱动系统中有着突出的地位。

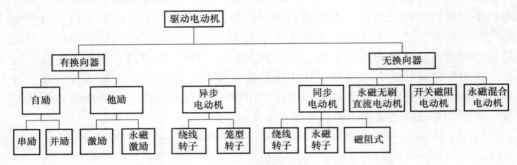

图7.2 应用于电动汽车的驱动电动机的分类

最近，技术的发展已将无换向器电动机推进到一个应用的新阶段。与有刷直流电动机相比，无换向器电动机的优点包括高效率、高功率密度、低运行成本、高可靠性以及免维护。因此，当今无换向器电动机更受人们青睐。

作为一种驱动电动汽车的无换向器电动机，异步电动机得到了广泛应用。这是因为异步电动机的成本低、可靠性高且能够免维护运行。但是，异步电动机的传统控制，如变压变频，不能提供所期望的性能。随着电力电子和计算机时代的到来，异步电动机的磁场定向控制（Field-Oriented Control，FOC）原理，即矢量控制原理已被用来克服由于异步电动机非线性带来的控制难度[2]。然而，这些采用矢量控制的电动汽车用异步电动机在轻载和限定恒功率工作区域内运行时，仍会遭遇低效率的问题。

采用永磁体代替传统同步电动机的励磁绕组，永磁同步电动机可排除传统的电刷、集电环以及励磁绕组的铜耗[3]。这些永磁同步电动机因其正弦交变电流的供电和无刷结构，也被称作永磁无刷交流电动机或正弦波永磁无刷电动机。由于这类电动机本质上是同步电动机，所以它们可在正弦交流电源或脉宽调制（Pulse Width Modulation，PWM）电源下运行，而无需电子换向。当永磁体安置在转子表面时，因永磁材料的磁导率与空气磁导率相似，故这种电动机特性如同隐极同步电动机。通过把永磁体嵌入转子的磁路中，此凸极会导致一个附加磁阻转矩，从而使电动机在恒功率运行时具有较大的转速范围。另一方面，当着意利用转子的凸极性时，通过舍去励磁绕组或永磁体，就可制成同步磁阻电动机。这种电动机通常结构简单、成本低廉，但输出功率相对较低。与异步电动机类似，对高性能要求的应用场合，这种永磁同步电动机通常也使用矢量控制[3]。因为其固有的高功率密度和高效率，在电动汽车应用领域中，永磁同步电动机已被认为具有与异步电动机竞争的巨大潜力。

实际上，通过转换永磁直流电动机（有刷电动机）定子和转子的位置，就可得到永磁无刷直流电动机（Brushless DC，BLDC）。应该注意，"直流"这一术语可能会引起误解，因为它并不涉及直流电动机。这种电动机由矩形波交变电流供电，因此也称为矩形波永磁无刷电动机[4]。这类电动机最明显的优点是排除了电刷，其另一优点是因电流与磁通间的正交相互作用，能产生大转矩。此外，这种无刷结构使得电枢绕组可以有更大的横截面。由于其整个结构的热传导有了改善，故电负荷的增加导致了更高的功率密度。与永磁同步电动机不同，这种永磁无刷直流电动机通常在运行时配有转轴位置检测器。最近，美国德克萨斯农工大学的电力电子与电机驱动研究所已开发出了无位置检测器控制技术。

开关磁阻电动机（Switched Reluctance Motor，SRM）已被公认为在电动汽车应用中具有很大的潜力。基本上，开关磁阻电动机是由单组定子可变磁阻步进电动机直接衍生而来的。开关磁阻电动机用于电动汽车的明显优点是其结构简单、制造成本低廉、转矩-转速特性好。尽管结构简单，但这并不意味着开关磁阻电动机的设计和控制也简单。由于其极尖处的高度磁饱和，以及磁极和槽的边缘效应，开关磁阻电动机的设计和控制既困难又精细。传统上，开关磁阻电动机的运行借助于转轴位置检测器检测转子与定子的相对位置。这些检测器通常容易因机械振动而受损，并对温度和尘埃较敏感。因此，位置检测器的存在降低了开关磁阻电动机的可靠性，并限制了一些应用。最近，还是美国得克萨斯农工大学的电力电子与电机驱动研究所开发出了无位置检测器技术，该技术可以保证从零转速到最大转速的平稳运行[5]，其相关讨论详见后面章节。

7.1 直流电动机驱动

直流电动机驱动已被广泛用于要求转速可调、调速性能好，以及频繁起动、制动和反转的应用场合。由于其技术成熟且控制简单，因此各种直流电动机驱动已被广泛用于不同的电力牵引应用系统。

7.1.1 工作原理及其性能

直流电动机的工作原理简单明了。当一根载流导线放置在磁场中时，将产生

作用于导线上的磁场力。该力垂直于导线和磁场，如图 7.3 所示。此磁场力与导线长度、电流大小以及磁感应强度成正比，即

$$F = BIL \quad (7.1)$$

当导线形成一个线圈时，如图 7.3 所示，作用于线圈两边的磁场力即产生转矩，该转矩可以表示为

$$T = BIL\cos\alpha \quad (7.2)$$

式中，α 是线圈平面与磁场之间的夹角，如图 7.3 所示。磁场可由一套绕组或永磁体产生。前者称为绕线转子励

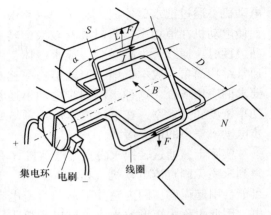

图 7.3 直流电动机的工作原理

磁直流电动机，后者称为永磁直流电动机。载流线圈称为电枢，事实上，电枢是由一些线圈构成的。为获得连续的最大转矩，集电环和电刷被用来导通每个位于 $\alpha = 0$ 处的线圈。

实际上，直流电动机的性能可以通过电枢电压、反电动势（Electromotive Force，EMF）和磁通来描述。

根据励磁绕组与电枢绕组之间的相互连接关系，有四种典型的绕线转子励磁直流电动机形式，分别是他励、并励、串励和积复励直流电动机，如图 7.4 所示。他励直流电动机的励磁电压和电枢电压可彼此独立控制。在并励直流电动机中，励磁绕组与电枢绕组并联接入同一电源。因此，只有通过在相应回路中串入一个电阻，才能获得励磁电流或电枢电流的独立控制，但这是一种低效率的控制方法。高效的控制方法是在相应回路中以基于电力电子的 DC-DC 变换器替代上述电阻。DC-DC 变换器可以主动控制以产生特定的电枢电压和励磁电压。串励直流电动机的励磁电流与电枢电流相同，因此，磁通随电枢电流而变化。在积复励直流电动机中，串励绕组的磁动势随电枢电流而变化，且与并励绕组的磁动势取向一致[6]。

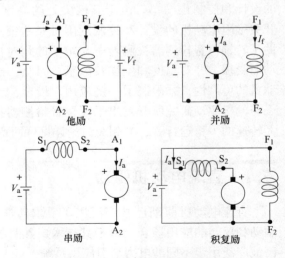

图 7.4 绕线转子励磁直流电动机

直流电动机电枢回路的稳态等效电路如图 7.5 所示。R_a 为电枢回路的电阻，

对于他励和并励直流电动机，R_a 等于电枢绕组的电阻；对于串励和复励直流电动机，R_a 等于电枢绕组与串励绕组电阻的总和。直流电动机的基本方程组为

$$V_a = E + R_a I_a \qquad E = K_e \phi \omega_m \qquad (7.3)$$
$$T = K_e \phi I_a \qquad (7.4)$$

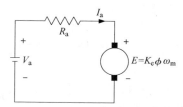

图 7.5　直流电动机电枢回路的稳态等效电路

式中，ϕ 是每极磁通，单位为 Wb；I_a 是电枢电流，单位为 A；V_a 是电枢电压，单位为 V；R_a 是电枢回路电阻，单位为 Ω；ω_m 是电枢转速，单位为 rad/s；T 是电动机产生的转矩，单位为 Nm；K_e 是常数。

由式 (7.3) 和式 (7.4) 可得

$$T = \frac{K_e \phi}{R_a} V - \frac{(K_e \phi)^2}{R_a} \omega_m \qquad (7.5)$$

式 (7.3)～式 (7.5) 适用于所有的直流电动机，即他励（或并励）、串励和复励直流电动机。就他励直流电动机而言，若励磁电压保持不变，则当转矩发生变化时，可认为实际上磁通不变。在这种情况下，他励直流电动机的转速-转矩特性为一条直线，如图 7.6 所示。空载转速 ω_m 由电枢电压和励磁确定。当转矩增大时，转速减小，而转速调节取决于电枢回路的电阻。他励直流电动机用于要求调速性能好以及专供可调转速的场合。

串励直流电动机的磁通随电枢电流而变化。在磁化特性的非饱和区，ϕ 可假定与 I_a 成正比，因此有

$$\phi = K_f I_a \qquad (7.6)$$

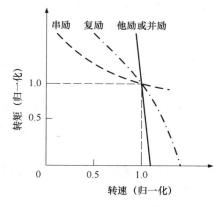

图 7.6　直流电动机的转速-转矩特性

由式 (7.4)～式 (7.6) 可得串励直流电动机的转矩为

$$T = \frac{K_e K_f V_a^2}{(R_a + K_e K_f \omega_m)^2} \qquad (7.7)$$

式中，电枢回路电阻 R_a 是电枢绕组与励磁绕组电阻的总和。

串励直流电动机的转速-转矩特性如图 7.6 所示。在串励情况下，转矩的增大伴随着电枢电流的增加，且因此磁通也增加。由于磁通随转矩增大而增加，因此为保持感应电压与电源电压之间的平衡，转速下降。所以，转速-转矩特性呈现为一条大幅度下降的曲线。在额定转矩下，标准设计的串励直流电动机工作在磁化曲线的膝点处。在大转矩（大电流）过载运行情况下，磁路饱和，且转速-转矩特

性接近为一条直线。

串励直流电动机适用于要求大起动转矩和大转矩过载的应用场合，如牵引。在电力电子和微控制时代之前，仅有用作电力牵引的情况。但是，串励直流电动机用于电力牵引时存在一些缺点，即这类电动机不允许在全电源电压下空载运行，否则电动机转速将迅速上升到一个很高的转速值（见式（7.7））；另一个缺点是难以再生制动。

积复励直流电动机的性能方程可由式（7.3）和式（7.4）导出，其转速-转矩特性介于串励和他励（并励）直流电动机之间，如图7.6所示。

7.1.2 组合的电枢电压与励磁控制

相比于其他类型的直流电动机，电枢电压与励磁的独立性提供了更灵活的转速和转矩控制。在电动汽车应用中，最符合要求的转速-转矩特性是在某一转速（基速）以下为恒转矩；而在超过基速的范围内为恒功率，如图7.7所示。在低于基速的转速范围内，电枢电流和励磁电流被设定为额定值，产生额定转矩。由式（7.3）和式（7.4）明显可见，电枢电压的增加必须与转速增加成正比。在基速时，电枢电压达到额定值（等于电源电压），且不能再进一步增加。为进一步提高转速，磁场必须随转速增加而变弱，且反电动势E和电枢电流保持不变。此时，输出转矩随转速增加呈抛物线形下降，且其输出功率保持不变，如图7.7所示。

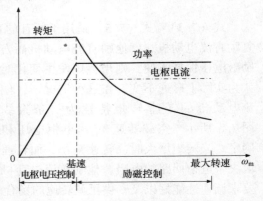

图7.7 组合的电枢电压与励磁控制中的转矩和功率限制

7.1.3 直流电动机的斩波控制

斩波器因其诸多优点，例如高效率、控制灵活、重量轻、体积小、响应快以及直至很低转速的再生制动，被应用于直流电动机的控制。目前，由于电枢电压和励磁控制的灵活性，他励直流电动机常用于牵引场合。

对于开环和闭环结构的直流电动机控制，斩波器因工作频率高而具有许多优势。高工作频率会导致高频的输出电压脉动，而因此直流电动机的电枢电流脉动更小，且在转速-转矩平面中的不连续导电区较小。电枢电流脉动的减少将使电枢损耗下降，而不连续导电区的减小或消除将改善驱动的调速性能及其瞬态响应。

由直流斩波器驱动的电力电子电路及其稳态波形如图7.8所示。直流电压源V通过一个自动换向的半导体开关S为一个感性负载供电。使用自动换向半导体开关标记是因为斩波器可用任意具有强制换流电路的晶闸管器件（GTO 晶闸管、功率晶体管、MOSFET 和 IGBT）构造。二极管显示了器件可流通电流的方向。二极管 D_F 与负载并联。半导体开关 S 以周期 T 周期性工作，并保持关闭时间为 $t_{on} = \delta T$（$0 < \delta < 1$）。变量 $\delta = t_{on}/T$ 被称为斩波器的占空比。图 7.8 还显示了控制信号 i_c 的波形。控制信号 i_c 是晶体管斩波器的基极电流，以及 GTO 斩波器的 GTO 晶闸管或晶闸管斩波器的主晶闸管的门极电流。若使用功率半导体场效应晶体管，则 i_c 是电源电压的控制信号。当控制信号存在时，如果半导体开关 S 正向偏压，则导通。假定电路工作状态已如此配置，那么移去 i_c 将关断开关。

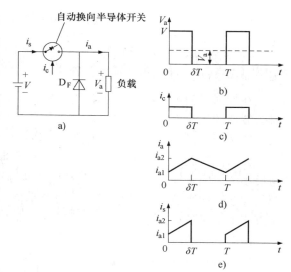

图 7.8 降压（A 型）斩波器的工作原理
a）基本斩波器电路 b）~e）波形

在开关导通期间（$0 \leq t \leq \delta T$），负载承受电压 V，且负载电流从 i_{a1} 增加到 i_{a2}。在 $t = \delta T$ 时，开关断开；当开关关断期间（$\delta T \leq t \leq T$），负载电感维持电流流过二极管 D_F，负载端电压保持为零（若与 V 相比，二极管上的电压降可忽略），而负载电流从 i_{a2} 减小到 i_{a1}。$0 \leq t \leq \delta T$ 称为工作期间，而 $\delta T \leq t \leq T$ 称为续流期间。当开关 S 断开时，二极管 D_F 为负载电流提供了一条通道，并因此改善了负载电流波形。此外，在开关关断时，通过维持负载电流的连续性，可避免因负载电流突变在开关 S 两端呈现的瞬态电压。电源电流波形如图 7.8e 所示，电源电流仅存在于工作期间，且等于负载电流。

负载电压的直流分量，即其平均值 V_a 为

$$V_a = \frac{1}{T}\int_0^T v_a \mathrm{d}t = \frac{1}{T}\int_0^{\delta T} V \mathrm{d}t = \delta V \tag{7.8}$$

通过在 0~1 之间控制 δ，负载电压可从 0 变化到 V。这样，斩波器可以从一个固定电压的直流电源获得可变的直流电压。

开关 S 可通过各种方法来控制改变占空比 δ，这些控制技术可分为两种类型：

1) 时间比控制（Time Ratio Control，TRC）；
2) 限流控制（Current Limit Control，CLC）。

在时间比控制（也称作脉宽控制）中，导通时间与斩波周期的比被控制。TRC 可进一步分类如下：

1)固定频率 TRC。斩波周期 T 保持不变,而改变开关的导通时间来控制占空比 δ。

2)变频 TRC。在这种控制方式中,δ 的改变可通过保持 t_{on} 不变,而改变 T 实现,或通过同时改变 t_{on} 和 T 实现。

在导通时间不变的变频控制中,低输出电压可在斩波频率很低时获得。低频时斩波器的运行反过来影响直流电动机的性能。此外,变频的斩波器运行使得输入端滤波器的设计非常困难,因此很少使用变频控制。

在限流控制(也称作点对点控制)中,通过将负载电流控制在特定的最大值与最小值之间来间接控制 δ。当负载电流达到设定的最大值时,开关切断负载与电源的连接,而当负载电流达到设定的最小值时,开关重新将负载与电源连接。对于直流电动机负载,这类控制实际上是变频变脉宽控制。

由图 7.8 的波形可看出以下要点:

1)电源电流不连续,为脉冲形式。脉冲电流使输入功率峰值要求较高,且可能导致电源电压波动。电源电流波形可分解成直流分量和交流谐波分量。交流基波频率与斩波频率相同。交流谐波是不希望存在的,因为它们会与连接到直流电源的其他负载相互干扰,且通过传导和电磁辐射会导致射频干扰。因此,通常在斩波器与直流电源之间含有 LC 滤波器。在斩波频率较高时,通过一个成本较低的滤波器能够将谐波减小到允许的程度。由此可见,斩波器应工作在尽可能高的频率下。

2)负载端电压不是一个理想的直流电压。除直流分量外,负载端电压还有与斩波频率相关的各次谐波分量;负载电流也有交流纹波。

图 7.8 中的斩波器被称作 A 型斩波器,它是用于控制直流电动机的众多斩波器电路中的一种。这种斩波器只能提供正电压和正电流,故被称作单象限斩波器,只在第一象限,即正转速、正转矩的情况下对他励直流电动机进行控制。因为这种斩波器可将输出电压从 V 变化至 0,所以它也称为降压斩波器,或 DC-DC 降压变换器。其中包含的基本原理也可用于实现升压斩波器,或 DC-DC 升压变换器。

升压斩波器的电路图及其稳态波形如图 7.9 所示。这种斩波器称为 B 型斩波器。若开关正向偏压,则控制信号 i_c 的存在意味着开关导通的持续时间。在一个斩波周期 T 内,在 $0 \leq t \leq \delta T$ 期间开关保持闭合,而在 $\delta T \leq t \leq T$ 期间开关保持断开。在导通期间,i_s 从 i_{s1} 增加到 i_{s2},从而增加了储存在电感 L 中的能量。当开关断开时,电流流过并联的负载和电容 C。由于电流被强制从低电位流向高电位,故电流变化率为负。在开关关断期间,电流从 i_{s2} 减小到 i_{s1}。电感 L 中储存的能量和低电压源提供的能量被输送给负载。电容 C 有两种用途,在开关 S 断开瞬间,电源电流 i_s 与负载电流 i_a 并不相等。当电容 C 不存在时,开关 S 的关断强制使此二者电流值相等,这在电感 L 和负载电感中引起很高的感应电压。使用电容 C 的另一原因是减少负载电压波动。二极管 D 的用途是防止电流从负载流向开关 S 或电

源 V。

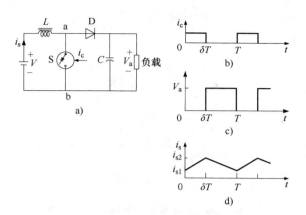

图 7.9 升压（B 型）斩波器的工作原理
a) 基本斩波器电路 b) ~ d) 波形

为理解升压运行，假设电容 C 的电容量足够大，从而使负载端电压 V_a 保持不变，端点 a、b 间的平均电压为

$$V_{ab} = \frac{1}{T}\int_0^T v_{ab}dt = V_a(1-\delta) \tag{7.9}$$

电感 L 上的平均电压为

$$V_L = \frac{1}{T}\int_0^T \left(L\frac{di}{dt}\right)dt = \frac{1}{T}\int_{i_{S1}}^{i_{S2}} Ldi = 0 \tag{7.10}$$

电源电压为

$$V = V_L + V_{ab} \tag{7.11}$$

将式 (7.9)、式 (7.10) 代入式 (7.11)，得

$$V = V_a(1-\delta) \quad 或 \quad V_a = \frac{V}{1-\delta} \tag{7.12}$$

依据式 (7.12)，理论上通过从 0~1 控制 δ，输出电压 V_a 可从 V 变化到 ∞。实际上，V_a 可从 V 调节至一个较高电压，而该电压取决于电容 C 以及负载和斩波器的参数。

升压斩波器的主要优点是电源电流的波动小。尽管大多数应用场合都要求用降压斩波器，但升压斩波器适用于低功率蓄电池驱动的车辆。升压斩波器的工作原理也可用于直流电动机驱动的再生制动。

7.1.4 斩波馈电直流电动机的多象限控制

直流电动机在电动汽车上的应用要求电动机多象限运行，包括正转、正转制动、反转和反转制动，如图 7.10 所示。具有倒车档的车辆仅要求两象限运行（正转和正转制动，即第一象限和第四象限），然而，没有倒车档的车辆则需要四象限运行。他励直流电动机的多象限运行通过基于电力电子的斩波器，由控制电压的极性和幅值来实现。

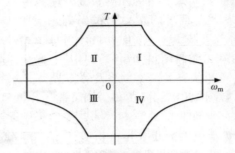

图 7.10　多象限运行的转速-转矩特性

1. 正转和正转再生制动的两象限控制

由正转和正转再生制动构成的两象限运行要求一个斩波器，可在任一方向给出正向电压和电流。该两象限运行可用以下两种电路实现[6]。

（1）含换向开关的单个斩波器　用于正转和正转再生制动的斩波器电路如图 7.11 所示，图中 S 为自动换向半导体开关，其周期性地工作，即保持闭合的持续时间为 δT，保持断开的持续时间为 $(1-\delta)T$。C 为手动开关，当 C 闭合，而 S 处于工作状态时，该电路与图 7.8 所示电路相似，允许正转运行。在此条件下，端点 a 为正极，端点 b 为负极。

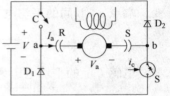

图 7.11　单个斩波器的正转和正转再生制动控制

当 C 断开，且通过换向开关 RS 将电枢反向连接时，即端点 b 为正极，端点 a 为负极，则可以获得正转方向上的再生制动。在开关 S 导通期间，电动机电流流经的路径为电动机电枢、开关 S 和二极管 D_1，并使电枢回路电感中储存的能量增加；当 S 断开时，电流流经电枢、二极管 D_2、电源 V、二极管 D_1 再回到电枢，从而将能量馈入电源。

在正转运行时，按以下步骤切换到正转再生制动：开关 S 停止工作，并断开开关 C，这就迫使电枢电流流经二极管 D_2、电源 V 和二极管 D_1，储存在电枢回路中的能量回馈到电源，并使电枢电流减小至 0。在经过充分的延迟时间以保证电流为零后，将电枢反向连接，并以一个合适的 δ 值激活开关 S，这样电动机即重新进入正转运行状态。

（2）C 型两象限斩波器　在一些应用场合中要求平稳地由运行转换到制动，或反之。对于这样的应用可采用 C 型斩波器，如图 7.12 所示。自动换向半导体开

关 S_1 和二极管 D_1 组成一个斩波器,而自动换向半导体开关 S_2 和二极管 D_2 组成另一个斩波器。无论是运行还是再生制动,两个斩波器同时被控制,开关 S_1 和 S_2 交替地闭合。在斩波周期 T 中,S_1 导通的持续时间为 δT,而 S_2 在 δT 到 T 时间内保持导通。为避免电源上的直接短路,应注意确保 S_1 和 S_2 不同时导通,这一般在一个开关断开与另一个开关闭合之间通过给定一些时延来获得。

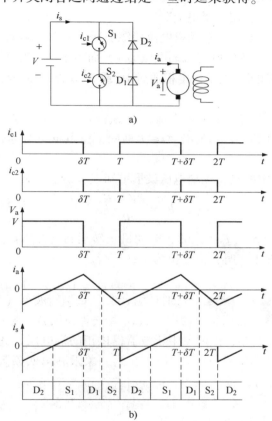

图 7.12 应用 C 型两象限斩波器的正转和正转再生制动控制
a) 斩波器电路 b) 波形

在一个斩波周期的不同时间间隔中,控制信号、V_a、i_a 和 i_s 的波形,以及处于导通状态下的器件如图 7.12b 所示。在描绘这些波形时,由于一个开关断开与另一开关闭合之间的时延通常非常小,故可以忽略。开关 S_1 和 S_2 的控制信号分别记作 i_{c1} 和 i_{c2},假定开关仅在控制信号存在且处于正向偏压时导通。

以下要点说明该两象限斩波器电路的运行:

1) 在该电路中,无论运行频率如何,都不会出现电流断续。当电枢电流降至零值,且在一个有限时间间隔内保持为零值时,才会存在电流断续现象。在续流期间或能量传递期间，电流可能为零。对于该电路，当 S_1 断开，而电流流经 D_1 时，存在续流。这将发生在 $\delta T \leqslant t \leqslant T$ 期间，也是 S_2 接收控制信号期间。如果在续流期间 i_a 降至零值，则反电动势立即驱使电流反向通过 S_2，防止电枢电流在一个有限时间间隔内为零值。同样，当 S_2 断开，D_2 导通时，即 $0 \leqslant t \leqslant \delta T$ 期间将呈现能量传递。若在该期间电流降至零，则 S_1 立即导通，因为存在控制信号 i_{c1}，且 $V > E$，电枢电流继续流动，避免了电流断续。

2）因不存在电流断续，电动机电流始终流通，故在 $0 \leqslant t \leqslant \delta T$ 期间，电动机电枢通过 S_1 或 D_2 连接，所以电动机端电压为 V，而由于 $V > E$，故 i_a 的变化率为正。同理，在 $\delta T \leqslant t \leqslant T$ 期间，电动机电枢通过 D_1 或 S_2 短路，因此电动机端电压为零，而 i_a 的变化率为负。

3）在 $0 \leqslant t \leqslant \delta T$ 期间，正电枢电流通过 S_1，负电枢电流通过 D_2。仅在该期间有电源电流，且其值等于 i_a。在 $\delta T \leqslant t \leqslant T$ 期间，正电枢电流通过 D_1，负电枢电流通过 S_2。

4）从图 7.12b 中的电动机端电压波形可知 $V_a = \delta V$，因此

$$I_a = \frac{\delta V - E}{R_a} \tag{7.13}$$

式（7.13）表明，当 $\delta > (E/V)$ 时，电动机正转运行；当 $\delta < (E/V)$ 时，电动机再生制动；当 $\delta = (E/V)$ 时，电动机为空载运行。

2. 四象限运行

如图 7.13 所示，四象限运行可通过组合两个 C 型斩波器（见图 7.12a）获得，这被称作 E 型斩波器。在该斩波器中，若 S_2 始终保持闭合，且控制 S_1 和 S_4，则可以得到一个两象限斩波器，该两象限斩波器提供正的端电压（正向转速），以及两个方向的电枢电流（正的或负的转矩），在第一象限和第四象限进行电动机控制。现若 S_3 始终保持闭合，且控制 S_1 和 S_4，则也可得到一个两象限斩波器，该两象限斩波器将提供负的可变端电压（反向转速），且电枢电流可以是任意方向的（正的或负的转矩），从而在第二象限和第三象限进行电动机控制。

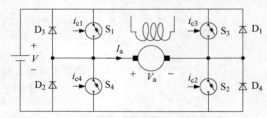

图 7.13 E 型四象限斩波器

这一控制方法具有以下特点：由于电路运行的非对称性，开关的利用率低；开关 S_3 和 S_2 应保持长时间的导通，这样当开关采用晶闸管时，会产生整流换向问题；因为总有一个开关闭合最短时间的限制，尤其在晶闸管斩波器中[7]，而最小输出电压直接取决于开关闭合所需的最短时间，所以最小可获得的输出电压受限，即最小可利用的电动机转速也受限。

为确保开关 S_1 和 S_4，或 S_2 和 S_3 不在同一时刻导通，必须在断开一个开关与导通另一个开关之间留出一些固定的时间间隔，这限制了最大许可工作频率，同时要求在输出电压的一个周期内完成两次开关运作。

Dubey[6]给出了解决上述问题的其他控制方法。

7.2 异步电动机驱动

对于电动汽车和混合动力电动汽车的电驱动，无换向器电动机驱动呈现了优于传统的有换向器直流电动机驱动的许多特点。目前，在各种无换向器电动机驱动中，异步电动机驱动技术最为成熟。与直流电动机驱动相比，交流异步电动机驱动具有更多的优点，如重量轻、体积小、成本低和效率高。这些优点对于电动汽车的应用尤其重要。

异步电动机有绕线转子电动机和笼型电动机两种。由于绕线转子异步电动机的成本高、需要维护、耐久性不足，因此没有笼型异步电动机应用广泛，特别是在电动汽车和混合动力电动汽车的电驱动应用之中。因此，笼型异步电动机在此简称为异步电动机。

一个两极异步电动机的横断面如图 7.14 所示。在定子内圆周的槽中放置三相绕组 a-a′、b-b′ 和 c-c′，每个绕组的线匝数分布使得绕组中的电流沿气隙周向上产生近似正弦分布的磁通密度。该三相绕组空间按 120°位差布置，如图 7.14 所示。

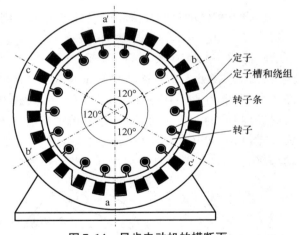

图 7.14 异步电动机的横断面

异步电动机转子的最常见形式是由转子外缘槽中铸铝条所构成的笼型转子。槽中铸铝条由转子两端的铸铝端环予以短接，端环也可制成风扇形状。

7.2.1 异步电动机的基本工作原理

图 7.15 所示为一个三相、两极异步电动机的定子横截面示意图。每相由频率为 ω、相邻两相间相位差为 120°的正弦交变电流供电。三相定子绕组 a-a′、b-b′ 和 c-c′ 中的电流 i_{as}、i_{bs} 和 i_{cs} 产生交变磁动势 F_{as}、F_{bs} 和 F_{cs}，这些磁动势是空间矢量，其合成的定子磁动势矢量 F_s 是相磁动势矢量的矢量和。

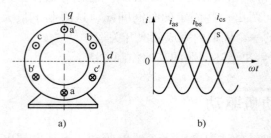

图 7.15 异步电动机定子和定子绕组电流
a）空间对称分布的三相定子绕组　b）相电流

由相电流产生的磁动势可写成

$$F_{as} = F_{as}\sin\omega t \qquad (7.14)$$

$$F_{bs} = F_{bs}\sin(\omega t - 120°) \qquad (7.15)$$

$$F_{cs} = F_{cs}\sin(\omega t - 240°) \qquad (7.16)$$

定子磁动势合成矢量 F_s^s 表示为

$$F_s^s = F_{as}e^{j0°} + F_{bs}e^{j120°} + F_{cs}e^{j240°} \qquad (7.17)$$

假设三相磁动势的幅值相同，且等于 F_s，则式（7.17）可进一步表示为

$$F_s^s = \frac{3}{2}F_s e^{j(\omega t - 90°)} \qquad (7.18)$$

式（7.18）表明，定子磁动势合成矢量以角频率 ω 旋转，且幅值为（3/2）F_s。图 7.16 所示为 $\omega t = 0°$ 和 $\omega t = 90°$ 处的定子磁动势矢量，这里 ωt 是式（7.14）～式（7.18）中的角度，而不是定子磁动势合成矢量相对于 d 轴的角度。如果将式（7.14）～式（7.16）中的 ωt 作为参考点，则定子磁动势合成矢量滞后 a-a′ 相磁动势 90°。

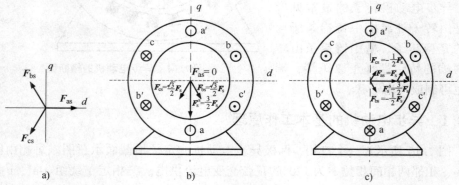

图 7.16 定子磁动势矢量
a）每相磁动势的正方向　b）$\omega t = 0°$ 处的定子磁动势矢量　c）$\omega t = 90°$ 处的定子磁动势矢量

旋转的定子磁动势和转子导体之间的相互作用会在转子中感应电压和电流。接着，旋转磁动势在载有感应电流的转子上产生转矩。转子中的感应电流对产生转矩是必不可少的，同样感应电流也取决于定子磁动势与转子之间的相对运动。这就是在旋转的定子磁动势角速度与转子角速度之间必须存在差值的原因所在。

式中的频率 ω，即旋转的定子磁动势角速度仅取决于定子交变电流的频率，故 ω 称为电角速度。对于两极电动机，旋转的定子磁动势电角速度等于其机械角速度。然而，多极电机的机械角速度不等于电角速度，其间关系可以表示为

$$\omega_{ms} = \frac{2}{p}\omega = \frac{4\pi f}{p} \tag{7.19}$$

式中，f 是交变电流的频率或旋转的定子磁动势角速度，单位为圈/s。当转子的角速度等于旋转的定子磁动势的机械角速度时，在转子中没有感应电流，由此没有转矩产生。因此，旋转的定子磁动势的机械角速度也称作同步转速。

若转子转速为 ω_m（rad/s），则定子旋转磁场与转子之间的相对转速为

$$\omega_{sl} = \omega_{ms} - \omega_m = s\omega_{ms} \tag{7.20}$$

式中，ω_{sl} 是转差速度；s 是转差率，定义如下：

$$s = \frac{\omega_{ms} - \omega_m}{\omega_{ms}} = \frac{\omega_{sl}}{\omega_{ms}} \tag{7.21}$$

由于定子磁场和转子之间的相对速度，如前所述，在转子中产生感应三相对称电压。这些电压的频率与转差速度成正比，故

$$\omega_r = \frac{\omega_{sl}}{\omega_{ms}}\omega = s\omega \tag{7.22}$$

式中，ω_r 是转子感应电压的频率。

当 $\omega_m < \omega_{ms}$ 时，相对速度为正，因此转子感应电压与定子电压相序相同。转子中的三相电流产生一个与转子速度方向相同，相对转子以转差速度运动的磁场。所以在空间上，转子磁场以和定子磁场相同的速度运动，并产生稳定的转矩。当 $\omega_m = \omega_{ms}$ 时，转子与定子磁场之间的相对速度为零。因此，没有感应电动势，电动机也就没有转矩产生。当 $\omega_m > \omega_{ms}$ 时，定子磁场与转子之间的相对速度反向，转子感应电压和感应电流也都反向，且相序与定子的相序相反。此外，产生的转矩为负，意味着电动机为发电机运行状态（发电机用来产生再生制动功能）。

7.2.2 稳态性能

异步电动机每相的等效电路如图 7.17a 所示。定子和转子所产生的磁场通过一个理想变压器相互关联。a_{T1} 为变压器的变比，等于 n_s/n_r，其中 n_s 和 n_r 分别是定、转子绕组的匝数。对于笼型转子，$n_r = 1$。等效电路可以通过把转子量折算成与定子频率、匝数对应的量来简化。合成的等效电路如图 7.17b 所示，图中 R'_r 和 X'_r 是

折算到定子侧的转子电阻和电抗，可给出如下：

$$R'_r = a_{T1}^2 R_r \quad X'_r = a_{T1}^2 X_r \tag{7.23}$$

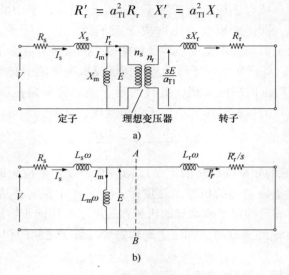

图7.17 异步电动机的每相等效电路
a）定、转子间为变压器的每相等效电路 b）转子量折算到定子侧的每相等效电路

定子侧的定子电抗、互感电抗和转子电抗可由定子频率及其电感 L_s、L_m 和 L_r 表示，如图7.17所示。定子阻抗、励磁阻抗和转子阻抗可以表示为

$$Z_s = R_s + jL_s\omega \tag{7.24}$$

$$Z_m = jL_m\omega \tag{7.25}$$

$$Z_r = \frac{R'_r}{s} + jL_r\omega \tag{7.26}$$

等效电路的输入阻抗为

$$Z = Z_s + \frac{Z_m Z_r}{Z_m + Z_r} \tag{7.27}$$

因此，电流 I_s 和 I'_r 可计算如下：

$$I_s = \frac{V}{Z} \tag{7.28}$$

和

$$I'_r = \frac{Z_m}{Z_m + Z_r} I_s \tag{7.29}$$

供给电动机的三相总电功率为

$$P_{elec} = 3 I'^2_r \frac{R'_r}{s} \tag{7.30}$$

减去定子中的总损耗后，可得转子的机械功率为

$$P_{\text{mech}} = P_{\text{elec}} - 3I_r'^2 R_r' \quad (7.31)$$

转子角速度 ω_m 为

$$\omega_m = \frac{2}{P}\omega(1-s) \quad (7.32)$$

电动机产生的转矩可确定为

$$T = \frac{P_{\text{mech}}}{\omega_m} \quad (7.33)$$

图 7.18 所示为固定定子频率和电压的异步电动机的转矩-转差率特性。在 $0<s<s_m$（其中 s_m 是电动机的额定转差率）区间内，转矩随转差率的增加近似地呈线性增加，直至在 $s=s_m$ 处达到其最大值，然后转矩随转差率的继续增加而减小。在 $s=1$ 处，转子速度为零，而相应的转矩为起动转矩，该转矩小于其在 $s=s_m$ 处的转矩。$0<s<1$ 区间为正转运行区间。在 $s>1$ 区间内，转子转矩为正，且随着转差率的增加进一步减小，由式 (7.21) 可知，转子速度为负。因而在该区间内，电动机为反转制动运行。在 $s<0$ 区间内，即当转子速度大于同步速度时，电动机产生负转矩。

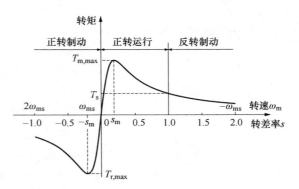

图 7.18 固定定子频率和电压的异步电动机的转矩-转差率特性

固定电压和频率下异步电动机的转速-转矩特性不适合车辆牵引的应用需要。这归结于低起动转矩、有限的转速范围，以及在 $s>s_m$ 区间内运行的不稳定性（在该区间内，转矩随转速减小而减小，故只要负载转矩有任何附加的扰动，就会导致电动机停转）。高转差率也会导致大电流，这可能会损坏定子绕组。异步电动机的固定电压和频率的运行通常仅在很窄的 $0<s<s_m$ 转差率范围之内。因此，对于牵引的应用，异步电动机必须加以控制，以提供如第 2~4 章所述的特定的转速-转矩特性。

7.2.3 恒压频比控制

对于牵引的应用，异步电动机的转矩-转速特性可通过同时控制电压和频率来改变，该控制方法称作恒压频比控制。通过模拟低速时的直流电动机，磁通可保持不变。根据图 7.17b，励磁电流 I_m 应保持恒定，且等于其额定值，即

$$I_{mr} = \frac{E}{X_m} = \frac{E_{rated}}{\omega_r L_m} \tag{7.34}$$

式中，I_{mr} 是额定励磁电流；E_{rated} 和 ω_r 分别是定子额定磁动势和定子频率。为保持磁通恒定，E/ω 应保持恒定，且等于 E_{rated}/ω_r。忽略定子阻抗 Z_s 上的电压降，则在频率和电压达到额定值之前，V/ω 将保持恒定。该控制策略被称为恒压频比控制[6]。

由图 7.17b 可知，转子电流可计算如下：

$$I'_r = \frac{(\omega/\omega_r)E_{rated}}{jL_r\omega + R'_r/s} \tag{7.35}$$

所产生的转矩为

$$T = \frac{3}{\omega}I'^2_r R'_r/s = \frac{3}{\omega}\left[\frac{(\omega/\omega_r)^2 E^2_{rated} R'_r/s}{(R'_r/s)^2 + (L_r\omega)^2}\right] \tag{7.36}$$

对应于最大转矩的转差率为

$$s_m = \pm \frac{R'_r}{L_r\omega} \tag{7.37}$$

于是最大转矩为

$$T_{max} = \frac{3E^2_{rated}}{2L_r\omega^2_r} \tag{7.38}$$

式 (7.38) 表明，E/ω 保持恒定而频率改变，最大转矩不变。式 (7.37) 表明，$s_m\omega$ 恒定，导致转差速度 ω_{sl} 不变。事实上，由于定子阻抗和电压降的存在，电压应该比由 E/ω 恒定时所确定的电压值略高一些，如图 7.19 所示。

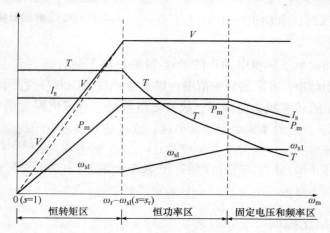

图 7.19　随电动机转速变化的运行变量

当电动机转速超过其额定转速，电压到达其额定值且不能随频率增加而增加时，电压固定在其额定值，而频率继续随电动机转速增加而增加，电动机进入弱磁运行状态。转差率 s 固定在对应于额定频率的额定值,而转差速度 ω_{sl} 随电动机转速线性增加。该控制策略会导致恒功率运行,如图 7.19 所示。

在牵引应用中,常要求宽范围的调速性能,且在高转速区域内转矩要求较低,这就需要超出恒功率区的控制。为防止输出转矩超出极限转矩,电动机运行在恒定的转差速度下,而电动机的电流和输出功率允许下降,如图 7.19 所示。图 7.20 所示为实施恒 V/f 控制的总体框图。

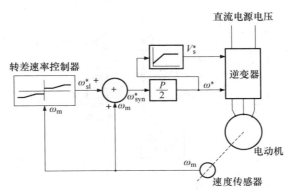

图 7.20 恒 V/f 控制的总体框图

7.2.4 电力电子控制

作为电动汽车和混合动力电动汽车的动力,异步电动机通常由一个直流电源(如蓄电池、燃料电池)供电,该电源的端电压近似为恒定值。因此,需要为异步电动机配置一个可变频率和电压的 DC-AC 逆变器。通用的 DC-AC 逆变器由电力电子开关和功率二极管构成。DC-AC 逆变器常用的拓扑结构如图 7.21a 所示,其中有三条支路(S_1 和 S_4、S_3 和 S_6、S_5 和 S_2)分别供电给异步电动机的 a 相、b 相和 c 相。当开关 S_1、S_3 和 S_5 闭合,而 S_4、S_6 和 S_2 断开时,a 相、b 相和 c 相被外施一个正电压($V_d/2$)。同理,当开关 S_1、S_3 和 S_5 断开,而 S_4、S_6 和 S_2 闭合时,a 相、b 相和 c 相被外施一个负电压。所有的二极管为每相的反向电流提供相应的通路。

对于异步电动机的恒压频比控制,专门使用正弦波脉宽调制(PWM)技术。可调幅值为 A_a、A_b 和 A_c 的三相基准电压 V_a、V_b 和 V_c 与一个幅值固定为 A_m 的普通三角形载波 V_{tr} 相比较,如图 7.21c 所示,经比较器 1、2 和 3 的输出形成逆变器三条支路的控制信号。当 t 时刻的正弦波基准电压 V_a、V_b 和 V_c 高于三角波电压时,导通信号发送给开关 S_1、S_3 和 S_5,而断开信号发送给开关 S_4、S_6 和 S_2,从而使异步电动机的外施三相电压为正。另一方面,当正弦波基准电压低于三角波电压时,导通信号被发送给开关 S_1、S_3 和 S_5,而断开信号被发送给开关 S_4、S_6 和 S_2,使得异步电动机的外施三相电压为负。三相电压如图 7.21d~f 所示。

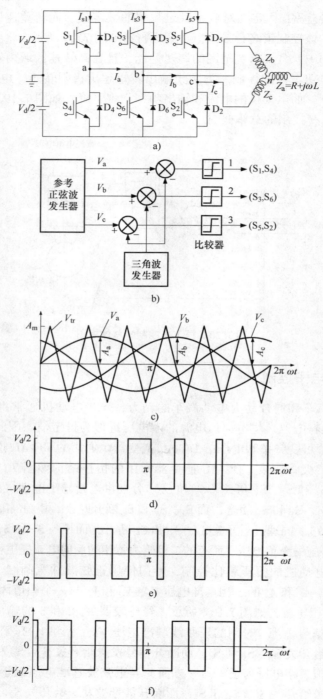

图 7.21 正弦波 PWM 的 DC-AC 逆变器
a) 逆变器拓扑结构 b) 控制信号 c) 三相基准电压和三角形载波波形 d) a 相电压 e) b 相电压 f) c 相电压

电动机端电压的基波频率与正弦波基准电压的频率相同。因此，电动机电压的频率可通过改变基准电压的频率来改变。基准电压波与三角载波的幅值比 m 称作调制指数，故有

$$m = \frac{A}{A_\mathrm{m}} \tag{7.39}$$

式中，A 是基准正弦波电压 V_a、V_b 或 V_c 的幅值；A_m 是三角形载波电压的幅值。相电压波形的基波分量 V_ao、V_bo 或 V_co 的有效值为

$$V_\mathrm{f} = \frac{mV_\mathrm{d}}{2\sqrt{2}} \tag{7.40}$$

因此，基波电压随 m 线性增长，直至 $m=1$（即基准电压波的幅值与载波的幅值相等时）。当 $m>1$ 时，V_ao、V_bo 或 V_co 的脉冲数变少，而当调制停止时，波形变为正弦波[6]。

7.2.5 磁场定向控制

异步电动机的恒压频比控制更适用于在低速范围内调速运行的电动机。然而，该控制方法对频繁、快速的速度变化响应差，且由于功率因数低导致运行效率差。在过去二十年中，磁场定向控制，即矢量控制技术已被成功开发。该技术主要克服了交流电动机驱动中恒压频比控制的缺点。

1. 磁场定向原理

磁场定向控制的目的是保持定子磁场与转子磁场正交，以使其与直流电动机一样，总是产生最大转矩。但是，异步电动机只能通过调节相电压来进行控制。

如 7.2.1 节所述，当对称的三相正弦电流流过异步电动机的三相定子绕组时会产生旋转磁场，并在转子中产生感应电流。转子上的感应电流也是三相电流，也产生一个磁场，该磁场以与定子旋转磁场相同的角速度旋转。定、转子旋转磁场都可在通常静止的 d-q 坐标系中用两个旋转矢量来描述，如图 7.16 所示。定子磁场的磁动势由式（7.17）表示。为方便起见，重写该式如下：

$$\boldsymbol{F}_\mathrm{s}^\mathrm{s} = F_\mathrm{as} \mathrm{e}^{\mathrm{j}0°} + F_\mathrm{bs} \mathrm{e}^{\mathrm{j}120°} + F_\mathrm{cs} \mathrm{e}^{\mathrm{j}240°} \tag{7.41}$$

同理，定子电压、定子电流和定子磁通可用同样的方式表示为矢量，即

$$\boldsymbol{v}_\mathrm{s}^\mathrm{s} = v_\mathrm{as}^\mathrm{s} \mathrm{e}^{\mathrm{j}0°} + v_\mathrm{bs}^\mathrm{s} \mathrm{e}^{\mathrm{j}120°} + v_\mathrm{cs}^\mathrm{s} \mathrm{e}^{\mathrm{j}240°} \tag{7.42}$$

$$\boldsymbol{i}_\mathrm{s}^\mathrm{s} = i_\mathrm{as}^\mathrm{s} \mathrm{e}^{\mathrm{j}0°} + i_\mathrm{bs}^\mathrm{s} \mathrm{e}^{\mathrm{j}120°} + i_\mathrm{cs}^\mathrm{s} \mathrm{e}^{\mathrm{j}240°} \tag{7.43}$$

$$\boldsymbol{\lambda}_\mathrm{s}^\mathrm{s} = \lambda_\mathrm{as}^\mathrm{s} \mathrm{e}^{\mathrm{j}0°} + \lambda_\mathrm{bs}^\mathrm{s} \mathrm{e}^{\mathrm{j}120°} + \lambda_\mathrm{cs}^\mathrm{s} \mathrm{e}^{\mathrm{j}240°} \tag{7.44}$$

式中，下标 s 指定子，而下标 as、bs 和 cs 分别指定子的 a 相、b 相和 c 相；上标 s 指相对于定子固定参考系的变量；黑体符号指矢量形式的变量。定子电压、电流和磁通矢量也可用它们的 d 轴和 q 轴分量表示如下：

$$\begin{bmatrix} v_{\text{ds}}^{\text{s}} \\ v_{\text{qs}}^{\text{s}} \end{bmatrix} = \begin{bmatrix} 1 & -\dfrac{1}{2} & -\dfrac{1}{2} \\ 0 & \dfrac{\sqrt{3}}{2} & -\dfrac{\sqrt{3}}{2} \end{bmatrix} \begin{bmatrix} v_{\text{as}} \\ v_{\text{bs}} \\ v_{\text{cs}} \end{bmatrix} \quad (7.45)$$

$$\begin{bmatrix} i_{\text{ds}}^{\text{s}} \\ i_{\text{qs}}^{\text{s}} \end{bmatrix} = \begin{bmatrix} 1 & -\dfrac{1}{2} & -\dfrac{1}{2} \\ 0 & \dfrac{\sqrt{3}}{2} & -\dfrac{\sqrt{3}}{2} \end{bmatrix} \begin{bmatrix} i_{\text{as}} \\ i_{\text{bs}} \\ i_{\text{cs}} \end{bmatrix} \quad (7.46)$$

$$\begin{bmatrix} \lambda_{\text{ds}}^{\text{s}} \\ \lambda_{\text{qs}}^{\text{s}} \end{bmatrix} = \begin{bmatrix} 1 & -\dfrac{1}{2} & -\dfrac{1}{2} \\ 0 & \dfrac{\sqrt{3}}{2} & -\dfrac{\sqrt{3}}{2} \end{bmatrix} \begin{bmatrix} \lambda_{\text{as}} \\ \lambda_{\text{bs}} \\ \lambda_{\text{cs}} \end{bmatrix} \quad (7.47)$$

在实际的异步电动机中，转子绕组不同于定子绕组，即其每相的有效匝数 N_r 不等于定子绕组的每相有效匝数 N_s。因此，必须考虑匝数比 $v = N_s/N_r$。在转子参考系中，转子电流矢量、电压矢量和磁通矢量可用 $\boldsymbol{i}_r^r$、$\boldsymbol{v}_r^r$ 和 $\boldsymbol{\lambda}_r^r$ 表示。但为了便于分析，需要将转子参考系下的矢量转换到定子参考系下，如图 7.22 所示。

这些矢量的转换式如下：

$$\boldsymbol{i}_r^s = \frac{\mathrm{e}^{j\theta_0}}{v} \boldsymbol{i}_r^r \quad (7.48)$$

$$\boldsymbol{v}_r^s = v\mathrm{e}^{j\theta_0} \boldsymbol{v}_r^r \quad (7.49)$$

$$\boldsymbol{\lambda}_r^s = v\mathrm{e}^{j\theta_0} \boldsymbol{\lambda}_r^r \quad (7.50)$$

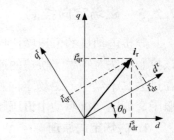

图 7.22　转子电流矢量从转子参考系到定子参考系的转换

采用矢量标记，无论是定子绕组还是转子绕组，都可通过一个简单的电阻-电感电路，用电流、电压和磁通空间矢量表示，如图 7.23 所示。

应用矢量形式的基尔霍夫电压定律，定子绕组的方程可写作

$$\boldsymbol{v}_s^s = R_s \boldsymbol{i}_s^s + \frac{\mathrm{d}\boldsymbol{\lambda}_s^s}{\mathrm{d}t} \quad (7.51)$$

而转子绕组的方程为

$$\boldsymbol{v}_r^r = R_r^r \boldsymbol{i}_r^r + \frac{\mathrm{d}\boldsymbol{\lambda}_r^r}{\mathrm{d}t} \quad (7.52)$$

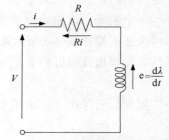

图 7.23　定子绕组或转子绕组的电阻-电感等效电路

式中，R_s 和 R_r^r 分别是实际定、转子的每相电阻。由异步电动机的稳态理论可知，R_r^r 与定子侧转子电阻之间的关系为

$$R_r^r = \frac{1}{v^2} R_r \tag{7.53}$$

故由式（7.48）和式（7.53）可知，式（7.52）右边的第一项为

$$R_r^r \boldsymbol{i}_r^r = \frac{e^{-j\theta_0}}{v} R_r \boldsymbol{i}_r^s \tag{7.54}$$

由式（7.50）可知，式（7.52）右边的第二项为

$$\frac{d\boldsymbol{\lambda}_r^r}{dt} = \frac{e^{-j\theta_0}}{v} \left(\frac{d\boldsymbol{\lambda}_r^s}{dt} - j\omega_0 \boldsymbol{\lambda}_r^s \right) \tag{7.55}$$

最后，将式（7.54）和式（7.55）代入式（7.52），可得

$$\boldsymbol{v}_r^s = R_r \boldsymbol{i}_r^s + \frac{d\boldsymbol{\lambda}_r^s}{dt} - j\omega_0 \boldsymbol{\lambda}_r^s \tag{7.56}$$

引入微分算子 $p \equiv d/dt$，异步电动机的电压方程可写作

$$\boldsymbol{v}_s^s = R_s \boldsymbol{i}_s^s + p \boldsymbol{\lambda}_s^s \tag{7.57}$$

$$\boldsymbol{v}_r^s = R_r \boldsymbol{i}_r^s + (p - j\omega_0) \boldsymbol{\lambda}_r^s \tag{7.58}$$

磁通矢量 $\boldsymbol{\lambda}_s^s$ 和 $\boldsymbol{\lambda}_r^s$ 则可以通过电流矢量 $\boldsymbol{i}_s^s$、$\boldsymbol{i}_r^s$ 和电动机电感表示为

$$\begin{bmatrix} \boldsymbol{\lambda}_s^s \\ \boldsymbol{\lambda}_r^s \end{bmatrix} = \begin{bmatrix} L_s & L_m \\ L_m & L_r \end{bmatrix} \begin{bmatrix} \boldsymbol{i}_s^s \\ \boldsymbol{i}_r^s \end{bmatrix} \tag{7.59}$$

式中，L_m 是互感；L_s 是定子电感，是定子漏感 L_{ls} 与互感 L_m 之和；L_r 是转子电感，是转子漏感 L_{lr} 与互感 L_m 之和。

最终，电压方程的矩阵形式可写为

$$\begin{bmatrix} v_{ds}^s \\ v_{qs}^s \\ v_{dr}^s \\ v_{qr}^s \end{bmatrix} = \begin{bmatrix} R_s & 0 & 0 & 0 \\ 0 & R_s & 0 & 0 \\ 0 & \omega_0 L_m & R_r & \omega_0 L_r \\ -\omega_0 L_m & 0 & -\omega_0 L_r & R_r \end{bmatrix} \begin{bmatrix} i_{ds}^s \\ i_{qs}^s \\ i_{dr}^s \\ i_{qr}^s \end{bmatrix} + \begin{bmatrix} L_s & 0 & L_m & 0 \\ 0 & L_s & 0 & L_m \\ L_m & 0 & L_r & 0 \\ 0 & L_m & 0 & L_r \end{bmatrix} \frac{d}{dt} \begin{bmatrix} i_{ds}^s \\ i_{qs}^s \\ i_{dr}^s \\ i_{qr}^s \end{bmatrix}$$
$$\tag{7.60}$$

因为异步电动机的转子回路为短路状态，所以 $\boldsymbol{v}_{dr}^s$ 和 $\boldsymbol{v}_{qr}^s$ 为零。在给定的转子转速 ω_0 下，通过求解式（7.60），可得到定、转子电流。从而，电动机的输出转矩可以表示为

$$T = \frac{P}{3} L_m (\boldsymbol{i}_{qs}^s \boldsymbol{i}_{dr}^s - \boldsymbol{i}_{ds}^s \boldsymbol{i}_{qr}^s) = \frac{P}{3} L_m \text{Im}(\boldsymbol{i}_s^s \boldsymbol{i}_r^{s*}) \tag{7.61}$$

式中，Im 是矢量 $\boldsymbol{i}_s^s$ 与共轭矢量 $\boldsymbol{i}_r^{s*}$ 乘积的虚部。

将三相变量（电压、电流、磁通）转换到定子上静止的 dq 坐标系不会改变这些变量随时间交变的特性。交变量对控制而言处理并不方便，例如，控制系统通常用其中变量为时变的直流信号框图来表示。因此，还需一次转换，将电动机

矢量的交变 dq 分量转换成直流变量。为此，需从静止的定子 dq 参考坐标系转换到所谓的励磁 DQ 参考坐标系，该参考坐标系与磁动势 F_s^s 方向相同，且以角速度 ω 旋转。因此，在稳态下，电动机矢量在新的参考坐标系中的坐标值不随时间变化，如图 7.24 所示，图中显示了在两个参考坐标系中的定子磁动势矢量。

在励磁参考坐标系中的定子电压矢量可以表示为

$$v_S^e = v_S^s e^{-j\omega t} \quad (7.62)$$

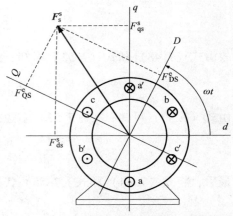

图 7.24 在定子参考坐标系和励磁参考坐标系中的定子磁动势矢量

考虑到 $e^{-j\omega t} = \cos(\omega t) - j\sin(\omega t)$，在 DQ 坐标系上的定子电压分量为

$$\begin{bmatrix} v_{DS}^e \\ v_{QS}^e \end{bmatrix} \begin{bmatrix} \cos(\omega t) & \sin(\omega t) \\ -\sin(\omega t) & \cos(\omega t) \end{bmatrix} \begin{bmatrix} v_{ds}^s \\ v_{qs}^s \end{bmatrix} \quad (7.63)$$

因此，在励磁参考坐标系中的电动机方程可以表示为

$$v_S^e = R_s i_S^e + (p + j\omega)\lambda_S^e \quad (7.64)$$

$$v_R^e = R_r i_R^e + (p + j\omega - j\omega_0)\lambda_R^e = R_r i_R^e + (p + j\omega_r)\lambda_R^e \quad (7.65)$$

式中，$\omega_r = \omega - \omega_0$ 为转差速度，以及

$$\begin{bmatrix} \lambda_S^e \\ \lambda_R^e \end{bmatrix} = \begin{bmatrix} L_s & L_m \\ L_m & L_r \end{bmatrix} \begin{bmatrix} i_S^e \\ i_R^e \end{bmatrix} \quad (7.66)$$

此外，由于转子绕组短路，通常假定转子电压矢量为零。

在励磁参考坐标系中的转矩方程与在定子坐标系中的相似，即

$$T = \frac{P}{3} L_m (i_{QS}^e i_{DR}^e - i_{DS}^e i_{QR}^e) = \frac{P}{3} L_m \text{Im}(i_S^e i_R^{e*}) \quad (7.67)$$

一般来说，在高性能的驱动系，如电动汽车和混合动力电动汽车的驱动系中，要求对电动机的瞬时输出转矩进行精确控制。电动机的输出转矩是电枢绕组电流与电动机定子励磁产生的磁场之间相互作用的结果。磁场应保持在一定的最优水平，要足够强，以产生高的每单位电流的转矩，但磁场又不能太强，否则会导致电动机磁路过饱和。在确定的磁场下，转矩与电枢电流成正比。

磁场和电枢电流期望予以独立控制。在与直流电动机类似的控制方式中，异步电动机的电枢绕组也在转子上，而磁场由定子绕组中的电流产生。但是，转子电流不是直接从外电源得到，而是由于转子导体对定子磁场的相对运动，在转子绕组上感应出的电动势所产生的。在大多数的一般应用中，笼型电动机只有定子电流可以被直接控制，因为转子绕组无从使用。由于定、转子磁场之间没有固定

的物理关系,故最优转矩生成条件不确定,且转矩方程为非线性。磁场定向控制,即矢量控制可实现异步电动机瞬态运行的最优控制。磁场定向控制能将磁场控制与转矩控制解耦。磁场定向的异步电动机在以下两方面模拟他励直流电动机:

1) 电动机中产生的磁场和转矩都能单独控制;

2) 输出转矩的最优条件发生在电动机的稳态运行和瞬态运行中,导致每单位电流的最大转矩。

如 7.1.1 节所述,最优转矩生成条件在直流电动机中自然满足(见图 7.3)。通过电刷供给的电枢电流 i_a 总是正交于磁通矢量(励磁磁通)$\boldsymbol{\lambda}_f$ 的,该磁通由定子产生,且与转子绕组相交链。事实上,输出转矩 T 与电枢电流和励磁磁通都成正比,即

$$T = K_T i_a \boldsymbol{\lambda}_f \tag{7.68}$$

式中,K_T 是由电动机物理参数所确定的常数。所以,如 7.1.2 节所述,他励直流电动机的输出转矩可通过单独控制电枢电流和磁通调节。

为模拟直流电动机独立控制电枢电流和磁通的控制特性,转矩方程(见式(7.67))可重新整理,从而用定子电流和转子磁通来表达。由式(7.66)可得以下方程:

$$i_R^e = \frac{1}{L_r}(\boldsymbol{\lambda}_R^e - L_m i_S^e) \tag{7.69}$$

转矩方程(见式(7.67))重写为

$$T = \frac{P}{3R_r}\frac{L_m}{\tau_r}(i_{QS}^e \lambda_{DR}^e - i_{DS}^e \lambda_{QR}^e) \tag{7.70}$$

式中,$\tau_r = L_r/R_r$ 是转子时间常数。

在式(7.70)中,若

$$\lambda_{QR}^e = 0 \tag{7.71}$$

则

$$T = \frac{P}{3R_r}\frac{L_m}{\tau_r}\lambda_{DR}^e i_{QS}^e \tag{7.72}$$

显然,式(7.72)类似于描述他励直流电动机的式(7.68)。

将 $v_R^e = 0$(转子绕组短路)代入式(7.65),可得

$$R_r i_R^e + (p + j\omega_r)\boldsymbol{\lambda}_R^e = 0 \tag{7.73}$$

且将式(7.69)代入式(7.73)得

$$p\boldsymbol{\lambda}_R^e = \frac{1}{\tau_r}[L_m i_S^e - (1 + j\omega_r \tau_r)\boldsymbol{\lambda}_R^e] \tag{7.74}$$

因而

$$p\lambda_{DR}^e = \frac{L_m}{\tau_r}i_{DS}^e - \frac{1}{\tau_r}\lambda_{DR}^e \tag{7.75}$$

式（7.75）表明，磁通 λ_{DR}^e 由电流 i_{DS}^e 产生。因此，输出转矩可按图 7.25 所示框图表示。

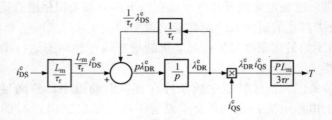

图 7.25　异步电动机的框图（$\lambda_{QR}^e = 0$）

此外，式（7.75）可用传递函数表示为

$$G(p) = \frac{\lambda_{DR}^e}{i_{DS}^e} = \frac{L_m}{\tau_r p + 1} \tag{7.76}$$

因此，图 7.25 中的框图可进一步简化，如图 7.26 所示。

如果满足式（7.71）中的条件，且 λ_{DR}^e = 常数，即 $\lambda_{QR}^e = 0$ 且 $p\lambda_{DR}^e = 0$，则由式（7.64），可得 $i_{DR}^e = 0$，即 $i_R^e = ji_{QR}^e$。同时，$\boldsymbol{\lambda}_R^e = \lambda_{DR}^e$。因此，矢量 i_R^e 与 $\boldsymbol{\lambda}_R^e$ 正交，意味着转矩生成的最优条件与直流电动机相似。在异步电动机中，最优转矩生成条件总是在稳态被满足。但在瞬态运行中，电动机需要精细控制以获得该最优转矩的生成。

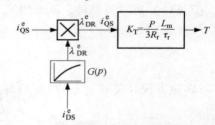

图 7.26　磁场定向的异步电动机的框图

2. 控制

如上节所述，磁场定向原理确定了最优转矩的生成条件。必须随时保持转子电流矢量与定子磁通矢量的正交性。在稳态运行中，当转子速度稳定，且其输出转矩与负载转矩相匹配时，最佳转矩生成的条件固然满足。然而，在瞬态情况下，为满足磁场定向原理条件，需要专用的技术来给出模拟直流电动机定、转子磁场之间实际物理方位的等效算法。

异步电动机矢量控制系统的通用框图如图 7.27 所示。磁场定向系统在分别输入基准量转子磁通 λ_r^* 和电动机转矩 T^* 的基础上，输出定子电流的基准信号

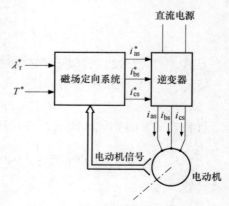

图 7.27　异步电动机矢量控制系统的通用框图

i_{as}^*、i_{bs}^* 和 i_{cs}^*，以及对应于所选电动机变量的相关信号。从而，逆变器供给电动机电流 i_{as}、i_{bs} 和 i_{cs}，这些电流的波形将遵循基准电流 i_{as}^*、i_{bs}^* 和 i_{cs}^* 的波形。

如图 7.26 所示，在磁场定向的异步电动机中，定子电流矢量 i_s^e 在励磁参考系中的分量 i_{DS}^e 和 i_{QS}^e 可分别用于单独控制电动机的磁场和转矩。因此，图 7.27 所示磁场定向系统首先将 λ_r^* 和 T^* 转换为对应的定子电流矢量的基准信号 i_{DS}^{e*} 和 i_{QS}^{e*}，然后将它们变换为由逆变器产生的定子相电流的基准信号 i_{as}^*、i_{bs}^* 和 i_{cs}^*。若定子参考坐标系中对应的基准信号 i_{ds}^{s*} 和 i_{qs}^{s*} 已知，则定子相电流 i_{as}^*、i_{bs}^* 和 i_{cs}^* 可应用由 dq 到 abc 参考坐标系的转换（见式（7.46））计算。这是一个简单的标量转换，即静态转换，因为用于运算的转换矩阵的元素均为常数。

然而，由式（7.63）可见，动态转换，即包含时间的转换则要求从 i_{DS}^{e*} 和 i_{QS}^{e*} 确定 i_{ds}^{s*} 和 i_{qs}^{s*}。图 7.24 未表明励磁参考坐标系的 DQ 轴对齐哪个矢量，显然，任一矢量都可用作励磁坐标系所匹配的基准轴。通常，选择转子磁通矢量 λ_r^s 使励磁坐标系定位的方法常被称作转子磁通定向法[8]，如图 7.28 所示。

若转子磁通矢量在定子参考坐标系中的角度位置记作 θ_r，则在所描述的方法中，由 DQ 到 dq 参考坐标系的转换可以表示为

$$\begin{bmatrix} i_{ds}^{s*} \\ i_{qs}^{s*} \end{bmatrix} \begin{bmatrix} \cos\theta_r & -\sin\theta_r \\ \sin\theta_r & \cos\theta_r \end{bmatrix} \begin{bmatrix} i_{DS}^{e*} \\ i_{QS}^{e*} \end{bmatrix} \quad (7.77)$$

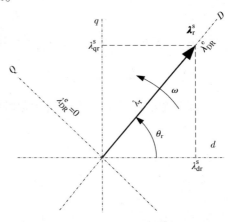

图 7.28 对齐转子磁通矢量的励磁参考坐标系的定向

注意到该坐标系方位的定向本质上满足式（7.71）所示的磁场定向原理的条件。转子磁通通过调节定子电流矢量的 i_{DS}^e 分量来控制，与转矩控制解耦，转矩控制是通过调节定子电流矢量的 i_{QS}^e 分量来实现的。该方法的唯一要求是精准确定角度 θ_r，即 λ_r^s 的位置，这可由直接或间接的方法实现。

3. 直接转子磁通定向法

在直接磁场定向系统中，基准磁通矢量 λ_r^e 的幅值和角度位置（相位）可通过测量获得，或者应用磁通观测器，由定子电压和电流予以估算。例如，霍尔传感器可用来测量磁场，将传感器放置在电动机气隙处的 d 轴和 q 轴上，可确定互磁通（气隙磁通）矢量 λ_m^s 的对应分量。但是，此气隙磁通不等同于转子磁通，转子磁通被取作基准磁通矢量，且需由气隙磁通 λ_m^s 导出。图 7.29 所示为动态 T 形等值电路，互感 L_m 所对应交链的磁通为

$$\lambda_m^s = L_m i_m^s = L_m(i_s^s + i_r^s) \quad (7.78)$$

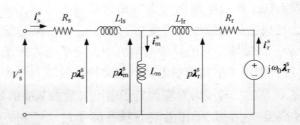

图 7.29 异步电动机的动态 T 形等值电路

或

$$i_r^s = \frac{1}{L_m}\lambda_m^s - i_s^s \tag{7.79}$$

因为 λ_r^s 和 λ_m^s 的差异仅在于转子的漏磁通，故

$$\lambda_r^s = \lambda_m^s + L_{lr}i_r^s = \lambda_m^s + L_{lr}\left(\frac{1}{L_m}\lambda_m^s - i_s^s\right) = \frac{L_r}{L_m}\lambda_m^s - L_{lr}i_s^s \tag{7.80}$$

基于微处理器的转子磁通计算器如图 7.30 所示，其实施的代数运算如下：

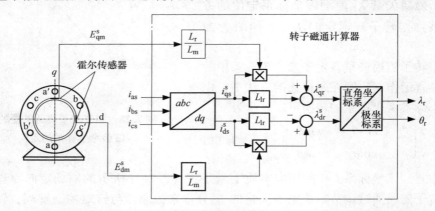

图 7.30 应用霍尔传感器和转子磁通计算器确定转子磁通矢量的幅值和位置[3]

1）根据实际的定子相电流 i_{as}、i_{bs} 和 i_{cs}，应用式（7.46）所示由 abc 到 dq 参考坐标系的转换，计算信号 i_{ds}^s 和 i_{qs}^s；

2）应用式（7.80）计算信号 λ_{dr}^s 和 λ_{qr}^s；

3）由直角坐标系到极坐标系的转换，确定转子磁通矢量的幅值 λ_r 和相位 θ_r。

必须指出，图 7.30 中磁通检测器的空间正交间隔仅适用于两极电动机。在 P 极电动机中，检测器必须彼此间隔 180/P 角度放置。

因为 $\lambda_{DR}^e = \lambda_r$（见图 7.28），所以转子磁通计算器的输出变量 λ_r 可用作励磁控制回路中的反馈信号。该输出变量也可用于计算如图 7.31 所示的输出转矩。转矩计算器按以下步骤计算转矩：

1) 对定子电流 i_{as}、i_{bs} 和 i_{cs} 进行由静态 abc 到 dq 参考坐标系的转换，以获得 i_{ds}^s 和 i_{qs}^s；

2) 将转子磁通计算器给出的角度 θ_r 代入式（7.63），替换 ωt，从而将信号 i_{ds}^s 和 i_{qs}^s 转换为励磁坐标系中定子电流矢量的分量 i_{DS}^e 和 i_{QS}^e；

3) 同样由转子磁通计算器所提供的，且假定等于 λ_{DS}^e 的转子磁通幅值 λ_r，乘以 i_{QS}^e 以及转矩常数 K_T，计算得出输出转矩。

图 7.31 所示为转矩计算过程框图。

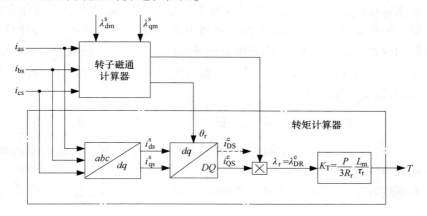

图 7.31　转矩计算器

图 7.32 所示为基于直接转子磁通定向异步电动机矢量控制的磁通和转矩独立控制框图。在该系统中，以比例积分（Properation-Plus-Integral，PI）为基础的励磁控制器和转矩控制器通过将目标转子磁通 λ_r^* 和目标转矩 T^* 与实际的转子磁通 λ_r 和转矩 T 进行比较，生成励磁坐标系中的控制信号 i_{DS}^{e*} 和 i_{QS}^{e*}。然后，应用转子磁通角度将励磁坐标系中的 i_{DS}^{e*} 和 i_{QS}^{e*} 转换成定子参考坐标系中的 i_{ds}^{s*} 和 i_{qs}^{s*}（见式（7.63））。此外，定子参考坐标系中的 i_{ds}^{s*} 和 i_{qs}^{s*} 通过静态转换（见式（7.46））被

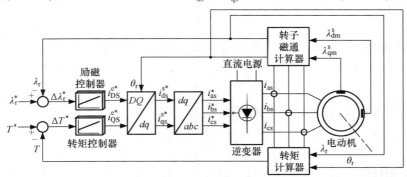

图 7.32　直接转子磁通定向的异步电动机矢量控制系统

转换为相电流信号 i_{as}^*、i_{bs}^* 和 i_{cs}^*。相电流信号作为基准信号，用于控制逆变器的电力电子器件，以产生相应的相电流 i_{as}、i_{bs} 和 i_{cs}。

实际上，应用于转子磁通计算器的 L_r 与 L_m 的比值和转子漏感 L_{lr}（见图 7.30）并不明显地随电动机的运行状态（如绕组温度或磁路的饱和度）而变化。因此，上述磁场定向技术被认为是非常稳定和精确的。但是，这些控制方法要求在电动机的气隙中放置易受损的霍尔传感器，这就有损于驱动系统的成本和可靠性。

4. 间接转子磁通定向法

在采用直接转子磁通定向的矢量控制中，易受损的霍尔传感器的存在会降低电动机驱动的可靠性，并使成本增加。间接方法是通过转差速度 ω_r 的计算来获得转子磁通的位置，转差速度 ω_r 用来矫正磁场方位，并将相应的转速施加于电动机。

对于给定运行状态的电动机，若将为保持矢量 λ_R^e 和 i_R^e 方向正交的同步转速记作 ω^*，则角度 θ_r 可以表示为

$$\theta_r = \int_0^t \omega^* dt = \int_0^t \omega_r^* dt + \int_0^t \omega_0 dt = \int_0^t \omega_r^* dt + \theta_0 \tag{7.81}$$

式中，ω^*、ω_r^* 和 ω_0 分别是同步转速、转差速度和转子转速；θ_0 是转子的角位移，它可以用轴角位置检测器测得。

转差速度 ω_r^* 的目标值可由式（7.69）算得。因为 $\lambda_R^e = \lambda_{DR}^e$，所以式（7.69）变成

$$i_R^e = \frac{1}{L_r}(\lambda_{DR}^e - L_m i_S^e) \tag{7.82}$$

将式（7.82）代入式（7.73），所得实部和虚部为

$$\lambda_{DR}^e(1 + \tau_r p) = L_m i_{DS}^e \tag{7.83}$$

和

$$\omega_r \tau_r \lambda_{DR}^e = L_m i_{QS}^e \tag{7.84}$$

以 ω_r^*、λ_r^* 和 i_{QS}^{e*} 分别替换式（7.84）中的 ω_r、λ_{DR}^e 和 i_{QS}^e，得

$$\omega_r^* = \frac{L_m}{\tau_r} \frac{i_{QS}^{e*}}{\lambda_r^*} \tag{7.85}$$

以 λ_r^* 和 i_{DS}^{e*} 分别替换式（7.83）中的 λ_{DR}^e 和 i_{DS}^e，可得

$$i_{DS}^{e*} = \frac{1 + \tau_r p}{L_m} \lambda_r^* \tag{7.86}$$

由转矩方程式（7.68），可得信号 i_{QS}^{e*} 为

$$i_{QS}^{e*} = \frac{T^*}{K_T \lambda_r^*} \tag{7.87}$$

基于间接转子磁通定向法的异步电动机矢量控制系统如图 7.33 所示。转子磁通和输出转矩通过前馈方式进行控制，这种控制下系统性能极大地依赖于精确的

电动机参数资料，而这一要求在实际应用中是难以满足的。另一方面，这一系统的主要优点是可以使用标准电动机，而标准电动机的转子位置可以很容易地用一个外部检测器测定。因为此处介绍的控制方法是标量转矩控制法的扩展，故其基准磁通和转矩值必须满足前面描述的安全运行区域条件[9]。

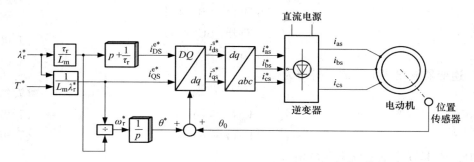

图 7.33　间接转子磁通定向法的异步电动机矢量控制系统

7.2.6　应用于磁场定向控制的电压源逆变器

应用于异步电动机磁场定向控制的电力电子逆变器具有与图 7.21a 所示相同的拓扑结构。此拓扑图再次示于图 7.34 中。在给定支路（a、b 或 c）中的电力开关必须不能同时处于导通状态，因为这将导致短路。另一方面，如果同一支路上的两个开关都处于断开状态，则相应输出端的电位对逆变器的控制系统而言是未知量。回路既可通过上部的二极管，也可通过下部的二极管构成，则输出端的电位既可等于正母线（+）的电位，也可等于负母线（-）的电位。因此，逆变器以这样的方式控制，即在给定支路中，不是上部开关（SA、SB 或 SC）闭合，下部开关（SA′、SB′或 SC′）断开；就是反之，上部开关断开，下部开关闭合。

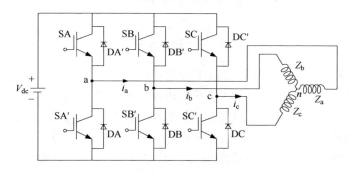

图 7.34　三相电压源逆变器的电路图

由于每一支路中的开关只允许两种状态的组合，故可给逆变器的每相指定一个开关变量。事实上，对整个电力电路只允许八种逻辑状态。开关变量定义如下：

$$a = \begin{cases} 0 & \text{SA 断开, SA' 闭合} \\ 1 & \text{SA 闭合, SA' 断开} \end{cases} \quad (7.88)$$

$$b = \begin{cases} 0 & \text{SB 断开, SB' 闭合} \\ 1 & \text{SB 闭合, SB' 断开} \end{cases} \quad (7.89)$$

$$c = \begin{cases} 0 & \text{SC 断开, SC' 闭合} \\ 1 & \text{SC 闭合, SC' 断开} \end{cases} \quad (7.90)$$

逆变器输出线电压的瞬时值为

$$v_{ab} = V_{dc}(a - b) \quad (7.91)$$

$$v_{bc} = V_{dc}(b - c) \quad (7.92)$$

$$v_{ca} = V_{dc}(c - a) \quad (7.93)$$

式中，V_{dc} 是逆变器直流电源的电压。

在对称三相系统中，相电压可由线电压计算得到[9]

$$v_a = \frac{1}{3}(v_{ab} - v_{ca}) \quad (7.94)$$

$$v_b = \frac{1}{3}(v_{bc} - v_{ab}) \quad (7.95)$$

$$v_c = \frac{1}{3}(v_{ca} - v_{bc}) \quad (7.96)$$

因此，将式（7.91）~式（7.93）代入式（7.94）~式（7.96）后，相电压为

$$v_a = \frac{V_{dc}}{3}(2a - b - c) \quad (7.97)$$

$$v_b = \frac{V_{dc}}{3}(2b - c - a) \quad (7.98)$$

$$v_c = \frac{V_{dc}}{3}(2c - a - b) \quad (7.99)$$

由式（7.91）~式（7.93）可假定线电压仅有三个值，即 $-V_{dc}$、0 和 V_{dc}。但是，式（7.97）~式（7.99）给出了五个相电压值，即 $-(2/3)V_{dc}$、$-(1/3)V_{dc}$、0、$(1/3)V_{dc}$ 和 $(2/3)V_{dc}$。逆变器的八种逻辑状态可采用等价于二进制数 abc_2 的十进制数 0~7 编码。例如，若 $a=1$，$b=0$，$c=1$，则 $abc_2 = 101_2 = 5_{10}$，而逆变器被称作处于状态 5。将 V_{dc} 取为基准电压，且处于状态 5，则输出电压标幺值为 $v_{ab} = 1$，$v_{bc} = -1$，$v_{ca} = 0$，$v_a = 1/3$，$v_b = -2/3$ 和 $v_c = 1/3$。

通过由 abc 到 dq 参考坐标系的转换，输出电压可用定子参考坐标系中的空间矢量来描述，每一个矢量对应于逆变器的一种给定状态。电压源逆变器的线电压（用上标 LTL 标记）和相电压（用上标 LTN 标记）的空间矢量图如图 7.35 所示，

矢量采用标幺值形式表示。

1. 电压源逆变器中的电压控制

许多不同的 PWM 技术已被开发，并在实际的逆变器中实现。目前，应用最广泛的方法之一是基于逆变器电压的空间矢量概念，如图 7.35 所示。该方法更适用于异步电动机驱动的磁场定向控制。

对于三相丫联结的异步电动机，其负载电流由逆变器的相电压产生。因此，电动机的运行由逆变器的相电压控制。

相电压的空间矢量如图 7.36 所示，图中有一个由逆变器产生的任意矢量 v^*。该图除了显示六个非零矢量（状态 1~6）外，还显示了对应于状态 0 和 7 的两个零矢量。显然，只有此后看作基准矢量的矢量 $v_0 \sim v_7$ 能在给定瞬时产生。因此，矢量 v^* 表示的是平均值，而不是瞬时值，是在一个开关时间期间或采样时间期间内取平均值，实际上，该时间段组成输出频率所对应周期的一小部分。开关时间段为图 7.36 所示的阴影部分，参考矢量位于开关时间段的中心位置。

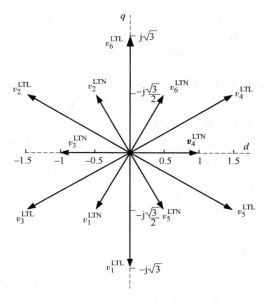

图 7.35 电压源逆变器的输出电压空间矢量

非零基准矢量将周期分成六个 60°宽的扇形区。位于给定扇形区中的期望电压矢量 v^* 可由构成扇形区的两个相邻基准矢量 v_x 和 v_y，以及两个零矢量中的任一矢量线性合成，即

$$v^* = d_x v_x + d_y v_y + d_z v_z \quad (7.100)$$

式中，v_z 是零矢量；d_x、d_y 和 d_z 分别是在开关时间段中对应于 x、y 和 z 状态的占空比。例如，在图 7.36 中，参考电压矢量 v^* 位于 $v_x = v_4$ 和 $v_y = v_6$ 的第一个扇形区中，因此，v^* 可由逆变器的状态 4、6 和 0（或 7）的合适时序来产生。

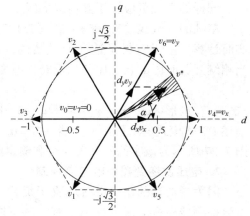

图 7.36 空间矢量 PWM 策略的示意图

状态的占空比定义为该状态持续时间对开关时间段持续时间的比值，因此有

$$d_x + d_y + d_z = 1 \quad (7.101)$$

在这一条件下,可得到的矢量v^*的最大值位置构成基准矢量的六边形包络线,如图 7.36 所示。为避免由包络的非圆形状引起的低次电压谐波,合成电压矢量的位置实际上被限制在图 7.36 所示的圆上。因而,合成电压可得到的最大幅值 V_{max} 为 $(\sqrt{3}/2)V_{dc}$。关于图 7.36 中的矢量v^*,式(7.100)可写作

$$v^* = MV_{max}e^{j\alpha} = d_x v_4 + d_y v_6 + d_z v_z \tag{7.102}$$

式中,M 是调制指数,在 0~1 范围内调节;α 标记矢量v^*在扇形区内的角度位置,即矢量v^*与v_x之间的角度。如图 7.36 所示,$v_x = v_4 = 1 + j0$(标幺值),$v_y = v_6 = 1/2 + j\sqrt{3}/2$(标幺值),$v_z$($v_0$ 或v_7)为零,$V_{max} = (\sqrt{3}/2)V_{dc}$。式(7.100)可改写为

$$\frac{\sqrt{3}}{2}M\cos\alpha = d_x + \frac{1}{2}d_y \tag{7.103}$$

和

$$\frac{\sqrt{3}}{2}M\sin\alpha = \frac{\sqrt{3}}{2}d_y \tag{7.104}$$

这样,d_x 和 d_y 可表示为

$$d_x = M\sin(60° - \alpha) \tag{7.105}$$

$$d_y = M\sin\alpha \tag{7.106}$$

和

$$d_z = 1 - d_x - d_y \tag{7.107}$$

同样的方程可应用于其他扇形区。

单纯的代数式(7.105)~式(7.107)使逆变器相继逻辑状态的占空比能进行实时计算。由于零矢量选择的灵活性,在给定扇形区中,可实施多种状态序列。当相继开关时限的状态序列如下时,逆变器将获得特别有效的运行:

$$|x - y - z|z - y - x| \cdots \tag{7.108}$$

式中,在扇形区$v_6 - v_2$、$v_3 - v_1$ 和$v_5 - v_4$ 中,$z = 0$,而在其余扇形区中,$z = 7$。作为前述 PWM 模式的电压源逆变器($M = 0.7$ 且开关时限段宽度为 20°)的一个实例,图 7.37 所示为该实例的开关信号和输出电压[9]。

2. 电压源逆变器中的电流控制

因为逆变器的输出电流取决于负载,所以前馈电流控制是不可取的,需要由电流检测器获得电流的反馈。有一些不同的控制策略,最简单的一种是基于所谓"滞环"或"开关式"的控制器。

电流控制电压源逆变器框图如图 7.38 所示。逆变器的输出电流 i_a、i_b 和 i_c 被检测,并与基准电流信号 i_a^*、i_b^* 和 i_c^* 相比较。然后,电流误差信号 Δi_a、Δi_b 和 Δi_c 被施加到电流滞环控制器中,控制器即为逆变器的开关产生开关信号 a、b 和 c。

第 7 章 电驱动系统

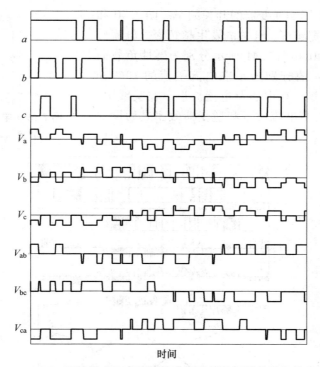

图 7.37 PWM 运行模式下电压源逆变器实例的开关信号和输出电压

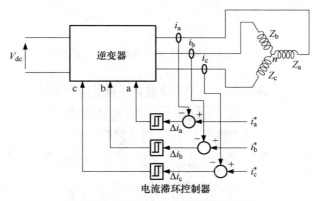

图 7.38 电流控制电压源逆变器框图

a 相电流滞环控制器的输入-输出特性如图 7.39 所示。滞环的宽度记作 h，表示被控制电流的容差带宽。如果电流误差 Δi_a 大于 $h/2$，即 i_a 低于可接受的基准电流 i_a^* 过多，则必须提高相应的相电压 v_a。由式（7.97）可知，该电压受开关变量 a 的影响很大。因此，正是该变量由控制器控制，且在所描述的情况下被设置为 $a=1$。反之，小于 $-h/2$ 的电流误差将导致 $a=0$。为使电流 i_a 减小以保持在容差带宽之内，另外两个控制器以同样的方式运行。

容差带宽 h 影响逆变器的开关频率。图 7.40 和图 7.41 说明带宽越窄，开关的发生越频繁，电流质量越好。图 7.40 和图 7.41 所示分别为感性负载的逆变器电源在 h 值分别为基准电流幅值的 10% 和 5% 时的开关变量、相电压及电流波形。在实践中，容差带宽应在权衡电流质量和逆变器效率之后设置其最佳值。

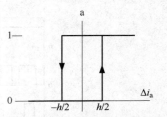

图 7.39　电流滞环控制器的输入-输出特性

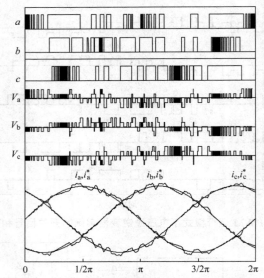

图 7.40　电流控制电压源逆变器（10% 容差带宽）

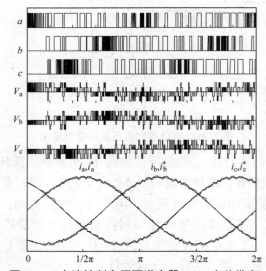

图 7.41　电流控制电压源逆变器（5% 容差带宽）

7.3 永磁无刷直流电动机驱动

通过采用高能量的永磁体为励磁机构，永磁电动机驱动具有设计成高功率密度、高转速和高效率电动机的潜力。这些显著优势使其在电动汽车（EV）和混合动力电动汽车（HEV）中的应用令人瞩目。在永磁电动机系列中，无刷直流电动机驱动是应用于 EV 和 HEV 中最有希望的选择对象[4]。

永磁无刷直流电动机的主要优点如下：

1）效率高。永磁无刷直流电动机在所有电动机中效率最高，这是因为励磁采用了永磁体，没有功率消耗，且没有机械式换向器和电刷意味着机械摩擦损耗低，因此效率更高。

2）体积小。最近高能量密度永磁体（稀土永磁体）的引入使永磁无刷直流电动机能获得非常高的磁通密度，这就相应地有可能获得高转矩，从而使电动机体积小且重量轻。

3）易控制。永磁无刷直流电动机与直流电动机一样易于控制，因为在电动机的全运行过程中控制变量容易获得，且保持不变。

4）易冷却。转子中没有环行电流，因此永磁无刷直流电动机的转子不会发热，仅在定子上有热量产生。定子比转子更易于冷却，因为定子是静止的，且位于电动机的边缘。

5）低廉的维护、显著的长寿命和可靠性。没有电刷和机械式换向器就不需要相关的定期维护，且排除了相关部件出现故障的危险。因此，电动机的寿命仅随绕组绝缘、轴承和永磁体寿命而变化。

6）噪声低。由于采用电子换向器，而不是机械式换向器，故不存在与换向器相伴随的噪声。驱动逆变器的开关频率足够高，致使谐波噪声处于听不到的范围。

但是，永磁无刷直流电动机也有以下一些缺点：

1）成本。稀土永磁体比其他永磁体昂贵得多，故导致电动机成本上升。

2）有限的恒功率范围。大的恒功率范围对获得高的车辆效率是至关重要的。永磁无刷直流电动机不可能获得大于基速两倍的最高转速。

3）安全性。在电动机制造过程中，由于大型稀土永磁体可能吸引飞散的金属物体，故可能有危险性。万一车辆失事，若车轮自由地自旋，而电动机仍然由永磁体励磁，则在电动机的接线端将出现高电压，可能会危及乘客或援救者。

4）磁体退磁。永磁体可被大的反向磁动势和高温退磁。每一种永磁材料的临界去磁力是不同的，当冷却电动机，特别是当电动机构造紧凑时，必须非常小心。

5）高速性能。永磁体采用表面安装方式的电动机不可能达到高速，这是因为它受限于转子磁轭与永磁体之间装配的机械强度。

6）永磁无刷直流电动机驱动中的逆变器故障。由于永磁体位于转子上，所以永磁无刷直流电动机的主要危险出现在逆变器的短路故障情况下。这样，旋转的转子总是被励磁，从而持续地在短路绕组中产生感应电动势。在短路绕组中，极大的环流和相应的大转矩将堵转转子。车辆的一个或几个车轮停转的危险是不可忽视的。若后轮被堵转，而前轮在旋转，则车辆将会失去控制转动。若前轮被堵转，则驾驶人将无法对车辆进行方向控制。若只有一个车轮被堵转，则将诱发使车辆旋转的侧滑转矩，使得车辆难以控制。除这些车辆可能发生的危险外，还应注意，逆变器短路引起的大电流将导致永磁体处于退磁和毁损的危险之中。

永磁无刷直流电动机驱动的开路故障不会直接危及车辆的稳定性。但是，由于开路导致的无法控制电动机将带来车辆控制方面的问题。因为永磁体总是在励磁，且不能予以控制，所以很难控制永磁无刷直流电动机，使故障最小化。当永磁无刷直流电动机运行在恒功率区时，这是一个特别重要的问题。在恒功率区中，由定子所产生的磁通与永磁体产生的磁通反向，并使电动机以较高转速旋转。如果定子磁通消失，则永磁体产生的磁通将在绕组中感生一个大的电动势，该电动势会危及电子元器件或乘客。

7.3.1 永磁无刷直流电动机驱动的基本原理

永磁无刷直流电动机驱动主要由无刷直流电动机、基于数字信号处理器（Digital Signal Processor，DSP）的控制器和基于电力电子的功率变换器构成，如图7.42所示。位置检测器 H_1、H_2 和 H_3 检测电动机转子的位置，转子的位置信息输入到基于DSP的控制器，随即由该控制器向功率变换器提供门控信号，从而导通和关断特定的电动机定子磁极绕组，按这种方式控制电动机的转矩和转速。

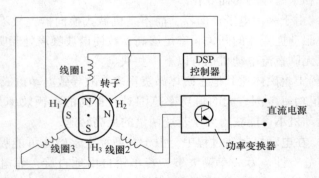

图7.42 永磁无刷直流电动机驱动

7.3.2 永磁无刷直流电动机的结构和分类

永磁无刷直流电动机可以按转子永磁体的几何位置，即磁体装配在转子上的方式进行分类。磁体可以采用表面安装，也可以采用嵌入安装的方式。

图 7.43a 所示为表面安装方式的永磁体转子。每个永磁体装配在转子表面，易于构造，特别是这种表面安装方式的斜磁极易于磁化，从而减小了齿槽转矩。但在高速运行时，永磁体有可能飞离转子。

图 7.43b 所示为嵌入安装方式的永磁体转子。每个永磁体装配在转子内部。这种结构不如表面安装形式那样通用，但它优选于高速运行场合。应注意，这种形式的转子存在电感量的变化，因为在磁路计算中，永磁体部分等价于空气。

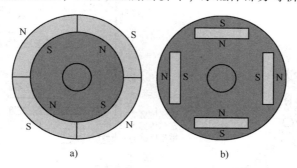

图 7.43 永磁体转子的横截面视图
a) 表面安装方式的永磁体转子 b) 嵌入安装方式的永磁体转子

就定子绕组而言，永磁无刷直流电动机主要分成两类，两者可由其各自的反电动势波形来区分，即梯形和正弦形的波形。

梯形反电动势的永磁无刷直流电动机被设计为产生梯形的反电动势波形，它具有以下理想特性：

1）气隙中的磁通为矩形分布；
2）矩形的电流波形；
3）集中式定子绕组。

励磁电流波形取为拟方波形式，且每个周期中有两个各为60°电角度的零励磁电流区间。与正弦形反电动势的电动机相比，梯形反电动势电动机的励磁电流波形特性使得一些重要系统得以简化。因为每个周期上只需要六个换相时刻，故对转子位置检测器分辨率的要求可大大降低。图 7.44 所示为梯形反电动势永磁无刷直流电动机的绕组结构。

图 7.45a 所示为一个等效电路，而图 7.45b 所示为三相永磁无刷直流电动机驱动的梯形反电动势、电流和霍尔传感器信号波形。由图可见，e_a、e_b 和 e_c 是线与中性点间的反电动势，是径向穿过气隙的永磁体磁通以正比于转子转速的速率切割定子

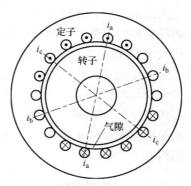

图 7.44 梯形反电动势永磁无刷直流电动机的绕组结构

绕组的结果。定子绕组以标准的三相整距、集中式绕组方式布置,因而其各相梯形反电动势波形间的位移为120°电角度。生成的电流脉冲为120°导通、60°关断的类型,意味着每相电流在360°电角度中的2/3区段中流动,即对应其120°电角度为正电流,而另120°电角度为负电流。为了以最大且恒定的单位电流转矩驱动电动机,就要求线电流脉冲与特定相的反电动势同步。

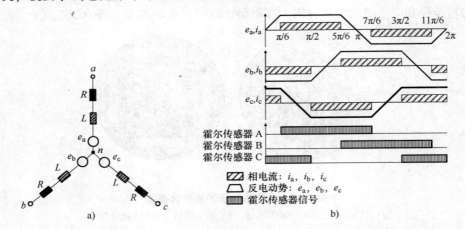

图7.45 三相等效电路与永磁无刷直流电动机的反电动势、电流和霍尔传感器信号波形
a) 三相等效电路 b) 永磁无刷直流电动机的反电动势、电流和霍尔传感器信号波形

正弦形反电动势的永磁无刷直流电动机被设计为产生正弦形的反电动势波形,它具有以下理想特性:

1) 气隙中的磁通为正弦分布;
2) 正弦电流波形;
3) 定子导体为正弦分布。

正弦形反电动势电动机的最基本特征是由永磁体旋转在每相定子绕组中感应产生的反电动势应为转子角度的正弦函数。正弦形反电动势永磁无刷直流电动机的运行与交流同步电动机相类似。该电动机具有与同步电动机相同的旋转定子磁动势波,因此,可用相量图对其进行分析。图7.46所示为正弦形反电动势永磁无刷直流电动机的绕组结构。

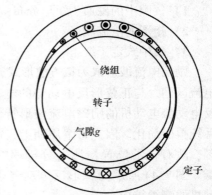

图7.46 正弦形反电动势永磁无刷直流电动机的绕组结构

7.3.3 永磁体材料性能

目前用于电机的永磁体材料有三类:

1) 铝镍钴（Al、Ni、Co、Fe）；
2) 陶瓷（铁氧体），例如钡铁氧体（BaO×6Fe$_2$O$_3$）和铁酸锶（SrO×6Fe$_2$O$_3$）；
3) 稀土永磁材料，即钐钴（SmCo）和钕铁硼（NdFeB）。

上述永磁体材料的退磁曲线如图7.47所示[10]。

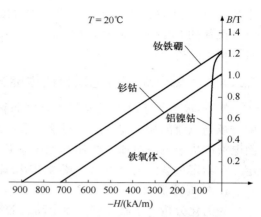

图 7.47 各种永磁体材料的退磁曲线

1. 铝镍钴

铝镍钴的主要优点是其高剩余磁通密度和低温度系数。这种材料剩磁B_r的温度系数为0.02%/℃，且其最高工作温度为520℃。这些优点使得高气隙磁密及高运行温度成为可能，遗憾的是，其矫顽力很低，且其退磁曲线呈现高度的非线性。因此，铝镍钴不仅易于磁化，而且也很容易退磁。铝镍钴永磁体已用于额定功率为几瓦到150kW范围内的电动机。从20世纪40年代中期到铁氧体成为最为广泛使用材料的70多年中，铝镍钴在永磁体产业中占主导地位[10]。

2. 铁氧体

钡铁氧体和铁酸锶发明于20世纪50年代。与铝镍钴相比，铁氧体具有较高的矫顽力，但同时剩磁较低。铁氧体的温度系数相对较高，即B_r的温度系数为0.20%/℃，矫顽力H_c的温度系数为0.27%/℃，最高工作温度为400℃。铁氧体的主要优点是低成本和高阻抗，这意味着永磁体内无涡流损耗。

3. 稀土永磁体

在最近的30年期间，随着稀土永磁体的发展，有效能量密度$(BH)_{max}$已获得更大进展。以钐钴（SmCo$_5$）成分为基础的第一代稀土永磁体发明于20世纪60年代，并自20世纪70年代早期以来已进入商业化生产。现今，钐钴是一种广泛接受的硬磁材料，它具有高剩磁、高矫顽力、高能量积、线性退磁曲线和低温度系数的优点。其B_r的温度系数为(0.03~0.045)%/℃，而H_c的温度系数为(0.14~0.40)%/℃，最高工作温度为250~300℃。钐钴非常适合制造小体积的电动机，从而使电动机具有高比功率和低转动惯量。价格昂贵是钐钴的唯一缺点，由于供应受限，Sm和Co都相对较贵。

近年来，随着以低廉的钕（Nd）和铁为基础的第二代稀土永磁体的发明，降低原材料成本已获得极大进展。现在产量不断上升的钕铁硼（NdFeB）磁体与SmCo相比，仅在室温下具有更好的磁性能。钕铁硼的退磁曲线，特别是矫顽力，很大程度上取决于温度。其B_r的温度系数为(0.095~0.15)%/℃，而H_c的温度

系数为 (0.40~0.7)%/℃，最高工作温度为150℃，而居里点温度为310℃。

最新的 NdFeB 具有更好的热稳定性，工作温度提高了50℃，并且抗腐蚀能力有了很大改进[10]。

7.3.4 永磁无刷直流电动机的性能分析和控制

转速-转矩性能对牵引及其他应用而言是最重要的。与任何其他电动机一样，由磁场与电流的相互作用产生转矩。永磁无刷直流电动机中的磁场由永磁体产生，而电流取决于电源电压、控制和反电动势，其中反电动势由磁场和电动机转速确定。在给定负载的情况下，为获得期望的转矩和转速，需要对电流进行控制。

1. 性能分析

为简化分析，永磁无刷直流电动机的性能分析基于以下假设：

1) 电动机处于非饱和状态；
2) 所有定子绕组的电阻相等，且其自感和互感均为常数；
3) 逆变器中的功率半导体器件为理想器件；
4) 铁损忽略不计。

一相的简化等效电路如图7.48所示，图中 V_t 为电源电压；R_s 为绕组电阻；L_s 为漏感（$L_s = L - M$，其中 L 为绕组的自感，M 为互感）；E_s 为旋转的转子在定子绕组中产生的感应反电动势。

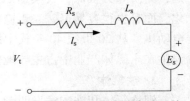

图7.48 永磁无刷直流电动机的简化等效电路

基于图7.48中的等效电路，永磁无刷直流电动机的性能可描述为

$$V_t = R_s I_s + L_s \frac{dI_s}{dt} + E_s \quad (7.109)$$

$$E_s = k_E \omega_r \quad (7.110)$$

$$T_e = k_T I_s \quad (7.111)$$

$$T_e = T_L + J\frac{d\omega_r}{dt} + B\omega_r \quad (7.112)$$

式中，k_E 是反电动势常数，该常数与永磁体和转子结构相关；ω_r 是转子角转速；k_T 是转矩常数；T_L 是负载转矩；B 是黏性阻力系数。稳态运行时，式(7.109)~式(7.111)可简化为

$$T_e = \frac{(V_t - k_E \omega_r)k_T}{R_s} \quad (7.113)$$

恒电压源供电的永磁无刷直流电动机的转速-转矩性能如图7.49所示。由式(7.113)和图7.49可见，在低速，特别是在起动时，电动机会产生很大

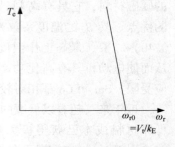

图7.49 恒电压源供电稳态运行时的转速-转矩曲线

转矩。其原因在于反电动势较低,从而导致非常大的电流,这种非常大的电流会损坏定子绕组。

采用可变电压源时,可通过主动控制电源电压将绕组电流限制在其最大值。因此,可产生一个最大的恒转矩,如图 7.50 所示。

对于动态或瞬态运行,永磁无刷直流电动机的性能可用式(7.109)~式(7.112)描述。但是,拉普拉斯变换更有助于简化分析,式(7.109)~式(7.112)应用拉普拉斯变换式可表示为

$$V_t(s) = E_s(s) + (R_s + sL_s)I_s(s) \quad (7.114)$$
$$E_s(s) = k_E \omega_r(s) \quad (7.115)$$
$$T_e(s) = k_T I_s(s) \quad (7.116)$$
$$T_e(s) = T_L(s) + (B + sJ)\omega_r(s) \quad (7.117)$$

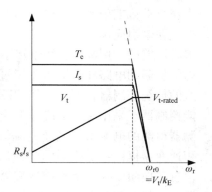

图 7.50 可变电压源供电稳态运行时的转速-转矩曲线

从而,永磁无刷直流电动机驱动系统的传递函数为

$$\omega_r(s) = \frac{k_T}{(R_s + sL_s)(sJ + B) + k_T k_E} V_t(s) - \frac{R_s + sL_s}{(R_s + sL_s)(sJ + B) + k_T k_E} T_L(s)$$
$$(7.118)$$

式中,L_s 和 J 是瞬态运行中的电延时和机械延时;L_s 决定了当端电压发生阶跃变化时,电枢电流响应的建立速度,其中转子转速假定不变;J 决定了端电压发生阶跃变化时,转子转速响应的建立速度。

2. 永磁无刷直流电动机驱动的控制

在车辆牵引应用中,输出转矩要求按照驾驶人的期望,并通过加速和制动踏板予以控制。因此,转矩控制是其基本要求。

图 7.51 所示为永磁无刷直流电动机驱动的转矩控制框图。期望的电流 I^* 通过转矩控制器由所控制的转矩 T^* 给出。电流控制器和换向序列发生器从位置检测器

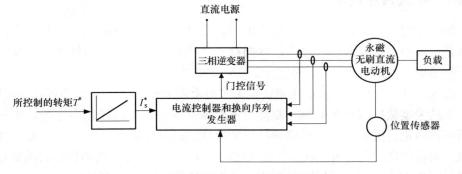

图 7.51 永磁无刷直流电动机转矩控制框图

接收到期望电流 I^* 的位置信息，或可能通过电流检测器得到电流反馈，然后产生门控信号。这些门控信号被送入三相逆变器（功率变换器）中，以产生永磁无刷直流电动机期望的相电流。

在牵引应用中，可能要求转速控制，例如巡航控制运行，如图 7.52 所示。许多高性能的应用都包含用于转矩控制的电流反馈，至少要求直流母线的电流反馈，以保护驱动电路和电动机免于过电流。控制模块，即"转速控制器"可是任一类型的传统控制器，例如比例-积分（PI）控制器，或者更先进的控制器，如人工智能控制器。采用滞环电流（电流斩波）控制或电压源（PWM）型电流控制，将检测器检测的电流值与基准电流值相比较，从而电流控制器和换向序列发生器向三相逆变器提供特定序列的门控信号，以保持恒定的峰值电流控制。通过应用位置信息，换向序列发生器使逆变器施行电子换向，担当传统直流电动机的机械换向器。一般设置与无刷电动机相关的换向角在矩角特性曲线的峰值附近换向，就三角形或星形联结的三相电动机而言，换向发生在相距矩角特性曲线的峰值为 ±30°电角度处。当电动机位置移动超过峰值位置为 30°电角度时，换向检测器将使定子励磁相切换，导致电动机突然移至相对于下一个矩角特性曲线峰值的 −30°电角度处[11]。

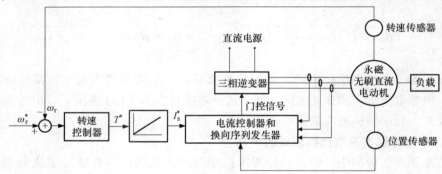

图 7.52　永磁无刷直流电动机转速控制框图

7.3.5　扩展转速技术

如上所述，永磁无刷直流电动机由于其受到限制的弱磁能力，故其固有的恒功率范围较小。这起因于永磁体磁场的存在，该磁场只能通过与转子磁场反向的定子磁场成分予以弱化，其转速比 x 通常小于 2[12]。

最近，已开发使用附加的励磁绕组来扩展永磁无刷直流电动机的转速范围[1]。该技术的关键是控制励磁电流，使得由永磁体提供的气隙磁场在高速恒功率运行期间可被弱化。由于永磁体和励磁绕组的存在，这种电动机被称作永磁混合式电动机。永磁混合式电动机可获得的转速比约为 4。永磁混合式电动机驱动的最佳效率图如图 7.53 所示[1]。但是，永磁混合式电动机具有结构相对复杂的缺点，其转速比仍不足以满足车辆性能需求，特别是对越野汽车而言，因此需要有多档传动装置。

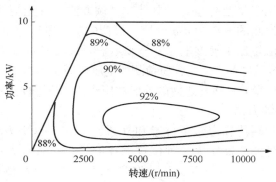

图 7.53　永磁混合式电动机驱动的最佳效率图[1]

7.3.6　无检测器技术

如上所述，永磁无刷直流电动机驱动的运行主要依赖于位置检测器来获得转子位置信息，从而恰当地执行各相的导通或关断[8]。位置检测器通常不是三维霍尔效应传感器就是光编码器，这些位置检测器都是高成本、易损的元件。因此，位置检测器的存在不仅增加了电动机驱动的成本，而且严重地降低了系统的可靠性，并限制了其在某些环境中的应用，如军用。如果位置检测器失效，则无位置检测器技术可有效地继续系统的运行。这在某些应用，如军用车辆中是至关重要的。

已有几种无检测器技术被开发，这些技术的大多数都是以电压、电流和反电动势的检测为基础的，主要可分成四类：

1）使用所检测的电流、电压、电动机的基本方程和代数计算的一类；

2）使用观测器的一类；

3）使用反电动势法的一类；

4）与前三类不同，采用新技术的一类。

1. 应用检测量和数学的方法

该方法有两个子类型：①应用所检测的电压和电流计算磁链；②利用一个可测量电压或电流的预测模型，将模型的值与实际所检测的电压或电流值进行比较，然后计算与电压或电流的检测值和实际值之间的差值成正比的位置改变量。

第一个子类型可见于一些研究中[13-20]，其基本思想是由所检测的电压和电流来计算磁链，即

$$\Psi = \int_0^t (V - Ri) \, \mathrm{d}\tau \qquad (7.119)$$

这样，由已知初始位置、电动机参数以及磁链与转子位置之间的关系，即可估算转子位置。通过积分结果来确定磁链的变化率，则转速也可以确定。磁链计算法的优点是计算中可以应用线电压，因而没有电动机中性点的要求[8]。这是有

利的，因为大多数永磁无刷直流电动机的结构是无中性点的星形联结。

第二子类型可见于其他一些研究中[21-24]，该方法由首先构造电动机精确的 d-q 模型组成。利用所检测的电流和 d-q 变换，模型的输出电压与所检测并转换后的电压进行比较，其差值正比于模型坐标系与实际坐标系之间的角度，该角度是关于实际参考坐标系中的转子位置。反之，所检测的电压可用于得出电流差值。无论哪种情况，检测（并变换）量与计算量之间的差值被用作转子位置校正方程中的乘数。

2. 使用观测器的方法

这类方法使用观测器确定转子位置和（或）转速。这类方法首先考虑的是利用众所周知的卡尔曼滤波器作为一种位置测算器[25-30]。首选方法之一发表在1988年 M. Schroedl 的著作中。在 Schroedl 的许多文章中，他利用测量系统电压和电流的各种方法，对转子位置角作出粗略的估计。卡尔曼滤波提高了转子位置和转速初始估算的精度。基于观测器的其他系统包括使用非线性观测器[31-33]、全阶观测器[13,34,35]和滑模观测器[15,22,36]的各种系统。

3. 使用反电动势感测的方法

使用反电动势感测法是永磁无刷直流电动机驱动的无检测器控制技术中的主要方法。这类方法有四种，即端电压感测法、三次谐波反电动势感测法、续流二极管导通法、反电动势积分法。

(1) 端电压感测法 在永磁无刷直流电动机的常规运行中，一相的反电动势的平坦部分与相电流对齐。通过已知的反电动势过零点和由转速决定的延迟时间可获得变换器的开关时刻[37]。

由于反电动势在电动机停转时为零，且与转速成正比，所以无法用端电压感测法获得低速时的开关模式。随着转速提高，平均端电压上升，并且励磁频率提高。滤波器中的容抗随励磁频率变化，从而在开关时刻中引入了与转速相关的时延。这一与转速相关的电抗干扰了电流与反电动势及磁场定向的定位，在转速较高处会引起一些问题。在这一方法中，通常使用减速运行范围，典型的转速范围为 1000~6000r/min。该方法是适用于稳态运行的好方法，但是，转速变化在所采用的电路中引起的相位差使其在一个大的转速范围内无法获得最佳的单位电流转矩。

(2) 三次谐波反电动势感测法 与上述技术中使用相反电动势波形的基波不同，反电动势的三次谐波可被用于确定永磁无刷直流电动机星形联结120°电流导通运行模式中的开关时刻[38]。这一方法不像过零电压法那样对相位延迟敏感，因为过滤的频率是基波频率的三倍。在这种情况下，即便是在较低频率处，滤波器容抗也控制着滤波器的输出相位角。该方法提供的转速范围比电压过零法更宽，不会引入像电压过零法那么大的相位延迟，且对滤波要求不高。

(3) 续流二极管导通法 这种方法采用相反电动势过零点的间接感测来获得永磁无刷直流电动机的开关时刻[39]。在120°导通星形联结的永磁无刷直流电动机中总有一相是开路的。在断开该相后的一个短时期中，由于绕组的电感，该相的相电流通过一个续流二极管保持流通。该开路相的电流在换向时间段的中期变成零，该时刻对应于开路相反电动势过零点的时刻。这种方法最大的缺陷是要为各个续流二极管的比较电路提供共六个额外的独立电源。

（4）反电动势积分法 在这一方法中，通过非励磁相的反电动势积分提取位置信息[40-43]，积分基于开路相反电动势的绝对值。当开路相的反电动势过零点时，开始对反电动势按比例缩小的分压器积分。设置对应于换向时刻停止积分的阈值。因为反电动势被假定为由正到负线性变化（设为梯形反电动势），并且假定该线性斜率对转速不敏感，所以在整个转速范围内阈值电压都保持不变。如果需要，则当前进展可通过改变电压阈值来实现。一旦积分值达到阈值电压，将发出一个重置信号使积分器的输出置零。

这种方法对开关噪声较不敏感，且能够自动调整变速，但低速运行性能差。对于这种类型的无检测器控制策略，有报道的最高转速为 3600r/min[43]。

4. 独特的无检测器技术

接下来介绍的无检测器方法都是完全新颖而独特的，这些方法涉及从人工智能方法到电动机结构变化的范畴。新方法中首先考虑的是利用人工智能的一类，即人工神经网络（Artificial Neural Network，ANN）和模糊逻辑。Peters 和 Harth[43]将应用反向传播训练算法的神经网络（Back Propagation Training Algorithm，BPN）用于输入量（检测的相电压和相电流）与输出量（转子位置）之间，作为非线性函数执行器。从而，由该方法中的方程组，可通过所检测的电压、电流及系统参数计算出磁链。

在应用模糊逻辑时，Hamdi 和 Ghribi[44]推荐了两种模糊逻辑子系统。由常规的相电压和相电流方程可计算出转子位置[8]。以已知的检测量与转子位置间的关系，已开发的 Mamdami 型模糊系统可以给出转子位置的估算。应注意，转子位置估算和使用查找表一样易于完成，但是要达到期望的精度，查找表规模之大会变得难以处理。第二种模糊控制系统以估算的转子位置为输入量，为两种不同的驱动策略（分别对应于功率因数为 1 和最大单位电流转矩两种工况）产生相应的基准电流值。

在本章参考文献[45]中，额外的定子叠片被添加在电动机端部，该叠片具有沿圆周分布的等同间距的槽。每个槽安置有一个小型感测线圈，每个感测线圈局部磁路的变化受到永磁转子位置的影响。一个频率为 20kHz 的信号注入感测线圈。通过分析感测线圈端的信号畸变，即可由其中的二次谐波给出位置信息。在本章参考文献［45］中，通过在永磁体表面贴置一些小铝片来制成人造凸极。铝片中的涡流作用将增大各种绕组磁路的磁阻，从而导致绕组电感随转子位置而变化。

7.4 开关磁阻电动机驱动

开关磁阻电动机（SRM）驱动由于其成本低、结构坚固、变换器拓扑结构可靠、宽转速范围内的效率高以及控制简单被认为是变速电动机驱动中令人瞩目的选择[46,47]。这类驱动适用于电动汽车、混合动力电动汽车牵引应用、飞机起动机/发电机系统、采矿驱动、洗衣机、门驱动器等[48-51]。

开关磁阻电动机具有简单、坚固和低成本的结构，其转子上没有永磁体或绕组。这种结构不仅降低了开关磁阻电动机的成本，还为其提供了高速运行的能力。与异步电动机和永磁电动机不同，开关磁阻电动机能够高速运行，无需考虑因高离心力导致的机械故障。此外，开关磁阻电动机驱动的逆变器具有可靠的拓扑结构。定子绕组与逆变器的上下开关串联，这种拓扑结构可防止在异步电动机和永磁电动机驱动逆变器中存在的直通短路故障。宽转速范围内的效率高和控制简单都是开关磁阻电动机驱动的显著优点[46,47]。

常规的开关磁阻电动机驱动系统包含开关磁阻电动机、功率逆变器、检测器（如电压、电流和位置检测器）以及控制电路（如DSP控制器及其外围设备），如图7.54所示。通过特定的控制，可获得高性能的开关磁阻电动机驱动系统[46,47]。开关磁阻电动机驱动的逆变器与一个直流电源相连，该直流电源可由公用线经前端二极管整流器获得，或由蓄电池组构成。开关磁阻电动机的相绕组与功率逆变器相连，如图7.55所示。控制电路根据特定的控制策略和各类检测器信号向逆变器的开关提供门控信号。

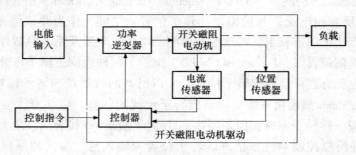

图7.54 开关磁阻电动机驱动系统

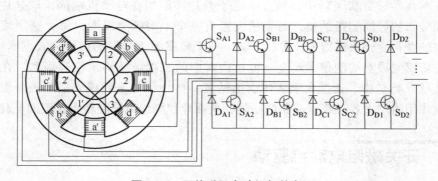

图7.55 开关磁阻电动机与其电源

7.4.1 基本磁结构

开关磁阻电动机的定、转子均为凸极结构。定子上有集中绕组，转子上没有绕组或永磁体。根据转子极和定子极的极数与尺寸，存在几种开关磁阻电动机的结构形式。8/6 和 6/4 两种形式的开关磁阻电动机结构较为常见，如图 7.56 所示。

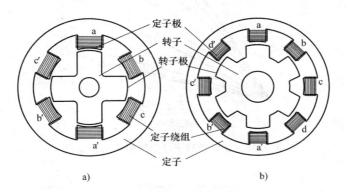

图 7.56　常见开关磁阻电动机结构的横截面
a) 6/4 开关磁阻电动机　b) 8/6 开关磁阻电动机

由于开关磁阻电动机的双凸极型结构，其一相绕组对应磁通路径的磁阻随转子位置而变化。同样，因为通常设计的开关磁阻电动机在相电流较大时为高度磁饱和，所以其磁通路径的磁阻也随相电流而变化。因此，定子磁链、相电感和相增量电感都随转子位置及相电流而变化。

开关磁阻电动机（见图 7.55）的相电压方程给定为

$$V_j = Ri_j + \frac{\mathrm{d}}{\mathrm{d}t}\sum_{k=1}^{m}\lambda_{jk} \tag{7.120}$$

式中，m 是总相数；V_j 是 j 相的外施电压；i_j 是 j 相的电流；R 是每相绕组的电阻；λ_{jk} 是由 k 相电流产生的 j 相磁链；t 是时间。相磁链 λ_{jk} 为

$$\lambda_{jk} = L_{jk}(i_{k,\theta}, \theta)i_k \tag{7.121}$$

式中，L_{jk} 是 k 相与 j 相之间的互感。与相电感相比，各相之间的互感通常很小，可以忽略不计。

在固定的相电流下，当转子从非对准位置转动到对准位置时，磁通路径的磁阻因气隙减小而减小，因此相电感和磁链随转子转动而增加。在固定的转子位置下，当相电流增加时，磁通路径变得越来越饱和，从而磁通路径的磁阻随着相电流的增加而减小。结果，相电感随相电流的增加而减小，但是由于励磁增强，故相磁链随相电流增加而依然增加。一台 8/6 开关磁阻电动机的磁链和相电感随转子位置和相电流的变化分别如图 7.57 和图 7.58 所示。图中，$\theta = -30°$ 和 $\theta = 0°$ 分别表示该开关磁阻电动机非对准的和对准的转子位置。

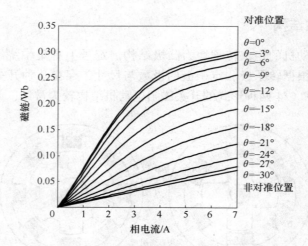

图 7.57 磁链随转子位置和相电流的变化

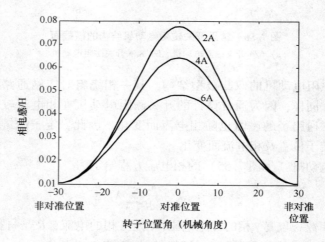

图 7.58 相电感随转子位置和相电流的变化

将式 (7.121) 代入式 (7.120)，可得

$$V_j = Ri_j + \frac{d}{dt}\sum_{k=1}^{m}\lambda_{jk} = Ri_j + \sum_{k=1}^{m}\left\{\frac{\partial \lambda_{jk}}{\partial i_k}\frac{di_k}{dt} + \frac{\partial \lambda_{jk}}{\partial \theta}\frac{d\theta}{dt}\right\}$$

$$= Ri_j + \sum_{k=1}^{m}\left\{\frac{\partial (L_{jk}i_k)}{\partial i_k}\frac{di_k}{dt} + \frac{\partial (L_{jk}i_k)}{\partial \theta}\omega\right\}$$

$$= Ri_j + \sum_{k=1}^{m}\left\{\left(L_{jk} + i_k\frac{\partial L_{jk}}{\partial i_k}\right)\frac{di_k}{dt} + i_k\frac{\partial L_{jk}}{\partial \theta}\omega\right\} \quad (7.122)$$

当运行中只有一相通电时，式 (7.122) 可写成

$$V_j = Ri_j + \left(L_{jj} + i_j \frac{\partial L_{jj}}{\partial i_j}\right)\frac{di_j}{dt} + i_j \frac{\partial L_{jj}}{\partial \theta}\omega \qquad (7.123)$$

式（7.123）右边的第三项为反电动势。相增量电感定义为相磁链对相电流的导数，即

$$l_{jj} = \frac{\partial \lambda_{jj}}{\partial i_j} = L_{jj} + i_j \frac{\partial L_{jj}}{\partial i_j} \qquad (7.124)$$

式中，$l_{jj}(i, \theta)$ 和 $L_{jj}(i, \theta)$ 分别为相增量电感和相电感。图 7.57 所示为一台开关磁阻电动机的磁链随转子位置 θ 和相电流 i 变化的典型实例。图 7.58 所示为相电感随转子位置和相电流的典型变化。

当磁通不饱和时，磁链随相电流线性变化，相增量电感可视为等于相电感。但是，如果电动机在某一相电流和转子位置处饱和，则相增量电感不再等于相电感。相增量电感关于相电流和转子位置的变化关系可由磁链关于相电流和转子位置的变化关系导出。典型 8/6 开关磁阻电动机中相增量电感关于相电流和转子位置角的变化如图 7.59 所示。

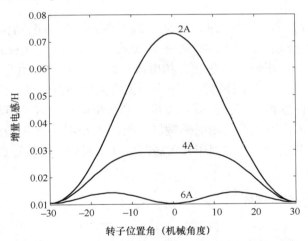

图 7.59　典型 8/6 开关磁阻电动机中相增量电感关于相电流和转子位置角的变化

7.4.2　转矩生成

开关磁阻电动机中的转矩是由转子趋向于与励磁定子极对准而引起的。转矩的解析表达式可通过给定电流下磁共能对转子位置角的偏导数求得。

载流为 i、交链磁通为 λ 的相绕组，其磁场储能 W_f 和磁共能 W'_f 在图 7.60 中用阴影区域表示。磁共能可由定积分得出

$$W'_f = \int_0^i \lambda \, di \qquad (7.125)$$

该相绕组在任意转子位置处所产生的转矩为

$$T = \left[\frac{\partial W'_f}{\partial \theta}\right]_{i=常数} \quad (7.126)$$

当磁通与电流呈线性关系时，如非饱和磁场，图 7.60 中的磁化曲线将为一条直线，而磁共能与磁场储能相等。瞬时转矩可给定为

$$T = \frac{1}{2}i^2\frac{dL(\theta)}{d\theta} \quad (7.127)$$

式中，L 是非饱和的相电感。

在饱和情况下，转矩不能通过简单的代数方程计算，而需用以下积分方程替换：

$$T = \int_0^i \frac{\partial L(\theta, i)}{\partial \theta} i \mathrm{d}i \quad (7.128)$$

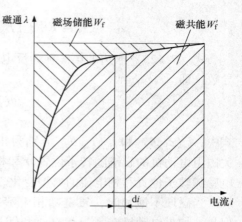

图 7.60　磁场储能和磁共能

由式 (7.127) 和式 (7.128) 可见，为了在开关磁阻电动机中产生正转矩，当相电感随转子转动增加时，必须使该相励磁。这也可以从式 (7.127) 和式 (7.128) 看出，对于正转矩的生成，相电流可以是单向的。因此，后述章节介绍的低成本和可靠的逆变器拓扑结构可用于开关磁阻电动机驱动。图 7.61 所示为开关磁阻电动机的理想相电感、电流和转矩。若当相电感随转子转动增加时将该相励磁，则会产生正转矩。若当相电感随转子转动减小时将该相励磁，则会产生负转矩[52,53]。这意味着位置信息对于开关磁阻电动机驱动的控制是必需的。

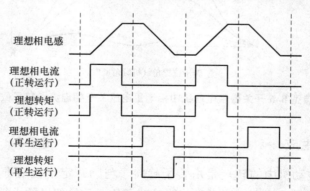

图 7.61　开关磁阻电动机的理想电感、电流和转矩

开关磁阻电动机的输出转矩是所有相转矩的总和，即

$$T_m = \sum_{i=1}^N T(i,\theta) \quad (7.129)$$

式中，T_m 和 N 分别是输出转矩和电动机的相数。电动机转矩和机械负载之间的关系通常给定为

$$T_m - T_1 = J\frac{d\omega}{dt} + B\omega \quad (7.130)$$

式中，J、B 和 T_1 分别是转动惯量、黏性摩擦力和负载转矩。转子位置和转速之间的关系为

$$\omega = \frac{d\theta}{dt} \quad (7.131)$$

7.4.3 开关磁阻电动机驱动变换器

由图 7.61 可见，电动机产生的转矩可通过与转子位置同步地改变电流脉冲的幅值和时间来控制。为控制相电流的幅值和脉宽，应使用某种类型的逆变器。

开关磁阻电动机驱动的输入为直流电压，该直流电压通常可以从前端二极管整流器的公用线或从蓄电池组获得。与其他交流电动机不同，开关磁阻电动机中的电流可以是单向的。因此，用于交流电动机驱动中的常规桥式逆变器并不用于开关磁阻电动机驱动。在本章参考文献 [54, 55] 中，对开关磁阻电动机逆变器已提出了几种结构，其中最常用的一些结构如图 7.62 所示。

最常用的逆变器每相采用两个开关和两个续流二极管，被称为标准逆变器，其结构如图 7.62a 所示。标准逆变器的主要优点是控制灵活。所有相均可独立控制，这对于极高速运行是必不可少的，因为在极高速运行时，相邻的相电流之间存在不可忽视的交叠[56]。

以 1 相为例，标准逆变器的运行如图 7.63 所示。当图 7.63a 中的两个开关 S_1 和 S_2 导通时，直流母线电压 V_{dc} 将施加于 1 相绕组。1 相的电流将增大，其流经的路径为 V_{dc} 正端、S_1、1 相绕组、S_2 和 V_{dc} 负端。当该相通过关断 S_1 和保持导通 S_2（见图 7.63b）被激励时，电流经 S_2 和 D_1 续流。在这种模式中，1 相既不从电源获得能量，也不向电源提供能量。当 S_1 和 S_2 关断（见图 7.63c）时，1 相电流将流经 D_2、V_{dc} 正端、V_{dc} 负端、D_1 和 1 相绕组。在这段时间中，电动机相绕组通过续流二极管承载负的直流母线电压。存储在磁路中的能量将反馈回直流电源线。因加载的相电压为负，故相电流下降。通过 S_1 和 S_2 的导通和关断可调节 1 相电流。

对于 n 相电动机，半桥式变换器采用 $2n$ 个开关和 $2n$ 个二极管。存在几种使用较少开关的结构，例如 R 型转储逆变器（见图 7.62b），每相采用一个开关和一个二极管。这种驱动效率不高，在关断期间，关断相的磁场储能将电容 C 充电到母线电压，然后在电阻 R 中消耗。此外，这种结构中不存在零电压模式。

另一种可选结构为 $(n+1)$ 开关逆变器。在这种逆变器中，所有相共用一个开关和一个二极管，致使相与相之间无法交叠运行，而交叠运行在开关磁阻电动机高速运行中是不可避免的。这一问题可以通过每对非相邻相的开关共享得以解

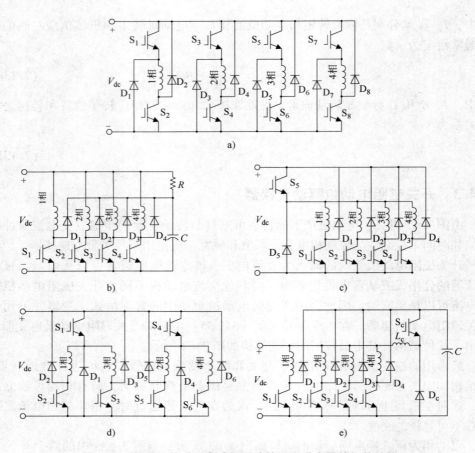

图 7.62 用于开关磁阻电动机驱动的不同逆变器的拓扑结构

a) 标准半桥式变换器 b) R 型转储 c) $n+1$ 开关（Miller 变换器） d) $1.5n$ 开关变换器 e) C 型转储

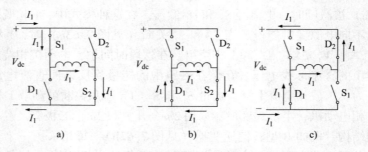

图 7.63 标准逆变器的运行模式

a) 导通模式 b) 零电压模式 c) 关断模式

决，如图 7.62d 所示，这种逆变器结构限于偶数相的开关磁阻电动机驱动的应用。

最常用的逆变器结构之一是 C 型转储逆变器，如图 7.62e 所示，该结构具有开关较少及允许独立相电流控制的优点。在这种结构中，关断期间存储的磁场能量对电容 C 充电，当电容电压到达某一确定值，如 V_c 时，能量通过开关 S_c 传递给电源。这种结构的主要缺点是相绕组端的负电压被限制为电容器上电压 V_c 与系统电源电压之间的差值。

7.4.4 运行模式

开关磁阻电动机存在一个转速，在该转速处，反电动势等于直流母线电压，这个转速被定义为基速。当转速低于基速时，反电动势低于直流母线电压。由式（7.125）可见，当变换器开关导通或关断来对某相通电或断电时，该相电流将相应地增大或减小。通过开关的导通或关断，相电流的幅值可以从 0 调节到额定值。若该相在非对准位置时导通且在对准位置时关断，而且相电流通过滞环控制或 PWM 控制被调节为额定值，则此时可获得最大转矩。低于基速运行时的开关磁阻电动机的相电流、相电压和相磁链的典型波形如图 7.64 所示。

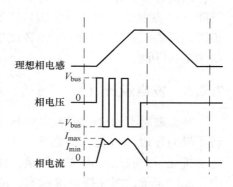

图 7.64　开关磁阻电动机的低速（低于基速）运行

当转速高于基速时，反电动势将高于直流母线电压。在相绕组关于转子位置具有正的电感变化率的转子位置处，即使功率逆变器的开关导通，相电流也可能减小。相电流受制于反电动势，在开关磁阻电动机中，为了建立大电流，从而产生大的正转矩，通常超前于非对准位置对相绕组通电，并且通电位置随转子转速上升而逐渐超前。反电动势随转子转速上升而增大，这就导致相电流减小，并因此转矩下降。若通电位置超前，以便在开关磁阻电动机相绕组中建立尽可能大的电流，则开关磁阻电动机的最大转矩几乎是按转子转速倒数的线性函数关系下降的。开关磁阻电动机驱动的最大功率几乎恒定不变。高速运行时的典型波形如图 7.65 所示。

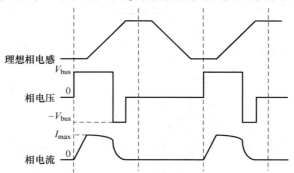

图 7.65　开关磁阻电动机的高速（高于基速）运行

相导通位置的超前受制于一个位置，在该位置处，相电感关于转子位置具有负的变化率。此时，若转子转速进一步上升，则并不存在为在该相中建立较大相电流的相导通位置超前的可能性，因而开关磁阻电动机的转矩显著地下降[11]。这种运行模式被称为自然运行模式。开关磁阻电动机的转矩-转速特性如图7.66所示。

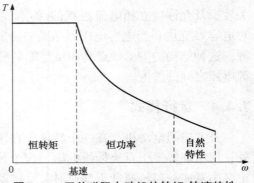

图 7.66 开关磁阻电动机的转矩-转速特性

7.4.5 发电运行（再生制动）模式

开关磁阻电动机的转矩生成基于导通相磁阻达到最小值的原理。因此，如果转子极向导通相接近，则意味着电感持续增加，所产生的转矩与转子转向相同，电动机处于正转运行模式。但是，如果转子离开定子相，则意味着负的电感变化率，此时定子试图保持对准状态，故产生的转矩与转子转向相反，即开关磁阻电动机工作在发电运行（再生制动）模式下。

再生制动是电动汽车和混合动力电动汽车推进系统中的一个重要问题。发电模式与正转模式的运行具有对偶性。发电模式中的电流波形就是正转模式中转子对准位置附近电流波形的镜像[57]。开关磁阻发电机（Switched Reluctance Generator, SRG）是一种逐一激励的发电机，因此，为了从该发电机获得电能，电动机应该在转子对准位置附近激励，然后在进入非对准区域之前断电，如图7.67所示。

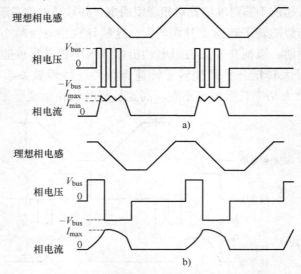

图 7.67 发电模式中的低速运行和高速运行

a) 低速运行　b) 高速运行

与正转运行一样，当低速运行时，电流可通过改变导通角、关断角和电流基准予以控制。另一方面，当以高于基速的转速运行时，只有导通角和关断角可用于控制。

开关磁阻发电机的驱动电路与开关磁阻电动机的类似，常用结构之一如图 7.68 所示。当开关导通时，该相从电源和电容器获得能量。在关断期间，由电动机续流的电流为电容器充电，并将能量传递给负载。由于该类电动机中没有永磁体，所以在起动和初始状态期间，需要一个外接电源，如蓄电池将能量传递给电动机激励相；在过渡过程之后，电容器被充电到输出电压值。在该相工作期间，根据输出电压，电容器和外接电源或仅有电容器向负载和相绕组提供电流。在系统到达其运行点之后，外接电源可以设计为充电状态，或可以与系统分离。

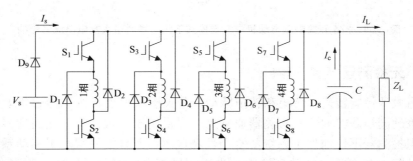

图 7.68　开关磁阻发电机的驱动电路实例

在发电运行区域中，反电动势为负，故可促进该相快速充电；然后在关断期间，反电动势与负的电源电压相对抗，且缓慢下降。

$$V_c - e = L\frac{di}{dt} + Ri, e > 0 \text{(相通电期间)} \quad (7.132)$$

$$-V_c - e = L\frac{di}{dt} + Ri, e > 0 \text{(相断电期间)} \quad (7.133)$$

式中，V_c 是逆变器的母线电压，或等价为母线电容器的电压；e 是反电动势电压。

在某些条件下，如高速和大负载情况，反电动势电压高于电源母线电压，因此，即使该相断电后，电流仍然增大。除产生无法控制的转矩外，还需要一个特大型的变换器，由此增加了成本和系统的总尺寸。由于原动机的转速会发生变化，因此电力电子变换器的设计应考虑到最恶劣的可能情况，这将增加变换器的额外成本及尺寸。通过恰当地选择关断角，该最大发电电流可被引入安全区域[58]。图 7.69 所示为关断角对最大发电电流的影响。

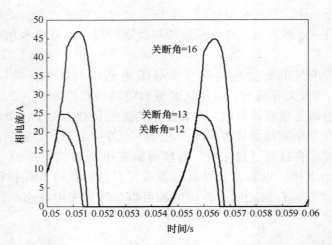

图7.69 8/6开关磁阻电动机中发电模式下关断角对最大发电电流的影响

7.4.6 无检测器控制

为有效地控制转速、转矩和转矩脉动，开关磁阻电动机的相激励需要与转子位置正确地同步。转轴位置检测器通常用来提供转子位置信息，然而这些离散设置的位置检测器不仅增加了系统的复杂性和成本，而且往往减小了驱动系统的可靠性，并限制了在某些特殊环境中的应用，如军事应用。一旦位置检测器失效，无位置检测器技术可有效地延续系统的运行，这在某些应用场合，如军用车辆中是至关重要的。

在过去的二十多年中，已有几种无检测器控制方法在本章参考文献[15-28]中给出。这些技术中的大多数方法都基于开关磁阻电动机的磁状态为转子位置角函数的事实。当转子从非对准位置移向对准位置时，相电感从其最小值增加到最大值。显然，若可测量相电感，且相电感与转子位置之间的函数关系已知，则根据所测得的相电感，即可估算出转子位置[59]。

某些无检测器技术不使用开关磁阻电动机的磁特性和电压方程来直接测出转子位置，而是基于观测器理论，或基于类似应用于传统交流同步电动机的同步运行方法。

通常，已有的无检测器控制方法可分类如下：

1）基于相磁链的方法；
2）基于相电感的方法；
3）调制信号注入法；
4）基于互感电压的方法；
5）基于观测器的方法。

1. 基于相磁链的方法[60]

这一方法应用激励相的相电压和相电流值来估算转子位置,其基本原理是基于相磁链、相电流和转子位置之间的函数关系来探测转子位置。由图 7.57 可见,如果磁链和相电流已知,则可相应地估算转子位置,如图 7.70 所示。

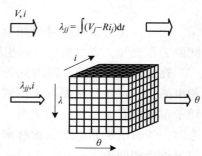

图 7.70 基于磁链的转子位置估测法

这种无检测器控制方法的问题是在低速时相磁链估算不精确。在高速(高于基速)时,相电压保持其正极性,直至该相断电。V 项在 $V\text{-}Ri$ 中起主导作用,而在一个相对较短的时间内,$V\text{-}Ri$ 的积分不会导致磁通估算值的很大误差。然而,在低速(低于基速)时,相电压从一个滞环周期到下一个滞环周期将改变其极性。当 $V\text{-}Ri$ 在一个相对较长的时间内积分时,由于相电压幅度变化,该项可以忽略,而 Ri 项在积分区间中保持其极性,并在长时间积分后使得其值很大。在这种情况下,R 或 i 的误差会导致磁通估算值有很大误差。因此,这种无检测器控制方法仅适用于开关磁阻电动机的高速运行。

2. 基于相电感的方法

与相磁链类似,相电感和相增量电感都是相电流与转子位置的函数,因此它们也可用于转子位置估算。

(1) 基于相电感的无检测器控制 应用图 7.70 中所得的相磁链[61],可得到相电感为

$$L_{jj} = \frac{\lambda_{jj}}{i_j} \tag{7.134}$$

估算得出的相电感和所测量的相电流可以输入到事先保存好的查找表中,查找对应的转子位置。该查找表中存储着相电感、相电流与转子位置之间的函数关系。不使用查找表,也可采用一个解析模型来表示相电感、相电流与转子位置之间的函数关系[61]。

与基于磁链的方法一样,因为 $V\text{-}Ri$ 的积分用于相电感的估算,所以本方法只适用于高速运行。某些既可以工作于静止状态,又可以工作于低速状态的无检测器控制方法,如开环控制方法必须用于起动开关磁阻电动机,并将转子转速带动到一定水平。在转子转速达到一个阈值后,相磁链和(或)相电感可以用积分方法算出,然后根据算得的相磁链和相电感估算出转子位置。

(2) 基于相增量电感的无检测器控制 应用相增量电感的转子位置估测法是利用激励相的电流、电压值来估算该相的增量电感,从而估算出转子位置。

在极低速下忽略互相耦合效应(忽略运动电动势项 $i_j(\partial L_{jj}/\partial\theta)\omega$),增量电感可由式(7.123)和式(7.124)得出为

$$l_{jj} = \frac{V_j - Ri_j}{\mathrm{d}i_j/\mathrm{d}t} \tag{7.135}$$

因而，相增量电感可由相电压和相电流测得。如果相增量电感与转子位置之间的关系已知，则根据估算的相增量电感值可估算出转子位置。

在低值的相电流，即因此处于非饱和相的状态时，相增量电感可视作等同于相电感，并随转子从非对准位置移向对准位置时单调递增。此时，相增量电感与转子位置间有一一对应的关系。然而，在高值的相电流，即因此处于饱和相的状态时，当转子从非对准位置移向对准位置时，相增量电感可能在两个或多个转子位置处为相同值[62]。

即使相增量电感在相电流增大时与转子位置间没有一一对应关系，但仍可将其应用于转子位置的估测。某些开关磁阻电动机被设计为高度的磁饱和，因而相增量电感在大相电流、对准位置下具有最小值。在这种情况下，相增量电感值在对准位置处是唯一的，因此该值可用于探测对准的转子位置。这种转子位置估测技术会在一个电周期中给出一个转子位置。

该方法不要求任何额外的感测电路，但是仅应用于小于 10% 基速的极低速情况，因为反电动势项在相增量电感计算中已被忽略。

3. 调制信号注入法

这类方法在空置的相绕组外施一个电压，然后测量由此产生的相电流，以探测相电感，该导出的相电感提供转子位置信息。超低幅值的电压源和功率变换器都可以用来对相绕组施加电压。当采用超低幅值的电压源时，通常用正弦电压来测出相电感，所产生相电流的相位角和幅值包含相电感信息，从而获得转子位置信息，这是幅度调制（AM）和相位调制（PM）法蕴含的思想。当功率变换器用于感测目的时，通常在空置相施加一个短周期的电压脉冲，并在相应相中感应出一个三角波形的电流。相电流的变化率包含着相电感信息，因此也就包含了转子位置信息，这是基于诊断脉冲方法的基本思想。

（1）频率调制方法 本方法首先产生一系列方波电压，该电压频率反比于空置相的瞬时电感值[49,63]。用来产生频率与电感成反比的方波电压串的电路被称为 L-F 变换器。

为探测该方波电压串的频率，并因此探测相电感值，计算机控制器的计时器可用来计算方波电压串的频率。另一种方法是用频率-电压变换器（F-V 变换器）来获得一个正比于方波电压串频率的电压，并用一个模拟-数字（A-D）变换器对该电压采样。为了将功率电路中的相绕组与控制电路中的感测电路相连，每一相使用两个光电 BOSFET 开关。

因为本方法中用于位置估算的信号是一个电感编码的频率信号，所以本方法被称为频率调制（FM）方法。这种方法容易实施，且鲁棒性佳。但是，在高速运行时,即使相电感随转子转动而减小,相励磁电流还依然存在,这限制了对开关磁阻电动机相绕组的信号注入。另一问题是实施该方法需要附加电路,而与该附加电路相关联的成本在某些应用中将是一个关注点。此外,因为激励相中的电流在非激励相中产生感应电压,所以互相耦合的效应非常灵敏,从而感应电压极大地畸变了探测脉冲。

(2) 相位调制和幅度调制方法 当一个正弦电压外施于与电阻 R 相串联的相绕组时,因相绕组电感随时间而变化,故相位调制和幅度调制技术分别是基于相电流的相位和幅值变化的方法[64]。流经电路的外施电压的响应电流是电路阻抗的函数。因为线圈电感周期性地变化,电流与外施电压之间的相位角也以周期方式变化。对于一个大电感,其电流波形滞后于电压波形的相位角较大,而电流峰值较小。相位调制编码技术在连续的基准上测量瞬时相位角,而幅度调制编码技术则测量幅值。这些瞬时测量数据包含了相电感信息,该信息可通过将信号经过解调器后获得。解调器产生一个将相电感表示为转子位置函数的信号,采用一个反函数或一个换算表即可估算出转子位置。

因为相位调制和幅度调制方法需要为一个空置相注入一个低幅值信号,故需要光电 BOSFET 开关将相绕组连接到感测电路。

与频率调制方法一样,在高速运行时,对空置相的信号注入受到限制。高速运行时产生转矩的电流占有大部分的电周期,致使信号无法注入。这类方法的另一个缺点是对间接位置感测需要额外的硬件。如前所述,这类方法对互相耦合效应非常敏感。

(3) 基于诊断脉冲的方法 取代采用一个附加电压源为空置相注入感测信号的方法,开关磁阻电动机驱动的功率变换器可以用来给空置相提供一个短周期的电压脉冲,并产生低幅值的电流[65]。因此,反电动势、饱和效应和绕组电阻上的电压降全都可以忽略。这样,由式(7.123)和式(7.124)可以给定相电流的变化率为

$$\frac{\mathrm{d}i_j}{\mathrm{d}t} = \frac{V}{L_{jj}} \tag{7.136}$$

式(7.136)表明,相电流的变化率包含了相电感信息,也由此包含了转子位置信息。

与开关导通的情况类似,当与相绕组连接的开关被关断时,相电流通过二极管续流。相电压等于负的直流母线电压,电流的变化率具有与式(7.136)相同的表达式,只是带有一个负号。

电流增长率或下降率可以用来测出相电感。当电流变化率被发现超出阈值(该阈值由换向位置处的相电感确定)时,该相可被换向。这种方法不要求额外的硬件来间接探测转子位置。但是,在高速运行时,相励磁电流占有大部分的电周

期,故限制了测试信号的注入。与频率调制方法、幅度调制方法及相位调制方法一样,该方法对互相耦合效应非常敏感。

4. 基于互感电压的方法

本方法的思想是基于在一个空置相中测量互感电压,该空置相与开关磁阻电动机的激励相相邻或相对[66]。因激励相中的电流在"断电"相中产生的互感电压相对于转子位置大幅度地变化,故可以通过一个简单电路测出该互感电压的变化。如果因激励相中电流在非激励相中产生的互感电压与转子位置之间的函数关系已知,则转子位置信息可以从非激励相中所测得的互感电压中提取。该方法仅适用于低速运行,此外,因为互感电压与系统噪声的比值小,故该方法对噪声非常敏感。

5. 基于观测器的方法

在本方法中,状态空间方程被用来描述开关磁阻电动机驱动的动态响应[67]。基于该非线性的状态空间微分方程组构造了一个观测器来估算转子位置。该观测器的输入和输出量分别为相电压和相电流,其状态变量是定子磁链、转子位置角和转子转速。相电流、磁链、转子位置和转子转速可由该观测器来估算。比较由该观测器估算的相电流与开关磁阻电动机的实际相电流,所得电流误差被用来调整此观测器的参数。当观测器估算的电流与实际电流相吻合时,该观测器被认为是实际开关磁阻电动机驱动的动态性能的正确重现,然后该观测器估算的转子位置被用来表征实际的转子位置。

这类方法的主要缺点是实时执行的算法复杂,需要一个高速的DSP,以及特大量的存储数据。这就增加了成本,且转速受到DSP的限制。但是,检测转子位置的高精度和全速范围内的适用性是这类方法的明显优点。

7.4.7 开关磁阻电动机驱动的自校正技术

如之前章节所讨论的,开关磁阻电动机驱动具有简单而坚固的结构(对牵引应用有利的特点),但因其磁路的非线性及其控制极大地依赖于如气隙、电阻等机械参数和电参数,故控制非常复杂[53]。在批量生产和实际运行中,使这些参数具有确切值且保持不变很重要。例如,气隙将因轴承的机械振动而变化,并且绕组电阻和电感也会随温度而变化。如果控制系统不能感知这些变化,并在控制过程中执行相应的修正,则这些参数的变化将导致驱动性能的显著降低。自校正技术是指在控制系统中不断更新控制策略的方法。

对开关磁阻电动机驱动,自校正控制的主要目的是在电动机参数变化的情况下更新控制变量,使其单位电流转矩最优化[68]。有两种方法解决这一问题,即算术平均法和基于神经网络的方法。

1. 应用算术方法的自校正

为优化开关磁阻电动机的驱动性能,必须通过实时优化使单位电流转矩最大化。开关磁阻电动机驱动的控制变量是相电流、导通角和关断角。在低速区域内，采用滞后型电流控制以保持恒定的被控电流。必须选择最佳的斩波电流频带，因为在频带宽度和斩波频率之间存在一个权衡。假设所选的频带最优，则通过恰当地调整相电流激励的导通角 θ_{on} 和关断角 θ_{off} 可获得最大的单位电流转矩。基于简单数学模型的计算机仿真，已证明唯一的最佳（θ_{on}，θ_{off}）对的存在，该对导通角和关断角对给定的电流和转速给出了最大单位电流转矩[31]。已经证明，θ_{on} 和 θ_{off} 的最佳值被限定在以下范围之中：

$$\theta_{on}^{min} < \theta_{on} < 0° \tag{7.137}$$

$$\theta_{off}^{max} < \theta_{off} < 180° \tag{7.138}$$

式中，θ_{on}^{min} 是 0°处电流达到期望值所对应的导通角；θ_{off}^{max} 是 180°处电流减小为零时对应的关断角。

控制角的直观选择是在非对准位置精确地导通每一相，并恰好在对准位置之前关断该相。因为在非对准位置处气隙大，所以最佳 θ_{on} 受因参数变化引起电感量变化的影响不大[46]。因此，基于线性模型，离线算得的最佳 θ_{on} 足以获得最佳的单位电流转矩。所以，优化问题归结为在线计算获得最大单位电流转矩的 θ_{off}。

(1) 具有平衡电感模式的最优化 对于给定的转矩和转速，为了最小化相电流，可使用寻求最佳关断角的启发式搜索算法[69]。在该算法中，基准电流和关断角都是变化的，而 PI 控制器保持转速不变。

最优化算法阐述如下：最初，默认的关断角用来达到指定转速，然后关断角逐步减小。转矩随着关断角的变化减小或增大，而 PI 控制器根据新的转矩值调整相基准电流，使得转速保持在其设定值。如果电流随关断角变化而减小，则搜索的方向是正确的，且可以继续搜索，直至电流随关断角的进一步变化而开始增大。关断角的变化步长可以是运行点自身的函数。

一旦对给定运行点完成最优化，则控制变量的最佳值，即基准电流和控制角的最佳值可存入查找表，这样如果将来遇到相同的运行点，那么控制器可以直接读取这些值，由此节省一定的时间和精力。

(2) 参数变化下的最优化 当开始执行优化时，假定相电感是平衡的，所有相的基准电流保持为相同值。如果存在参数变化，则不同相将具有不同的最佳基准电流和最佳关断角。为处理这一问题，一旦整体优化完成，将对单个相的控制变量分别进行调整，即在一个时刻，仅有一相的基准电流和关断角改变，而其他相的这些参数保持不变。最终，当所有相都调整后，如果存在任何参数的变化，则不同相的最佳基准电流和最佳关断角将不同。使用这种方法的主要优点是优化算法不需要有关存在于电感模式中不平衡度的任何信息，这种不平衡度可能在一个周期中变化很大。

图 7.71 所示为导通角和关断角为默认值时的开关磁阻电动机的相电流波形，

而图 7.72 所示为应用自校正算法后的相电流波形，两者对应的开关磁阻电动机几乎在相同的运行点上运行。通过比较两图可见，相电流在幅值和宽度上都明显减小，因此相电流的有效值也明显减小。对优化前后的这两种情况，运行转速还是相同的。

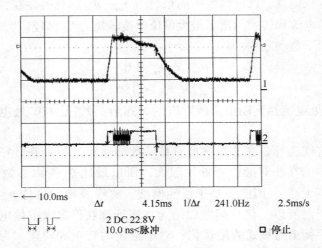

图 7.71 未优化的相电流和门控脉冲（端电压为 50V、负载为 120W、基准电流为 5.5A、转速为 1200r/min、导通角为 30°）

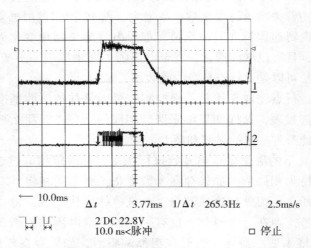

图 7.72 优化的相电流和门控脉冲（端电压为 50V、负载为 120W、基准电流为 4.7A、转速为 1200r/min、导通角为 27.25°）

2. 应用人工神经网络的自校正

具有高度非线性和自适应结构的人工神经网络已应用于许多领域。人工神经网络固有的插值特性使其成为取代查找表、存储导通角和关断角的理想选择。图 7.73 所示为一个三层前馈神经网络,有两个输入,即电流和转速,以及一个输出,即最佳关断角[70]。

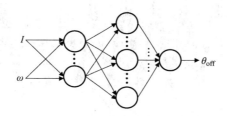

图 7.73　存储最佳关断角的三层前馈人工神经网络

所提出的自校正控制技术将启发式搜索方法与基于人工神经网络的自适应型方法相组合。人工神经网络的初始权重被设置为默认值。这种控制技术结合最佳 θ_{off} 的周期性启发式搜索来验证由人工神经网络获得的 θ_{off} 的精度。如果因参数漂移导致电感模式有所变化,则由人工神经网络获得的最佳 θ_{off} 不再有效。这促使控制器激活启发式搜索,以小步长修改 θ_{off},直至电流达到最小值。在该特定运行点的新的最佳 θ_{off} 现在被用来调整人工神经网络的权重。因此,这种新颖的、基于人工神经网络,并与启发式搜索相耦合的控制技术对任意参数漂移进行学习和调整,以给出最佳的 θ_{off}。

人工神经网络已成功应用于许多领域的控制系统之中,但人工神经网络的学习算法在离线应用时表现出的良好性能意味着人工神经网络在使用前必须充分训练。具有增长的学习能力和网络参数的稳定适应性的神经网络,对于在线自适应控制是必不可少的。自适应学习假设人工神经网络被很好地训练,即对于初始训练设置,它能高精度地执行输入/输出映射。这可以通过用大量数据,以极低的出错率训练人工神经网络来获得。在这种应用中,这种训练可离线进行,因为这可能需要较多的时间。

现在,当获得新的训练数据后,用已经训练好的人工神经网络生成额外的例子。然后,这些额外的例子和新获得的训练数据被用来再次训练当前的人工神经网络,以确保最初的人工神经网络映射保留,仅围绕新训练数据的邻域有局部变化,这使得神经网络逐渐适应新数据。该方法通过缓慢调整确保了神经网络权重变化的稳定性,因为新的最佳 θ_{off} 处于原数值的附近。

这种算法性能的仿真结果[70],如图 7.74 所示。这是一个 8/6、12V、0.6kW 开关磁阻电动机的仿真结果,图中清晰地表明,经过优化后,其单位电流转矩的改进约为 13.6%。

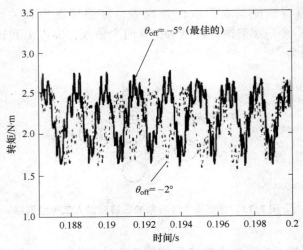

图 7.74 优化前与优化后的转矩

7.4.8 开关磁阻电动机的振动与噪声

尽管性能优异,但开关磁阻电动机驱动呈现出高等级的转矩脉动和噪声。确实,在一些对噪声敏感的应用,如家用产品中,噪声和振动问题显得尤其重要。开关磁阻电动机中的噪声主要归因于定、转子极之间磁场力的变化如图 7.75 和图 7.76 所示[71, 72]。

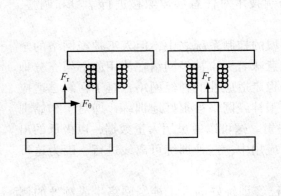

图 7.75 径向磁场力分量的静态描绘

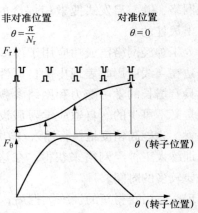

图 7.76 径向力 F_r 和切向力 F_θ 的分布

气隙中该电磁力密度的切向分量与径向分量为

$$F_\theta = v_0 \int B_\theta B_r \mathrm{d}\theta \tag{7.139}$$

$$F_r = v_0 \int (B_r^2 - B_\theta^2) \mathrm{d}\theta \tag{7.140}$$

式中,v_0、B_θ、B_r、θ 分别是空气的磁阻率、磁通密度的切向分量、磁通密度的径向分量以及转子位置。

该变化的磁场力，特别是其径向分力会导致定子变形，并因此导致定子的径向振动和噪声。

开关磁阻电动机结构研究的结果表明，铁心底座是定子变形动态特性中最重要的参数[60,73]。增加铁心底座的长度将导致较大的固有频率和较小的变形，甚至在高速时，也因此减小机械谐振的概率。

增大气隙长度减小径向力[74]。但是，这损害开关磁阻电动机的性能。在关断过程中，定子的径向振动受到一个急剧的加速度作用，这归因于吸引力的大幅值以及吸引力快速的变化率。这一效应就像用锤子撞击定子结构一样，关断过程中的径向力平稳变化是已发现减小振动的最直接方法[75]。

电流仿形算法必须确保不产生负的转矩。换句话说，在对准位置处或在对准位置前，相电流必须被完全去除。同样，必须注意到，用于控制电流后沿的步长数太多会增加开关损耗。此外，用这种方法无限制地减少振动还会损害电动机性能。因此，在所提出的控制方法下，其他目标，如效率和转矩脉动的研究是一个重要步骤[71]。

Fahimi 和 Ehsami[76]给出，用于实际实施的电流的两个限定值提供了径向力的平稳变化。因此，在关断瞬时，指定第二个电流限定值的位置和产生相电流最后硬斩波的位置被取为控制变量。在各个运行点处这些参数可以用开关磁阻电动机驱动的解析模型来计算[77]。

7.4.9 开关磁阻电动机设计

开关磁阻电动机具有简单的结构，但是这并不意味着它的设计简单。由于双凸极结构、连续变化的电感、极尖的高度饱和，以及极和槽的边缘效应，在开关磁阻电动机的设计中，应用磁路方法有很大的困难。在大多数情况下，采用电磁场的有限元分析来确定电动机的参数和性能。8/6 开关磁阻电动机的典型磁场分布如图 7.77 所示。然而，对应用于电动汽车和混合动力电动汽车的开关磁阻电动机

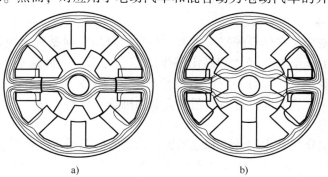

图 7.77　8/6 开关磁阻电动机的典型磁场分布
a) 对准位置　b) 非对准位置

而言，有一些基本规范用于设计过程的初始准备[78,79]。

1. 定、转子极数

为了连续旋转，定、转子极应满足一些特定的条件，即定子极和转子极必须在圆周上均匀分布，且定、转子极数必须满足以下关系：

$$N_s = 2mq \tag{7.141}$$

$$N_r = 2(mq \mp 1) \tag{7.142}$$

式中，N_s 和 N_r 分别是定、转子的极数；q 是电动机的相数；m 等于 1 或 2。为了降低开关频率和最小电感量，转子极数比定子极数少，即在式（7.142）中，采用负号。q、m、N_s 和 N_r 的最常用组合列于表 7-1 中。

表 7-1 q、m、N_s 和 N_r 的常用组合

q	N_r					
	$m=1$			$m=2$		
	N_s	"−"	"+"	N_s	"−"	"+"
3	6	4	8	12	10	14
4	8	6	10	16	14	18
5	10	8	12	20	18	22

四相 8/6 和三相 6/4 是最常用的开关磁阻电动机结构。三相 6/4 结构具有在高速应用中对相位超前裕度更大的优点。此外，与 8/6 结构相比，这种结构会最小化相邻相之间的互相耦合效应。但是，由于其含有大死区的转矩-转子位置角特性（矩角特性），因此会导致更多的转矩脉动。此外，起动转矩可能会给这种结构带来问题。另一方面，8/6 结构可以减小转矩脉动，以及改善起动转矩[11]。然而，若选择 8/6 电动机，则硅的成本会上升。通过增加每相极数（12/8、16/12 结构），可以最小化 6/4 电动机的缺点，而保持相同的硅成本，在本设计研究中选择了 8/6 结构。

2. 定子外径

定子外径主要是在期望的技术要求所给定的可用空间基础上设计的。事实上，必须在电动机的长度和外径之间做出基本的综合考虑。一种扁平形（电动机的长度比定子外半径小）的设计易受绕组端部三维效应的影响[80]，反之，长形结构面临着冷却和转子挠度问题，这些问题对大电动机特别重要。

3. 转子外径

开关磁阻电动机产生的转矩和电动机参数之间的关系可以用以下关系式表示：

$$T \propto D_r^2 l (N_i)^2 \tag{7.143}$$

式中，D_r、N_i 和 l 分别是转子外径、一相的等效安匝数和电动机长度。一旦开关磁阻电动机的外径固定，转子外径的任何增大都会导致 N_i 的减小，从而减小开关磁

阻电动机所产生的转矩。因为这一原因，又因开关磁阻电动机高度饱和，故转子内径应等于或稍微大于定子外半径。必须注意，转子的几何结构提高了电动机的转动惯量和振动模式。

4. 气隙

气隙对开关磁阻电动机的输出转矩和动态特性有重要影响。事实上，通过减小气隙，对准位置处的电感增大，导致更高的转矩密度。另一方面，非常小的气隙将在定、转子极区导致深度饱和[74]。此外，极小气隙的机械制造可能是不可行的。在大电动机中的气隙选择可参考以下经验公式[81]：

$$\delta = 1 + \frac{D_s}{1000} \qquad (7.144)$$

式中，δ 和 D_s 分别是气隙（mm）和定子外径（m）。通过考察定、转子极中的磁通密度 B，可最终确定饱和度和气隙。

5. 定子极弧

因为输出转矩取决于绕组的有效面积，故重要之处在于按照为嵌入绕组提供最大空间的方式设计定子极弧。非常窄的定子极弧会导致定子极的切向振动。此外，减小矩角特性中的有效区域，从而增大转矩脉动，并减小平均转矩。定子极弧的最佳值可按以下不等式选择[77]：

$$0.3 \frac{\pi D_R}{N_S} \leq \lambda_S \leq 0.35 \frac{\pi D_R}{N_S} \qquad (7.145)$$

式中，D_R、N_S 和 λ_S 分别是转子直径、定子极数和定子极弧。

6. 定子铁心底座

为设计铁心底座，必须考虑以下约束条件：
1) 定子整体的径向振动必须最小化；
2) 应有足够的定子冷却空间；
3) 铁心底座应能通过定子极中一半的磁通而不饱和；
4) 应不减小嵌入绕组的可用区域。

7. 性能预测

显然，大部分的性能要求与驱动的动态特性相关，因此需要驱动系统的整体模拟，包括控制和电力电子方面的考虑。但是，为预测驱动的动态特性，电动机的静态特性（相电感和矩角特性）应可用。

改进的等效磁路法（Improved Magnetic Equivalent Circuit，IMEC）[82]是给出开关磁阻电动机稳态参数近似值的一种简便方法。确实，通过以电压源替代所有的磁势源（安匝数），并将磁结构的各个部分用其等效磁阻替代，即可进行磁路分析。此外，将定、转子极划分成几个更小的部分，这一方法的精度可随意改善。必须注意，开关磁阻电动机的有限元分析是一个很费时的过程。因此，IMEC 更适合产生最初的设计样例。

图 7.78 所示为开关磁阻电动机驱动的一般设计策略。

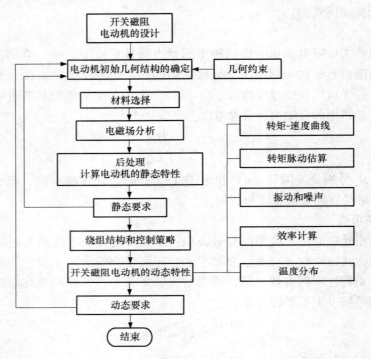

图 7.78 基本设计策略

参考文献

[1] C. C. Chan and K. T. Chau, *Modern Electric Vehicle Technology*, Oxford University Press, Oxford, 2001.

[2] D. W. Novotny and T. A. Lipo, *Vector Control and Dynamics of AC Drives*, Oxford Science Publications, Oxford, 1996. ISBN: 0-19-856439-2.

[3] D. C. Hanselman, *Brushless Permanent-Magnet Motor Design*, McGraw-Hill, New York, 1994.

[4] F. Huang and D. Tien, A neural network approach to position sensorless control of brushless DC motors, In *Proceedings of the IEEE 22nd International Conference on Industrial Electronics, Control, and Instrumentation*, Vol. 2, pp. 1167–1170, August 1996.

[5] S. Vukosavic, L. Peric, E. Levi, and V. Vuckovic, Sensorless operation of the SR motor with constant dwell, In *Proceedings of the 1990 IEEE Power Electronics Specialists Conference*, pp. 451–454, 1990.

[6] G. K. Dubey, *Power Semiconductor Controlled Drives*, Prentice-Hall, Englewood Cliffs, NJ, 1989.

[7] S. R. MacMinn and J. W. Sember, Control of a switched-reluctance aircraft starter-generator over a very wide speed range, In *Proceedings of the Intersociety Energy Conversion Engineering Conference*, pp. 631–638, 1989.

[8] M. Ehsani, *Method and Apparatus for Sensing the Rotor Position of a Switched Reluctance Motor*, U.S. Patent No. 5,410,235, April 1995.

[9] A. M. Trzynadlowski, *The Field Orientation Principle in Control of Induction Motor*, Kluwer Academic Publishers, Dordrecht, 1994.

[10] J. F. Gieras and M. Wing, *Permanent Magnet Motor Technology*, Design and Applications, Marcel Dekker, New York, 1997.

[11] I. Husain, Minimization of torque ripple in SRM drives, *IEEE Transactions on Industrial Electronics* 49(1), February 2002: 28–39.

[12] K. M. Rahman and M. Ehsani, Performance analysis of electric motor drives for electric and hybrid electric vehicle application, *IEEE Power Electronics in Transportation*, 1996: 49–56.

[13] T. Senjyu and K. Uezato, Adjustable speed control of brushless DC motors without position and speed sensors, In *Proceedings of the IEEE/IAS Conference on Industrial Automation and Control: Emerging Technologies*, pp. 160–164, 1995.

[14] A. Consoli, S. Musumeci, A. Raciti, and A. Testa, Sensorless vector and speed control of brushless motor drives, *IEEE Transactions on Industrial Electronics*, 41, February 1994: 91–96.

[15] P. Acarnley, Sensorless position detection in permanent magnet drives, In *IEE Colloquium on Permanent Magnet Machines and Drives*, pp. 10/1–10/4, 1993.

[16] T. Liu and C. Cheng, Adaptive control for a sensorless permanent-magnet synchronous motor drive, *IEEE Transactions on Aerospace and Electronic Systems*, 30, July 1994: 900–909.

[17] R. Wu and G. R. Slemon, A permanent magnet motor drive without a shaft sensor, *IEEE Transactions on Industry Applications*, 27, September/October 1991: 1005–1011.

[18] T. Liu and C. Cheng, Controller design for a sensorless permanent magnet synchronous drive system, *IEE Proceedings—B*, 140, November 1993: 369–378.

[19] N. Ertugrul, P. P. Acarnley, and C. D. French, Real-time estimation of rotor position in PM motors during transient operation, In *IEE Fifth European Conference on Power Electronics and Applications*, pp. 311–316, 1993.

[20] N. Ertugrul and P. Acarnley, A new algorithm for sensorless operation of permanent magnet motors, *IEEE Transactions on Industry Applications*, 30, January/February 1994: 126–133.

[21] T. Takeshita and N. Matsui, Sensorless brushless DC motor drive with EMF constant identifier, In *IEEE International Conference on Industrial Electronics, Control, and Instrumentation*, Vol. 1, pp. 14–19, 1994.

[22] N. Matsui and M. Shigyo, Brushless DC motor control without position and speed sensors, *IEEE Transactions on Industry Applications*, 28, January/February 1992: 120–127.

[23] N. Matsui, Sensorless operation of brushless DC motor drives, In *Proceedings of the IEEE International Conference on Industrial Electronics, Control, and Instrumentation*, Vol. 2, pp. 739–744, November 1993.

[24] N. Matsui, Sensorless PM brushless DC motor drives, *IEEE Transactions on Industrial Electronics*, 43, April 1996: 300–308.

[25] M. Schrodl, Digital implementation of a sensorless control algorithm for permanent magnet synchronous motors, In *Proceedings of the International Conference "SM 100"*, ETH Zurich, Switzerland, pp. 430–435, 1991.

[26] M. Schrodl, Operation of the permanent magnet synchronous machine without a mechanical sensor, In *IEE Proceedings on the International Conference on Power Electronics and Variable Speed Drives*, pp. 51–56, July 1990.

[27] M. Schrodl, Sensorless control of permanent magnet synchronous motors, *Electric Machines and Power Systems*, 22, 1994: 173–185.

[28] B. J. Brunsbach, G. Henneberger, and T. Klepsch, Position controlled permanent magnet excited synchronous motor without mechanical sensors, In *IEE Conference on Power Electronics and Applications*, Vol. 6, pp. 38–43, 1993.

[29] R. Dhaouadi, N. Mohan, and L. Norum, Design and implementation of an extended Kalman

filter for the state estimation of a permanent magnet synchronous motor, *IEEE Transactions on Power Electronics*, 6, July 1991: 491–497.
[30] A. Bado, S. Bolognani, and M. Zigliotto, Effective estimation of speed and rotor position of a PM synchronous motor drive by a Kalman filtering technique, In *Proceedings of the 23rd IEEE Power Electronics Specialist Conference*, Vol. 2, pp. 951–957, 1992.
[31] K. R. Shouse and D. G. Taylor, Sensorless velocity control of permanent-magnet synchronous motors, In *Proceedings of the 33rd Conference on Decision and Control*, pp. 1844–1849, December 1994.
[32] J. Hu, D. M. Dawson, and K. Anderson, Position control of a brushless DC motor without velocity measurements, *IEE Proceedings on Electronic Power Applications*, 142, March 1995: 113–119.
[33] J. Solsona, M. I. Valla, and C. Muravchik, A nonlinear reduced order observer for permanent magnet synchronous motors, *IEEE Transactions on Industrial Electronics*, 43, August 1996: 38–43.
[34] R. B. Sepe and J. H. Lang, Real-time observer-based (adaptive) control of a permanent-magnet synchronous motor without mechanical sensors, *IEEE Transactions on Industry Applications*, 28, November/December 1992: 1345–1352.
[35] L. Sicot, S. Siala, K. Debusschere, and C. Bergmann, Brushless DC motor control without mechanical sensors, In *Proceedings of the IEEE Power Electronics Specialist Conference*, pp. 375–381, 1996.
[36] T. Senjyu, M. Tomita, S. Doki, and S. Okuma, Sensorless vector control of brushless DC motors using disturbance observer, In *Proceedings of the 26th IEEE Power Electronics Specialists Conference*, Vol. 2, pp. 772–777, 1995.
[37] K. Iizuka, H. Uzuhashi, and M. Kano, Microcomputer control for sensorless brushless motor, *IEEE Transactions on Industry Applications* IA-27, May–June 1985: 595–601.
[38] J. Moreira, Indirect sensing for rotor flux position of permanent magnet AC motors operating in a wide speed range, *IEEE Transactions on Industry Applications Society*, 32, November/December 1996: 401–407.
[39] S. Ogasawara and H. Akagi, An approach to position sensorless drive for brushless DC motors, *IEEE Transactions on Industry Applications* 27, September/October 1991: 928–933.
[40] T. M. Jahns, R. C. Becerra, and M. Ehsani, Integrated current regulation for a brushless ECM drive, *IEEE Transactions on Power Electronics* 6, January 1991: 118–126.
[41] R. C. Becerra, T. M. Jahns, and M. Ehsani, Four-quadrant sensorless brushless ECM drive, In *Proceedings of the IEEE Applied Power Electronics Conference and Exposition*, pp. 202–209, March 1991.
[42] D. Regnier, C. Oudet, and D. Prudham, Starting brushless DC motors utilizing velocity sensors, In *Proceedings of the 14th Annual Symposium on Incremental Motion Control Systems and Devices*, Champaign, IL, Incremental Motion Control Systems Society, pp. 99–107, June 1985.
[43] D. Peters and J. Harth, I.C.s provide control for sensorless DC motors, *EDN* April 1993: 85–94.
[44] M. Hamdi and M. Ghribi, A sensorless control scheme based on fuzzy logic for AC servo drives using a permanent-magnet synchronous motor, In *IEEE Canadian Conference on Electrical and Computing Engineering*, pp. 306–309, 1995.
[45] D. E. Hesmondhalgh, D. Tipping, and M. Amrani, Performance and design of an electromagnetic sensor for brushless DC motors, *IEE Proceedings*, Vol. 137, pp. 174–183, May 1990.
[46] T. J. E. Miller, *Switched Reluctance Motors and Their Control*, Oxford Science Publications, London, 1993.
[47] P. J. Lawrenson, J. M. Stephenson, P. T. Blenkinsop, J. Corda, and N. N. Fulton, Variable-speed switched reluctance motors, *Proceedings of IEE*, 127(Part B, 4), July 1980: 253–265.
[48] E. Richter, J. P. Lyons, C. A. Ferreira, A. V. Radun, and E. Ruckstadter, Initial testing of a 250-kW starter/generator for aircraft applications, In *Proceedings of the SAE Aerospace Atlantic Conference Expo.*, Dayton, OH, April 18–22, 1994.

[49] M. Ehsani, *Phase and Amplitude Modulation Techniques for Rotor Position Sensing in Switched Reluctance Motors*, U.S. Patent No. 5,291,115, March 1994.
[50] D. A. Torrey, Variable-reluctance generators in wind-energy systems, In *Proceedings of the IEEE PESC '93*, pp. 561–567, 1993.
[51] J. M. Kokernak, D. A. Torrey, and M. Kaplan, A switched reluctance starter/alternator for hybrid electric vehicles, In *Proceedings of the PCIM '99*, pp. 74–80, 1999.
[52] J. T. Bass, M. Ehsani, and T. J. E. Miller, Simplified electronics for torque control of sensorless switched reluctance motor, *IEEE Transactions on Industrial Electronics*, 34(2), 1987.
[53] M. Ehsani, *Self-Tuning Control of Switched Reluctance Motor Drives System*, U.S. Patent Pending, File Number 017575.0293.
[54] M. Ehsani, *Switched Reluctance Motor Drive System*, U.S. Patent Pending, Serial Number 60/061,087, Filing Date: January 1997.
[55] R. Krishnan, *Switched Reluctance Motors Drives: Modeling, Simulation Analysis, Design and Applications*, CRC Press, Boca Raton, FL, 2001.
[56] N. Mohan, T. M. Undeland, and W. P. Robbins, *Power Electronics—Converters, Applications, and Design*, John Wiley & Sons, New York, 1995, ISBN: 0-471-58408-8.
[57] A. Radun, Generating with the switched-reluctance motor, In *Proceedings of the IEEE APEC '94*, pp. 41–47, 1994.
[58] B. Fahimi, A switched reluctance machine based starter/generator for more electric cars, In *Proceedings of the IEEE Electric Machines and Drives Conference*, pp. 73–78, 2000.
[59] H. Gao, F. R. Salmasi, and M. Ehsani, Sensorless control of SRM at standstill, In *Proceedings of the 2000 IEEE Applied Power Electronics Conference*, Vol. 2, pp. 850–856, 2000.
[60] J. P. Lyons, S. R. MacMinn, and M. A. Preston, Discrete position estimator for a switched reluctance machine using a flux-current map comparator, U.S. Patent 5140243, 1991.
[61] G. Suresh, B. Fahimi, K. M. Rahman, and M. Ehsani, Inductance based position encoding for sensorless SRM drives, In *Proceedings of the 1999 IEEE Power Electronics Specialists Conference*, Vol. 2, pp. 832–837, 1999.
[62] H. Gao, *Sensorless Control of the Switched Reluctance Motor at Standstill and Near-Zero Speed*, PhD dissertation, Texas A&M University, December 2001.
[63] M. Ehsani, *Position Sensor Elimination Technique for the Switched Reluctance Motor Drive*, U.S. Patent 5072166, 1990.
[64] M. Ehsani, I. Husain, S. Mahajan, and K. R. Ramani, New modulation encoding techniques for indirect rotor position sensing in switched reluctance motors, *IEEE Transactions on Industry Applications*, 30(1), 1994: 85–91.
[65] G. R. Dunlop and J. D. Marvelly, Evaluation of a self-commuted switched reluctance motor, In *Proceedings of the 1987 Electric Energy Conference*, pp. 317–320, 1987.
[66] M. Ehsani and I. Husain, Rotor position sensing in switched reluctance motor drives by measuring mutually induced voltages, In *Proceedings of the 1992 IEEE Industry Application Society Annual Meeting*, Vol. 1, pp. 422–429, 1992.
[67] A. Lumsdaine and J. H. Lang, State observer for variable reluctance motors, *IEEE Transactions on Industrial Electronics*, 37(2), 1990: 133–142.
[68] K. Russa, I. Husain, and M. E. Elbuluk, A self-tuning controller for switched reluctance motors, *IEEE Transactions on Power Electronics*, 15(3), May 2000: 545–552.
[69] P. Tandon, A. Rajarathnam, and M. Ehsani, Self-tuning of switched reluctance motor drives with shaft position sensor, *IEEE Transactions on Industry Applications*, 33(4), July/August 1997: 1002–1010.
[70] A. Rajarathnam, B. Fahimi, and M. Ehsani, Neural network based self-tuning control of a switched reluctance motor drive to maximize torque per ampere, In *Proceedings of the IEEE Industry Applications Society Annual Meeting*, Vol. 1, pp. 548–555, 1997.
[71] B. Fahimi, *Control of Vibration in Switched Reluctance Motor Drive*, PhD dissertation, Texas A&M University, May 1999.

[72] D. E. Cameron, J. H. Lang, and S. D. Umans, The origin and reduction of acoustic noise and doubly salient variable reluctance motor, *IEEE Transactions on Industry Applications*, IA-28(6), November/December 1992: 1250–1255.

[73] H. Gao, B. Fahimi, F. R. Salmasi, and M. Ehsani, Sensorless control of the switched reluctance motor drive based on the stiff system control concept and signature detection, In *Proceedings of the 2001 IEEE Industry Applications Society Annual Meeting*, pp. 490–495, 2001.

[74] B. Fahimi and M. Ehsani, Spatial distribution of acoustic noise caused by radial vibration in switched reluctance motors: Application to design and control, In *Proceedings of the 2000 IEEE Industry Application Society Annual Meeting*, Rome, Italy, October 2000.

[75] B. Fahimi, G. Suresh, K. M. Rahman, and M. Ehsani, Mitigation of acoustic noise and vibration in switched reluctance motor drive using neural network based current profiling, In *Proceedings of the 1998 IEEE Industry Application Society Annual Meeting*, Vol. 1, pp. 715–722, 1998.

[76] B. Fahimi and M. Ehsani, *Method and Apparatus for Reducing Noise and Vibration in Switched Reluctance Motor Drives*, U.S. Patent pending.

[77] G. S. Buja and M. I. Valla, Control characteristics of the SRM drives—part I: Operation in the linear region, *IEEE Transactions on Industrial Electronics*, 38(5), October 1991: 313–321.

[78] B. Fahimi, G. Suresh, and M. Ehsani, Design considerations of switched reluctance motors: Vibration and control issues, In *Proceedings of the 1999 IEEE Industry Application Society Annual Meeting*, Phoenix, AZ, October 1999.

[79] J. Faiz and J. W. Finch, Aspects of design optimization for switched reluctance motors, *IEEE Transactions on Energy Conversion*, 8(4), December 1993: 704–712.

[80] A. M. Michaelides and C. Pollock, Effect of end core flux on the performance of the switched reluctance motor, *IEE on Electronic Power Applications* 141(6), November 1994: 308–316.

[81] G. Henneberger, *Elektrische Maschinen I, II, III, RWTH Aachen*, Manuscripts at Institut fuer Elektrische Maschinen, 1989.

[82] B. Fahimi, G. Henneberger, and M. Moallem, Prediction of transient behavior of SRM drive using improved equivalent magnetic circuit method, In *PCIM Conference Records*, pp. 285–291, 1995.

[83] Y. Yang et al., Design and comparison of interior permanent magnet motor topologies for traction applications, *IEEE Transactions on Transportation Electrification* 3(1), 2017: 86–97.

[84] G. Pellegrino et al., Performance comparison between surface-mounted and interior PM motor drives for electric vehicle application, *IEEE Transactions on Industrial Electronics* 59(2), 2012: 803–811.

[85] Z. Yang et al., Comparative study of interior permanent magnet, induction, and switched reluctance motor drives for EV and HEV applications, *IEEE Transactions on Transportation Electrification* 1(3), 2015: 245–254.

[86] B. Bilgin, A. Emadi, and M. Krishnamurthy, Comprehensive evaluation of the dynamic performance of a 6/10 SRM for traction application in PHEVs, *IEEE Transactions on Industrial Electronics* 60(7), 2013: 2564–2575.

[87] H. Nasiri, A. Radan, A. Ghayebloo, and K. Ahi, Dynamic modeling and simulation of transmotor based series-parallel HEV applied to Toyota Prius 2004, In *2011 10th International Conference on Environment and Electrical Engineering (EEEIC), IEEE*, pp. 1–4, May 2011.

[88] A.Y. Yeksan, N. Ershad, and M. Ehsani, Dual-shaft electrical machine for vehicle applications, *IEEE Transactions on Energy Conversion* 2017 (under review).

[89] A. Ghayebloo and A. Radan, Superiority of dual-mechanical-port-machine-based structure for series–parallel hybrid electric vehicle applications, *IEEE Transactions on Vehicular Technology* 65(2), 2016: 589–602.

[90] L. Xu, A new breed of electric machines-basic analysis and applications of dual mechanical port electric machines, In *Electrical Machines and Systems, 2005. ICEMS 2005. Proceedings of the Eighth International Conference on*, Vol. 1, pp. 24–31, 2005. IEEE.

[91] L. Xu, Y. Zhang, and X. Wen, Multioperational modes and control strategies of dual-mechanical-port machine for hybrid electrical vehicles, *IEEE Transactions on Industry applications* 45(2), 2009: 747–755.

[92] K. Ji, S. Huang, J. Zhu, Y. Gao, and C. Zeng, A novel brushless dual-mechanical-port electrical machine for hybrid electric vehicle application, In *2012 15th International Conference on Electrical Machines and Systems (ICEMS)*, pp. 1–6, 2012. IEEE.

[93] S. Cui, S. Han, X. Zhang, and Y. Cheng, Design optimization for unified field permanent magnet dual mechanical ports machine, In *Vehicle Power and Propulsion Conference (VPPC), 2014 IEEE*, pp. 1–6, 2014.

[94] F. Zhao, Z. Xingming, X. Wen, G. Qiujian, Z. Li, and Z. Guangzhen, A control strategy of unified field permanent magnet dual mechanical port machine, In *2013 International Conference on Electrical Machines and Systems (ICEMS)*, pp. 685–690, 2013. IEEE.

[95] G. Prajapati et al., Development of a P3 5-speed hybrid AMT, SAE Technical Paper 2017-26-0090, 2017, doi: 10.4271/2017-26-0090.

[96] Y. Suzuki et al., Development of new plug-in hybrid transaxle for compact class vehicles, SAE Technical Paper 2017-01-1151, 2017, doi: 10.4271/2017-01-1151.

[97] Y. Yang, X. Hu, H. Pei, and Z. Peng, Comparison of power-split and parallel hybrid powertrain architectures with a single electric machine: Dynamic programming approach, *Applied Energy* 168, 2016: 683–690. http://dx.doi.org/10.1016/j.apenergy.2016.02.023.

第8章 串联式（电耦合）混合动力驱动系的设计

串联式（电耦合）混合动力驱动系的概念源于纯电动汽车驱动系的发展[1]。如第5章所述，与传统的内燃机或柴油机车辆相比，纯电动汽车具有零排放、适用多种可用能源和高效率的优点。然而当前纯电动汽车也存在一些缺点，即由于车载电池组能量储存不足，所以整车行驶里程有限；由于车载电池组的体积和重量较大，所以整车的有效载荷和装载容积受到限制；另外，纯电动汽车所需的充电时间也较长。研发串联式混合动力电动汽车的初始目的在于通过增加发动机/交流发电机系统为车载电池组充电，以延长整车行驶里程。

串联式混合动力驱动系的典型构造如图8.1所示。车辆由牵引电动机驱动，牵引电动机由蓄电池单元组或者发动机/发电机组供电，也可以两者同时为电动机供电。两种动力源的功率通过一台基于电力电子技术的可控电耦合装置汇合在一起。按照驾驶人的功率需求和驱动系的运行状态，有多种有效的运行模式可供选择。

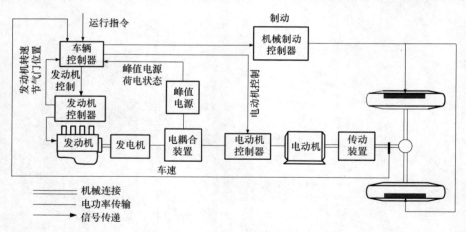

图8.1 典型串联式混合动力驱动系的结构

车辆性能（就加速度、爬坡能力和最高车速而言）取决于牵引电动机的尺寸和特性。电动机功率容量和变速器设计与第5章中讨论的纯电动汽车设计方法相同。但由于混合动力电动汽车驱动系的控制还涉及附加的发动机/发电机组，故其控制过程和纯电动汽车驱动系在本质上有所差异。本章将聚焦于发动机/发电机组系统、驱动系统控制以及电池组能量与功率容量的设计原理。在本章中，用术语"峰值电源"（Peak Power Source，PPS）来代替"电池组"，因为在混合动力电动汽车中，电池组的主要功能是提供峰值功率，而且峰值电源也可能是其他类型的能源，如超级电容器组、飞轮或其组合。

8.1 运行模式

如图 8.1 所示，在串联式混合动力驱动系中，发动机/发电机系统与驱动轮在机械上是分离的。发动机的转速和转矩与车速和牵引转矩的需求无关，因此可以控制发动机运行在其转速-转矩平面上的任意运行点[2,3]。通常，应控制发动机使其始终运行在最佳工作区，此时发动机的油耗和排放将降至最低程度，如图 8.2 所示。由于发动机与驱动轮在机械上解耦，因此可以实现最佳的发动机运行状态。然而，发动机的工作状态与驱动系的运行模式和控制策略密切相关。

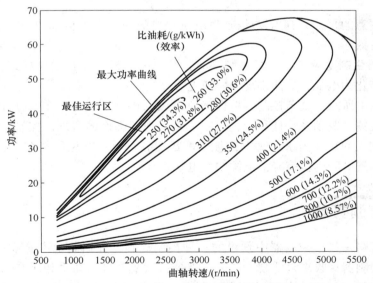

图 8.2 发动机特性及其最佳运行区的实例

驱动系有多个运行模式，可以根据行驶条件和驾驶人的意图来选择适当的运行模式。

(1) 混合供能模式 当需要大功率输出，即驾驶人猛踩加速踏板时，发动机/发电机组和峰值电源（PPS）共同向电动机供给功率。这种情况下，应如图 8.2 所示，控制发动机运行在其最佳运行区，使得效率和排放最优。峰值电源将提供附加的功率，以满足牵引功率的需求。该运行模式可以表示为

$$P_{\text{demand}} = P_{\text{e/g}} + P_{\text{pps}} \qquad (8.1)$$

式中，P_{demand}是驾驶人所需的功率；$P_{e/g}$是发动机/发电机供给的功率；P_{pps}是峰值电源供给的功率。

(2) 峰值电源单独供电模式 在该运行模式中，峰值电源单独向电动机提供功率，以满足牵引功率的需求，即

$$P_{demand} = P_{pps} \tag{8.2}$$

(3) 发动机/发电机单独供电模式 在该运行模式中，发动机/发电机单独向电动机提供功率，以满足牵引功率的需求，即

$$P_{demand} = P_{e/g} \tag{8.3}$$

(4) 发动机/发电机向峰值电源充电的模式 当峰值电源中的能量减少到最低值时，必须为其充电，这一充电过程可由再生制动或发动机/发电机实现。通常，由于再生充电不能满足其充电需求，所以需要采用发动机/发电机为其充电。此时，发动机功率被分解为两部分，一部分用于驱动车辆，另一部分用于向峰值电源充电，即

$$P_{demand} = P_{e/g} + P_{pps} \tag{8.4}$$

应该注意的是，只有当发动机/发电机提供的功率大于负载功率需求时，该运行模式才有效。

(5) 再生制动模式 当车辆制动时，牵引电动机工作在发电模式，将车辆的部分动能转化为电能，从而实现为峰值电源充电。

如图8.1所示，整车控制器根据来自驾驶人的牵引功率（转矩）指令和来自各部件的反馈、驱动系特性和预置控制策略实现各部件的管理。控制的目标如下：①满足驾驶人的功率需求；②以最佳效率运行各部件；③尽可能多地回收制动能量；④在预置区间内保持峰值电源的荷电状态（SOC）。

8.2 控制策略

控制策略是整车控制器中预设的一种控制规则，并据此给出各部件的运行指令。整车控制器接收来自驾驶人的运行指令，以及来自驱动系和所有部件的反馈，然后做出决策并以特定的模式运行。显然，驱动系性能主要取决于控制的质量，其中控制策略起到决定性的作用。

事实上，面向不同任务要求的车辆驱动系存在多种可应用的控制策略。本节将介绍两种典型的控制策略：①峰值电源最大荷电状态的控制策略；②发动机起动和关闭（发动机起停）控制策略[4]。

8.2.1 峰值电源最大荷电状态的控制策略

这一控制策略的目标在于满足驾驶人功率需求指令，同时保持峰值电源的荷电处于较高状态。发动机/发电机组为基本动力源，而峰值电源为辅助动力源。对

第8章 串联式（电耦合）混合动力驱动系的设计

那些首要关注性能（车速、加速度、爬坡能力等）的车辆而言，这种控制策略非常适用，例如频繁起停的车辆以及以执行任务的军用车辆等。峰值电源高荷电状态将保证车辆在任何时刻都具有高性能。

图8.3所示为峰值电源最大荷电状态的控制策略，图中点A、B、C和D表示由驾驶人给出的功率需求指令，其中A和B处于牵引模式，C和D处于制动模式。

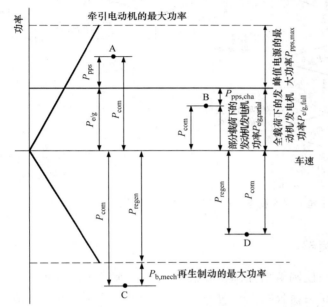

图8.3　峰值电源最大荷电状态控制策略图

点A表示驾驶人给出的牵引功率需求大于发动机/发电机所能提供的功率，在这种情况下，峰值电源必须提供辅助功率，以补偿发动机/发电机功率的不足。

点B表示驾驶人给出的牵引功率需求小于发动机/发电机运行于最佳运行区时提供的功率（见图8.2）。此时，根据峰值电源的荷电状态，可采用两种运行模式。若峰值电源的荷电状态低于其顶线，如小于70%，则发动机/发电机运行在全负载状态（发动机/发电机全负载的运行点取决于其设计，详见8.3节），其一部分功率供给牵引电动机以驱动车辆，另一部分功率供给峰值电源以提高其荷电状态；若峰值电源的荷电状态已达到其顶线，则应用发动机/发电机单独牵引模式，即调节发动机/发电机使其发出的功率等于需求功率，而峰值电源处于待机状态。

点C表示驾驶人给出的制动功率需求超出电动机所能提供的制动功率（最大再生制动功率）。此时采用混合制动模式，由电动机输出其支持的最大制动功率，而由机械制动系统输出剩余的制动功率。

点D表示驾驶人给出的制动功率需求小于电动机所能提供的最大制动功率，此时仅采用再生制动模式。

峰值电源最大荷电状态的控制流程如图 8.4 所示。

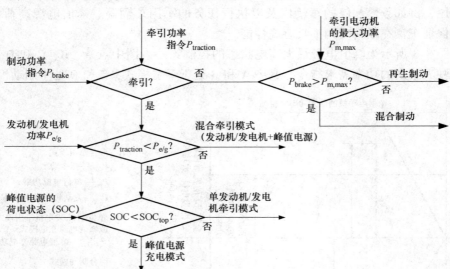

图 8.4　峰值电源最大荷电状态控制策略的控制流程

8.2.2　发动机起停控制策略

峰值电源最大荷电状态的控制策略强调将峰值电源荷电保持在较高状态。但是，在某些行驶条件下，如在高速公路上长时间的低载荷恒速行驶，可轻易地使峰值电源充电至其满电状态，此时发动机/发电机将被迫运行在输出功率小于最佳值的工况，因此驱动系的效率降低。在这样的情况下，宜采用发动机起停控制策略，该控制策略如图 8.5 所示，发动机/发电机的运行完全根据峰值电源的荷电状态进行控制。当峰值电源的荷电状态到达其预设的顶线时，发动机/发电机关闭，车辆仅由峰值电源供电行驶；另一方面，当峰值电源的荷电状态到达其底线时，发动机/发电机起动，峰值电源由发动机/发电机为其充电。这样，发动机将始终在其最佳效率区内运行。

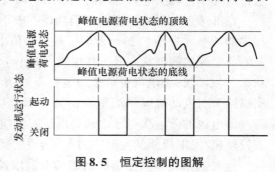

图 8.5　恒定控制的图解

8.3　串联式（电耦合）混合动力驱动系的设计原理

成功的驱动系设计意味着其能确保车辆获得所期望的如加速、爬坡能力、高车速和高运行效率等特性。牵引电动机、发动机/发电机、峰值电源和电耦合装置是主要的设计部件，应在系统层级上研究上述部件的设计，以保证所有部件能够协调工作。

8.3.1 电耦合装置

如前所述，电耦合装置是用于将三个动力源（发动机/发电机、峰值电源和牵引电动机）组合在一起的耦合装置，其主要功能是调节动力源和接收端之间的功率（电流）流。功率（电流）调节基于端电压的正确控制。图 8.6 所示为一种最简单的电耦合结构，即直接将三个端口连接在一起。

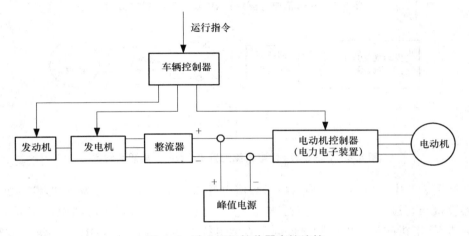

图 8.6 动力源和接收器直接连接

图 8.6 所示的耦合方式结构最简单且成本最低。其主要特点是直流母线直接与发电机的整流输出和峰值电源相连接。母线电压取决于发电机整流电压和峰值电源电压二者的最小值，且功率流仅由发电机电压控制。

为了向牵引电动机或峰值电源供能，或同时向两者传送功率，发电机的开路电压（零电流输出）经整流后必须高于峰值电源的端电压。发电机的电压调节可以通过控制发动机节气门开度或发电机磁场或同时控制两者来实现。当发动机/发电机整流后的电压等于峰值电源开路电压时，峰值电源不提供功率，由发动机/发电机单独向电动机供给功率。当发动机/发电机的整流电压低于峰值电源电压时，峰值电源单独向电动机供给功率。在再生制动情况下，由牵引电动机工作在发电状态输出的母线电压必须高于峰值电源电压，但由于牵引电动机发电产生的电压通常与电动机转速成正比，因此在低速时再生制动性能将受到限制。很明显，这种设计要求发动机/发电机和峰值电源具有相同的额定电压。该约束条件可能导致峰值电源的电压很高，从而导致其重量过大。

通过添加 DC-DC 变换器可以摆脱该电压约束条件，从而显著提升驱动系的性能[5,6]。两个可选结构如图 8.7 和图 8.8 所示。

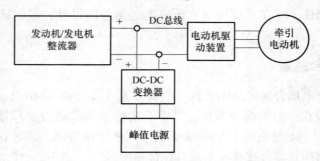

图 8.7 在峰值电源侧配置 DC-DC 变换器的结构

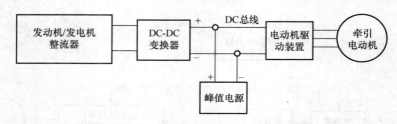

图 8.8 在发动机/发电机侧配置 DC-DC 变换器的结构

在图 8.7 中，DC-DC 变换器位于峰值电源和直流母线之间，发动机-发电机-整流器直接与直流母线相连。此时，峰值电源的电压可以与直流母线电压不同，而发动机/发电机的整流电压则总等同于直流母线电压。在图 8.8 中，DC-DC 变换器位于发动机-发电机-整流器和直流母线之间，而峰值电源直接与直流母线相连。与图 8.7 的结构相反，DC-DC 变换器可以调节发动机/发电机的整流电压输出，而峰值电源电压始终等于直流母线电压。

在这两种结构之中，图 8.7 的结构似乎更为合适，其优于图 8.8 所示结构的原因主要在于：①峰值电源电压的变化不影响直流母线电压；②峰值电源中的能量可以被充分地利用；③通过控制发动机节气门或发电机磁场或同时控制两者，能保持直流母线电压；④应用低电压的峰值电源，可以采用体积小、重量轻的峰值电源单元，且成本也较低；⑤在再生制动和由发动机/发电机充电期间，可以调节峰值电源的充电电流。

显然此结构中的 DC-DC 变换器为双向作用。在峰值电源电压低于直流母线电压的情况下，若要实现由峰值电源向直流母线传输功率，则 DC-DC 变换器必须升高峰值电源电压，能量从峰值电源流出；若要实现由直流母线向峰值电源充电，则 DC-DC 必须将直流母线电压降至峰值电源电压，能量向峰值电源流入。在再生制动情况下，若低速时由牵引电动机发电产生的电压高于峰值电源的电压，则使用 DC-DC 变换器降压，能量向峰值电源流入。若低速时由牵引电动机发电产生的

第 8 章 串联式（电耦合）混合动力驱动系的设计

电压低于峰值电源的端电压，则 DC-DC 变换器需要升高直流母线电压来给电池充电。在这种情况下，需要一个降压/升压（buck/boost）型 DC-DC 变换器。所要求的 DC-DC 变换器的基本功能总结如图 8.9 所示。

能量流	峰值电源放电	峰值电源充电
峰值电源供电牵引	升压	——
峰值电源由发动机/发电机充电	——	降压
再生制动	——	降压或降压/升压

图 8.9　DC-DC 变换器的基本功能

图 8.10 所示为连接在较低电压的峰值电源和较高电压的直流母线间的双向 DC-DC 变换器，应用于峰值电源放电（牵引）时 DC-DC 升压，应用于由发动机/发电机或由再生制动向峰值电源充电时 DC-DC 降压[6]。在峰值电源放电（牵引）模式下，开关 S_1 关断，而开关 S_2 周期地导通和关断。在 S_2 导通期间，电感 L_d 由峰值电源充电，而负载由电容 C 供给功率，如图 8.11a 所示。在 S_2 关断期间，峰值电源和电感两者共同向负载供给能量，并向电容 C 充电，如图 8.11b 所示。

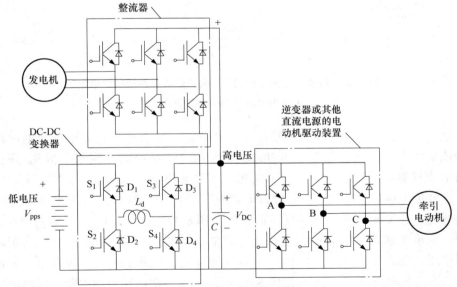

图 8.10　与低电压峰值电源和高电压直流母线匹配的双向 DC-DC 变换器

在由发动机/发电机向峰值电源充电，或在再生制动状态下由牵引电动机向峰值电源充电模式下，DC-DC 变换器工作在降压状态，将直流母线的高电压降低至峰值电源的低电压。此时，开关 S_1 和二极管 D_2 组成单向降压变换器。图 8.12 所示为开关 S_1 导通和关断状态下的电流过程。

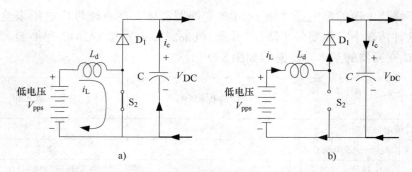

图 8.11 峰值电源放电模式下,S_2 导通和关断期间的电流

a) 在 S_2 导通期间 b) 在 S_2 关断期间

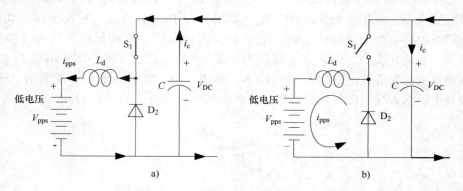

图 8.12 峰值电源充电模式下,S_1 导通和关断期间的电流

a) 在 S_1 导通期间 b) 在 S_1 关断期间

如前所述,在车辆再生制动情况下,若低速时牵引电动机发电产生的电压低于峰值电源电压,则需要双向升压/降压型 DC-DC 变换器。该双向升压/降压型 DC-DC 变换器如图 8.13 所示,其在峰值电源放电和充电模式下的基本运行如下。

在峰值电源放电模式下,将峰值电源电压升高至直流母线电压水平,开关 S_1 始终导通,开关 S_2 和 S_3 始终关断,而 S_4 以与图 8.11 中 S_2 相同的方式周期地导通和关断。而再生制动或发动机/发电机向峰值电源充电时,若直流母线电压高于峰值电源电压,则需要通过 DC-DC 变换器将直流母线电压降至峰值电源电压,该过程中开关 S_1、S_2 和 S_4 关断,而 S_3 以图 8.12 所示方式周期地导通和关断。向峰值电源充电模式下,若直流母线电压低于峰值电源电压(低速时再生制动),则需要通过 DC-DC 变换器将直流母线电压升至峰值电源电压,该过程中开关 S_1 和 S_4 保持关断,S_3 导通,而 S_2 周期地导通和关断。在 S_2 导通期间,电感 L_d 由直流母线通过 S_3 和 S_2 充电;在 S_2 关断期间则由直流母线和电感通过 S_3 和 D_1 共同向峰值电源充电。

对于图 8.13 所示的 DC-DC 变换器,还有一种冗余功能,即当峰值电源电压高

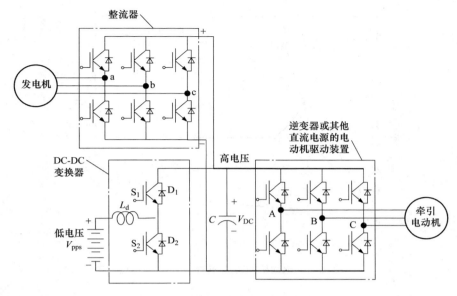

图 8.13 双向升压/降压型 DC-DC 变换器

于直流母线电压时,可以通过 DC-DC 变换器使峰值电源电压降至直流母线电压,但这种情况在实际应用中并不会发生。

8.3.2 牵引电动机的额定功率设计

类似于第 5 章中纯电动汽车的讨论,在串联式混合动力电动汽车中,电动机驱动系的功率完全取决于车辆加速性能要求、电动机特性和传动装置特性(参见第 5 章)。在设计的初始阶段,可以按加速性能(车辆从零速加速到给定车速所需的时间)来估计电动机功率

$$P_t = \frac{\delta M}{2t_a}(V_f^2 + V_b^2) + \frac{2}{3}Mgf_rV_f + \frac{1}{5}\rho_a C_D A_f V_f^3 \tag{8.5}$$

式中,M 是车辆的总质量,单位为 kg;t_a 是期望的加速时间,单位为 s;V_b 是与电动机基速相对应的车速,单位为 m/s(见图 8.14);V_f 是车辆加速的最终速度,单位为 m/s;g 是重力加速度(9.80m/s²);f_r 是轮胎的滚动阻力系数;ρ_a 是空气密度(1.202kg/m³);A_f 是车辆迎风面积(m²);C_D 是空气阻力系数。

式(8.5)中右侧的第一项表示车辆加速到最终车速所需的功率;第二项和第三项分别表示克服轮胎滚动阻力和空气阻力所需的平均功率。

图 8.14 所示为某两档传动车辆的牵引力和牵引功率与车速的对应关系。加速过程首先由低速档开始,牵引力按轨迹 a-b-d-e-f 变化。在点 f 处,电动机达到其最高转速,为进一步加速将传动装置切换到高档,高档位时与电动机基速对应的车

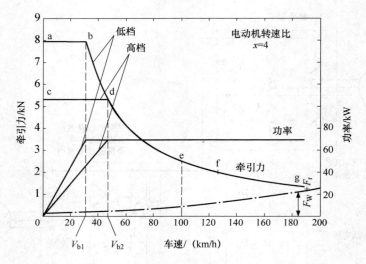

图 8.14 电动机的转速-转矩（功率）特性

速为 V_{b1}（见式（8.5））。然而若车辆为单档传动，则此时仅有高速档可供应用，牵引力按轨迹 c-d-e-f-g 变化，且 $V_b = V_{b2}$。

当给定加速过程的目标终速时，设终速为图 8.14 中点 e 处的 100km/h，配置两档传动装置的车辆比单档传动车辆的加速时间更短。其原因是两档传动车辆低速时采用低档，牵引力沿轨迹 a-b-d 变化；而单档传动时采用高档，牵引力沿 c-d 变化；显然低档状态下的牵引力更大。

图 8.15 所示为某电动机功率与转速比关系的实例，其中转速比定义为最高转速与图 8.14 所示基速之比。

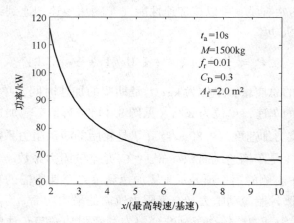

图 8.15 驱动系的牵引功率与转速比的关系

应该注意，由式（8.5）确定的电动机额定功率仅是满足车辆加速性能的估算值。在某些特定场合中，例如越野军用车辆，越野工况也许是首要关注的问题。此时，牵引电动机必须拥有足够的功率，以克服越野路径上所要求的最大坡度。爬坡时的牵引功率可以表示为

$$P_{grade} = \left(Mgf_r\cos\alpha + \frac{1}{2}\rho_a C_D A_f V^2 + Mg\sin\alpha \right)V \tag{8.6}$$

式中，α 是地面的倾斜角；V 是爬坡能力需求所给定的车速，单位为 m/s。当越野车爬坡时，其要求的最大坡度为60%或31°。假设车辆在实际工况中以速度10km/h 行驶，其地面通常为泥土路，由于路面形变，其滚动阻力远大于在良好路面上的滚动阻力。因而，在计算爬坡所需的电动机功率时，应增加额外的阻力功率，以反映这一状态。

基于给定车速10km/h、爬坡能力60%或31°的要求，可以应用式（8.6）计算在各种转速比和电动机额定功率下，某10t 军用车辆的牵引力与车速之间的关系曲线，其结果如图8.16所示。可以看出，较大的转速比能有效降低为满足爬坡能力所需的牵引电动机功率，但其所对应的最大坡度车速却较小。较大的转速比可由电动机自身实现，也可由多档传动装置实现。

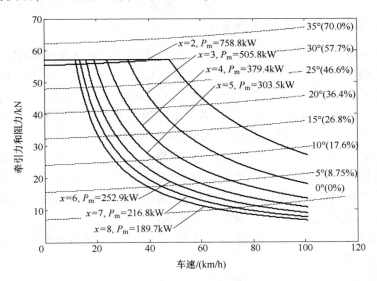

图 8.16　在各种转速比和电动机额定功率下牵引力与车速的关系曲线

为确保车辆满足加速需求，例如要求 8s 内车速由零速增加到 48km/h，应用式（8.5）可以计算出硬路面上各种扩展转速比所对应的电动机额定功率，其计算结果如图 8.17 所示。从图中可以看出，电动机功率取决于爬坡能力指标。这意味着若牵引电动机的设计功率满足爬坡能力需求，则其也满足加速性能需求。在工程设计中，需要在电动机功率和系统复杂度之间加以权衡，从而设计出合适的电动机扩展转速比。

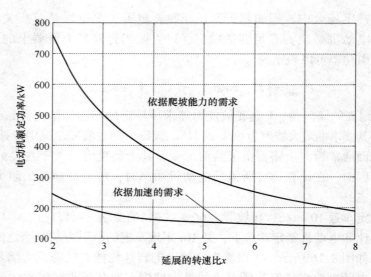

图 8.17 由加速和爬坡能力所要求的电动机功率随扩展转速比变化的关系

8.3.3 发动机/发电机的功率设计

如同第 6 章的讨论,在串联式混合动力驱动系中,发动机/发电机用来提供稳态功率,以防止峰值电源完全放电。设计发动机/发电机时,应考虑两种行驶情况,一种是长时间的恒定车速行驶,如在高速公路上行驶或在软路面上越野行驶;另一种是频繁的起停模式行驶,如车辆在市区内行驶。就前者而言,车辆不应依靠峰值电源来提供高速行驶所需的能量,例如高速公路上以 130km/h 高速行驶,或以 60km/h 越野行驶时,发动机/发电机应输出足够的功率以支持车辆行驶。对于走走停停模式的行驶过程,发动机/发电机应产生足够的功率并使峰值电源保持一定水平的能量储存,以具备充裕的功率来满足车辆加速和爬坡的需求。如上所述,峰值电源中的能量消耗与控制策略紧密关联。

在平坦路面上恒速行驶时,来自功率源(发动机/发电机或峰值电源或两者兼备)的输出功率可以表示为

$$P_{e/g} = \frac{V}{1000\eta_t \eta_m}\left(Mgf_r + \frac{1}{2}\rho_a C_D A_f V^2\right) \qquad (8.7)$$

式中,η_t 和 η_m 分别是传动装置和牵引电动机的效率。图 8.18 所示为某 1.5t 乘用车的负载功率(未包含 η_t 和 η_m 随车速变化的曲线)实例。该图表明在恒定车速时的需求功率远小于加速(见图 8.15)需求功率。在本例中,以 130km/h 车速行驶时的需求功率约为 35kW(考虑了传动装置和牵引电动机中的损耗,如设 $\eta_t = 0.9$,$\eta_m = 0.8$)。

当车辆在市区内以走走停停模式行驶时,发动机/发电机所输出的功率应等于

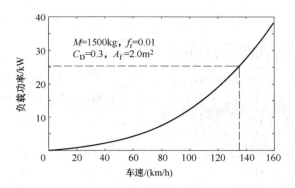

图 8.18　1.5t 乘用车以恒速行驶时的负载功率

或略大于平均负载功率,以使峰值电源保持一定水平的能量储存。平均的负载功率可以表示为

$$P_{\text{ave}} = \frac{1}{T}\int_0^T \left(Mgf_r + \frac{1}{2}\rho_a C_D A_f V^2\right)V\mathrm{d}t + \frac{1}{T}\int_0^T \delta M \frac{\mathrm{d}V}{\mathrm{d}t}\mathrm{d}t \qquad (8.8)$$

式中,δ 是车辆的转动惯量系数(参见第 2 章);$\mathrm{d}V/\mathrm{d}t$ 是车辆的加速度。式(8.8)中右侧的第一项为克服轮胎滚动阻力和空气阻力所消耗的平均功率;第二项为加速和减速过程中所消耗的平均功率。若车辆能够回收其全部车辆动能,则加速和减速过程中所消耗的平均功率为零,否则该平均功率将大于零,其结果如图 8.19 所示。

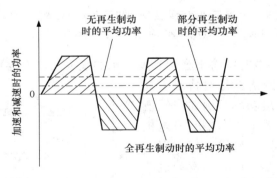

图 8.19　加速和减速过程中全再生制动、部分再生制动和无再生制动时消耗的平均功率

在发动机/发电机系统设计中,其功率容量应高于或至少不低于维持车辆恒速(高速公路)行驶所需的功率和运行于市区时所需的平均功率。在实际设计中,需采用某些典型城市循环工况来预测车辆的平均功率,如图 8.20 所示。

在发动机/发电机设计中,应确定发动机/发电机可以产生上述功率的工作点。实际上,有两种可行的设计方案,一种是如图 8.21 中的点 a 所示,将发动机的工作点设计在其效率最高点处。在该运行点上,发动机能够输出如上所述的需求功

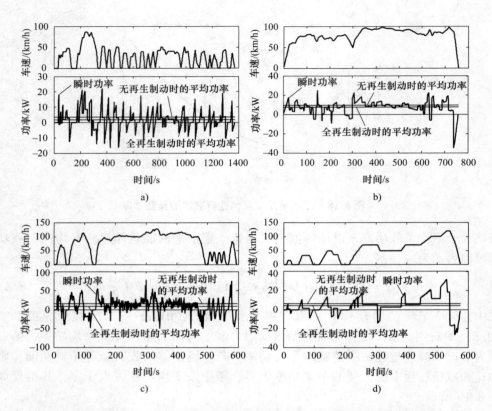

图 8.20 在典型循环工况下伴随全再生制动和无再生制动时的瞬时功率和平均功率
a) FTP75 城市循环工况 b) FTP75 高速循环工况 c) US06 循环工况 d) ECE-15 循环工况

率。这一设计因大多数时间将不会用到发动机的最大功率而导致设计的发动机略微偏大。这种设计的优点是对特定工况可以提供较大的输出功率,例如当峰值电源完全放电或失效时,发动机/发电机仍能工作在高功率点(点b),以确保车辆性能不会下降太多。较大的发动机功率还能用于峰值电源的快速充电。如图 8.21 所示,在发动机工作点由点 a 向点 b 移动过程中,由于发动机转速增加,将导致母线电压升高。但对设计合理的牵引电动机系统而言,较高的电压并不会影响牵引电动机正常运行,相反,较高的母线电压能使电动机输出较高的功率。

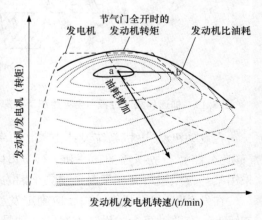

图 8.21 发动机/发电机的运行点

另一种设计方法是在设计发动机时使其工作点接近图8.21中的点b,即接近于发动机的最大功率,以满足如上所述的加速和爬坡能力需求。采用该方案设计的发动机体积较小,但其运行效率稍低于前一种设计方法,且发动机无法向车辆提供额外的输出功率。

8.3.4 峰值电源设计

峰值电源必须在任何时刻均能向牵引电动机提供足够的功率,同时峰值电源必须储存充裕的能量以防止由于过度放电而导致的功率供应中断。

1. 峰值电源的功率容量

为充分利用牵引电动机的功率容量,发动机/发电机和峰值电源的总功率应大于或至少等于电动机的最大功率,因而峰值电源的功率容量可以表示为

$$P_{\text{pps}} \geq \frac{P_{\text{m-max}}}{\eta_{\text{m}}} - P_{\text{e/g}} \tag{8.9}$$

式中,$P_{\text{m-max}}$是电动机的峰值功率;η_{m}是电动机效率;$P_{\text{e/g}}$是发动机/发电机组在其所设计工作点处的效率。

2. 峰值电源的能量容量

在某些行驶情况下,频繁的加、减速驱动模式将导致峰值电源的荷电状态变低,从而降低其所能输出的功率。为正确测定峰值电源的能量容量,必须得知某些典型工况下峰值电源能量的变化。峰值电源中的能量变化可以表示为

$$\Delta E = \int_0^T P_{\text{pps}} \mathrm{d}t \tag{8.10}$$

式中,P_{pps}是峰值电源的功率,正值的P_{pps}表示其为充电功率,而负值的P_{pps}表示其为放电功率。显然峰值电源的能量变化与控制策略紧密相关。图8.22所示为一个峰值电源能量随行驶过程变化的实例,该例中车辆行驶在FTP75城市循环工况,采用最大荷电状态控制策略,可见峰值电源中的能量随行驶时间变化而变化。在该行驶工况下,峰值电源的荷电状态在区间SOC_{top}与SOC_{bott}之间波动,行驶工况下的最大能量变化值为ΔE_{max}。峰值电源的全部能量容量可由式(8.11)进行计算。峰值电源荷电状态的合理区间取决于峰值电源的运行特性,例如由于效率的原因,化学蓄电池的最佳工作范围是在荷电状态为中等水平时(0.4~0.7);而由于电压变化受限制的原因,超级电容器的能量变化范围非常有限(0.8~1.0)。

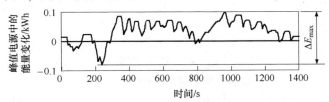

图8.22 FTP75城市循环工况下采用最大荷电状态控制策略的峰值电源能量变化图

$$E_{cap} = \frac{\Delta E_{max}}{SOC_{top} - SOC_{bott}} \tag{8.11}$$

8.4 设计实例

设计要求如下：
1）车辆参数：

整车质量	1500kg
滚动阻力系数	0.01
空气阻力系数	0.3
迎风面积	2.0m²
传动装置效率（单档）	0.9

2）性能要求：

加速时间（从零速到100km/h）	10±1s
最大爬坡能力	>30%（低速）
	>5%（100km/h）
最高车速	160km/h

8.4.1 牵引电动机的设计

应用式（8.5），并假定电动机的转速比 $x = 4$，即可在百公里加速时间为10s的条件下，求得电动机功率为82.5kW。该牵引电动机的转速-转矩和转速-功率特性曲线如图8.23所示。

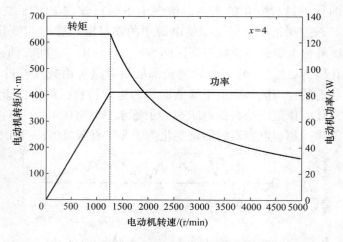

图8.23 牵引电动机的特性与其转速间的关系

8.4.2 齿轮传动比的设计

齿轮传动比的设计应使车辆在电动机最高转速时达到其最高车速,即

$$i_g = \frac{\pi n_{m,max} r}{30 V_{max}} \tag{8.12}$$

式中,$n_{m,max}$ 是电动机的最高转速,单位为 r/min;V_{max} 是最高车速,单位为 m/s;r 是轮胎的半径,单位为 m。假设 $n_{m,max}=5000\text{r/min}$,$V_{max}=44.4\text{m/s}$(160km/h 或 100mile/h),$r=0.2794\text{m}$(11in),则可得 $i_g=3.29$。

8.4.3 加速性能的校核

基于牵引电动机的转矩-转速特性、齿轮传动比以及整车参数,并由第 2 章和第 5 章中给出的计算方法,可以得到车辆的加速性能(加速时间和加速距离与车速之间的关系),其结果如图 8.24 所示。若算得的加速时间无法满足设计要求,则应重新设计电动机功率。

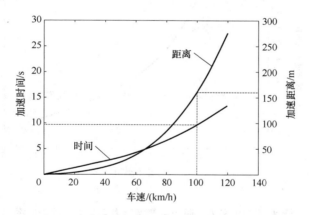

图 8.24 加速时间和加速距离与车速之间的关系

8.4.4 爬坡能力的校核

基于牵引电动机的转矩-转速特性、齿轮传动比以及整车参数,并由第 2 章和第 5 章中给出的关系式,可计算得出牵引力和阻力与车速之间的关系,其结果如图 8.25a 所示。进而可求出车辆的爬坡能力,其结果如图 8.25b 所示。图 8.25 表明计算得出的爬坡能力远大于设计要求中所规定的性能指标。该结果意味着对乘用车而言,加速性能所对应的需求功率通常大于爬坡所对应的需求功率,即前者决定了牵引电动机功率。

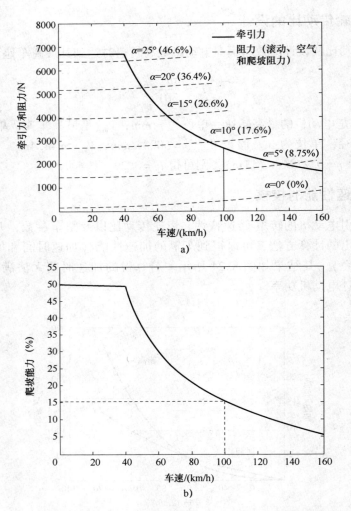

图 8.25 牵引力、阻力和爬坡能力与车速之间的关系
a) 牵引力和阻力 b) 爬坡能力

8.4.5 发动机/发电机的设计

发动机/发电机功率的设计要求为足够满足车辆在平坦路面上以高速公路常规车速（130km/h 或 81mile/h）行驶。如图 8.26 所示，车速在 130km/h 或 81mile/h 的情况下，所需发动机功率为 32.5kW，该功率已考虑传动装置（效率为 90%）、电动机驱动装置（效率为 85%）和发电机（效率为 90%）中的能量损失。图 8.26 也表明发动机功率为 32.5kW 时，有能力支持车辆在 5% 坡度的路面上以 78km/h（49mile/h）车速行驶。

第8章 串联式（电耦合）混合动力驱动系的设计

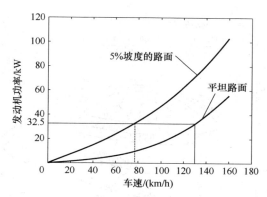

图 8.26　在平坦路面和 5% 坡度的路面上发动机功率与恒定车速之间的关系

在发动机额定功率设计中，还需考虑车辆以某种典型频繁起停模式（见图 8.20）行驶时所需的平均功率。这些行驶工况中的典型数据见表 8.1。

表 8.1　不同行驶工况下的典型数据

	最高车速/ (km/h)	平均车速/ (km/h)	平均功率 (全再生制动)/ kW	平均功率 (无再生制动)/ kW
FTP75 城市循环工况	86.4	27.9	3.76	4.97
FTP75 高速循环工况	97.7	79.6	12.6	14.1
US06 循环工况	128	77.4	18.3	23.0
ECE-15 循环工况	120	49.8	7.89	9.32

与图 8.26 所示需求功率相比，这些行驶循环中的平均功率较小，因此当发动机功率为 32.5kW 时，即可满足上述行驶循环的需要，发动机特性如图 8.27 所示。

发动机还需要提供辅助功率，以满足灯光、娱乐、通风、空调、助力转向和制动增压等非牵引负载需求。因此发动机需产生约 35kW 的功率，以满足车辆在平坦路面上以 130km/h 车速行驶时的各种功率需求，而无需来自峰值电源的功率补充。35kW 的发动机功率也可以充分满足车辆在市区范围内以频繁起停模式行驶时的平均功率需求。

图 8.27a 所示为发动机油耗图以及最低油耗工作点（点 a），在点 a 处可以输出 35kW 功率。发动机最大功率工作点位于点 b 处，其对应功率约为 63kW。发动机功率的另一种设计方案如图 8.27b 所示，该方案中发动机工作点接近其最大功率，可产生所需的 35kW 功率。在这一设计中，发动机尺寸相对较小，但在 35kW 功率水平时其油耗相对较高。如前所述，35kW 功率对应车辆在平坦路面上以 130km/h 恒车速行驶的情况。在车速较低，或车辆行驶于市区范围内时，发动机的平均负载功率要小得多，在这种工况下后一种设计方案的油耗可能比前一种设计方案还低。

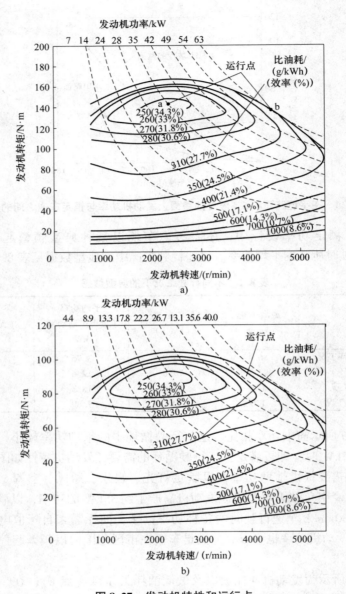

图 8.27 发动机特性和运行点
a) 最佳效率的运行 b) 接近于最大功率的运行

8.4.6 峰值电源的功率容量设计

发动机/发电机和峰值电源的输出功率之和应大于或至少应等于牵引电动机的输入功率,即

$$P_{\text{pps}} = \frac{P_{\text{motor}}}{\eta_{\text{motor}}} - P_{\text{e/g}} = \frac{82.5}{0.85} - 32.5 = 64.5 \text{kW} \tag{8.13}$$

式中，32.5kW 是应用于牵引的发动机/发电机的功率。

8.4.7 峰值电源的能量容量设计

峰值电源的能量容量与行驶工况及总体控制策略密切相关。在这一设计实例中，由于发动机/发电机的功率容量远大于平均负载功率（见图 8.20），因此采用发动机起停控制策略是恰当的。

基于发动机起停控制策略，前述参数的车辆在 FTP75 城市循环工况下行驶时的仿真结果如图 8.28 所示，该仿真中包含了再生制动（见第 14 章）。在控制过程中，允许的峰值电源最大能量变化为 0.5kWh。假设峰值电源的荷电状态变化范围为 0.2，当采用电池组作为峰值电源时，在 0.4~0.6 荷电状态范围内效率最优；当采用超级电容作为峰值电源时，0.2 的荷电状态变化范围会导致端电压 10% 的变化量。峰值电源的总储存能量可计算如下：

$$E_{\text{pps}} = \frac{\Delta E_{\text{max}}}{\Delta \text{SOC}} = \frac{0.5}{0.2} = 2.5 \text{kWh} \tag{8.14}$$

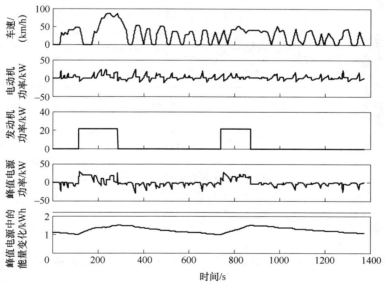

图 8.28 对应 FTP75 城市循环工况下的仿真结果

峰值电源的功率容量或能量容量取决于它的功率密度和能量密度，从而可以确定峰值电源的重量及体积。电池的决定因素通常是功率密度，而超级电容器的决定因素通常是能量密度。由电池和超级电容器两者组合形成的峰值电源，其体积和重量都优于单一种类的峰值电源。分析过程详见第 13 章。

8.4.8 油耗

不同循环工况下的油耗可通过仿真计算得出。本仿真是基于图 8.27b 所示发动机加以计算的。当发动机工作时,其最佳燃油效率工作点的输出功率约为 20kW。在如图 8.28 所示的 FTP75 城市循环工况下,整车油耗为 5.57L/100km 或 42.4mile/USgal;而在如图 8.29 所示的 FTP75 高速循环工况下,整车油耗为 5.43L/100km 或 43.5mile/USgal。显然,混合动力电动汽车与类似性能的传统车辆相比,其效率要高得多,特别是在频繁起停的运行环境中更为明显,其主要原因是发动机能够以高效率运行,且再生制动带来的能量回收显著。再生制动技术将在第 14 章中阐述。

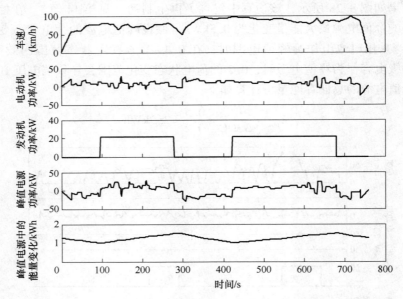

图 8.29 对应 FTP75 高速循环工况下的仿真结果

参考文献

[1] C. C. Chan and K. T. Chau, *Modern Electric Vehicle Technology*, Oxford University Press, New York, 2001.

[2] C. G. Hochgraf, M. J. Ryan, and H. L. Wiegman, Engine control strategy for a series hybrid electric vehicle incorporating load-leveling and computer controlled energy management, *Society of Automotive Engineers (SAE) Journal*, Paper No. 960230, Warrendale, PA, 2002.

[3] M. Ender and P. Dietrich, Duty cycle operation as a possibility to enhance the fuel economy of an SI engine at part load, *Society of Automotive Engineers (SAE) Journal*, Paper No. 960227, Warrendale, PA, 2002.

[4] M. Ehsani, Y. Gao, and K. Butler, Application of electric peaking hybrid (ELPH) propulsion system to a full-size passenger car with simulation design verification, *IEEE Transactions on Vehicular Technology*, 48(6), November 1999.

[5] C. C. Chan, The state of the art of electric and hybrid, and fuel cell vehicles, *Proceedings of the IEEE, Special issue on Electric, Hybrid and Fuel Cell Vehicles*, 95(4), April 2007.
[6] J.-S. Lai and D. J. Nelson, Energy management power converters in hybrid electric and fuel cell vehicles, *Proceedings of the IEEE, Special issue on Electric, Hybrid and Fuel Cell Vehicles*, 95(4), April 2007.
[7] B. Sarlioglu et al. Driving toward accessibility: A review of technological improvements for electric machines, power electronics, and batteries for electric and hybrid vehicles. *IEEE Industry Applications Magazine*, 23(1), 2017: 14–25.
[8] O. Veneri (ed.) *Technologies and Applications for Smart Charging of Electric and Plug-in Hybrid Vehicles*, Springer, 2017.
[9] K. T. Chau, C. C. Chan, and C. Liu, Overview of permanent-magnet brushless drives for electric and hybrid electric vehicles. *IEEE Transactions on Industrial Electronics*, 55(6), June 2008, 2246.
[10] W. J. Bradley, M. K. Ebrahimi, and M. Ehsani. A general approach for current-based condition monitoring of induction motors. *Journal of Dynamic Systems, Measurement, and Control*, 136(4), 2014: 041024.
[11] N. Denis, R. D. Maxime, and D. Alain. Fuzzy-based blended control for the energy management of a parallel plug-in hybrid electric vehicle. *IET Intelligent Transport Systems*, 9(1), 2014: 30–37.
[12] S. J. Kim, K. Kyung-Soo, and K. Dongsuk. Feasibility assessment and design optimization of a clutchless multimode parallel hybrid electric powertrain. *IEEE/ASME Transactions on Mechatronics*, 21(2), 2016: 774–786.
[13] M. Pourabdollah et al. Optimal sizing of a parallel PHEV powertrain. *IEEE Transactions on Vehicular Technology*, 62(6), 2013: 2469–2480.
[14] M. Cacciato et al. Energy management in parallel hybrid electric vehicles exploiting an integrated multi-drives topology. Electrical and Electronic Technologies for Automotive, 2017 International Conference of IEEE, 2017.
[15] H. I. Dokuyucu and M. Cakmakci. Concurrent design of energy management and vehicle traction supervisory control algorithms for parallel hybrid electric vehicles. *IEEE Transactions on Vehicular Technology*, 65(2), 2016: 555–565.
[16] M. Saikyo et al. Optimization of energy management system for parallel hybrid electric vehicles using torque control algorithm. Society of Instrument and Control Engineers of Japan (SICE), 2015 54th Annual Conference of the IEEE, 2015.

第 9 章 并联式（机械耦合）混合动力驱动系的设计

不同于串联式混合动力驱动系，并联式（机械耦合）混合动力驱动系具有允许发动机和牵引电动机两者将其机械功率直接并行施加到驱动轮的特征。如同第 6 章中的阐述，机械耦合有两种形式，即转矩耦合和转速耦合。当使用传统内燃机为主动力源时，由于内燃机本质上是转矩源，所以转矩耦合更为适宜。

相较于串联式结构，并联式转矩耦合结构主要有以下优点：①不需要发电机；②牵引电动机容量较小；③只有一部分发动机功率通过多功率变换，因此整体效率高于串联式混合动力驱动系[1]。但由于发动机和电动机的输出需要同步耦合后再传递至驱动轮，因此并联式混合动力驱动系的控制比串联式混合动力驱动系更为复杂。

如第 6 章所述，存在多种并联式混合动力驱动系结构。但某种结构的设计方法可能并不适用于其他结构。一种特定结构可能仅适合于某特定运行环境和任务需求。本章将聚焦于并联式转矩耦合混合动力驱动系的设计方法。该驱动系的运行基于电峰值原理，换句话说，由发动机提供满足基本载荷（车辆以给定匀速运行于平坦路面和低坡度路面，或运行在走走停停模式时的平均载荷状态）所需求的功率，而电动机则供给满足峰值载荷的需求功率。其余类型的结构方案，如轻度混合动力驱动系将在第 12 章中讨论。

9.1 驱动系的结构及其设计任务

并联式转矩耦合混合动力电动汽车的驱动系构造如图 9.1 所示，该驱动系的控制系统包括整车控制器、用于控制发动机输出的发动机控制器、电动机控制器以及可能有的机械制动控制器和离合器控制器。

整车控制器是最高级别的控制器。整车控制器采集加速或制动踏板信息来获取驾驶人控制指令，与此同时采集整车及其各零部件的相应变量，例如车速、发动机转速、节气门开度、电池 SOC 等。基于嵌入式驱动系控制算法，整车控制器处理接收到的所有信号、生成控制指令并将指令发送给相应零部件控制器。

零部件控制器控制相应零部件响应来自整车控制器的指令，因为转矩耦合装置是不可控部件，只能通过控制发动机、牵引电动机、离合器和机械制动等动力源来控制驱动系中的功率流。

第 9 章 并联式（机械耦合）混合动力驱动系的设计

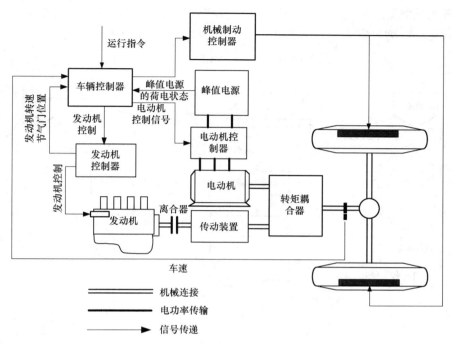

图 9.1 转矩耦合并联式混合动力驱动系结构

驱动系设计中的重要指标包括发动机、电动机、峰值电源的功率、峰值电源的能量容量和变速器特性，但尤为重要的是驱动系的控制策略。驱动系的设计目标如下：①满足给定的性能要求（爬坡能力、加速性能和最高巡航车速）；②尽可能达到整体的高效率；③在高速公路和市区行驶期间保持蓄电池组荷电状态处于适当水平，而不必从车辆外部充电；④尽可能多地回收制动能量。

9.2 控制策略

在如第 6 章所述的并联式转矩耦合混合动力驱动系中，可用运行模式主要包括单发动机驱动、单电动机驱动、混合牵引（发动机和电动机共同驱动）、再生制动、由发动机向峰值电源充电。车辆运行期间应采用适当的运行模式以满足驱动转矩需求，实现整体高效率，保持峰值电源的荷电状态处于适当水平，并尽可能多地回收制动能量[2-6]。

整体控制方案如图 9.2 所示。该方案由整车控制器、发动机控制器、电动机控制器和机械制动控制器组成。整车控制器的级别最高，它采集来自驾驶人和所有零部件的数据信息，例如驾驶人期望转矩、车速、峰值电源荷电状态、发动机转速和节气门开度、电动机转速等。整车控制器基于上述数据信息、各零部件特性和预置的控制策略向各零部件控制器给出控制指令；后者则据此控制相应零部件工作状态，以满足驱动系的需求。

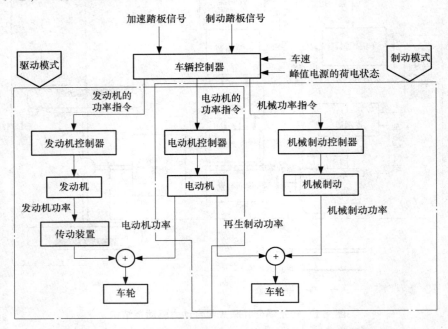

图 9.2　并联式转矩耦合混合动力驱动系的整体控制方案

整车控制器在驱动系运行中起到控制中枢的作用。整车控制器应根据从零部件和驾驶人指令处采集得到的数据信息确定工作模式，并且将正确控制命令发送至各个零部件控制器。因此，整车控制器的控制策略是整个驱动系能否良好运行的关键所在。

9.2.1　峰值电源最大 SOC 控制策略

当车辆运行于走走停停模式时，峰值电源必须向驱动系频繁地提供功率，因此峰值电源趋向于快速放电。在这种情况下，为确保峰值电源能向驱动系提供足够的功率来承载车辆频繁加速的需求，必须维持峰值电源的高荷电状态。因此，这一控制策略的基本准则是尽可能地将发动机作为主动力源，在保持峰值电源荷电状态没有超出满充限度的前提下，发动机随时将超出牵引所需的剩余功率用于向峰值电源充电。

峰值电源最大 SOC 控制策略如图 9.3 所示。该图中描绘了混合牵引（发动机与电动机共同输出）、单发动机牵引、单电动机牵引和再生制动运行模式下的峰值功率与车速的关系曲线，点 A、B、C 和 D 表示不同的功率指令需求。

驱动系的各种运行模式阐述如下：

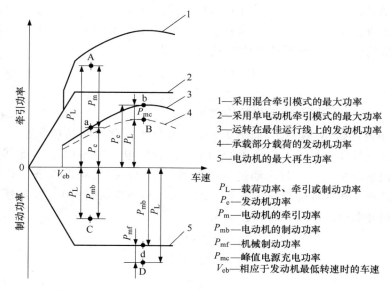

图 9.3 基于功率指令的各种运行模式的论证

(1) 单电动机驱动模式 车速小于预设值 V_{eb},该预设值被设定为车速的底线,即若车速低于该值,则发动机将无法稳定运转,或者发动机处于高油耗或高排放状态,此时由电动机独立驱动车辆,而发动机处于熄火或怠速状态。发动机功率、电动机牵引功率和峰值电源放电功率可以表示为

$$P_e = 0 \tag{9.1}$$

$$P_m = P_L \tag{9.2}$$

$$P_{pps,d} = \frac{P_m}{\eta_m} \tag{9.3}$$

式中,P_e 是发动机输出功率;P_L 是驾驶人通过加速踏板给出的驱动功率需求;P_m 是电动机的输出功率;$P_{pps,d}$ 是峰值电源放电功率;η_m 是电动机效率。

(2) 混合牵引模式 如图 9.3 中点 A 所示,此时驱动功率需求 P_L 超出发动机所能提供的功率,发动机和电动机必须同时向驱动轮传递功率。在该模式下,可通过控制发动机的节气门开度使发动机运转在其最佳运行线上(点 a)并产生功率 P_e。剩余部分功率需求则由电动机提供。电动机的输出功率和峰值电源的放电功率为

$$P_m = P_L - P_e \tag{9.4}$$

$$P_{pps,d} = \frac{P_m}{\eta_m} \tag{9.5}$$

(3) 峰值电源充电模式 如图 9.3 中点 B 所示,此时驱动功率需求 P_L 小于发动机运转在其最佳运行线上所产生的功率,并且峰值电源的荷电状态处于其顶线

之下，发动机运行在最佳运行线（点 b）并输出功率 P_e。此时，通过电动机控制器调节电动机，使其工作在发电模式，并将发动机剩余部分功率用于峰值电源充电。电动机的输入功率和峰值电源的充电功率为

$$P_m = (P_e - P_L)\eta_{t,e,m} \tag{9.6}$$

$$P_{pps,c} = P_m \eta_m \tag{9.7}$$

式中，$\eta_{t,e,m}$ 是由发动机至电动机的传动效率。

(4) 单发动机驱动模式 如图 9.3 中点 B 所示，此时驱动功率需求 P_L 小于发动机运转在其最佳运行线上所产生的功率，但峰值电源的 SOC 已达到其顶线，采用单发动机驱动模式。此时电动机系统关闭，发动机提供功率以满足载荷的功率需求。发动机工作在部分载荷状态下，其输出功率曲线如图 9.3 中虚线所示。发动机、电动机和蓄电池组功率可以表示为

$$P_e = P_L \tag{9.8}$$

$$P_m = 0 \tag{9.9}$$

$$P_{pps} = 0 \tag{9.10}$$

(5) 单独再生制动模式 如图 9.3 中点 C 所示，当车辆处于制动状态且所需制动功率小于电动机所能提供的最大再生制动功率时，电动机工作在发电状态，且制动功率输出等于车辆所需制动功率。此时发动机熄火或急速，电动机的输出功率和峰值电源的充电功率为

$$P_{mb} = P_L \eta_m \tag{9.11}$$

$$P_{pps,c} = P_{mb} \tag{9.12}$$

(6) 混合制动模式 如图 9.3 中点 D 所示，当车辆处于制动状态且所需制动功率大于电动机所能提供的最大再生制动功率时，必须同时应用机械制动。此时电动机应输出其最大再生制动功率，而机械制动系统则实现剩余部分的制动功率。电动机输出功率、蓄电池组充电功率和机械制动功率为

$$P_{mb} = P_{mb,max} \eta_m \tag{9.13}$$

$$P_{pps,c} = P_{mb} \tag{9.14}$$

$$P_{mf} = P_L - P_{mb} \tag{9.15}$$

应该注意，为实现良好的制动性能，作用于前后车轮上的制动力应与施加在前后轮上的铅垂载荷成正比。因而不能直接如上所述方式实施制动功率控制（详见第 14 章）。峰值电源最大 SOC 控制流程如图 9.4 所示。

这一控制策略的主要任务是尽可能地应用发动机为车辆的主动力源，当车速高于设定值后不再进入单独电动机牵引状态。该控制策略将力求使通过电动机和峰值电源转化的发动机能量最小，从而减少发动机能量传递损耗。然而当峰值电源处于满电状态且车辆载荷较小时，发动机将降低节气门开度以应对较低的载荷功率需求。此时，发动机处于低效率运行状态。

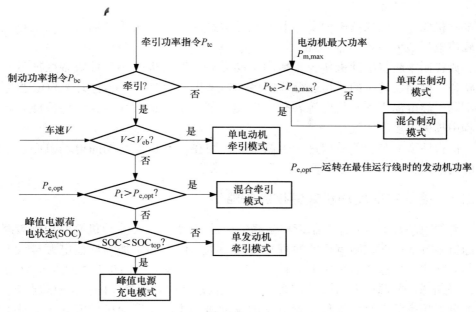

图 9.4 峰值电源最大 SOC 控制流程图

9.2.2 发动机起停控制策略

当车辆运行的功率需求低于发动机最佳运行效率下的输出功率，且峰值电源满电时，若仍采用峰值电源最大 SOC 控制策略，则发动机运行点将远离最佳效率区，因此车辆的整体效率将受影响。在这样的状态下可以应用发动机起停控制策略，此时发动机的工作状态由峰值电源荷电状态控制。发动机起停控制策略的具体流程如图 9.5 所示。

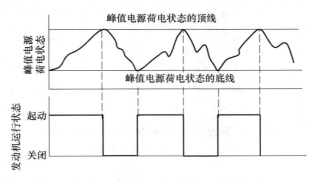

图 9.5 发动机起停控制策略示意图

在发动机运行期间实施峰值电源最大 SOC 控制策略，此时发动机始终运行在其最佳效率曲线上。而当峰值电源荷电状态到达其顶线时，发动机关闭，车辆仅由电动机驱动。当峰值电源荷电状态到达底线时，发动机重新启动，系统再次采用峰值电源最大 SOC 控制策略。

该控制策略将电动机作为车辆的主动力源。发动机运在最佳效率区或处于停机状态，因而发动机的平均运行效率将得到优化。但与峰值电源最大 SOC 控制策略不同，经电动机和峰值电源转化的发动机能量也被最大化，这将导致能量转换过程中损失更多的能量。

值得注意的是，若采用这一控制策略，则在发动机关闭期间电动机必须具有足够的输出功率，以满足车辆的峰值功率需求。

9.2.3 受约束的发动机起停控制策略

受约束的发动机起停控制策略是峰值电源最大 SOC 与发动机起停控制策略之间的折中方案。该控制策略的原理是将发动机起停控制添加到峰值电源最大 SOC 控制策略之中。这样当车速小于 V_{eb}，或需求牵引功率处于图 9.3 中的点 A、C 和 D 时，采用峰值电源最大 SOC 控制策略。但当需求牵引功率处于图 9.3 中的点 B，即需求牵引功率低于对应最佳运行效率的发动机功率时，发动机可能处于最佳节气门状态、部分节气门开度状态或关闭状态，这取决于峰值电源的荷电状态，该控制策略如图 9.6 所示。

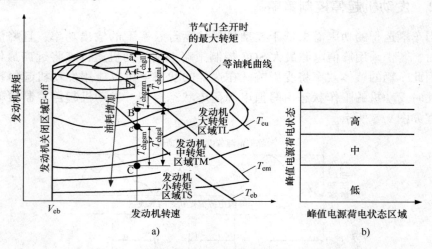

图 9.6 受约束的发动机起停控制策略的图解
a) 发动机工作区域 b) 峰值电源荷电状态区域

发动机的转矩或功率被分为三个特定的区域，即大转矩区域 TL、中转矩区域 TM 和小转矩区域 TS，如图 9.6a 所示。这三个转矩区域由转矩曲线 T_{el}、T_{em} 和 T_{es} 加以区分。此三条曲线可对应特定的三个节气门开度。图 9.6a 中还描绘了等油耗曲线。类似地，峰值电源荷电状态也被分为三个区域，即高 SOC、中 SOC 和低

SOC 区域，如图 9.6b 所示。基于实时转矩需求 T_L 和峰值电源荷电状态实现发动机控制，相应的控制策略如图 9.7 所示。

SOC \ 峰值电源	低	中	高
小转矩区域（点 C）	$T_e = T_b$ $T_{chgsl} = T_b - T_C$	$T_e = T_C$ $T_{chgsm} = T_C - T_C$	$T_e = 0$ $T_{chgsh} = 0$
中转矩区域（点 B）	$T_e = T_a$ $T_{chgml} = T_a - T_B$	$T_e = T_b$ $T_{chgmm} = T_b - T_B$	$T_e = T_B$ $T_{chgmh} = 0$
大转矩区域（点 A）	$T_e = T_a$ $T_{chgll} = T_a - T_A$	$T_e = T_A$ $T_{chglm} = 0$	$T_e = T_A$ $T_{chglh} = 0$

图 9.7 对应于不同转矩需求和不同峰值电源 SOC 的发动机转矩控制策略

其中，T_A、T_B 和 T_C 分别为图 9.6a 中 A、B、C 对应的大、中和小转矩需求；T_a、T_b、T_c 分别为点 a、b 和 c 对应的发动机输出转矩；T_{chgxx} 对应峰值电源充电转矩，其前一个下标 x 的 s、m、l 分别对应小转矩、中转矩和大转矩，其后一个下标 x 的 l、m、h 分别对应低、中、高荷电状态；T_e 对应发动机转矩。

如图 9.6a 中的点 A 所示，当需求牵引转矩处于区域 TL 之内时，若峰值电源荷电为中或高 SOC，则控制发动机输出转矩等于需求牵引转矩，此时发动机不输出额外转矩来给峰值电源充电。若峰值电源为低 SOC，则发动机输出更多转矩用来给峰值电源充电。此时控制发动机运行在由点 a 表征的最佳效率曲线上，相应的充电转矩为 T_{chgll}。

如图 9.6a 中的点 B 所示，当需求牵引转矩处于区域 TM 之内时，若峰值电源为高 SOC，则控制发动机输出转矩等于需求牵引转矩，此时发动机不输出额外转矩来给峰值电源充电。若峰值电源为中 SOC，则如图 9.6a 中的点 b 所示，发动机沿区域上限输出转矩来给峰值电源充电，此时用于峰值电源充电的转矩为 T_{chgmm}。若峰值电源为低 SOC，则为使峰值电源快速进入中 SOC，控制发动机运行在由点 a 表征的最佳效率曲线上，此时峰值电源的充电转矩为 T_{chgml}。

如图 9.6a 中的点 C 所示，当需求牵引转矩处于区域 TS 之内时，若峰值电源为高 SOC，则发动机关机，控制电动机单独驱动车辆。如果峰值电源为中 SOC，则如图 9.6a 中的点 c 所示，控制发动机沿区域上限输出转矩，此时用于峰值电源充电的转矩为 T_{chgsm}。若峰值电源为低 SOC，则为使峰值电源快速进入中 SOC，控制发动机运行在由点 a 表征的最佳效率曲线上，此时峰值电源的充电转矩为 T_{chgsl}。

图 9.7 总结了发动机所有转矩需求区域及峰值电源所有 SOC 时所对应的控制策略。

9.2.4 模糊逻辑控制技术

基于牵引转矩需求和峰值电源 SOC，通过应用模糊逻辑控制方法可进一步改进上述发动机及电动机控制策略。在模糊逻辑语言中，作为输入变量指令的牵引转矩需求和峰值电源 SOC 可由语言值描述为高（H）、中（M）和低（L）。作为输出变量的发动机输出转矩可被描述为高（H）、中（M）、低（L）和零值（Z）。类似地，电动机转矩可被描述为负高（NH）、负中（NM）、负低（NL）、零（Z）、正低（PL）、正中（PM）和正高（PH）。正转矩对应于牵引状态，负转矩对应于发电状态。控制准则类似于图 9.7 中的描述。模糊逻辑控制框图如图 9.8 所示。

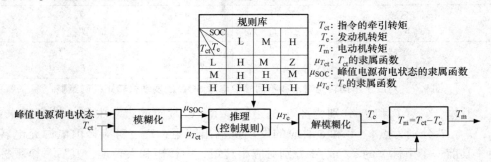

图 9.8 模糊逻辑控制框图

图 9.8 中，只有发动机转矩是基于峰值电源的 SOC 和需求转矩，通过模糊逻辑控制得出的。电动机转矩由需求牵引转和发动机转矩得出，即 $T_m = T_{ct} - T_e$。

由于这一控制策略对应的运行模式为需求牵引转矩 T_{ct} 小于发动机在其最佳效率曲线上所能提供的最大转矩（见图 9.3 中的点 B），故需求牵引转矩 T_{ct} 和发动机转矩 T_e 具有相同的边界，即从零到最大值。于是 T_{ct} 和 T_e 有同样的隶属函数。一种可能的隶属函数如图 9.9a 所示，而峰值电源 SOC 可能的隶属函数如图 9.9b 所示。求解模糊逻辑控制问题的标准处理方法将不在此处讨论，读者可参阅相关参考文献[7-11]。

必须指出的是，前面讨论的阈值或模糊逻辑控制策略需基于驱动系的运行经验及知识，而试验方法则是获得这些经验和知识的最佳方式。然而，这可能需要很长时间及相当高的成本付出。另一种有效的方法是使用模拟仿真技术，以迭代方式对控制参数进行标定，直至得到特定工况下的满意结果。这项仿真工作可能非常耗时，使用离线优化技术

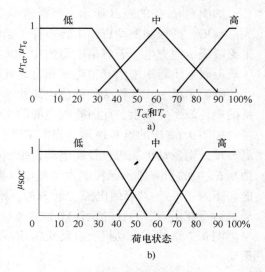

图 9.9 隶属函数

a) 牵引转矩需求 T_{ct} 和发动机转矩 T_e 的隶属函数

b) 峰值电源 SOC 的隶属函数

可能比基于模糊逻辑规则的迭代仿真更容易获得最优控制参数,动态规划即为离线优化技术之一[12,13]。

9.2.5 动态规划技术

应用动态规划技术的控制算法,其基本思想在于对混合动力电动汽车系统的动态特性进行研究优化,且该优化是针对时间范围,而不是针对瞬时过程而言的,也就是说,动态规划算法是针对整个行驶周期加以实施的。

与基于模糊逻辑控制规则的算法相反,动态优化方法通常依赖驱动系模型来获得最佳控制策略。该驱动系模型可以是解析模型,也可以是数值模型。对于一个给定的行驶循环,通过解决动态优化问题可以获得实现最佳燃料经济性的最优运行策略。这一动态优化问题现阐述如下。

在离散时间系统中,混合动力电动汽车驱动系的模型可以表示为

$$x(k+1) = f(x(k), u(k)) \tag{9.16}$$

式中,$u(k)$ 是关于控制变量的矢量,如发动机节气门开度、需求电动机转矩、变速器换档指令等;$x(k)$ 是关于系统状态变量的矢量,它是控制变量 $u(k)$ 的响应。优化的目标是在给定的行驶循环内找到最优控制输入量 $u(k)$,以使总油耗或总油耗和总排放的组合最小[14]。总油耗或总油耗和总排放的组合被定义为一个代价函数,使之趋于最小值。在以下表达式中,仅总油耗被计入代价函数,即

$$J = 燃油消耗 = \sum_{k=0}^{N-1} L(x(k), u(k)) \tag{9.17}$$

式中,N 是行驶循环的持续时长;L 是瞬时油耗,且 L 是系统状态 x 和输入 u 的函数。

在式(9.17)求极小值的过程中,必须满足某些约束条件,以保证所有运行参数都处在其有效变化范围之内,这些约束条件包括

$$\omega_{e,\min} \leq \omega_e \leq \omega_{e,\max} \tag{9.18}$$

$$0 \leq T_e \leq T_{e,\max} \tag{9.19}$$

$$0 \leq \omega_m \leq \omega_{m,\max} \tag{9.20}$$

$$T_{m,\min} \leq T_m \leq T_{m,\max} \tag{9.21}$$

$$SOC_{\min} \leq SOC \leq SOC_{\max} \tag{9.22}$$

式中,ω_e 是发动机转速,$\omega_{e,\min}$ 和 $\omega_{e,\max}$ 分别是给定发动机的最小和最大转速;T_e 是发动机转矩,它必须大于或等于零且小于或等于在相应转速下的最大转矩 $T_{e,\max}$;ω_m 是电动机转速,它定义在零到其最大值的范围内;T_m 是电动机转矩,$T_{m,\min}$ 是电动机最小转矩,它可能是工作在发电模式下的最大负向转矩;$T_{m,\max}$ 是在牵引条件下电动机的最大转矩;SOC 是峰值电源的荷电状态,它被约束在其底线 $SOC_{\min}$ 和顶线 $SOC_{\max}$ 范围内。为保持峰值电源的荷电状态(即在行驶循环结束时,峰值电源

SOC 不低于行驶循环开始时的 SOC），应为峰值电源 SOC 的最终状态增加一个约束条件。这样关于峰值电源 SOC 的一个终端软约束（二次惩罚函数）被添加到以下代价函数之中[12,13]：

$$J = 燃油消耗 = \sum_{k=0}^{N-1} L(x(k),u(k)) + G(x(N)) \qquad (9.23)$$

式中，$G(x(N)) = \alpha(SOC(N) - SOC_f)^2$ 表述了在行驶循环终端处与峰值电源 SOC 误差相关联的惩罚函数；SOC_f 是行驶循环终端处所期望的 SOC，可设为等于行驶循环开始处的 SOC；α 是权重因子。

众所周知，动态规划所需的计算量巨大，它随状态变量数呈指数规律增长[12,15]。因此需要简化车辆及其零部件的模型。为了输入/输出的映射和效率，可以将发动机、电动机、峰值电源和变速器等简化为可查表实现的静态模型。

Lin 等[12]和 Betsekas[15]给出了基于 Bellman 最优化原理求解上述优化问题的标准流程。该动态规划算法如下：

第 $N-1$ 步

$$J_{N-1}^*(x(N-1)) = \min_{u(N-1)}[L(x(N-1),u(N-1)) + G(x(N))] \qquad (9.24)$$

第 k 步，$0 \leq k < N-1$

$$J_k^*(x(k)) = \min_{u(k)}[L(x(k),u(k)) + J_{k+1}^*(x(k+1))] \qquad (9.25)$$

以上递归方程由 $N-1$ 步到零步递归求解。在给定的行驶循环中，需满足强制约束条件式（9.18）~式（9.22），即可求得优化问题的各个极小值解。

动态规划问题数值求解的标准方法是取离散值法和应用插值法[12,13,16]。首先把状态量和控制量数字化到有限的网格，在动态规划算法的每一步，仅在网格点上对函数 $J_k^*(x(k))$ 取值，若下一状态 $x(k+1)$ 没有恰好落在数字化的数值上，则利用插值法对式（9.25）中的 $J_{k+1}^*(x(k+1))$ 及式（9.24）中的 $G(x(N))$ 求值。

通过动态规划方法生成一个优化、时变且稳态反馈的控制策略，并将该策略储存在对应于每一个数字化状态和时间段的表格内，即 $u^*(x(k),k)$。然后在仿真中，该函数被用作稳态反馈控制器。值得注意的是，动态规划为所有可能的初始条件建立了一系列优化路径。在应用中，一旦初始荷电状态确定，在实现油耗最小化的同时，优化的控制策略将寻求到使循环结束时的 SOC 满足最终目标荷电状态 SOC_f 的一个优化途径。

虽然动态规划方法提供了在油耗最小化条件下的最优解，但由于优化策略需要预知车辆未来的车速和载荷信息，因此在实际行驶条件下并不能直接应用控制策略。然而，由动态规划方法所得到的解析优化策略能为如何改进燃油经济性提供帮助。图 9.10 所示为关于不同运行模式工作点的一个实例，可用于改进如上所述的基于模糊逻辑控制规则的控制策略。

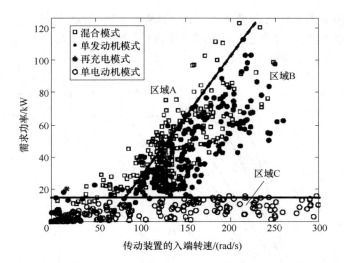

图 9.10 在 UDDSHDC 循环范围内应用动态规划优化的运行点[12]

9.3 驱动系的参数化设计

并联（转矩耦合）混合动力驱动系包括诸多关键参数，例如发动机功率、电动机功率、变速器传动比以及峰值电源的功率和能量容量等。这些关键参数会对车辆性能和运行效率产生显著影响。然而，在传动系设计的初始阶段，可以通过车辆性能要求对这些参数进行估算，并通过更为精确的仿真模拟加以优化。

在下面的章节中，给定一款乘用车用于驱动系初步设计，乘用车参数为：车辆质量 $M = 1500\text{kg}$；滚动阻力系数 $f_r = 0.01$；空气密度 $\rho_a = 1.205\text{kg/m}^3$；迎风面积 $A_f = 2.0\text{m}^2$；风阻系数 $C_D = 0.3$；驱动轮半径 $r = 0.2794\text{m}$；从发动机到驱动轮的传动效率 $\eta_{t,e} = 0.9$；从电动机到驱动轮的传动效率 $\eta_{t,m} = 0.95$。

9.3.1 发动机功率设计

发动机应能提供足够的功率，以保证车辆在没有峰值电源的协助下可以按规定匀速行驶于平坦或低坡度的路面上。同时，当车辆以频繁起停模式行驶时，发动机所能输出的平均功率应大于平均载荷功率。

当在平坦的或低坡度路面上规定的高速公路匀速行驶时，所需功率可以表示为

$$P_e = \frac{V}{1000\,\eta_{t,e}}\left(Mgf_r + \frac{1}{2}\rho_a C_D A_f V^2 + Mgi\right) \qquad (9.26)$$

图 9.11 所示为在平坦道路和 5% 坡度道路上，一辆 1500kg 乘用车的载荷功率与车速之间的关系。可以看出在平坦的道路上，维持 160km/h 的车速需要 43kW 功

率。图 9.11 还给出了配备多档变速器的 43kW 发动机的功率曲线。从图 9.11 还可以看出,在 5% 坡度的道路上,车辆在四档和三档时可以达到的最高车速分别约为 103km/h 和 110km/h。

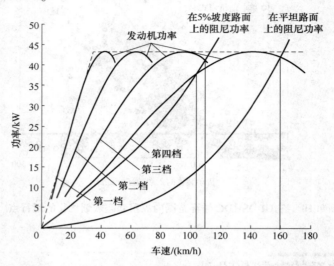

图 9.11　在平坦路面和 5% 坡路上匀速行驶所需的发动机功率

图 9.12 是在图 9.11 的基础上,增加了发动机与不同变速器档位匹配时的油耗图。此图可用于分析变速器档位对车辆的加速度、爬坡度和油耗等性能参数的影响(更多细节请参阅变速器设计部分)。

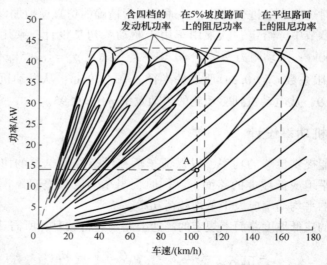

图 9.12　在平坦路面和 5% 坡度路面上匀速行驶所需发动机的功率(含各档发动机油耗)

上述发动机功率还应评估发动机的平均功率,判断其是否满足走走停停模式行驶时的平均功率需求。在一个行驶循环中，车辆的平均载荷功率可计算如下：

$$P_{ave} = \frac{1}{T}\int_0^T \left(Mgf_rV + \frac{1}{2}\rho_a C_D A_f V^3 + \delta M V \frac{dV}{dt} \right) dt \quad (9.27)$$

平均功率需求会根据再生制动所占的比例发生变化。两种极端情况分别是全再生制动和零再生制动。

全再生制动是设定制动过程中消耗的全部能量都可以回收，其平均功率可由式（9.27）算出，其中为负值的 dV/dt（减速过程）将会降低平均功率 P_{ave}。车辆无再生制动时的平均功率将大于全再生制动时的平均功率需求，即当瞬时功率小于零时，其被给定为零值。

图 9.13 所示为 1500kg 乘用车在一些典型循环工况下，对应全再生制动和零再生制动两种情况下的车速、瞬时载荷功率和平均功率的变化关系。

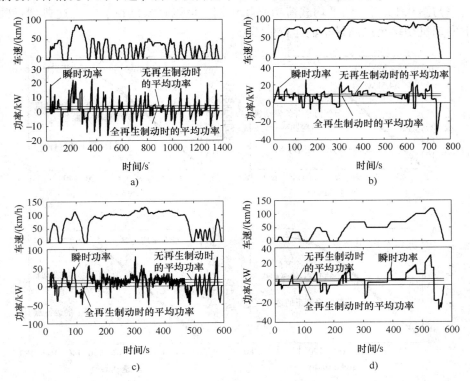

图 9.13 典型循环工况下对应于全再生制动和零再生制动时的瞬时功率和平均功率
a) FTP75 城市循环 b) 高速公路循环 c) US06 循环 d) ECE-15 循环

在设计发动机功率时，发动机所产生的平均功率必须大于图 9.13 所示的平均载荷功率。对于并联式混合动力驱动系，发动机通过机械方式与驱动轮相耦合，因此发动机转速随车速变化而变化。另一方面，节气门全开时的发动机功率也随着发动机转速变化而变化，换句话说，节气门全开时的发动机功率与车速相关联。

因而在行驶循环中,如何确定满足平均功率要求的发动机功率并不像串联式混合动力驱动系那么简单,串联式混合动力驱动系的发动机运行点可以确定不变。就节气门全开的发动机而言,发动机所能产生的平均功率可计算如下:

$$P_{\max,ave} = \frac{1}{T}\int_0^T P_e(V)\mathrm{d}t \tag{9.28}$$

式中,T 是行驶循环的总时间;$P_e(V)$ 是节气门全开时发动机的输出功率。当变速器的传动比给定时,如图 9.11 和图 9.12 所示,该功率是车速的函数。

在一些典型行驶工况中,节气门全开状态下发动机可能的工作点及其最大可能平均功率如图 9.14 所示,其中发动机最大功率为 43kW,配置单档(对应图 9.11 和图 9.12 中的第四档)变速器。若应用多档变速器,则发动机的最大平均功率将大于应用单档传动的情况,如图 9.11 和图 9.12 所示。将这些最大可能平均功率与图 9.13 所示的平均载荷功率相比较,可以得出结论:在上述典型行驶工况下发动机功率足以满足车辆运行的需要。

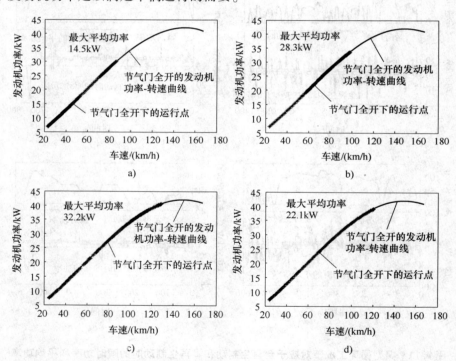

图 9.14 典型行驶循环中发动机的最大可能运行点及其最大可能平均功率
a) FTP75 城市循环 b) 高速公路循环 c) US06 循环 d) ECE-15 循环

9.3.2 传动装置设计

多档变速器可以有效增加驱动轮上来自发动机转矩的驱动力,特别是在低速到中速范围内更是如此（见图 9.11 和图 9.12）。在给定电动机功率的情况下，增加牵引力有利于缩短加速时间并增强爬坡能力。换句话说，较小的电动机额定功率即有可能满足给定的加速性能需求和爬坡能力需求。另一个好处是在驱动车辆之外的剩余发动机转矩可用于为峰值电源充电。因此，峰值电源的荷电状态可以迅速恢复到高位。然而多档传动装置增加了驱动系的复杂性，特别是对于必须增加换档控制部件的控制系统而言更是如此。

在实际应用中，需要仔细分析以决定应用单档还是多档变速器。如图 9.14 所示，前述乘用车例子在典型循环工况下配置单档变速器时，其最大平均发动机功率明显高于平均载荷功率，甚至在没有再生制动的情况下也是如此（见图 9.13）。因此，如果该发动机能够满足峰值电源的荷电状态可持续性，则认为配置单档传动的该发动机方案功率足够。然而如果限定必须使用功率较小的发动机，则应选择多档变速器方案。

不应期望多档变速器能够显著提升发动机运行效率。由图 9.12 可知，在大部分发动机转速情况下，发动机在最高档（图中的第四档）比低档时拥有更高的运行效率。然而就最高档而言，发动机无法稳定运行，因此需应用独立电动机驱动模式的低转速范围，这将大于其他传动比所对应的低转速范围。

9.3.3 驱动电动机的功率设计

在混合动力电动汽车中，电动机的主要功能是为驱动系提供所需的峰值功率。对于电动机的功率设计，车辆的加速性能以及在典型工况下的峰值载荷功率是其主要关注点[17]。

由于存在两个动力源，且两个动力源的峰值功率都与车速相关，因此由给定的加速性能直接计算电动机功率较为困难。一种有效的方法是根据给定的加速性能，首先估算电动机功率容量，随后通过迭代模拟得出最终的设计结果。

初始估算时可假设稳态载荷（滚动阻力和空气阻力）由发动机承载，而动态载荷（加速惯性载荷）由电动机承载。基于这一假设，车辆的加速性能直接与电动机输出转矩相关，其关系式为

$$\frac{T_m i_m \eta_{tm}}{r} = \delta_m M \frac{dV}{dt} \tag{9.29}$$

式中，T_m 是电动机转矩；i_m 是从电动机到驱动轮的传动比，此处假定为单档直驱方式；η_{tm} 是从电动机到驱动轮的传动效率；δ_m 是与电动机相关联的转动惯量系数（参见第 2 章）。

应用图 9.15 所示的电动机输出特性，以及给定的由零车速到最终车速 V_f 的加速时间 t_a，并参考第 5 章，电动机功率可以表示为

$$P_m = \frac{\delta_m M}{2\eta_{tm} t_a}(V_f^2 + V_b^2) \tag{9.30}$$

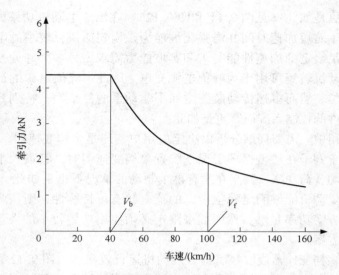

图 9.15 电动机驱动车辆的牵引力与车速的关系

对于前述 1500kg 重的乘用车，设定 $\delta_m = 1.04$，若要求最高速度为 160km/h，则电动机基速对应车速为 50km/h，从零速至 100km/h 的加速时间 $t_a = 10s$，电动机额定功率约为 74kW。

应该注意，以上电动机功率的估算结果会略高。其原因为，如图 9.11 和图 9.12 所示，实际上发动机可提供部分剩余功率用于辅助电动机共同驱动车辆加速。从图 9.16 中也能看出对电动机功率的估计过高，图中给出了车速、节气门全开时的发动机功率、阻尼功率（包括滚动阻力、空气阻力和传动装置中的功率损耗）在多档变速器和单档直驱下随加速时间的变化。

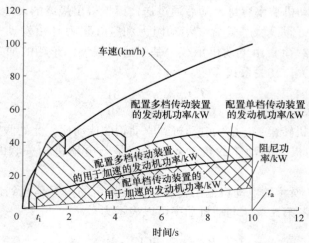

图 9.16 车速、发动机功率和阻尼功率与加速时间的关系

用于加速车辆的发动机剩余平均功率可以计算如下:

$$P_{e,a} = \frac{1}{t_a - t_i} \int_{t_i}^{t_a} (P_e - P_r) \, dt \tag{9.31}$$

式中,P_e 和 P_r 分别是发动机功率和阻尼功率。值得注意的是,传递到驱动轮的发动机功率与变速器档位和传动比相关。由图 9.11 和图 9.12 可以看出,多档变速器有效地增加了驱动轮的剩余功率,从而减少了加速所需的电动机功率。

图 9.16 所示为在加速过程中,分别配置了多档和单档变速器的发动机克服滚动阻力和空气阻力所需功率后的剩余功率。该图表明在加速过程中,对应于单档和多档传动装置分别约有 17kW 和 22kW 的发动机功率可用于辅助电动机。因而,对于单档传动,电动机的额定功率应为 74 - 17 = 57kW;对于多档变速器,电动机的额定功率应为 74 - 22 = 52kW。

当完成发动机和电动机的额定功率以及变速器类型的初步设计后,需进行更精确的计算以评估车辆性能。其主要包括最高车速、爬坡能力和加速性能。最高车速和爬坡能力可以从牵引力和阻力与车速的关系图中求得。应用第 2 章中讨论的方法即可描绘出该图。

图 9.17 所示为配置单档传动装置的乘用车设计实例。从图中可知,当车速约为 40km/h(A 点)时,该车最大爬坡能力约为 42%(22.8°)。当车速为 100km/h 时,全混合驱动、电动机单独驱动和发动机单独驱动模式下该车的爬坡能力分别为 18.14%(10.28°,点 B)、10.36%(5.91°,点 C)和 4.6%(2.65°,点 D)。发动机单独驱动模式下,由发动机功率点(点 E)可知最高车速约为 160km/h。若发动机和电动机的最高速度能更高,则混合牵引模式和电动机单独驱动模式下可能实现更高的最高车速。

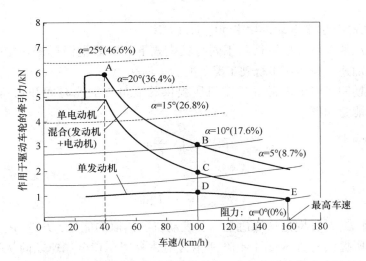

图 9.17 在斜坡路面上牵引力和阻力与车速的关系

图 9.18 所示为单档直驱乘用车实例的加速性能，由图中可以看出，当车辆由零车速加速到 100km/h 时，用时 10.7s，该过程行程为 167m。

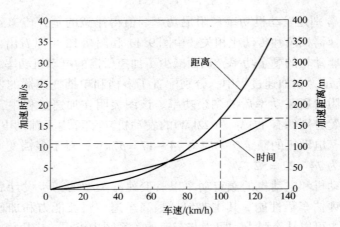

图 9.18　加速时间和距离与车速的关系

图 9.17 和图 9.18 给出了乘用车性能的计算结果，表明发动机和电动机功率容量的设计是合适的。

9.3.4　峰值电源设计

峰值电源设计主要包含其功率和能量参数的设计。功率容量设计较为简单，即峰值电源的端口功率必须大于电动机的输入功率

$$P_s \geqslant \frac{P_m}{\eta_m} \tag{9.32}$$

式中，P_m 和 η_m 分别是电动机功率和电动机效率。

峰值电源的能量容量设计与不同行驶模式下的电能量消耗密切相关，其中主要是全负载加速和典型城市行驶工况下的能量消耗。

在加速期间，峰值电源和发动机所提供的能量与加速时间和加速距离相关，二者提供的能量如下：

$$E_{pps} = \int_0^{t_a} \frac{P_m}{\eta_m} dt \tag{9.33}$$

和

$$E_{engine} = \int_0^{t_a} P_e dt \tag{9.34}$$

式中，E_{pps} 和 E_{engine} 分别是从峰值电源和发动机所提取的能量；P_m 和 P_e 分别是发动机和电动机所提供的功率。图 9.19 所示为前述乘用车在全加速期间从峰值电源和发动机中分别提取能量的实例。在最终车速达到 120km/h 时，约有 0.3kWh 的能量

来自峰值电源。

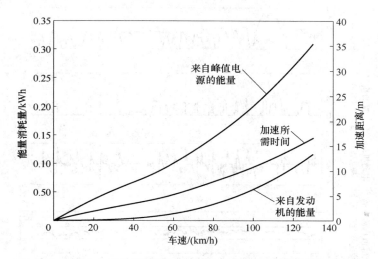

图 9.19　全加速期间从峰值电源和发动机中分别提取的能量

峰值电源的能量容量也必须满足在典型工况走走停停模式下的能量需求，即此过程中峰值电源能量不能完全放出。峰值电源中的能量变化可计算如下：

$$E_{\mathrm{var}} = \int_0^t (P_{\mathrm{pps,ch}} - P_{\mathrm{pps,disch}}) \mathrm{d}t \qquad (9.35)$$

式中，$P_{\mathrm{pps,ch}}$ 和 $P_{\mathrm{pps,disch}}$ 分别是峰值电源的瞬时充电功率和瞬时放电功率。当给定控制策略时，峰值电源的充放电功率可由驱动系在典型循环工况下的仿真得出，细节参见 9.4 节。

图 9.20 所示为前述乘用车实例在 FTP75 城市循环工况下行驶时，采取最大 SOC 控制策略时的仿真结果。可以看出，峰值电源的最大能量变化约为 0.11kWh，其值小于全负载加速时的能量变化值（0.3kWh）。因此可得，全负载加速时的能量消耗决定了峰值电源的能量容量。但这一结论仅适用于 FTP75 城市循环工况下采用最大 SOC 控制策略的场景，对于其他控制策略和典型工况，其结论可能有所不同。

事实上，并非所有储存在峰值电源中的能量都能用于向驱动系传递功率。在采用蓄电池组作为峰值电源的情况下，低 SOC 将严重限制其功率输出，同时会由于蓄电池内阻增加而导致其效率降低。在将超级电容器用作峰值电源的情况下，低 SOC 时端电压也较低，这会影响牵引电动机的性能。类似地，当采用飞轮为峰值电源时，低 SOC 意味着飞轮转速低，低飞轮转速同样会导致用作能量交换端口的电动机端电压低。因此只有部分储存在峰值电源中的功率可供使用。它可通过荷电状态或能量状态来表达。峰值电源的能量容量可计算如下：

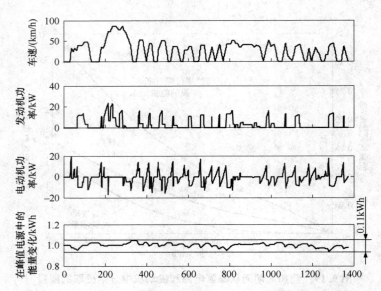

图9.20 FTP75城市循环工况下最大SOC控制策略的车速、发动机功率、电动机功率和峰值电源能量的变化曲线

$$E_{c,pps} = \frac{E_{dis,max}}{SOC_t - SOC_b} \tag{9.36}$$

式中，$E_{dis,max}$ 是峰值电源的最大许可放电能量；SOC_t 和 SOC_b 是峰值电源 SOC 的顶线和底线。在本例中，$E_{dis,max} = 0.3kWh$，假设峰值电源总能量的30%可用，则峰值电源的最小能量容量为1kWh。

9.4 仿真

当所有主要零部件都设计完毕之后，应通过应用仿真程序对驱动系进行仿真验证。在典型循环工况下的仿真过程可生成关于驱动系的大量有用信息。例如，发动机功率、电动机功率、峰值电源能量变化、发动机运行点、电动机运行点和油耗等特性。

图9.20所示为FTP75城市循环工况下，前述乘用车实例随时间变化的车速、发动机功率、电动机功率和峰值电源能量变化曲线。图9.21和图9.22所示分别为发动机和电动机的工作点。当发动机在车辆停止和制动期间熄火时，该例仿真得到的燃油经济性结果为每百公里油耗4.66L（或每加仑50.7mile）；若发动机在车辆停止和制动期间时维持怠速状态，则该例仿真得到的燃油经济性结果为每百公里油耗5.32L（或每加仑44.4mile）。

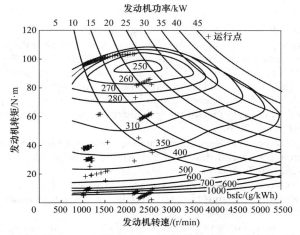

图 9.21　FTP75 城市循环工况下最大 SOC 策略的发动机工作点及油耗曲线仿真结果

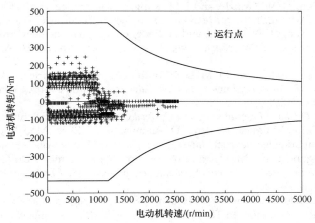

图 9.22　FTP75 城市循环工况下最大 SOC 策略的电动机工作点仿真结果

参考文献

[1] M. Ehsani, K. L. Butler, Y. Gao, K. M. Rahman, and D. Burke, Toward a sustainable transportation without sacrifice of range, performance, or air quality: The ELPH car concept, In *International Federation of Automotive Engineering Society Automotive Congress*, Paris, France, September/October 1998.

[2] M. Ehsani, Y. Gao, and K. Butler, Application of electric peaking hybrid (ELPH) propulsion system to a full-size passenger car with simulation design verification, *IEEE Transactions on Vehicular Technology*, 48(6), November 1999.

[3] Y. Gao, K. M. Rahman, and M. Ehsani, The energy flow management and battery energy capacity determination for the drive train of electrically peaking hybrid, *Society of Automotive Engineers (SAE) Journal*, Paper No. 972647, Warrendale, PA, 1997.

[4] Y. Gao, K. M. Rahman, and M. Ehsani, Parametric design of the drive train of an electrically peaking hybrid (ELPH) vehicle, *Society of Automotive Engineers (SAE) Journal*, Paper No. 970294, Warrendale, PA, 1997.

[5] C. Liang, W. Weihua, and W. Qingnian, Energy management strategy and parametric design

for hybrid electric military vehicle, SAE paper 2003-01-0086.
[6] P. Pisu and G. Rizzoni, A comparative study of supervisory control strategies for hybrid electric vehicles, *IEEE Transaction on Control Systems Technology*, 15(3), May 2007.
[7] H.-D. Lee and S.-K. Sul, Fuzzy-logic-based torque control strategy for parallel-type hybrid electric vehicle, *IEEE Transaction on Industrial Electronics*, 45(4), August 1998.
[8] G. Shi, Y. Jing, A. Xu, and J. Ma, Study and simulation of based-fuzzy-logic parallel hybrid electric vehicles control strategy, In *Proceedings of the Sixth International on Intelligent Systems Design and Application (ISDA'06)*, 2006.
[9] R. Langari and J.-S. Won, Intelligent energy management agent for a parallel hybrid vehicle—part I: System architecture and design of the driving situation identification process, *IEEE Transactions on Vehicular Technology*, 54(3), May 2005.
[10] R. Langari and J.-S. Won, Intelligent energy management agent for a parallel hybrid vehicle—part II: Torque distribution, charge sustenance strategies, and performance results, *IEEE Transactions on Vehicular Technology*, 54(3), May 2005.
[11] T. Heske and J. N. Heske, *Fuzzy Logic for Real World Design*, Annabooks, ISBN: 0-929392-24-8, 1996.
[12] C.-C. Lin, H. Peng, J. W. Grizzle, and J.-M. Kang, Power management strategy for a parallel hybrid electric truck, *IEEE Transactions on Control System Technology*, 11(6), November 2003.
[13] C.-C. Lin, J.-M. Kang, J. W. Grizzle, and H. Peng, Energy management strategy for a parallel hybrid electric truck, In *Proceedings of the American Control Conference*, Arlington, VA, June 25–27, 2001.
[14] C.-C. Lin, H. Peng, S. Jeon, and J. M. Lee, Control of a hybrid electric truck based on driving pattern recognition, In *Proceedings of the 2002 Advanced Vehicle Control Conference*, Hiroshima, Japan, September 2002.
[15] D. P. Betsekas, *Dynamic Programming and Optimal Control*, Athena Scientific, 1995.
[16] C.-C. Lin, Z. Filipi, L. Louca, H. Peng, D. Assanis, and J. Stein, Modeling and control of a medium-duty hybrid electric truck, *International Journal of Heavy Vehicle Systems*, 11(3/4), 2004.
[17] Y. Gao, H. Moghbelli, and M. Ehsani, Investigation of proper motor drive characteristics for military vehicle propulsion, *Society of Automotive Engineers (SAE) Journal*, Paper No. 2003-01-2296, Warrendale, PA, 2003.
[18] H-T. Ngo, K-B. Sheu, Y-C. Chen, Y-C. Hsueh, H-S. Yan, Design and analysis of a novel series-parallel hybrid transmission, In *The Proceedings of the JSME International Conference on Motion and Power Transmissions*, http://doi.org/10.1299/jsmeimpt.2017.10-04.
[19] X. Hu, N. Murgovski, L. Johannesson, B. Egardt. Energy efficiency analysis of a series plug-in hybrid electric bus with different energy management strategies and battery sizes. *Appl Energy*, 111, 2013, 1001–1009. http://dx.doi.org/10.1016/j.apenergy.2013.06.056.
[20] V. Sezer, M. Gokasan, and S. Bogosyan. A novel ECMS and combined cost map approach for high-efficiency series hybrid electric vehicles. *IEEE Transactions on Vehicular Technology*, 60.8, 2011: 3557–3570.
[21] R. M. Patil, Z. Filipi, and H. K. Fathy. Comparison of supervisory control strategies for series plug-in hybrid electric vehicle powertrains through dynamic programming. *IEEE Transactions on Control Systems Technology*, 22.2, 2014: 502–509.
[22] W. Shabbir, and S. A. Evangelou. Exclusive operation strategy for the supervisory control of series hybrid electric vehicles. *IEEE Transactions on Control Systems Technology*, 24.6, 2016: 2190–2198.
[23] S. Di Cairano, et al. Power smoothing energy management and its application to a series hybrid powertrain. *IEEE Transactions on Control Systems Technology*, 21.6, 2013: 2091–2103.
[24] H. Borhan, et al. MPC-based energy management of a power-split hybrid electric vehicle. *IEEE Transactions on Control Systems Technology*, 20.3, 2012: 593–603.
[25] M. Roche, W. Shabbir, and S. A. Evangelou. Voltage control for enhanced power electronic efficiency in series hybrid electric vehicles. *IEEE Transactions on Vehicular Technology*, 66.5, 2017: 3645–3658.

第10章 混联式（转矩和转速耦合）混合动力驱动系的设计和控制方法

如第6章所述，与串联式（电耦合）和并联式（单一转矩或转速耦合）混合动力驱动系相比，混联式（更准确地表述为转矩/转速耦合）混合动力驱动系具有一些优势。混联式驱动系中，在发动机和驱动轮之间实现了转矩和转速解耦，瞬时的发动机转矩和转速不受车辆的负载转矩和车速制约。因此发动机能以类似于串联式（电耦合）混合动力驱动系的方式运行在其高效率区域；另一方面，部分发动机功率可以直接传递到驱动轮，而无需其他形式的动力转换，这一优点与并联式（转矩或转速耦合）混合动力驱动系类似。

如图6.22～图6.24所示，混联式混合动力驱动系可以由行星齿轮机构和传动电动机等转速耦合装置组成，这些结构都具有相似的特性、设计和控制原理。本章将基于行星齿轮单元转速耦合装置（见图6.22），讨论混联式驱动系的结构和控制原理。关于商用混联式电动汽车的一个更为详尽的实例请参阅本书附录。

10.1 驱动系结构

10.1.1 转速耦合分析

混联式混合动力驱动系既包含转矩耦合，也包含转速耦合。众所周知的转矩耦合装置主要是齿轮耦合、链耦合或带耦合[4,5]。但是对读者而言，转速耦合装置较为陌生，也相对复杂。行星齿轮机构可用作转速耦合装置，其运行特性现详述如下。

机械行星齿轮单元结构如图10.1所示。它由以下几部分组成，即标记为 s 的太阳轮，标记为 r 的齿圈，标记为 p 的行星轮（通常采用三个或四个行星轮用于力平衡）和标记为 y 的行星架，行星架被铰接在行星齿轮的中心。

如第6章所述，太阳轮转速 n_s、齿圈转速 n_r 和行星架转速 n_y 之间的关系如下：

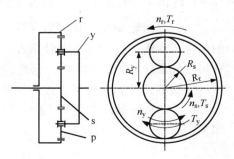

图10.1 应用于转速耦合装置的行星齿轮单元

$$n_y = \frac{1}{1+i_g}n_s + \frac{i_g}{1+i_g}n_r \tag{10.1}$$

式中，i_g 是如图 10.1 所示定义为 R_r/R_s 的传动比。转速 n_s、n_r、n_y 按图 10.1 所示旋转方向规定为正方向。定义 $k_{ys} = (1+i_g)$ 以及 $k_{yr} = (1+i_g)/i_g$，则式（10.1）可以进一步写成

$$n_y = \frac{1}{k_{ys}}n_s + \frac{1}{k_{yr}}n_r \tag{10.2}$$

若忽略在稳定运行状态下的能量损耗，则作用在太阳轮、齿圈和行星架上的转矩之间有以下关系：

$$T_y = -k_{ys}T_s = -k_{yr}T_r \tag{10.3}$$

式（10.3）表明，作用于太阳轮上的转矩 T_s 和作用于齿圈上的转矩 T_r 符号始终相同。换句话说，太阳轮和齿圈上的转矩方向始终相同。但作用于行星架上的转矩 T_y 的方向始终与 T_s 和 T_r 相反。式（10.3）还表明，因为总是有 $R_r > R_s$，即总是有 $i_g > 1$，所以可知 T_s 最小，T_y 最大，而 T_r 介于两者之间。这意味着作用在行星架上的转矩由作用在太阳轮和齿圈上的转矩所平衡。

当太阳轮、齿圈和行星架之中的某一个部件被锁定，也就是说行星齿轮单元的某一个自由度被约束时，行星齿轮单元即变成为一个单档传动装置（单输入和单输出）。在某部件被固定时，其各部件间的转速和转矩关系如图 10.2 所示。

被固定的部件	转速	转矩
太阳轮	$n_y = \frac{1}{k_{yr}}n_r$	$T_y = -k_{yr}T_r$
齿圈	$n_y = \frac{1}{k_{ys}}n_s$	$T_y = -k_{ys}T_s$
行星架	$n_s = -\frac{k_{ys}}{k_{yr}}n_r$	$T_s = \frac{k_{yr}}{k_{ys}}T_r$

图 10.2 当行星齿轮单元的某一个部件被固定时各部件间转速和转矩的对应关系

以行星齿轮单元为转速耦合装置时，混联式混合动力驱动系有如图 10.3 所示的多种工作模式。为降低对转矩容量的要求（相应地可以降低电动机/发电机的物理尺寸和重量），可以将电动机/发电机与行星齿轮单元的太阳轮相连接。发动机可以连接到行星架，也可连接到齿圈，如图 10.3a 和 b 所示。

在图 10.3a 所示设计结构中，发动机转矩和电动机/发电机转矩之间的关系如下：

$$T_e = -k_{ys}T_{m/g} \tag{10.4}$$

式中，T_e 和 $T_{m/g}$ 分别是发动机和电动机/发电机所产生的转矩，分别作用在行星架和太阳轮上，且两者方向相反。其中发动机运行在第一象限，电动机运行在第三

第 10 章 混联式（转矩和转速耦合）混合动力驱动系的设计和控制方法

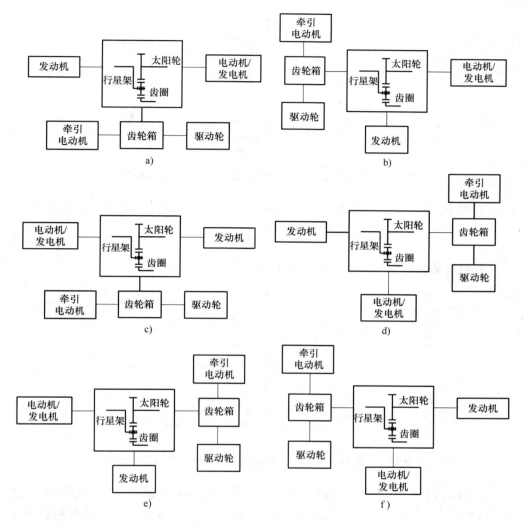

图 10.3 各种转矩和转速耦合的混合动力驱动系结构
a) 电动机/发电机连接太阳轮、驱动轮连接齿圈、发动机连接行星架
b) 电动机/发电机连接太阳轮、发动机连接齿圈、驱动轮连接行星架
c) 发动机连接太阳轮、驱动轮连接齿圈、电动机/发电机连接行星架
d) 驱动轮连接太阳轮、电动机/发电机连接齿圈、发动机连接行星架
e) 驱动轮连接太阳轮、发动机连接齿圈、电动机/发电机连接行星架
f) 发动机连接太阳轮、电动机/发电机连接齿圈、驱动轮连接行星架

象限和第四象限，如图 10.4 所示。由于在任何转速下，电动机/发电机都必须产生转矩来平衡发动机的最大转矩，因而电动机/发电机在其整个转速范围内必有一个恒定的最大转矩，同样如图 10.4 所示。

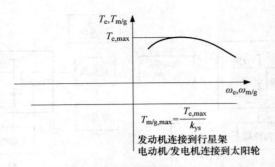

图 10.4　图 10.3a 所示发动机和电动机/发电机的运行区域

在图 10.3b 所示设计结构中，发动机转矩和电动机/发电机转矩之间的关系为

$$T_e = \frac{k_{yr}}{k_{ys}} T_{m/g} \tag{10.5}$$

此时发动机和电动机/发电机的运行区域如图 10.5 所示。

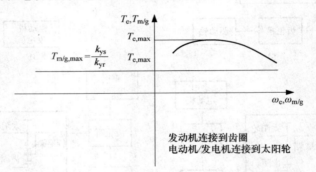

图 10.5　图 10.3b 所示发动机和电动机/发电机的运行区域

比较图 10.4 和图 10.5 两种结构可知，当发动机具有最大的输出转矩时，图 10.3a 和图 10.4 对应的设计方式所需的电动机/发电机转矩较小，且通过齿轮箱传递到驱动轮的齿圈转矩小于发动机转矩（类似于传统传动装置中的超速传动齿轮）。尽管如此，可以设计齿轮箱的传动比来满足牵引转矩的需求。下一节中将对此设计结构展开进一步讨论。

10.1.2　驱动系结构

图 10.6 所示为一种混联式（转矩/转速耦合）混合动力驱动系的详细结构[6]。本结构由行星齿轮单元组成转速耦合装置，将发动机和电动机/发电机连接在一起。发动机和电动机/发电机分别与行星架和太阳轮相连，齿圈通过齿轮 Z_1、Z_2、Z_4、Z_5 及差速器与驱动轮相连，牵引电动机通过齿轮 Z_3、Z_2、Z_4、Z_5 及差速器与驱动轮相连，再通过差速器将齿圈和牵引电动机的输出转矩耦合在一起。在这一

结构方案中，应用了一个离合器和两个锁止器。离合器用于实现发动机和行星架之间的相连或分离，锁止器 1 用来锁定或释放太阳轮以及电动机/发电机轴与车架之间的连接，锁止器 2 用来锁定或释放行星架与车架之间的连接。通过控制离合器、锁止器、发动机、电动机/发电机和牵引电动机，有多种运行模式可供应用。

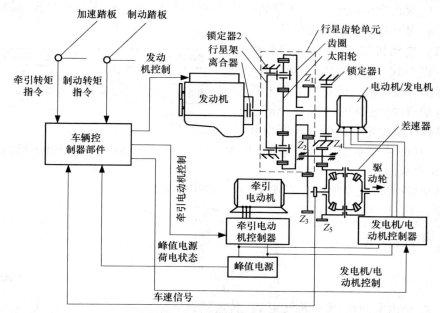

图 10.6　驱动系结构示意图

1. 转速耦合模式

在这一模式中，牵引电动机不参与工作。转速耦合方式共包含三种子模式。

（1）发动机单独牵引模式　离合器接合，使发动机与行星架相连接，锁止器 1 将太阳轮与车架锁定，电动机/发电机不工作。锁止器 2 将行星架脱开，能量流路径如图 10.7 所示。

此时，发动机单独向驱动轮提供转矩，发动机和驱动轮之间的转速关系为

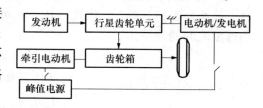

图 10.7　发动机单独牵引模式下的能量流

$$n_{dw} = \frac{k_{yr} n_e}{i_{rw}} \tag{10.6}$$

式中，n_{dw} 和 n_e 分别是驱动轮和发动机的转速；i_{rw} 是从齿圈到驱动轮的传动比，其表达式为

$$i_{rw} = \frac{Z_5 Z_2}{Z_1 Z_4} \tag{10.7}$$

式中，Z_1、Z_2、Z_4、Z_5 分别是齿轮 Z_1、Z_2、Z_4、Z_5 的齿数。

驱动轮和发动机之间的转矩对应关系为

$$T_{dw} = \frac{i_{rw}\eta_{yr}\eta_{rw}T_e}{k_{yr}} \tag{10.8}$$

式中，T_{dw} 是由发动机转矩 T_e 传递到驱动轮时的对应转矩；η_{yr} 是从行星架到齿圈的效率；η_{rw} 是从齿圈到驱动轮的效率。

（2）电动机/发电机单独牵引模式 在该模式下，发动机停止工作。离合器接合或分离，锁止器1将太阳轮和电动机/发电机的轴脱开，锁止器2将行星架锁定。此时，车辆由电动机/发电机单独牵引，其能量流如图10.8所示。

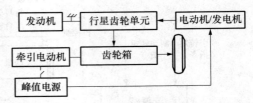

图 10.8 电动机/发电机单独牵引模式下的能量流

电动机/发电机和驱动轮之间的转速、转矩关系为

$$n_{dw} = -\frac{k_{yr}}{k_{ys}i_{rw}}n_{m/g} \tag{10.9}$$

和

$$T_{dw} = \frac{k_{ys}i_{rw}\eta_{sr}\eta_{rw}}{k_{yr}}T_{m/g} \tag{10.10}$$

式中，T_{dw} 是由电动机/发电机转矩 $T_{m/g}$ 传递到驱动轮上的牵引转矩；η_{sr} 是从太阳轮到齿圈的效率。应该注意的是，电动机/发电机必须运行在第三象限，即如图10.1所示，电动机/发电机应为负转速和负转矩。

（3）发动机和电动机/发电机转速耦合共同牵引模式 在该模式下，离合器接合，锁止器1和2脱开。由式（10.2）可知，驱动轮、发动机和电动机/发电机的角速度之间的关系如下：

$$n_{dw} = \frac{k_{yr}}{i_{rw}}\left(n_e - \frac{1}{k_{ys}}n_{m/g}\right) \tag{10.11}$$

相应的转矩关系如下：

$$T_{dw} = \frac{i_{rw}\eta_{yr}\eta_{rw}}{k_{yr}}T_e = \frac{k_{ys}\eta_{sr}^b\eta_{rw}}{k_{yr}}T_{m/g} \tag{10.12}$$

式中，b 是效率指数，当功率流方向为从电动机/发电机流向太阳轮，即 $n_{m/g} < 0$ 时，b 取 1；其他情况下 b 取 -1。式（10.11）意味着在给定车速下，可以通过调节电动机/发电机转速来控制发动机转速。式（10.12）表明，此时发动机转矩、电动机/发电机转矩和驱动轮上的负载转矩之间具有固定的比例关系，即当其中某一转矩发生变化时，会引起其他两个转矩的变化，从而使发动机和电动机/发电机的工作点改变。相关细节讨论见10.2节相关内容。

该模式下的能量流如图10.9所示。

第 10 章 混联式（转矩和转速耦合）混合动力驱动系的设计和控制方法

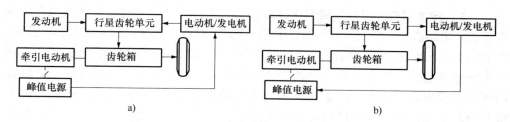

图 10.9 转速耦合模式下的能量流
a）电动机/发电机驱动 b）电动机/发电机发电

2. 转矩耦合模式

当牵引电动机工作时，其转矩可以施加到齿圈的转矩输出上，以形成转矩耦合模式。与转速耦合的三种模式相对应，当牵引电动机工作在电动和发电模式下时，可组成六种基本操作模式。

（1）发动机牵引外加牵引电动机电动 该模式与一般的并联式混合动力牵引模式相同，其能量流如图 10.10 所示。

（2）发动机牵引外加牵引电动机发电 该模式与一般的混合动力驱动系工作时，发动机为峰值电源充电的模式相似，其能量流如图 10.11 所示。

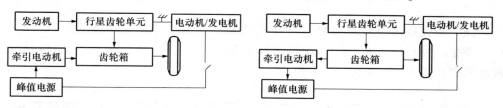

图 10.10 并联牵引模式下的能量流　　图 10.11 并联峰值电源充电模式下的能量流

（3）电动机/发电机牵引外加牵引电动机驱动 该模式与转矩耦合模式中的模式（1）类似，但发动机被电动机/发电机取代，其能量流如图 10.12 所示。

（4）电动机/发电机牵引外加牵引电动机发电 该模式与转矩耦合模式中的模式（2）类似，但发动机被电动机/发电机取代。这种模式可能并不实用，因为电动机/发电机的能量从峰值电源开始循环，最终又通过电动机/发电机和牵引电动机返回到峰值电源，如图 10.13 所示。

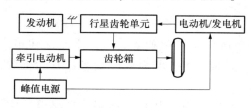
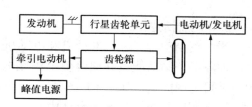

图 10.12 并联双牵引模式下的能量流　　图 10.13 电动机/发电机牵引外加峰值电源充电模式下的能量流

（5）转速耦合牵引外加牵引电动机驱动　该模式使用了转速与转矩耦合的全部功能。电动机/发电机有两种可能的运行状态，即驱动和发电，如图10.14所示。图10.14a所示运行状态适用于高车速的情况。此时发动机转速可限定在稍高于其中等转速的范围，以免过高的发动机转速导致运行效率过低。电动机/发电机会向驱动系提供动力以支持高车速需求。类似的，图10.14b中的运行状态可用于低车速的情况。此时发动机可运行在稍低于其中等转速的范围，以免过低的发动机转速导致其运行效率变低。电动机/发电机工作在发电模式，并吸收部分发动机功率。

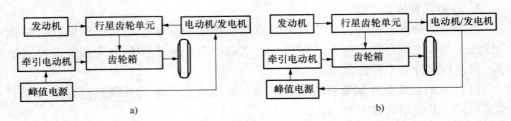

图10.14　转速耦合牵引外加牵引电动机驱动模式下的能量流
a）牵引电动机驱动　b）牵引电动机发电

（6）转速耦合牵引外加牵引电动机发电　该模式与转矩耦合模式中的模式（5）类似，发动机和电动机/发电机运行于转速耦合模式，此时牵引电动机运行在发电模式，该过程如图10.15所示。

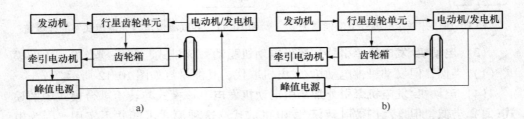

图10.15　转速耦合牵引外加牵引电动机发电模式下的能量流
a）电动机/发电机驱动　b）电动机/发电机发电

3. 再生制动模式

当车辆制动时，牵引电动机和电动机/发电机可以单独或共同产生制动转矩，从而回收部分制动能量并向峰值电源充电。此时，离合器为分离状态且发动机关闭，其可能的能量流如图10.16所示。

综上所述，在控制方案设计中并非所有的运行模式都真正适用，最终设计应取决于驱动系设计、行驶情况、主要部件的运行特性等。

第 10 章 混联式（转矩和转速耦合）混合动力驱动系的设计和控制方法

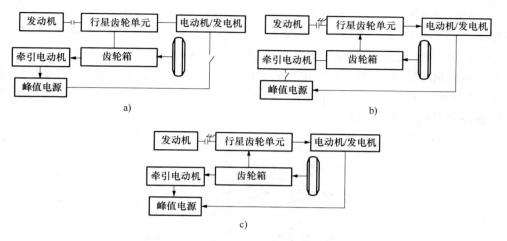

图 10.16 再生制动模式下的能量流
a）牵引电动机再生制动 b）电动机/发电机再生制动 c）两者共同再生制动

10.2 驱动系控制方法

10.2.1 控制系统

驱动系的控制部分如图 10.6 所示，整车控制单元（Vehicle Controller Unit, VCU）采集驾驶人加速踏板或制动踏板信息以获取牵引或制动转矩指令，并采集峰值电源 SOC 和车速等其他必要的运行信息。基于接收到的实时信息和 VCU 中预设的控制逻辑，VCU 产生控制信号，通过发动机节气门执行机构、电动机/发电机控制器、牵引电动机控制器、离合器执行机构和锁止器执行机构，实现发动机、电动机/发电机、牵引电动机以及离合器和锁止器的控制。

10.2.2 发动机转速控制方法

由式（10.11）可知，在已知车轮转速 n_{dw} 的情况下，通过控制电动机/发电机转速 $n_{m/g}$，可以实现发动机转速 n_e 的调节。但是，这一控制作用必须通过控制发动机节气门和电动机/发电机转矩来实现，其控制过程如图 10.17 所示。

如图 10.17 所示，假设发动机在工况点 a 工作，其转速为 $n_{e,a}$，转矩为 T_{e1}，节气门开度为 60°，此时电动机/发电机须产生转矩 $T_{m/g,1} = T_{e,1}/k_{ys}$（忽略损耗）来平衡发动机转矩。在电动机/发电机转矩固定且发动机转矩也因此固定的情况下，增加发动机节气门开度将使发动机转速增加，在节气门开度 $\theta = 70°$ 时发动机将运行于工况点 b。同样，减小发动机节气门开度将导致发动机转速降低，在节气门开度

$\theta=50°$时发动机将运行于工况点 c。发动机转速也可以通过改变电动机/发电机转矩来实现,如图 10.17 所示,在发动机节气门开度固定的情况下,降低电动机/发电机转矩(相应会降低发动机转矩)会使发动机转速增加,工作点从 a 变动到 e;增加电动机/发电机转矩会使发电机转速降低,工作点从 a 变动到 d。因此,通过瞬时控制发动机节气门开度或电动机/发电机转矩或同时控制两者,能够将发动机转速控制在其最佳转速范围内。

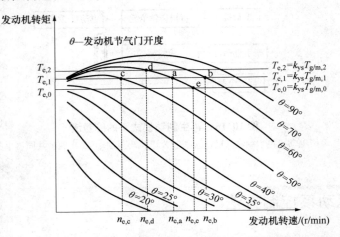

图 10.17 由发动机节气门和电动机/发电机转矩控制的发动机转速

10.2.3 牵引转矩控制方法

驱动轮上的牵引转矩是行星齿轮单元的齿圈和牵引电动机传递到驱动轮上的转矩之和,其表达式为

$$T_{tdw} = i_{rw}\eta_{rw}T_{ring} + i_{mw}\eta_{mw}T_{tm} \qquad (10.13)$$

式中,T_{tdw} 是作用在驱动轮上的总牵引转矩;T_{ring} 是行星齿轮单元上齿圈的转矩输出(由发动机和电动机/发电机共同输出);i_{rw} 和 η_{rw} 分别是从齿圈到驱动轮的传动比和传动效率;T_{tm} 是牵引电动机转矩;η_{mw} 和 i_{mw} 分别是从牵引电动机到驱动轮的传动效率和传动比,其中 $i_{mw}=(Z_2Z_5)/(Z_3Z_4)$,Z_2、Z_3、Z_4 和 Z_5 是相应齿轮的齿数(见图 10.6)。

作用于驱动轮上的总牵引转矩由驾驶人通过加速踏板来控制,由齿圈的输出转矩 T_{ring} 和牵引电动机的输出转矩 T_{tm} 共同组成。如前所述,T_{ring} 可以通过控制发动机节气门和电动机/发电机转矩使得发动机高效运转来获得。T_{ring} 和 T_{tm} 如何分配取决于驱动系控制策略,这将在 10.2.4 节讨论。

图 10.18 所示为在发动机节气门全开,且牵引电动机全负荷(当前电动机转速下的最大转矩)情况下的一个驱动系实例的仿真结果。在该仿真中,控制发动

第10章 混联式（转矩和转速耦合）混合动力驱动系的设计和控制方法

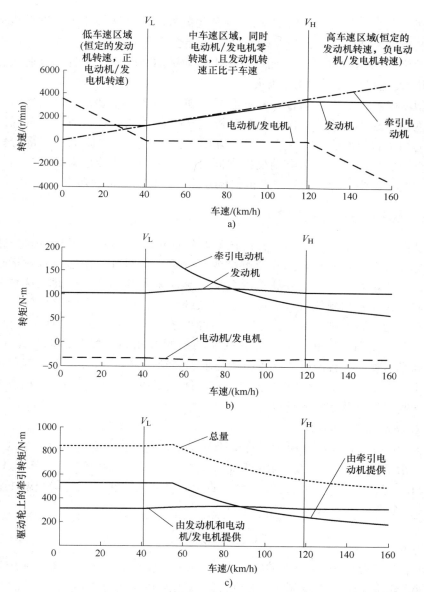

图10.18 在发动机节气门全开且牵引电动机全负载情况下发动机、牵引电动机、电动机/发电机和驱动轮的转矩和转速随车速的变化关系
a) 转速 b) 转矩 c) 驱动轮上的转矩

机转速，使其在低车速时以恒定的转速运转（本例中为1200r/min），并且电动机/发电机以正向转速运转。在中等车速时，将电动机/发电机与车架锁定，发动机转速随着车速增加（纯并联式或纯转矩耦合运行模式）而线性增加。在高车速时，控制发动机以较高的恒定转速运转（本例中为3500r/min），电动机/发电机以负向

转速运转（与发动机转动方向相反）。在前述的发动机转速控制下，发动机运转速度被限制在中速范围内，此时发动机效率可能会更高。值得注意的是，在中速范围内电动机/发电机不工作，从而可以利用发动机的高转矩，并且可以避免能量流过电动机/发电机所造成的能量损失。

类似于串联式（电气耦合）和并联式（机械耦合）驱动系，驱动轮上的最大转矩（对应于最大加速踏板位置、发动机节气门全开且牵引电动机全负载）决定了整车的加速和爬坡能力等性能。另一方面，在部分踩下加速踏板（部分负载需求）情况下，发动机或牵引电动机必须同时或单独降低其转矩来满足牵引转矩的要求。因此，需要一种控制策略来正确地分配动力源的总负载功率。

10.2.4 驱动系的控制策略

前述混合动力驱动系的独特属性在于其发动机转速和转矩可通过转速耦合和转矩耦合方式实现与驱动轮的完全解耦或部分解耦。同时，在选择有效运行模式方面，比串联式混合动力或并联式混合动力驱动系更为灵活。因此，这种驱动系在提高驱动系效率和降低排放方面具有更大的潜力，但其实际效果如何很大程度上依赖于驱动系的控制水平。由于存在多种可选择的运行模式，因此会有多种可选控制策略。然而，混联、串联和并联驱动系拥有相同的控制目标，即在满足：①始终满足驾驶人的转矩指令（牵引力需求和制动需求）；②始终保持峰值电源的 SOC 处于适当状态（如维持在 70% 左右且不能低于 30%）的前提下，拥有较高的整体燃油利用率以及较低的排放。

1. 发动机转速控制策略

如图 10.18 和图 10.19 所示，将车速范围分为低速、中速、高速三个区域。当车速低于给定速度 V_L 时，使用转速耦合模式以避免发动机转速过低。车速 V_L 取决于电动机/发电机转速为零转速时所允许的最低发动机转速（此时锁止器 1 将太阳轮锁定），车速可以表示为

$$V_L = \frac{\pi k_{yr} r_w n_{e,min}}{30 i_{rw}} \tag{10.14}$$

式中，$n_{e,min}$ 是系统允许的最低发动机转速，单位为 r/min；r_w 是车轮半径，单位为 m。

在低车速区域内，电动机/发电机必须以正向转速运行，由式（10.2）可知，该转速可以表示为

$$n_{m/g} = k_{ys}\left(n_{e,min} - \frac{30 i_{rw} V}{\pi k_{yr} r_w}\right) \tag{10.15}$$

式中，V 是车速，单位为 m/s（$V \leq V_L$）。

如式（10.3）所示，由电动机/发电机输出，并施加在太阳轮上的转矩方向与其转速方向相反。故此时电动机/发电机吸收发动机的部分功率并向峰值电源充电。若忽略损耗，则电动机/发电机轴上的功率可以表示为

第 10 章 混联式（转矩和转速耦合）混合动力驱动系的设计和控制方法

$$P_{m/g} = \frac{2\pi}{60}T_{m/g}n_{m/g} = \frac{2\pi}{60}T_e n_{e,\min} - \frac{i_{rw}}{k_{yr}r_w}T_e V \qquad (10.16)$$

式中，右侧第一项是发动机产生的功率，第二项是传递到驱动轮的功率。

当车速高于 V_L 但低于给定车速 V_H 时，电动机/发电机停止工作，太阳轮（对应电动机/发电机的轴）被锁定。驱动系在转矩耦合模式下运行，发动机转速与车速成正比。车速 V_H 取决于允许的最大发动机转速 $n_{e,\max}$，超过这一车速会降低发动机的运行效率。当车速高于 V_H 时，发动机转速保持恒定值 $n_{e,\max}$，并且电动机/发电机再次以负向转速开始工作来补偿发动机转速。V_H 可以表示为

$$V_H = \frac{\pi k_{yr} r_w n_{e,\max}}{30 i_{rw}} \qquad (10.17)$$

式中，$n_{e,\max}$ 是允许的最高发动机转速。

在中车速区域内，所有的发动机功率都被传输到驱动轮。

当车速高于 V_H 时，为保持发动机转速低于允许的最高发动机转速 $n_{e,\max}$，电动机/发电机必须按照与发动机转速相反的方向运转，其转速可以表示为

$$n_{m/g} = k_{ys}\left(n_{e,\max} - \frac{30 k_{ys} i_{rw} V}{\pi k_{yr} r_w}\right) \qquad (10.18)$$

式中，$V \geqslant V_H$。

此时，电动机/发电机处于电动状态，电动机功率可以表示为

$$P_{m/g} = \frac{2\pi}{60}T_{m/g}n_{m/g} = \frac{i_{rw}}{k_{yr}r_w}T_e V - \frac{2\pi}{60}T_e n_{e,\max} \qquad (10.19)$$

式中，右侧的第一项是传输到驱动轮的总功率，第二项是发动机产生的功率。此时电动机/发电机接收来自峰值电源的功率。

2. 牵引转矩控制策略

类似于并联式混合动力驱动系中的转矩（功率）控制，图 10.19 概念性地描述了如何根据驾驶人需求总牵引转矩实现发动机（电动机/发电机）和牵引电动机之间的牵引转矩分配，或者如何根据驾驶人需求实现牵引电动机和机械制动系统之间的制动转矩分配。

(1) 低车速区域 如上所述，当车速低于 V_L 时，发动机以特定转速 $n_{e,\min}$ 运行。此转速下，发动机在某一节气门开度下具有最佳燃料利用率，该工作点对应的发动机转矩在图 10.19 中标记为 1。此时发动机节气门开度可能接近其全开点。

点 A 表示驾驶人需求的牵引转矩，即大于发动机最佳节气门开度时可产生的发动机转矩（见图 10.19）。此时，发动机无法单独满足驾驶人转矩要求，需要牵引电动机加以辅助。此时发动机应该工作在最佳节气门开度，如图 10.19 中的点 B 所示。但牵引电动机所能产生的转矩取决于峰值电源的能量状态，当峰值电源 SOC 低于规定值 SOC_L（如 30%）时，峰值电源无法输出功率，此时牵引电动机的最大功率是如式（10.16）所示的电动机/发电机输出功率。若忽略损耗，则牵引电动

机的转矩可以表示为

$$T_{mt} = \frac{60}{2\pi} \frac{P_{m/g}}{n_{tm}} = \left(\frac{n_{e,min}}{n_{tm}} - \frac{i_{rw}}{k_{yr}i_{mw}}\right)T_e = \left(\frac{2\pi r_w}{60 i_{mw}} \frac{n_{e,min}}{V} - \frac{i_{rw}}{i_{mw}k_{yr}}\right)T_e \quad (10.20)$$

式中，i_{mw} 是从牵引电动机到驱动轮的传动比，如图 10.6 所示，可知 $i_{mw} = (Z_2 Z_5)/(Z_3 Z_4)$。

此时没有能量流入峰值电源或从峰值电源流出，行星齿轮单元、电动机/发电机和牵引电动机协同工作，该模式类似于电气可变传动控制方式（Electric Vehicle Traction，EVT）。

当峰值电源的 SOC 高于底线SOC_L，即峰值电源有足够的能量供给牵引电动机时，应控制牵引电动机产生转矩 T_{tm} 以满足要求的牵引转矩，如图 10.19 所示。此时峰值电源向牵引电动机供电。

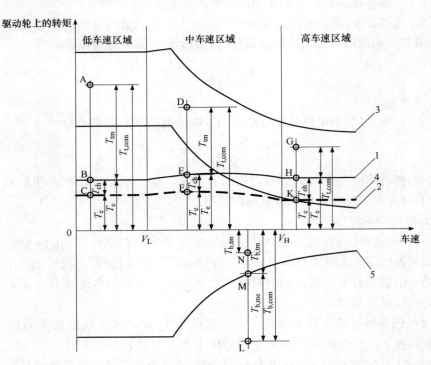

图 10.19 峰值电源最大 SOC 控制策略的图解说明

1—最佳节气门开度下的最大转矩所产生的牵引转矩　2—牵引电动机最大转矩所产生的牵引转矩
3—发动机和牵引电动机所产生的最大牵引转矩　4—部分节气门开度下的发动机所产生的牵引转矩
5—牵引电动机所产生的最大制动转矩

$T_{t,com}$—驾驶人需求的牵引转矩　T_e—发动机转矩所产生的牵引转矩
T_{tm}—牵引电动机所产生的牵引转矩　T_{ch}—用于峰值电源充电的等效牵引转矩
$T_{b,com}$—需求的制动转矩　$T_{b,tm}$—牵引电动机产生的制动转矩　$T_{b,me}$—机械制动产生的制动转矩

第10章 混联式（转矩和转速耦合）混合动力驱动系的设计和控制方法

如图10.19中的点B所示，当需求转矩$T_{t,com}$小于发动机最佳节气门开度对应转矩时，有多种发动机和牵引电动机运行方案可供选择。

1) 当峰值电源的SOC低于SOC_L时，发动机可以在最佳节气门开度（图10.19中的点B）以转速$n_{e,min}$运行，通过电动机/发电机的功率$P_{m/g}$和牵引电动机的转矩T_{ch}为峰值电源充电，如图10.19所示。

2) 当峰值电源SOC处于SOC_L和SOC_H之间时（$SOC_L < SOC < SOC_H$），可以控制发动机和电动机/发电机，使发动机以转速$n_{e,min}$运行并产生转矩来满足牵引转矩需求，牵引电动机停机（不工作），电动机/发电机向峰值电源充电。

3) 当峰值电源的SOC高于SOC_H时，发动机关闭，牵引电动机单独产生转矩以满足牵引转矩需求。

(2) 中车速区域 如图10.18和图10.19所示，当车速在V_L和V_H之间时，只能采用转矩耦合（传统并联式）模式，即锁止器1将行星齿轮单元的太阳轮（电动机/发电机轴）锁定。在这种模式下，发动机转速与车速成正比。基于牵引转矩需求和峰值电源SOC的发动机和牵引电动机控制策略与第9章中讨论的完全相同。

(3) 高车速区域 如图10.18和图10.19所示，当车速高于V_H时，发动机转速控制在其允许的最大值$n_{e,max}$。此时电动机/发电机工作在电动模式，从峰值电源获得能量并传输到驱动系，其驱动功率见式（10.19）。发动机转矩和牵引电动机的转矩基于牵引转矩需求和峰值电源能量状态进行控制和分配。

当需求的牵引转矩$T_{t,com}$（图10.19中的点G）大于发动机以转速$n_{e,max}$运行时最佳节气门开度对应的转矩，且峰值电源SOC低于SOC_L（意味着峰值电源无法支持电动机/发电机和牵引电动机以驱动模式运行）时，发动机会被迫以高于规定转速$n_{e,max}$的转速运行来输出更大的功率。此时有两种选择，一种是使用仅转矩耦合的发动机单独驱动模式，这与中车速区域的工作模式相同；另一种是控制发动机转速稍高于转矩耦合模式中车速对应的转速，即

$$n_e > \frac{30 i_{rw} V}{\pi k_{yr} r_w} \quad (10.21)$$

式中，右侧项为转矩耦合模式下车速V对应的发动机转速。这种情况下，电动机/发电机工作在发电模式，发电功率用于给牵引电动机供电来产生额外的牵引转矩，这种运行模式就是前面所说的电气可变传动控制模式（EVT）。

若峰值电源的SOC处于中高水平，即$SOC > SOC_L$，则控制发动机在最佳节气门开度（图10.19中的点H）以特定转速$n_{e,max}$运行。牵引电动机产生的转矩和发动机转矩共同满足牵引转矩需求。

若峰值电源SOC低于SOC_L，且系统需求的牵引转矩小于最佳节气门开度对应的发动机转矩（图10.19中的点K），则发动机运行于工况点K，且牵引电动机工作在发电模式为峰值电源充电。如果SOC处于中段区域（$SOC_L < SOC < SOC_H$），则牵引电动机可能会停止工作，由发动机单独驱动车辆；如果峰值电源的SOC处

于高水平（$SOC > SOC_H$），则需要关闭发动机，由牵引电动机单独驱动车辆。

3. 再生制动控制

与并联式驱动系控制类似，当需求的制动转矩大于牵引电动机在发电模式下可以产生的最大转矩时，将由牵引电动机再生制动以及机械制动共同实现制动转矩需求，其他情况下应只采用再生制动。相关的详细讨论见第 14 章。

应该注意的是，以上所讨论的控制策略仅适用于实际控制策略设计的初步指导。针对特定的设计约束、设计目标、组件特性和工作环境等需求，应采用更加仔细和透彻的研究。可以采用模糊逻辑、动态规划等更复杂和更精细的控制方法。此外，计算机仿真在设计优良控制策略的过程中非常必要。

10.3 驱动系参数设计

驱动系参数的设计原理，包括设计发动机功率、电动机功率以及峰值电源功率和峰值电源能量，与第 8 章和第 9 章中讨论的串联式和并联式驱动系参数设计非常相似，因此本章不作进一步讨论。但是，电动机/发电机的转矩和功率最大值设计需要进一步讨论。

从式（10.3）和式（10.4）以及图 10.5 可以看出，当发动机转速处于低于最低转速 $n_{e,\min}$ 或高于最高转速 $n_{e,\max}$ 的转速范围时，电动机/发电机的转矩要能够平衡发动机转矩，使发动机在接近节气门全开状态下工作。因此，电动机/发电机的转矩最大值将由低转速和高转速区域中的发动机最大转矩决定。但是，为了安全起见，电动机/发电机的转矩最大值建议设计为能够平衡发动机在其整个转速范围内的最大转矩。图 10.5 也表明，电动机/发电机应能够在整个转速范围内输出最大转矩，而不是仅在某个特定工作点输出最大值。因此，理想的转矩-转速特性应在整个转速范围内呈恒定转矩，可以表示为

$$T_{m/g,\max} = \frac{T_{e,\max}}{k_{ys}} \tag{10.22}$$

式中，$T_{e,\max}$ 是节气门全开时的最大发动机转矩。

从式（10.16）中可以看出，在零车速时电动机/发电机的发电功率最大，也就是说，发动机产生的所有功率都流向电动机/发电机。因此，电动机/发电机的最大发电功率为

$$P_{m/g,\max} = \frac{2\pi}{60} T_{e,\max} n_{e,\min} \tag{10.23}$$

类似的，式（10.19）还表明电动机/发电机的最大驱动功率发生在车速为 $V_{\max}$ 时，此时的驱动功率可以表示为

$$P_{m/g,\max} = \frac{i_{rw}}{k_{yr} r_w} T_{e,\max} V_{\max} - \frac{2\pi}{60} T_{e,\max} n_{e,\max} \tag{10.24}$$

10.4 车辆仿真实例

基于前述各节所讨论的设计和控制原理,对一辆1500kg的乘用车在FTP75城市循环工况和高速循环工况下进行了仿真分析,车辆参数见表10.1。

表 10.1 车辆参数

整车质量	1500kg
发动机功率	28kW
牵引电动机功率	40kW
电动机/发电机功率	15kW
轮胎滚动阻力系数	0.01
空气阻力系数	0.3
车辆迎风正面面积	$2.2m^2$

图10.20所示为在FTP城市循环工况下,车速、发动机功率、电动机/发电机功率、牵引电动机功率和峰值电源SOC的仿真分析结果。可以看出,由于车速较低,电动机/发电机始终工作在发电模式(负功率)。通过再生制动以及发动机为其充电(借助于电动机/发电机),峰值电源的SOC很容易保持在高水平,这可以确保峰值电源始终能够为驱动系提供足够的功率来进行加速。

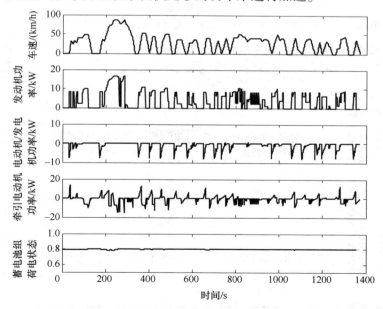

图 10.20 在FTP75城市循环工况下的车速、发动机功率、电动机/发电动机功率、牵引电机功率和峰值电源SOC变化情况

图10.21所示为发动机燃油消耗图上的发动机工作点。该图表明,发动机大部分时间在运行高效率区域。在轻载和峰值电源为高SOC时,发动机单独牵引模式

可能会导致一些发动机工况点远离其高效率区域。通过仿真可以得到在 FTP 城市循环工况下的车辆油耗为 5.88L/100km 或 40.2mkile/USgal。

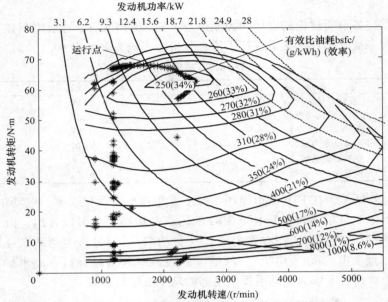

图 10.21　在 FTP75 城市循环工况下发动机油耗图上的发动机工作点

图 10.22 和图 10.23 所示为在 FTP75 高速循环工况下行驶的仿真结果。可以看

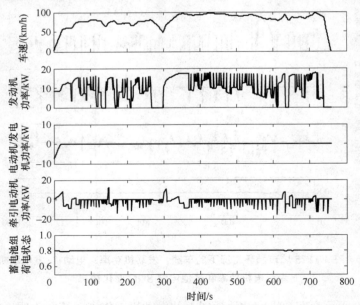

图 10.22　在 FTP75 高速循环工况下的车速、发动机功率、电动机/发电机功率、牵引电动机功率和峰值电源 SOC 变化情况

第10章 混联式（转矩和转速耦合）混合动力驱动系的设计和控制方法

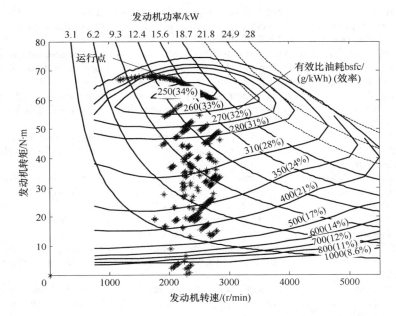

图 10.23 在 FTP75 高速循环工况下发动机油耗图上的发动机工作点

出，除了在循环开始的短时间外，电动机/发电机功率均为零，这意味着驱动系大部分时间都运行在纯转矩耦合模式下（太阳轮及其电动机/发电机被锁定）。仿真表明在 FTP75 高速公路循环工况下车辆的油耗为 4.96L/100km 或 47.7mile/USgal。

参考文献

[1] Y. Gao and M. Ehsani, A torque and speed coupling hybrid drive train—Architecture, control, and simulation. *IEEE Transactions on Power Electronics*, 21(3), May 2006: 741–748.

[2] C. C. Chan and K. T. Chau, *Modern Electric Vehicle Technology*, Oxford University Press, New York, 2001.

[3] I. Husani, *Electric and Hybrid Vehicles—Design and Fundamentals*, CRC Press LLC, New York, 2003.

[4] M. Ehsani, Y. Gao, and K. Butler, Application of electrically peaking hybrid (ELPH) propulsion system to a full-size passenger car with simulated design verification, *IEEE Transaction On Vehicular Technology*, 48(6), November 1999: 1779–1787.

[5] M. W. Nedunadi and D. Dardalis, A parallel hybrid drive train, *SAE*, SP-1466, Paper No. 1999-01-2928.

[6] K. Yamaguchi, S. Moroto, K. Kobayashi, M. Kawamto, and Y. Miyaishi, Development of a new hybrid system-duel system, *SAE*, SP-1156, Paper No. 960231, 1996.

[7] Y. Chen et al., Conceptual design and evaluation of a hybrid transmission with power-split, series, and two parallel configurations, *SAE International Journal of Alternative Powertrains* 6(1), 2017: 122–135.

[8] S. Lin, S. Chang, and B. Li, Gearshift control system development for direct-drive automated manual transmission based on a novel electromagnetic actuator, *Mechatronics*, 24(8), 2014: 1214–1222.

[9] E. Wang, D. Guo, and F. Yang, System design and energetic characterization of a four-wheel-driven series–parallel hybrid electric powertrain for heavy-duty applications, *Energy Conversion and Management* 106, 2015: 1264–1275.

[10] A. Zaretalab, V. Hajipour, M. Sharifi, and M. R. Shahriari, A knowledge-based archive multi-objective simulated annealing algorithm to optimize series–parallel system with choice of redundancy strategies, *Computers & Industrial Engineering* 80, 2015: 33–44.

[11] P. Zhang, F. Yan, and C. Du, A comprehensive analysis of energy management strategies for hybrid electric vehicles based on bibliometrics, *Renewable and Sustainable Energy Reviews* 48, 2015: 88–104.

[12] S. M. Mousavi, N. Alikar, and S. T. A. Niaki, An improved fruit fly optimization algorithm to solve the homogeneous fuzzy series–parallel redundancy allocation problem under discount strategies, *Soft Computing* 20(6), 2016: 2281–2307.

[13] A. Azadeh, B. Maleki Shoja, S. Ghanei, and M. Sheikhalishahi, A multi-objective optimization problem for multi-state series-parallel systems: A two-stage flow-shop manufacturing system, *Reliability Engineering & System Safety* 136, 2015: 62–74.

[14] J. Peng, H. He, and R. Xiong, Study on energy management strategies for series-parallel plug-in hybrid electric buses, *Energy Procedia* 75, 2015: 1926–1931.

[15] J. Peng, H. He, and R. Xiong, Rule based energy management strategy for a series–parallel plug-in hybrid electric bus optimized by dynamic programming, *Applied Energy* 185, 2017: 1633–1643.

[16] A. Ghayebloo and A. Radan, Superiority of dual-mechanical-port-machine-based structure for series–parallel hybrid electric vehicle applications, *IEEE Transactions on Vehicular Technology* 65(2), 2016: 589–602.

[17] X. Sun, C. Shao, G. Wang, L. Yang, X. Li, and Y. Yue, Research on electrical brake of a series-parallel hybrid electric vehicle, *2016 World Congress on Sustainable Technologies (WCST)* 2016: 70–75.

[18] K. Huang, C. Xiang, and R. Langari, Model reference adaptive control of a series–parallel hybrid electric vehicle during mode shift, *Proceedings of the Institution of Mechanical Engineers, Part I: Journal of Systems and Control Engineering* 231(7), 2017: 541–553.

[19] H. Wang, Y. Huang, A. Khajepour, and Q. Song, Model predictive control-based energy management strategy for a series hybrid electric tracked vehicle, *Applied Energy* 182, 2016: 105–114.

[20] H. Zhang, Y. Zhang, and C. Yin, Hardware-in-the-loop simulation of robust mode transition control for a series–parallel hybrid electric vehicle, *IEEE Transactions on Vehicular Technology* 65(3), 2016: 1059–1069.

第11章 插电式混合动力电动汽车的设计与控制原理

如前面章节所述，在由峰值电源提供功率的混合动力驱动系中，在一个完整行驶工况下的峰值电源净能耗应为零，即在行驶工况开始时的峰值电源能量水平应等于行驶工况结束时的能量水平。车辆行驶所需的能量全部来自于基本能量源，即内燃机的汽油或柴油，以及用于燃料电池的氢或氢基燃料。

在行驶过程中，峰值电源中的能量水平在一个有限窗口范围内波动。峰值电源的尺寸主要由功率而非能量容量决定，峰值电源的能量与功率之比一般在 0.05~0.1kWh/kW 的范围内，即若辅助电源的能量足以在特定功率下维持 0.05~0.1h，则认为其能量足够。因此，与其说峰值电源是能量储存装置，不如说它是能量缓冲装置，这也是其名称的由来。就当前趋势来看，超级电容器和高功率电池，或上述两者的组合，将会是最有前途的峰值电源，细节详见第 13 章。

插电式混合动力驱动系的设计是希望全部或部分利用峰值电源中储存的能量，以代替汽油、柴油和氢燃料等基本能量源。随着当前电池技术的成熟和发展，电池的储能特性得到了显著提高。但如果直接将高能量电池作为峰值电源使用则可能造成浪费。

第 6 章所讨论的结构都可以在插电式混合动力驱动系中应用，其与插电式混合动力驱动系的主要差异在于控制策略、能量储存设计，以及稍有不同的电动机功率设计。本章将重点介绍这三个部分。

11.1 每日出行里程统计

从公共电网向能量储存装置中输入能量来代替部分石油燃料，是插电式混合动力电动汽车（PHEV）的主要特征。究竟有多少石油燃料被电力所替代，取决于每次充电的电能（即能量储存装置的能量容量）、两次充电之间的总行驶距离（即通常的每日出行里程）和电功率使用特性（即行驶工况特性和控制策略）。为了实现能量储存系统的最优设计，需了解典型环境下的每日出行里程。

图 11.1 所示为每日出行里程分布和累计频率的柱状图，该图取自 1995 年全美个人交通调查数据[1,2]。本章参考文献 [1] 中应用累计频率或因数法统计了每日出行里程小于或等于特定行程情况下的天数所占总天数的百分比。图中表明约一

半左右的时间里，每日出行里程都不足64km（40mile）。这意味着若车辆在纯电动模式下能够行驶64km（40mile），则将有一半的行驶时间可行驶于纯电动模式。即使每日出行里程超出64km（40mile），也可采用纯电动模式来承担大部分行程，从而节省大量石油燃料。研究还表明，即使纯电动汽车行驶里程不足64km（40mile），例如只有32km（20mile），仍将有大量的石油燃料被电能所取代[1]。

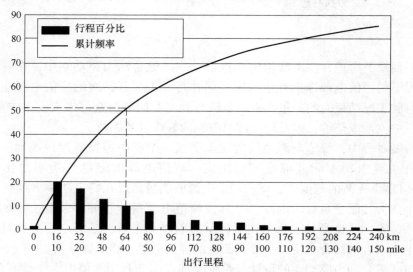

图11.1　每日出行里程分布和累计频率

11.2　能量管理策略

首先，引入插电式混合动力电动汽车的一些相关定义：

1）电能消耗（Charge Depleting，CD）模式。在该运行模式下，能量储存装置的SOC可能会波动，但平均SOC呈下降趋势。

2）电能维持（Charge Sustaining，CS）模式。在该运行模式下，能量储存装置的SOC可能会波动，但平均SOC在行驶过程中会维持在一定水平。

3）纯电动续驶里程（All Electric Range，AER）。完全充电后，在发动机首次起动之前，车辆在纯电动模式下行驶的总里程数（此过程中发动机关闭）。

4）电动汽车里程（Electric Vehicle Miles or Kilometers，EVM/EVKM）。完全充电后，在车辆达到电能维持模式之前，车辆用纯电动模式行驶的总里程（mile或km）数（此过程中发动机关闭）。

5）电能消耗里程（Charge Depleting Range，CDR）。完全充电后，在车辆达到电能维持模式之前，车辆行驶的总里程数。

应注意，电能消耗里程与电动汽车里程的区别在于，后者为纯电动模式的行驶里程，前者的行驶过程中发动机可能会参与工作；两者的共同点在于平均 SOC 都会减小至设定水平。

11.2.1 聚焦纯电动续驶里程的控制策略

这一控制策略的思想在于集中使用能量储存装置中的能量。

一种情况是允许驾驶人在电能维持模式和纯电动模式之间实施手动选择。这种设计对于车辆来说非常实用，驾驶人可以自由选择应用纯电动模式的时间，特别适用于在内燃机使用受到限制的区域。例如，在某次行驶过程中，某特定区域要求使用纯电动模式行驶，则驾驶人可以在进入该区域之前选择纯电动模式；而在其他地区，车辆可依据能量储存装置的状态和功率需求选择纯电动模式或电能维持模式。

在正常情况下，行程中不包含强制要求纯电动模式行驶的区域，驾驶人可以在行程开始时选择纯电动模式，以充分利用能量储存装置的能量来取代石油燃料；当能量储存装置的能量水平下降到一定值时，自动启动电能维持模式。

上述能量管理方法将整个行程清晰地划分为纯电动模式和电能维持模式，因此可应用前面章节中提到的应用于 EV 和 HEV 的设计和控制技术。当车辆为串联式混合动力结构时，其电动机、发动机和能量储存装置额定功率的设计过程几乎与电能维持模式相同。电动机功率用于保证加速和爬坡性能；发动机/发电机功率能够满足车辆在平坦或低坡度路面上以恒速行驶的需求；能量储存装置的功率应大于（或至少不小于）电动机功率与发动机/发电机功率的差值，但能量储存装置的可用能量应满足纯电动模式行驶的需要。当车辆为并联式或混联式混合动力结构时，其电动机功率应满足标准行驶工况的峰值功率要求。否则，车辆难于满足行驶工况的速度曲线要求，且与驾驶人的期望相比会有延迟。

在前述章节中已详细讨论了基于典型行驶工况的牵引功率计算方法，为方便读者，在此复述如下。

驱动轮上的牵引力需要克服滚动阻力、空气阻力、加速惯性力和爬坡阻力，牵引功率（kW）可以表示为

$$P_\mathrm{t} = \frac{V}{1000}\left(Mgf_\mathrm{r} + \frac{1}{2}\rho_\mathrm{a}C_\mathrm{D}A_\mathrm{f}V^2 + M\delta\frac{\mathrm{d}V}{\mathrm{d}t} + Mgi\right) \qquad (11.1)$$

式中，M 为车辆的质量，单位为 kg；V 为车速，单位为 m/s；g 为重力加速度，值为 9.81 m/s^2；ρ_a 为空气密度，值为 1.205kg/m^3；C_D 为车辆的空气阻力系数；A_f 为车辆正面迎风面积，单位为 m^2；δ 为转动惯量系数；dV/dt 为加速度，单位为 m/s^2；i 为路面坡度。在标准的行驶工况下，通常采用平坦路面。

图 11.2 所示为在 FTP75 城市循环工况下，车速以及驱动轮牵引功率与行驶距离间的关系曲线。计算中采用的车辆参数见表 11.1。

表 11.1 功率计算中采用的车辆参数

汽车质量/kg	1700
滚动阻力系数	0.01
空气阻力系数	0.3
车辆正面迎风面积/m²	2.2
转动惯量系数	1.05

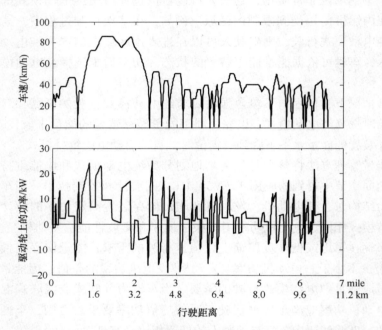

图 11.2 在 FTP75 城市循环工况下的车速和牵引功率关系曲线

由图 11.2 可以看出，驱动轮上牵引功率的峰值约为 25kW，考虑到能量传输过程中的损耗，在设计电动机输出功率时还应考虑从电动机输出轴到驱动轮之间的功率损耗。假定从电动机输出轴到驱动轮之间的效率为 90%，则电动机轴端的输出功率约为 28kW。应该注意的是，电动机功率设计还应与峰值功率的对应车速有关。本例中在车速为 50km/h (31.25mile/h) 时出现峰值功率需求，因此电动机功率设计时必须满足 50km/h 车速下具备输出峰值功率的能力。类似地，能量储存装置的功率设计也应考虑电动机、电力电子装置和传动中的功率损失。假定电动机和电力电子装置的效率分别为 0.85 和 0.95，则本例中能量储存装置的功率容量约为 34.7kW。

表 11.2 列出了在 FTP75 城市循环工况、FTP75 高速循环工况、LA92 循环工况和 US06 循环工况下电动机和能量储存装置的功率值。

表 11.2　典型行驶工况下电动机和能量储存装置的功率值

循环功率项	FTP75 城市循环工况	FTP75 高速循环工况	LA92 循环工况	US06 循环工况
电动机功率/kW	28	32	55	98
对应车速/(km/h)	50	72	57	98
能量储存装置功率/kW	35.7	39	68.5	121

将式（11.1）根据工况对行驶时间进行积分，即可得到驱动轮上的能量消耗，其结果如图 11.3 所示（未考虑再生制动）。当考虑电力电子装置、电动机和传动系中的能量损耗时，典型行驶工况下以纯电动模式分别行驶 32km 和行驶 64km，其能量储存装置中消耗的能量值见表 11.3。

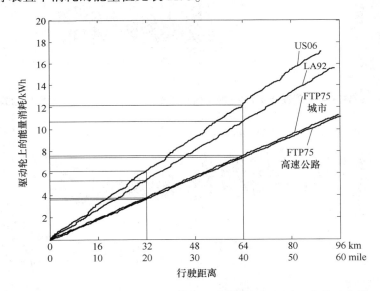

图 11.3　在典型行驶工况下驱动轮的能量消耗与行驶距离关系曲线

表 11.3　典型行驶工况下的能量消耗　　　　　　　　（单位：kWh）

行驶距离	FTP75 城市循环工况	FTP75 高速循环工况	LA92 循环工况	US06 循环工况
32km（20mile）	5.2	5.14	7.29	8.4
64km（40mile）	10.4	10.28	14.58	16.8

在车辆设计过程中，应根据实际需求选择恰当的行驶工况。US06 等循环工况对动力性能要求很高，设计时应考虑大功率电动机驱动系统以及相应的能量储存装置，以获得良好的车辆加速特性和爬坡能力。反之，FTP75 等工况较为平缓，只需要较小功率的电动机驱动系统和相应的能量储存装置，但同时也意味着车辆动力性能较为一般。

图 11.4 ~ 图 11.7 所示为在 FTP75 城市循环工况下车辆驱动系统的仿真结果，

使用的车辆参数见表 11.1。当能量储存装置充满电时,其总能量为 10kWh。仿真运行了九个循环工况,在开始时采用纯电动模式,当 SOC 下降至约 30% 时,开始启用电能维持模式。电能维持模式下的控制策略采用受约束的发动机起停控制策略(相关内容见 9.2.3 节)。在仿真过程中,还在能量储存装置的端口处增加了 400W 的恒定功率用于模拟其他辅助负载。

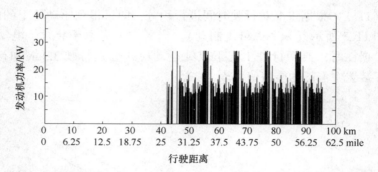

图 11.4 在 AER 模式下基于 FTP75 城市循环工况的发动机功率与行驶距离的关系曲线

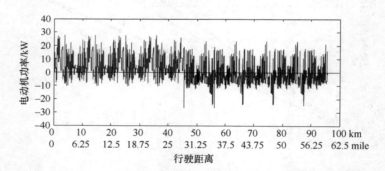

图 11.5 在 AER 模式下基于 FTP75 城市循环工况的电动机功率与行驶距离的关系曲线

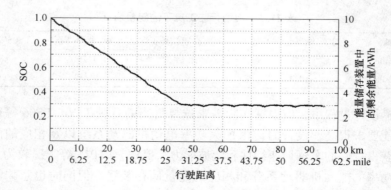

图 11.6 在 AER 模式下基于 FTP75 城市循环工况,能量储存装置的 SOC 和剩余能量与行驶距离之间的关系曲线

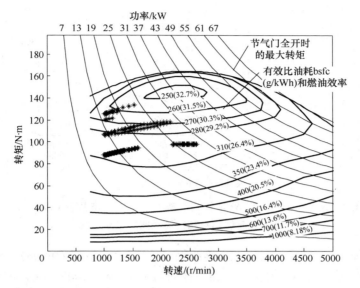

图 11.7 在 AER 模式下基于 FTP75 城市循环工况，油耗图上的发动机工作点

图 11.4 和图 11.5 所示分别为发动机功率和电动机功率与行驶距离间的关系。图 11.6 所示为能量储存装置中的 SOC 及其剩余能量与行驶距离之间的关系，以纯电动模式行驶约 32km（20mile）。图 11.7 在有效比油耗图上给出了发动机工作点。

图 11.8 和图 11.9 分别以公制和英制单位给出了燃油消耗及电能消耗的情况。从图中可以看出，当行驶距离小于四个循环工况（42.5km 或 26.6mile）时，车辆以纯电动模式运行，电能完全能够代替石油燃料；纯电动工况下总电能消耗约为 7.1kWh，相当于 15.5kWh/100km（4.05mile/kWh），如图 11.9 所示。随着行驶距离增加，电能维持模式所占的比例也随之上升，等效电能消耗的比例不断下降。

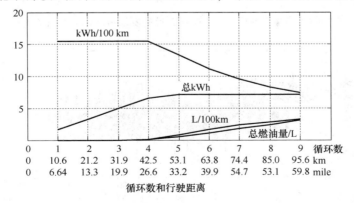

图 11.8 采用公制单位在 AER 模式下基于 FTP75 城市循环工况的燃油和电能消耗与循环数和行驶距离的关系曲线

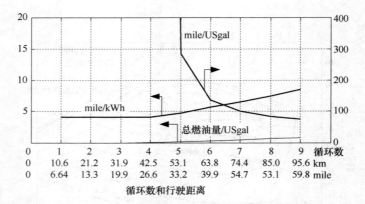

图11.9 采用英制单位在AER模式下基于FTP75城市循环工况的燃油和电能消耗与循环数和行驶距离的关系曲线

如图11.8和图11.9所示,对于九个连续循环工况(96km或60mile),燃油消耗约为3.2L/100km或74mile/USgal,电能消耗约为7.42kWh/100km或8.43mile/kWh。

针对LA92循环工况也进行了类似的仿真工作。其结果如图11.10~图11.15

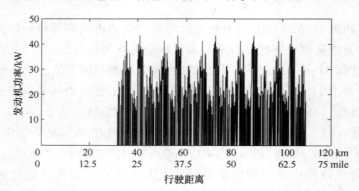

图11.10 在AER模式下基于LA92循环工况的发动机功率与行驶距离的关系曲线

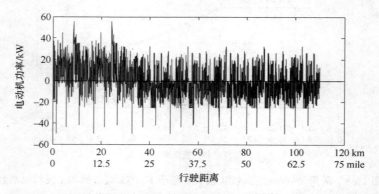

图11.11 在AER模式下基于LA92循环工况的电动机功率与行驶距离的关系曲线

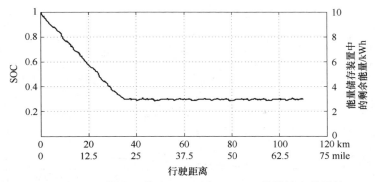

图 11.12 在 AER 模式下基于 LA92 循环工况，能量储存装置的 SOC 及其剩余能量与行驶距离的关系曲线

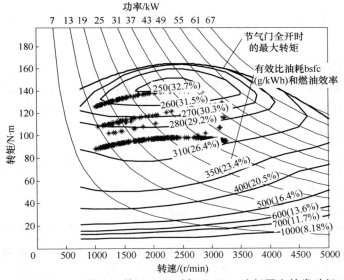

图 11.13 在 AER 模式下基于 LA92 循环工况，油耗图上的发动机工作点

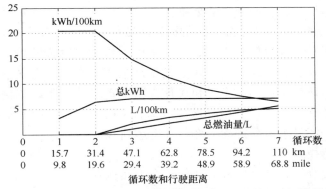

图 11.14 采用公制单位在 AER 模式下基于 LA92 循环工况的燃油和电能消耗与循环次数和行驶距离的关系曲线

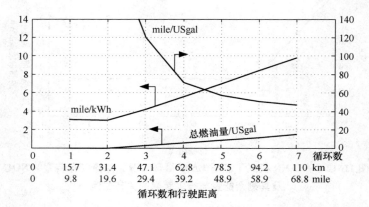

图 11.15 采用英制单位在 AER 模式下基于 LA92 循环工况的燃油和电能消耗与循环次数和行驶距离的关系曲线

所示。通过以上两种循环工况的比较可以得知，LA92 循环工况的车速更高且加速度更大，因此其纯电动模式的行驶里程较短，且 LA92 循环工况的燃油消耗和电能消耗均高于 FTP75 城市循环工况。

11.2.2 混合控制策略

与聚焦纯电动续驶里程的控制策略不同，混合控制策略在电能消耗（CD）模式下通过发动机和电动机共同工作实现牵引，当能量储存装置的 SOC 达到预设下限阈值时，车辆以电能维持（CS）模式运行。

在电能消耗模式下，发动机和电动机可以同时运行。因此电能消耗模式对应行程比纯电动模式下的对应行程更长，此过程中需要适当的控制策略来控制发动机和电动机，以满足负载需求。该过程中有多种控制策略可供选择，例如控制发动机和电动机交替驱动车辆（该过程中发动机不向电池充电），此时发动机始终在其最佳燃油经济区运行，该控制策略细节如下。

图 11.16 示意性地给出了发动机的运行区域。当整车需求转矩超出该运行区域上限时，控制发动机在该转矩上限运行，由电动机输出剩余转矩；当整车需求转矩位于发动机转矩运行区域内时，由发动机单独驱动车辆；当整车需求转矩低于发动机转矩运行区域下限时，发动机关闭，由电动机单独驱动车辆。这种控制策略使得发动机始终被约束在其最佳区域内运行。由于该过程中发动机不向电池充电，因此电池的能量水平会持续下降，直至达到 SOC 设定下限，此后驱动系统将工作在电能维持模式。

应用以上混合控制策略，将前文所述车型实例在连续九个 FTP75 城市循环工况下进行了仿真，其结果如图 11.17 ~ 图 11.22 所示。

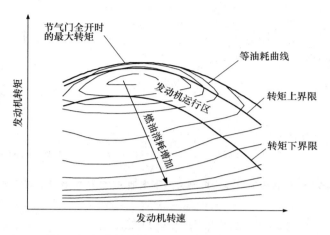

图 11.16 电能消耗模式下的发动机运行区域

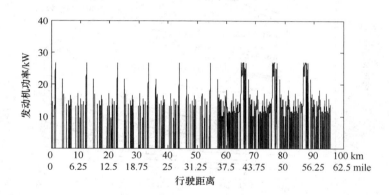

图 11.17 在 FTP75 城市循环工况混合控制策略下发动机功率与行驶距离的关系曲线

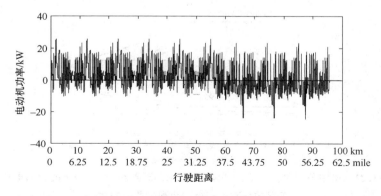

图 11.18 在 FTP75 城市循环工况混合控制策略下电动机功率与行驶距离的关系曲线

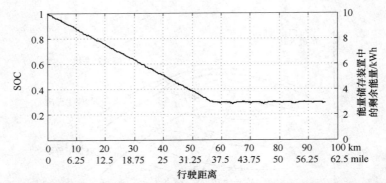

图 11.19 在 FTP75 城市循环工况混合控制策略下电池 SOC 和剩余能量与行驶距离的关系曲线

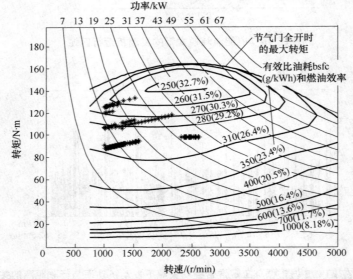

图 11.20 在 FTP75 城市循环工况下混合控制策略下重叠在其油耗图上的发动机工作点

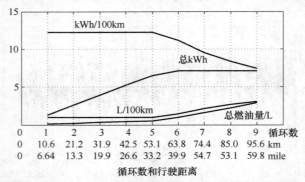

图 11.21 采用公制单位在 FTP75 城市循环工况混合控制策略下油耗和电耗与工况循环次数和行驶距离的关系曲线

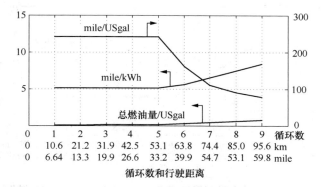

图 11.22　采用英制单位在 FTP75 城市循环工况混合控制策略下油耗和电耗与工况循环次数和行驶距离的关系曲线

类似地，应用以上混合控制策略，将前文所述车型实例在连续七个 LA92 工况下进行了循环仿真，其结果如图 11.23~图 11.28 所示。

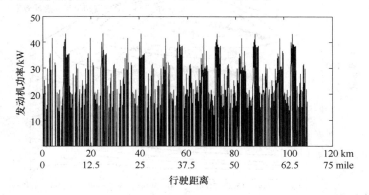

图 11.23　在 LA92 循环工况混合控制策略下发动机功率与行驶距离的关系曲线

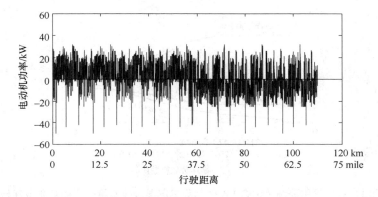

图 11.24　在 LA92 循环工况混合控制策略下电动机功率与行驶距离的关系曲线

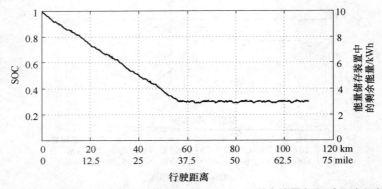

图 11.25 在 LA92 循环工况混合控制策略下电池 SOC 和剩余能量与行驶距离间的关系曲线

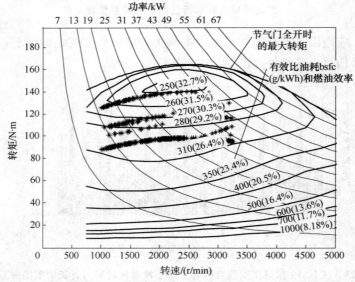

图 11.26 在 LA92 循环工况混合控制策略下重叠在其油耗图上的发动机工作点

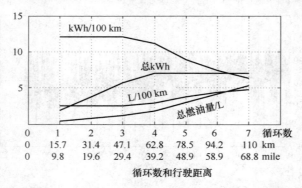

图 11.27 采用公制单位在 LA92 循环工况混合控制策略下油耗和电耗与工况循环数和行驶距离的关系曲线

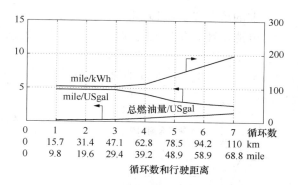

图 11.28 采用英制单位在 LA92 循环工况混合控制策略下油耗和电耗与工况循环数和行驶距离的关系曲线

应当注意的是，纯电动模式下的行驶里程主要由能量储存装置容量及进入电能维持模式时对应的 SOC 水平决定。而混合控制策略中的电能消耗模式对应的行驶里程，与驱动系统控制策略，特别是如图 11.16 所示的给定发动机运行区域相关。当发动机转矩区间的底线下移，即发动机运行区域加宽时，电能消耗模式下的行驶里程将会增加。然而，若两次充电间的行程距离较短（即低于电能消耗模式对应的行程）时，能量储存装置的 SOC 未达到下限，电池中仍保留有可用能量，燃油替代率较低。

11.3 能量储存装置设计

能量储存装置是插电式混合动力电动汽车最重要的部件之一，其与车辆性能、燃油消耗、燃油替代率、制造成本和运行成本密切相关。能量储存装置设计中最重要的参数是其能量和功率指标。类似于前面的讨论，通过仿真研究可得出能量储存装置中的可用能量 E_{usable}，而能量储存装置中的总能量 E_c 可以通过以下计算获得：

$$E_c = \frac{E_{usable}}{SOC_{top} - SOC_{bottom}} \tag{11.2}$$

式中，E_{usable} 是能量储存装置中可用于纯电动模式或电能消耗模式中的可用能量；SOC_{top} 是能量储存装置完全充满时对应的 SOC（通常等于 1）；SOC_{bottom} 是当运行模式从纯电动模式或电能消耗模式转换为电能维持模式时能量储存装置所对应的 SOC。

在前面的例子中，可用能量 E_{usable} 约为 7kWh（见图 11.6、图 11.8、图 11.12、图 11.14、图 11.19、图 11.21、图 11.25 和图 11.27），SOC 工作变化范围为 0.7（从 1 到 0.3），其总能量容量约为 10kWh。

应该注意的是，电池的放电深度（Depth of Discharge，DOD）与电池寿命密切相关。图 11.29 所示为电池循环寿命与放电深度变化的对应关系[5,6]。假设每天进行一次深度放电，对整车 10 至 15 年的使用寿命来说，总共需要 4000 多次的深度充电。由图 11.29 所示特性可知，镍氢电池采用 70% DOD，或锂离子电池采用 50% DOD 可能是恰当的设计。

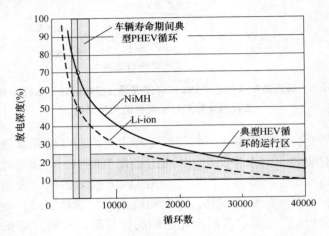

图 11.29　VARTA 能量储存技术的循环寿命特性

能量储存装置的功率需求完全取决于电动机功率需求，可以表示为

$$P_{es} \geq \frac{P_m}{\eta_m \eta_{pe}} \tag{11.3}$$

式中，P_m 是电动机轴上测得的电动机输出功率；η_m 和 η_{pe} 分别是电动机效率和电力电子装置的效率。这种设计要求能量储存装置及电动机系统能够在较低 SOC 下工作（如 30% SOC）。其原因是在电能维持模式下，能量储存装置将一直在类似的较低 SOC 下工作。

能量储存装置的能量/功率比是其适用性的有效度量指标。当能量储存装置的能量/功率比与需求数值相等时，能量储存装置的尺寸将达到最小。能量/功率比定义如下：

$$R_{e/p} = \frac{总能量}{SOC\ 工作区间的输出功率} \tag{11.4}$$

在上述仿真实例中，电池的总能量需求约为 10kWh，而电池 SOC 为 30% 时系统的需求功率约为 60kW，则电池 30% SOC 时的 $R_{e/p}$ 为 0.167。

图 11.30 所示为两种不同储能技术的能量/功率比与比功率的对应关系[5]。若在设计时给定的功率需求为 60kW，给定的能量/功率比为 0.2h，则当采用 Cobasys 的镍氢电池时，总重量将达到 129kg（60/0.465），总能量将达到 12kWh（0.2×60）；如果采用 SAFT 的锂离子电池，则总能量仍为 12kWh，而电池重量约降低为

56 千克（60/1.08）。

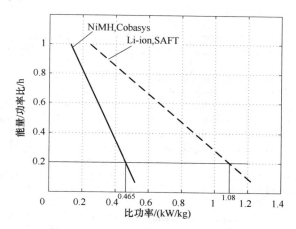

图 11.30　不同储能装置的能量/功率比与比功率的关系曲线

参考文献

[1] T. Markel, Plug-in HEV vehicle design options and expectations, *ZEV Technology Symposium, California Air Resources Board,* Sacramento, CA, September 27, 2006.

[2] A. Simpson, Cost–benefit analysis of plug-in hybrid electric vehicle technology, *Presented at the 22nd International Battery, Hybrid and Fuel Cell Electric Vehicle Symposium and Exhibition (EVS-22),* Yokohama, Japan, October 23–28, 2006.

[3] J. Gonder and T. Markel, *Energy management strategies for plug-in hybrid electric vehicles,* SAE Paper no. 2007-01-0290, Society of Automotive Engineers, Warrendale, PA, 2007.

[4] T. Markel and K. Wipke, Modeling grid-connected hybrid electric vehicles using ADVISOR, *The 16th IEEE Annual Battery Conference on Application and Advances,* January 9, 2001, Long Beach, CA, 2001.

[5] T. Markel and A. Simpson, Energy storage systems considerations for grid-charged hybrid electric vehicles, *Vehicle Power and Propulsion, 2005 IEEE Conference,* September 7–9, 2005.

[6] T. Markel and A. Simpson, Plug-in hybrid electric vehicle energy storage system design, to be presented at *Advanced Automotive Battery Conference,* Baltimore, MD, May 17–19, 2006.

[7] J. Kapadia et al., Powersplit or parallel - Selecting the right hybrid architecture, *SAE Int. J. Alt. Power.,* 6(1), 2017: 68–76.

[8] S. Zhang, R. Xiong, and F. Sun, Model predictive control for power management in a plug-in hybrid electric vehicle with a hybrid energy storage system. *Appl Energy,* 185, 2015: 1654–1662. http://dx.doi.org/10.1016/j.apenergy.2015.12.035.

[9] X. Wang, H. Hongwen, S. Fengchun, and Z. Jieli, Application study on the dynamic programming algorithm for energy management of plug-in hybrid electric vehicles. *In Energies,* 8(4), 2015: 3225.

[10] M. F. M. Sabri, K. A. Danapalasingam, and M. F. Rahmat, A review on hybrid electric vehicles architecture and energy management strategies. *In Renewable and Sustainable Energy Reviews,* 53, 2016: 1433–1442.

[11] C. Zheng, X. Bing, Y. Chenwen, and C. M. Chunting, A novel energy management method for series plug-in hybrid electric vehicles. *In Applied Energy,* 145, 2015: 172–179.

[12] M. Montazeri-Gh and M.-K. Mehdi, An optimal energy management development for various configuration of plug-in and hybrid electric vehicle. *In Journal of Central South University*, 22(5), 2015: 1737–1747.
[13] Z. Shuo and X. Rui, Adaptive energy management of a plug-in hybrid electric vehicle based on driving pattern recognition and dynamic programming. *In Applied Energy*, 155, 2015: 68–78.
[14] Z. Chen, X. Rui, W. Kunyu, and J. Bin, Optimal energy management strategy of a plug-in hybrid electric vehicle based on a particle swarm optimization algorithm. *Energies*, 8(5), 2015: 3661.
[15] C.-A. Andrea, O. Simona, and R. Giorgio, A control-oriented lithium-ion battery pack model for plug-in hybrid electric vehicle cycle-life studies and system design with consideration of health management. *In Journal of Power Sources*, 279, 2015: 791–808.
[16] P. Jiankun, H. Hongwen, and X. Rui, Study on energy management strategies for series-parallel plug-in hybrid electric buses. *In Energy Procedia*, 75, 2015: 1926–1931.
[17] P. Jiankun, H. Hongwen, and X. Rui, Rule based energy management strategy for a series–parallel plug-in hybrid electric bus optimized by dynamic programming. *In Applied Energy*, 185, 2017: 1633–1643.
[18] J. Carroll, M. Alzorgan, C. Page, and A. Mayyas, Active battery thermal management within electric and plug-in hybrid electric vehicles. *In SAE Technical Paper*, 2016.
[19] X. Hu, S. J. Moura, N. Murgovski, B. Egardt, and D. Cao. Integrated optimization of battery sizing, charging, and power management in plug-in hybrid electric vehicles. *IEEE Transactions on Control Systems Technology*, 24(3), 2016: 1036–1043.
[20] K. Dominik, S. Vadim, and J. Jeong, Fuel saving potential of optimal route-based control for plug-in hybrid electric vehicle. *In IFAC-PapersOnLine*, 49(11), 2016: 128–133.

第12章 轻度混合动力驱动系的设计

具有并联、串联或混联形式的全混合动力电动汽车，由于其发动机可以工作在高效区，且具备制动能量回收功能，因此可显著降低燃料消耗[1-3]。但高功率的配置需求会导致能量储存装置的体积和重量增加，这将使安装在底盘的驱动系变得复杂，降低了车辆负载能力，并且增加了轮胎上的能量损失。

全混合动力驱动系的结构与传统驱动系完全不同。若要从传统驱动系转换到全混合动力驱动系，则需要投入大量的时间和金钱，可行的思路是开发一种折中方案，该方案的开发难度较低，但效率比传统驱动系高。例如可在发动机后面放置一个小型电动机，以构成所谓的轻度混合动力驱动系。这种小型电动机可用作发动机起动机，也可用作发电机，当车辆需要高功率输出时可以为驱动系增加辅助功率，还可以将部分制动能量回收转换成电能。这种小型电动机还有可能可以替代离合器或液力变矩器，因为后者在转差率较高时工作效率较低。

由于轻度混合动力驱动系的电动机功率较小，因此无需大功率的能量储存装置，42V 电气系统即可基本满足要求。其他如发动机、变速器和制动器等为传统车辆中原有的子系统，不需要太大改变。

本章将介绍两种典型的轻度混合动力驱动系结构，并给出控制和参数化设计的实例。

12.1 制动和传动装置消耗的能量

如第14章所述，制动时会消耗大量能量，特别是在城市地区行驶的工况下。但如图14.6所示，正常行驶时的制动功率并不大[1,4]，较小型的电动机也足以回收大部分制动能量。

传统车辆的另一个能量损失来源是变速器。传统车辆通常配备自动变速器，特别是在北美地区比较常见。如图12.1所示，液力变矩器为自动变速器的基本部件，在转速比低（高转差率）时液力变矩器的

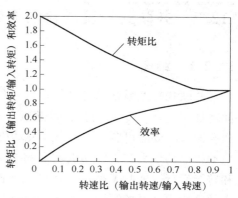

图 12.1 典型液力变矩器的工作特性

工作效率很低。

当车辆在城市行驶，处于反复起步停车的工况时，车辆的频繁起步加速导致变矩器中的转速比很低，因此整个系统处于低效率运行状态。图12.2所示为FTP75城市循环工况下典型自动变速器的工作效率。在该循环工况中，自动变速器的平均效率约为50%[5,6]。

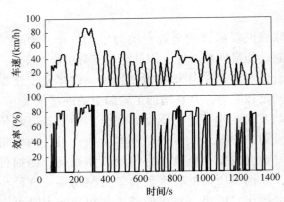

图12.2　FTP75城市循环工况下车速和自动变速器传动效率与时间的关系曲线

此外，在城市行驶时大量的停车和制动工况会导致发动机长时间处于怠速状态。在FTP75城市循环工况下，发动机的怠速时间约占44%，而在纽约市行驶时怠速时间甚至可达57%。当发动机为怠速时，不仅本身会消耗能量，还需要能量用来驱动变速器。例如，车辆处于停止状态时还需要约1.7kW的功率用来驱动自动变速器。

使用小型电动机取代变矩器以构成轻度混合动力驱动系，可有效降低自动变速器能量损失、制动能量损失和发动机怠速能量损失。

12.2　并联式轻度混合动力电驱动系

12.2.1　结构

并联式轻度混合动力电驱动系如图12.3所示。在发动机和自动多档变速器之间增加了一台小型电动机，可兼顾发动机起动机、发电机和牵引电动机的功能，离合器在必要时可脱开变速器与发动机（例如在换档期间和低速行驶期间）。小型电动机的功率大约为发动机功率的10%。由于可以平稳地控制电动机以任意转速和转矩运行，因此无需在电动机和变速器之间增加离合装置。电驱动系和各个分立部件由驱动系控制器和各部件控制器实现控制。

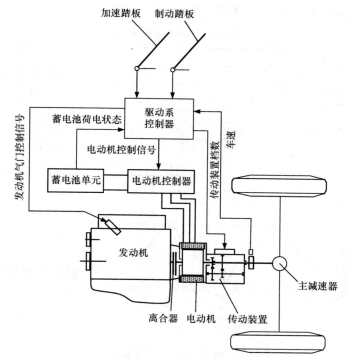

图 12.3　并联式轻度混合动力系统的驱动系结构

12.2.2　运行模式和控制策略

根据发动机和电动机的运行情况,轻度混合动力系统有以下多种工作模式:

1) 发动机单独牵引模式。在此模式下,电动机不工作,车辆仅由发动机驱动。该模式可应用于电池 SOC 较高且发动机能够独立满足功率需求的场合。

2) 电动机单独牵引模式。在此模式下,发动机不工作,离合器脱开,车辆仅由电机驱动。该模式可应用于低车速(如车速小于 10km/h)的场合。

3) 电池充电模式。在此模式下,电动机工作为发电模式,由发动机驱动电动机为电池充电。

4) 再生制动模式。在此模式下,发动机不工作,离合器脱开,电动机工作于再生制动模式并产生制动转矩。车辆的部分动能转换为电能并储存在电池中。

5) 混合牵引模式。在此模式下,发动机和电动机共同为车辆提供动力。

实际行驶过程中,具体使用哪种操作模式由功率需求(驾驶人通过加速踏板或制动踏板给出)、电池 SOC 和车速共同决定。

控制策略被预先设定在驱动系控制器中。驱动系控制器实时接收来自驾驶人和各分立部件的信号(见图 12.3),然后根据预设的控制逻辑实现每个部件的控制。推荐的控制逻辑如表 12.1 和图 12.4 所示[5]。

表 12.1 控制逻辑说明

行驶状况	运行控制
停车	发动机和电动机均停止运转
低速行驶（<10km/h）	电动机单独牵引
制动	再生制动
高功率需求（大于发动机输出功率）	混合牵引
中、低功率需求	根据电池 SOC，采用电池充电模式或发动机单独牵引模式（见图 12.4）

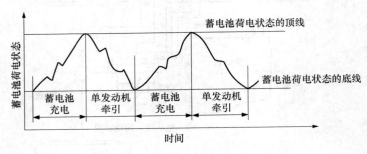

图 12.4 根据电池 SOC 确定工作模式

12.2.3 驱动系设计

轻度混合动力驱动系的设计与传统驱动系有许多相似之处，以下为 1500kg 乘用车的驱动系设计示例，车辆的主要参数见表 12.2。

表 12.2 轻度混合动力驱动系的主要参数

整车质量	1500kg
轮胎滚动阻力系数	0.01
空气阻力系数	0.28
车辆迎风正面面积	2.25m²
第一档传动比	2.25
第二档传动比	1.40
第三档传动比	1.00
第四档传动比	0.82
主减速比	3.50

与传统驱动系类似，将发动机峰值功率设定为 108kW。发动机的工作特性如图 12.5 所示。

在该设计实例中，设定电动机功率为 7kW，它可以作为发动机起动机或发电机，并辅助再生制动。图 12.6 所示为该电动机的转矩/转速和功率/转速特性曲线。

第 12 章 轻度混合动力驱动系的设计

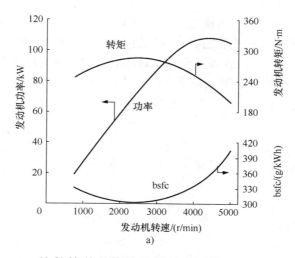

a)

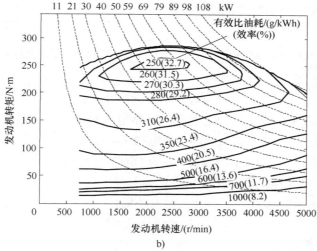

b)

图 12.5 发动机特性

a) 节气门全开 b) 油耗图

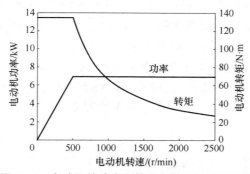

图 12.6 电动机的功率和转矩与转速的关系曲线

在该设计实例中，使用铅酸电池作为储能单元。由于技术成熟且成本低廉，故铅酸电池被广泛应用于汽车之中。与其他类型的常用电池相比[7]，铅酸电池具有相对较高的功率密度，因此较适合用于轻度混合动力电动汽车之中。

铅酸电池的工作特性如图 12.7 所示，其端电压对应电池的 SOC，并与电池的放电电流和放电时间相关，其关联特性的简易模型如图 12.8 所示。

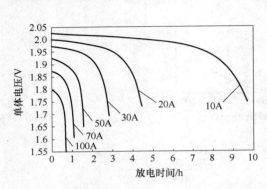

图 12.7　铅酸电池放电特性　　　　图 12.8　铅酸电池简易模型

放电过程中，电池端电压可以表示为

$$V_t = V_o(\text{SOC}) - [R_i(\text{SOC}) + R_c]I \qquad (12.1)$$

式中，$V_o(\text{SOC})$ 和 $R_i(\text{SOC})$ 分别是电池的开路电压和内阻，二者都是电池 SOC 的函数。R_c 是欧姆电阻。蓄电池接线端的放电功率可以表示为

$$P_t = IV_o(\text{SOC}) - [R_i(\text{SOC}) + R_c]I^2 \qquad (12.2)$$

负载端所能获得的最大功率为

$$P_{t\max} = \frac{V_o^2(\text{SOC})}{4[R_i(\text{SOC}) + R_c]} \qquad (12.3)$$

此时对应的放电电流为

$$I = \frac{V_o}{2[R_i(\text{SOC}) + R_c]} \qquad (12.4)$$

图 12.9a 所示为额定电压分别为 36V 和 12V 的电池（容量为 100Ah），其端电压和输出功率与放电电流的关系曲线。可以看出，36V 电池可以输出的最大功率约为 8.5kW，12V 电池可以输出的最大功率低于 3kW。

图 12.9b 表明 36V 电池在功率小于 7kW 时的放电效率超过 70%，而 12V 电池在功率小于 2.5kW 时具有相同的放电效率。对于本实例提出的轻度混合动力驱动系，42V 电气系统（36V 电池）可满足 7kW 电动机运行。

12.2.4　性能

因为与传统驱动系（如发动机和变速器等）的差异很小，所以预期轻度混合动力驱动系也具有相似的加速特性和爬坡性能。图 12.10 所示为 1500kg 轻度混合

第 12 章 轻度混合动力驱动系的设计

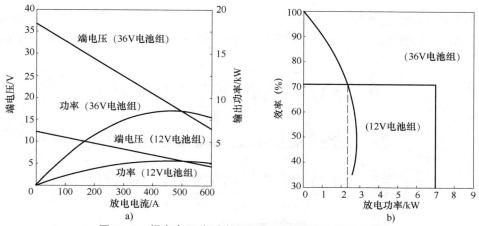

图 12.9 额定电压分别为 36V 和 12V 的电池特性曲线
a）电池功率和端电压随放电电流的变化曲线 b）电池放电效率

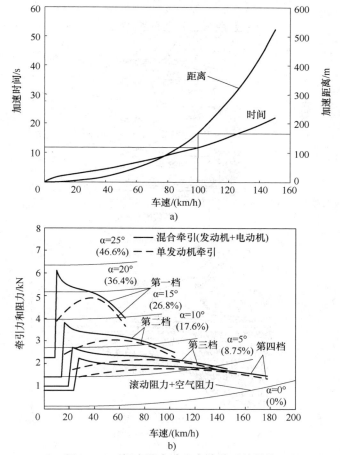

图 12.10 轻度混合动力电传动系统性能
a）加速性能与车速的关系曲线 b）牵引力与车速的关系曲线

动力乘用车的性能曲线。

图 12.11 所示为 1500kg 轻度混合动力乘用车在 FTP75 城市循环工况下的仿真

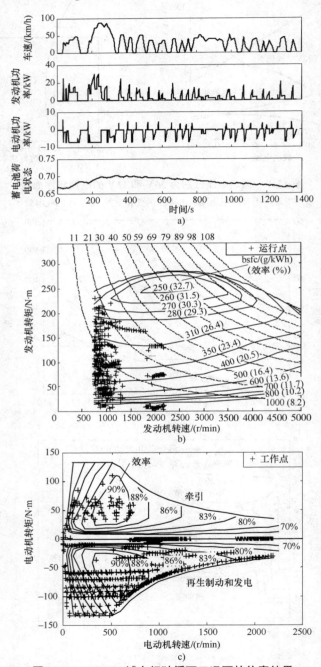

图 12.11 FTP75 城市行驶循环工况下的仿真结果

a) 车速、发动机功率、电动机功率、电池 SOC　b) 发动机油耗图、运行工况点　c) 电动机效率图和工作点

模拟结果。图 12.11b 表明,配置小型电动机的轻度混合动力驱动系并不能显著提高发动机工作效率,其原因是大多数时间发动机仍然工作在低负载区域。然而,由于消除了发动机怠速和低效率变矩器的影响,再结合再生制动功能,城市行驶过程中的总体燃油经济性得到显著提高。模拟结果显示,该 1500kg 乘用车的油耗为 7.01L/100km,相应传统车辆的模拟燃油消耗为 10.7L/100km,而丰田凯美瑞(整备质量 1445kg,四缸/2.4L/117kW 发动机,配备自动变速器)的燃油经济性约为 10.3L/100km[8]。上述仿真结果表明,采用轻度混合动力技术,油耗可降低 30% 以上。图 12.11c 所示为电动机效率图和工作点,表明电动机更多工作在发电状态而非牵引状态,以支持辅助设备用电载荷并保持电池 SOC。

图 12.12 所示为该车在 FTP75 高速循环工况下的仿真结果。与城市循环工况相

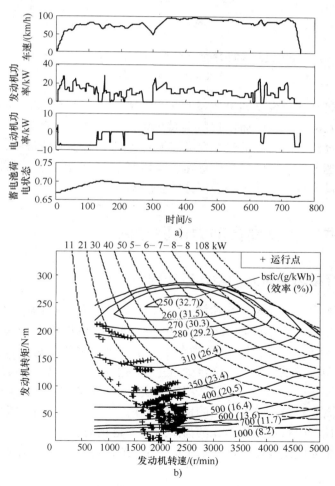

图 12.12　FTP75 高速循环工况下的仿真结果

a) 车速、发动机功率、电动机功率、电池 SOC　b) 发动机油耗图、运行工况点

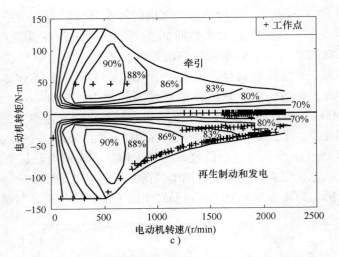

图 12.12 FTP75 高速循环工况下的仿真结果（续）

c）电动机效率图和工作点

比，由于车速较高，故发动机和电动机的转速都较高，轻度混合动力电动汽车的仿真油耗为 7.63L/100km，而丰田凯美瑞的油耗为 7.38 L/100km[8]。可见与传统车辆相比，轻度混合动力电动汽车在高速循环工况下的燃油经济性没有明显提高，其原因在于高速公路行驶时发动机怠速、车辆制动和传动装置中的能量损失较少，使用轻度混合动力技术改善燃油经济性的空间不大。

12.3 混联式轻度混合动力电驱动系

12.3.1 含行星齿轮单元的驱动系结构

图 12.13 所示为混联式（转速耦合和转矩耦合）轻度混合动力驱动系的结构，该驱动系通过行星齿轮单元将发动机、电动机和变速器连接在一起。这种结构与图 10.6 所示的结构非常类似，其区别在于本结构采用多档变速器代替了牵引电动机。其中，发动机通过离合器 1 连接到行星齿轮单元的行星架，离合器 1 用于将发动机与行星架连接或分离；锁止器 2 用于锁定行星架；电动机与太阳轮相连；离合器 2 用于实现太阳轮与行星架之间的耦合或分离；锁止器 1 用于将太阳轮和电动机转子锁定。变速器由行星齿轮单元的齿圈通过齿轮驱动。

行星齿轮单元的工作特性已于第 10 章中详细讨论过，此处为便于读者阅读再次进行介绍。

设太阳轮转速为 n_s，齿圈转速为 n_r，行星架转速为 n_y，三者之间满足以下关系式：

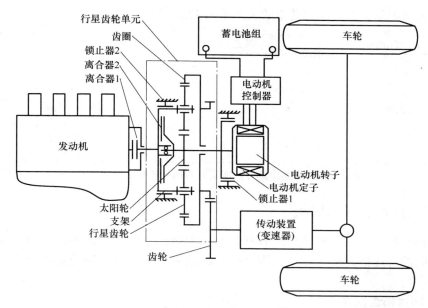

图 12.13　含行星齿轮单元的混联式轻度混合动力电驱动系

$$n_y = \frac{1}{1+i_g}n_s + \frac{i_g}{1+i_g}n_r \tag{12.5}$$

式中，i_g 是图 12.14 所示 R_r/R_s 定义的传动比；转速 n_s、n_r 和 n_y 的旋转正方向如图 12.14 所示；定义 $k_{ys} = (1+i_g)$ 和 $k_{yr} = (1+i_g)/i_g$，则式（12.5）可以进一步表示为

$$n_y = \frac{1}{k_{ys}}n_s + \frac{1}{k_{yr}}n_r \tag{12.6}$$

如果忽略在稳态工况下的能量损失，则作用在太阳轮、齿圈和行星架上的转矩满足以下关系式：

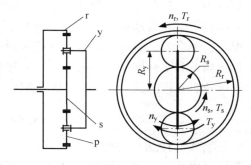

图 12.14　用于转速耦合的行星齿轮单元

$$T_y = -k_{ys}T_s = -k_{yr}T_r \tag{12.7}$$

式（12.7）表明，作用于太阳轮和齿圈的转矩二者方向相同，且与作用在行星架上的转矩方向相反。式（12.7）还表明，当 $i_g > 1$ 时，由于一般情况下 $R_r > R_s$，故太阳轮转矩 T_s 最小，行星架转矩 T_y 最大，齿圈转矩 T_r 大小居于二者之间。这意味着作用于行星架上的转矩与作用在太阳轮和齿圈上的转矩相平衡。

当太阳轮、齿圈或行星架三者之一被锁定，也就是行星齿轮单元的某个自由度被约束时，行星齿轮单元即变成一个单档传动装置（单输入和单输出）。在不同部件固定情况下，其转速与转矩的关系如图 12.15 所示。

被固定部件	转速	转矩
太阳轮	$n_y = \dfrac{1}{k_{yr}} n_r$	$T_y = -k_{yr} T_r$
齿圈	$n_y = \dfrac{1}{k_{ys}} n_s$	$T_y = -k_{ys} T_s$
行星架	$n_s = -\dfrac{k_{ys}}{k_{yr}} n_r$	$T_s = \dfrac{k_{yr}}{k_{ys}} T_r$

图 12.15　当某个部件被固定时转速和转矩之间的关系

12.3.2　运行模式及控制

如前文所述，混联式混合动力驱动系包含两种不同的工作模式，即发动机和变速器间的转速耦合模式和转矩耦合模式（取决于离合器和锁止器的接合或脱开状态）。

1. 转速耦合模式

当车辆从零速起步时，由于发动机不能以零转速运行，且变速器的传动比为有限数值，因此在传动装置的输入轴和输出轴之间必然存在转差。在应用手动变速器时，转差通常发生在离合器内部；在自动变速器中，转差通常发生在液力变矩器中。上述两种转差都会带来一定量的功率损失。然而，在图 12.13 所示的驱动系结构中，在发动机和电动机（对应行星架和太阳轮）之间存在转差。在这种情况下，离合器 1 将发动机输出轴连接到行星架，离合器 2 将行星架与太阳轮分离；锁止器 1 和 2 分别将太阳轮和行星架与车架分离。此时行星架转速和齿圈转速正比于车速，且按照式（12.6），电动机转速为

$$n_s = k_{ys}\left(n_y - \dfrac{n_r}{k_{yr}}\right) \tag{12.8}$$

当式（12.8）中的右边第一项大于第二项，即低车速行驶时，电动机转速为正；又由式（12.7）可知，电动机转矩为负，电动机转矩可以表示为

$$T_s = -\dfrac{T_y}{k_{ys}} \tag{12.9}$$

因此电动机功率为负，电动机运行在发电状态，其功率为

$$P_{m/g} = \dfrac{2\pi}{60} T_s n_s = \dfrac{2\pi}{60}(-n_y T_y + n_t T_r) = -P_e + P_t \tag{12.10}$$

式中，$P_{m/g}$ 是电动机功率（为负值）；P_e 是发动机功率；P_t 是进入变速器可用于驱动车辆的功率。

车速与 n_r 成正比，定义 n_s 为零时的车速为同步速度。随着车速的增加，n_s 变为负值，电动机将工作在电动状态。

在转速耦合模式下，发动机转速与车辆速度解耦，并且如前文所述，发动机转速可由电动机转矩和发动机节气门来控制。

2. 转矩耦合模式

当离合器 1 接合时，锁止器 2 释放行星架，离合器 2 将太阳轮（电动机）与行星架（发动机）接合，此时发动机与电动机的转速同步。根据式（12.6），可知齿圈转速与行星架转速满足以下关系：

$$n_r = k_{yr}\left(1 - \frac{1}{k_{ys}}\right)n_y \tag{12.11}$$

由式（12.5）和式（12.6)⊖定义的 k_{yr} 和 k_{ys}，可将式（12.11）改写为

$$n_r = n_y \tag{12.12}$$

式（12.12）意味着由发动机和电动机至齿圈的传动比为 1。

发动机转矩和电动机转矩通过行星齿轮单元耦合在一起，然后由齿圈传递到变速器，此时有

$$T_r = T_e + T_{m/g} \tag{12.13}$$

式中，T_e 和 $T_{m/g}$ 分别是发动机转矩和电动机转矩。

3. 发动机单独驱动模式

发动机单独驱动模式可以由两种方式实现，一种方式是如前所述，通过离合器 1、2 和锁止器 2 实现的转矩耦合模式（此时电动机不工作），该模式下传递到传动装置的转矩为

$$T_r = T_e \tag{12.14}$$

另一种方式是通过锁止器 1 将太阳轮（电动机轴）锁定在车架上，且将离合器 2 和锁止器 2 脱开。由式（12.6）可知，齿圈转速和行星架（发动机）转速满足以下对应关系：

$$n_r = k_{yr} n_y \tag{12.15}$$

此时传递到传动装置的转矩可以表示为

$$T_r = \frac{T_e}{k_{yr}} \tag{12.16}$$

由以上讨论可知，行星齿轮单元将起到两档变速器的作用，低档传动比为 $1/k_{yr}$，而高档传动比为 1。

4. 电动机单独驱动模式

在这种模式下，发动机关闭，离合器 1 将发动机与行星架脱开，此时电动机单独驱动车辆。有两种方式可以实现电动机单独驱动模式，其一是通过离合器 2 将太阳轮与行星架接合，此时电动机向齿圈传递其转速和转矩，分别为

$$n_m = n_r \tag{12.17}$$

⊖ 原文误为式（12.4）和式（12.5），此处应为式（12.5）和式（12.6）。——译者注

和

$$T_m = T_r \qquad (12.18)$$

可知由电动机至齿圈的传动比为1。

另一种方式是通过离合器2将太阳轮与行星架脱开，且通过锁止器2将行星架锁定。这种方式下，电动机与齿圈的转速和转矩关系为

$$n_{m/g} = -\frac{k_{ys}}{k_{yr}}n_r \qquad (12.19)$$

和

$$T_{m/g} = -\frac{k_{yr}}{k_{ys}}T_r \qquad (12.20)$$

式（12.19）表明电动机与齿圈的旋转方向相反。

5. 再生制动模式

制动期间，部分制动能量可由电动机回收。此时驱动系的工作模式与电动机单独驱动模式相同，但是电动机转矩方向与牵引方向相反。

6. 发动机起动

通过离合器2将太阳轮与行星架接合，电动机将其转矩传递给发动机，通过电动机实现发动机起动。

12.3.3 控制策略

当车速低于同步速度时，采用转速耦合模式。如12.3.2节所述，电动机转速为正，功率为负，发动机的一部分能量用于给电池充电，另一部分用于驱动车辆。

当车速高于同步速度时，采用转矩耦合模式，驱动系控制策略如下：

1) 当需求的牵引功率大于发动机在节气门全开情况下所能产生的功率时，采用混合驱动模式。此时，发动机节气门全开，且电动机提供额外的功率以满足牵引功率需求。

2) 当需求的牵引功率小于发动机在节气门全开情况下所能产生的功率时，发动机和电动机的运行状态由电池SOC决定，如图12.16所示。在电池充电模式下，电池的充电功率可由电动机的最大功率，或者由发动机的最大功率和需求牵引功率决定。

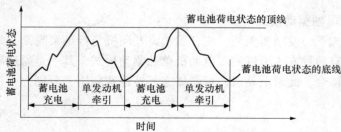

图12.16 取决于电池SOC的电池充电和发动机单独牵引模式

12.3.4 配置浮动定子电动机的驱动系

另一种与上述系统特性相似的混合动力驱动系，如图 12.17 所示[6]。这种方案采用浮动定子结构电动机来取代行星齿轮单元。

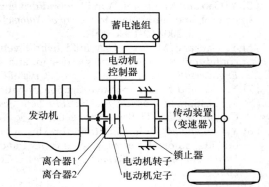

图 12.17 配置浮动定子电动机的混联式轻度混合动力电驱动系

如第 6 章所述，电动机转子的角速度是定子角速度和定子与转子之间的相对角速度之和，即

$$\omega_r = \omega_s + \omega_{rr} \quad (12.21)$$

由于作用力与反作用力的关系，作用在定子和转子上的转矩总是等于气隙中所产生的电磁转矩，如图 12.18 所示，广义上即为电动机转矩，其满足如下关系：

$$T_r = T_s = T_m \quad (12.22)$$

式中，T_m 是气隙处的电磁转矩。

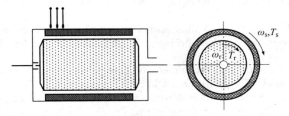

图 12.18 具有浮动定子的电动机

比较式（12.21）和式（12.22）与式（12.6）和式（12.7）可知，行星齿轮单元和浮动定子电动机具有相同的工作特性。因此，图 12.13 和图 12.17 所示的轻度混合动力电驱动系具有相同的工作原理，可应用相同的控制策略。但由于传动比 i_g 可选，故配置行星齿轮驱动系方案的设计适应性更强。

参考文献

[1] Y. Gao, L. Chen, and M. Ehsani, Investigation of the effectiveness of regenerative braking for EV and HEV. *Society of Automotive Engineers (SAE) Journal*, SP-1466, Paper No. 1999-01-2901, 1999.

[2] Y. Gao, K. M. Rahman, and M. Ehsani, The energy flow management and battery energy capacity determination for the drivetrain of electrically peaking hybrid. *Society of Automotive Engineers (SAE) Journal*, SP-1284, Paper No. 972647, 1997.

[3] Y. Gao, K. M. Rahman, and M. Ehsani, Parametric design of the drivetrain of an electrically peaking hybrid (ELPH) vehicle. *Society of Automotive Engineers (SAE) Journal*, SP-1243, Paper No. 970294, 1997.

[4] H. Gao, Y. Gao, and M. Ehsani, Design issues of the switched reluctance motor drive for propulsion and regenerative braking in EV and HEV. In *Society of Automotive Engineers (SAE) Future Transportation Technology Conference*, Costa Mesa, CA, Paper No. 2001-01-2526, August 2001.

[5] Y. Gao and M. Ehsani, A mild hybrid drivetrain for 42-V automotive power system—design, control, and simulation. In *Society of Automotive Engineers (SAE) World Congress*, Detroit, MI, Paper No. 2002-02-1082, 2002.

[6] Y. Gao and M. Ehsani, A mild hybrid vehicle drivetrain with a floating stator motor—configuration, control strategy, design, and simulation verification. In *Society of Automotive Engineers (SAE) Future Car Congress*, Crystal City, VA, Paper No. 2002-01-1878, June 2002.

[7] Y. Gao and M. Ehsani, Investigation of battery technologies for the Army's hybrid vehicle application. In *Proceedings of the IEEE 56th Vehicular Technology Conference*, Vancouver, British Columbia, Canada, September 2002.

[8] Y. Gao and M. Ehsani, Electronic braking system of EV and HEV—integration of regenerative braking, automatic braking force control and ABS. In *Society of Automotive Engineers (SAE) Future Transportation Technology Conference*, Costa Mesa, CA, Paper No. 2001-01-2478, August 2001.

[9] C. Danzer, J. Liebold, E. Schreiterer, and J. Mueller, Low-cost powertrain platform for HEV and EV. SAE Technical Paper 2017-26-0088, 2017, doi: 10.4271/2017-26-0088.

[10] Y. Jun, B. Jeon, and W. Youn, Equivalent consumption minimization strategy for mild hybrid electric vehicles with a belt driven motor. In SAE Technical Paper, 2017.

[11] T. Q. Dinh, J. Marco, D. Greenwood, L. Harper, and D. Corrochano, Powertrain modelling for engine stop–start dynamics and control of micro/mild hybrid construction machines. *Proceedings of the Institution of Mechanical Engineers, Part K: Journal of Multi-body Dynamics*, 231(3), 2017: 439–456.

[12] M. Awadallah, P. Tawadros, P. Walker, and N. Zhang, Dynamic modelling and simulation of a manual transmission based mild hybrid vehicle. *Mechanism and Machine Theory*, 112, 2017: 218–239.

[13] M. Awadallah, P. Tawadros, P. Walker, and N. Zhang, Impact of low and high congestion traffic patterns on a mild-HEV performance. In *SAE International*, 2017.

[14] S. Nüesch and A. G. Stefanopoulou, Multimode combustion in a mild hybrid electric vehicle. Part 1: Supervisory control. *Control Engineering Practice*, 57, 2016: 99–110.

[15] S. Nüesch and A. G. Stefanopoulou, Multimode combustion in a mild hybrid electric vehicle. Part 2: Three-way catalyst considerations. *Control Engineering Practice*, 58, 2017: 107–116.

[16] M. Dirnberger and H. G. Herzog, A verification approach for the optimization of mild hybrid electric vehicles. In *2015 IEEE International Electric Machines & Drives Conference (IEMDC)*, pp. 1494–1500, 2015.

[17] M. Wüst, M. Krüger, D. Naber, L. Cross, A. Greis, S. Lachenmaier, and I. Stotz, Operating strategy for optimized Co2 and NOx emissions of diesel-engine mild-hybrid vehicles. In *15. Internationales Stuttgarter Symposium: Automobil- Und Motorentechnik*, 2015.

[18] A. Babu and S. Ashok, Improved parallel mild hybrids for urban roads. *Applied Energy*, 144, 2015: 276–283.

[19] M. Awadallah, P. Tawadros, P. Walker, and N. Zhang, Eliminating the torque hole: Using a mild hybrid EV architecture to deliver better driveability. In *Paper Presented at the 2016 IEEE Transportation Electrification Conference and Expo, Asia-Pacific (ITEC Asia-Pacific)*, 1–4 June 2016.

第13章 峰值电源及能量储存装置

本书将能量储存装置定义为具备能量储存功能、具备向外传输能量（放电）功能和具备从外界接收能量（充电）功能的装置。目前已有部分类型的能量储存装置应用于纯电动汽车和混合动力电动汽车之中。迄今为止，这些储能装置主要包括化学电池、超级电容器和超高速飞轮。燃料电池本质上是一种能量转换装置，将在第15章讨论。

汽车领域应用的储能装置需满足诸多技术要求，例如比能量、比功率、效率、维护要求、管理、成本、环境适应性、环境友好性以及安全性等。对于纯电动汽车应用，制约车辆行驶里程的比能量成为首要考虑的因素。另一方面，对于混合动力电动汽车，比能量的重要性相对较低，而比功率成为首要考虑因素，其原因是车辆行驶过程中其能量来自于能量源（发动机或燃料电池），需要足够功率以确保车辆在加速、爬坡和再生制动等工况下的性能。当然，在车辆驱动系统开发过程中也应充分考虑其他技术特性。

13.1 电化学电池

电化学电池一般被称为电池。作为电化学装置，电池在充电期间可以将电能转换为潜在的化学能，而在放电期间可以将化学能转换为电能。电池单体是具有所有电化学特性的、独立且完整的单元，诸多单体组合在一起形成电池组。一般地，电池单体由三个基本部件组成，即正极、负极和电解液。两个电极（正极和负极）浸没在电解液中，如图13.1所示。

电池行业通常用库仑容量（Ah）来表示电池的规格，其定义为在放电条件下，由全荷电状态到端电压下降至截止电压时所释放出的安时数，如图13.2所示。值得注意的是，同样的电池在不同放电倍率下，通常其安时数会

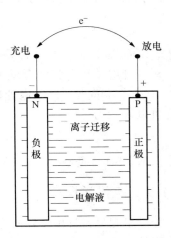

图13.1 典型的电化学电池单体示意图

有差异,在高放电倍率下,电池容量将会减小。图 13.3 所示为某铅酸电池的放电特性,通常用特定电流放电下对应的安时数表示电池规格。例如,一个标记为 100Ah、C/5 放电倍率的电池是指在 20A 放电电流时,其容量为 100Ah(放电电流 = 100Ah/5h = 20A)。

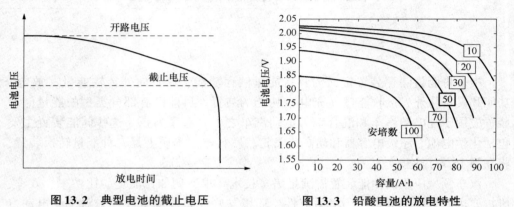

图 13.2 典型电池的截止电压　　图 13.3 铅酸电池的放电特性

电池的另一个重要参数是其荷电状态(SOC),定义为电池剩余容量与电池满电状态容量之比。按此定义,充满电的电池的 SOC 是 100%,完全放电的电池的 SOC 为 0%。但是由于在不同放电倍率和不同截止电压下(见图 13.3),电池的容量不同,所以完全放电这一术语有时会引起混淆。在时间间隔 dt 内,SOC 的变化与充放电电流 i 的关系可以表示为

$$\Delta SOC = \frac{i dt}{Q(i)} \tag{13.1}$$

式中,$Q(i)$ 是电流为 i 时的电池安时容量。对于放电情况,i 为正值;对于充电情况,i 为负值。因此电池的 SOC 也可以表示为

$$SOC = SOC_0 - \int \frac{i dt}{Q(i)} \tag{13.2}$$

式中,SOC_0 是电池 SOC 的初始值。

对于纯电动汽车和混合动力电动汽车,电池的能量容量(kW·h/J)比库仑容量(Ah)更重要,因为电池能量直接与车辆的运行里程相关,电池所能提供的能量可以表示为

$$E_C = \int_0^t V(i, SOC) i(t) dt \tag{13.3}$$

式中,$V(i, SOC)$ 是电池端电压,它是电池充放电电流和 SOC 的函数。

13.1.1 电化学反应

为简单起见,且由于铅酸电池仍在汽车行业中得到广泛应用,因此以铅酸电池为实例来阐述电化学电池的工作原理。铅酸电池用硫酸水溶液($2H^+ + SO_4^{2-}$)

为电解液，电极由海绵状铅（Pb，负极）和海绵状氧化铅（PbO_2，正极）制成。

放电过程如图 13.4a 所示，此过程中铅被消耗并形成硫酸铅。

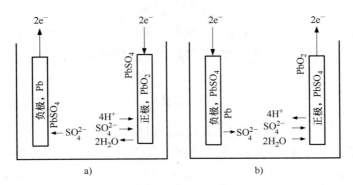

图 13.4　铅酸电池放电和充电时的电化学过程
a）放电　b）充电

负极上的化学反应如下：

$$Pb + SO_4^{2-} \rightarrow PbSO_4 + 2e^- \qquad (13.4)$$

此反应释放出两个电子，在负极上聚集负电荷并通过外部电路以电子流的形式流向正极。与此同时，在正极上 PbO_2 转化成 $PbSO_4$ 并生成水，这一化学反应过程如下：

$$PbO_2 + 4H^+ + SO_4^{2-} + 2e^- \rightarrow PbSO_4 + 2H_2O \qquad (13.5)$$

充电时，负极和正极上的反应反向置换，如图 13.4b 所示。

负极反应的方程式可以表示为

$$PbSO_4 + 2e^- \rightarrow Pb + SO_4^{2-} \qquad (13.6)$$

正极反应的方程式可以表示为

$$PbSO_4 + 2H_2O \rightarrow PbO_2 + 4H^+ + SO_4^{2-} + 2e^- \qquad (13.7)$$

铅酸电池的总反应可以表示为

$$Pb + PbO_2 + 2H_2SO_4 \underset{\text{充电}}{\overset{\text{放电}}{\rightleftharpoons}} 2PbSO_4 + 2H_2O \qquad (13.8)$$

在标准状态下，铅酸电池单体的电压约为 2.03V，该电压值与电解液的浓度相关。

13.1.2　热力学电压

电池单体的热力学电压与电化学反应中释放的能量和电子迁移数紧密相关，由电池单体电化学反应释放的能量以吉布斯自由能的变化量 ΔG 给出，吉布斯自由能通常以摩尔物质来表达。化学反应中吉布斯自由能的变化可以表示为

$$\Delta G = \sum_{\text{生成物}} G_i - \sum_{\text{反应物}} G_j \qquad (13.9)$$

式中，G_i 和 G_j 分别是生成物 i 和反应物 j 的自由能。在可逆反应过程中，ΔG 完全转化为电能，即

$$\Delta G = -nFV_r \tag{13.10}$$

式中，n 是反应中迁移的电子数；F 是法拉第常数，值为 96485C/mol；V_r 是电池单体的可逆电压。在标准状态下（25℃，1atm⊖），电池的开路（可逆）电压可以表示为

$$V_r^0 = -\frac{\Delta G^0}{nF} \tag{13.11}$$

式中，ΔG^0 是标准状态下吉布斯自由能的变化量。

在化学反应中，自由能的变化及由此引起的电池单体电压变化是溶液中离子活度的函数。由式（13.10）以及 ΔG 与离子活度之间的关系，可以推导出以下能斯特（Nernst）方程：

$$V_r = V_r^0 - \frac{RT}{nF}\ln\left[\frac{\prod(\text{生成物活度})}{\prod(\text{反应物活度})}\right] \tag{13.12}$$

式中，R 是摩尔气体常数，值为 8.31J/(mol·K)；T 是绝对温度。

13.1.3 比能量

比能量定义为电池每单位质量所具有的能量（Wh/kg），理论比能量指每单位质量电池的反应物质所能产生的最大能量。如前所述，电池单体的能量可由吉布斯自由能的变化 ΔG 来表示。由于理论比能量仅涉及有效质量（反应物和生成物的质量），因此理论比能量的表达式如下：

$$E_{\text{spe,theo}} = -\frac{\Delta G}{3.6\sum M_i} = \frac{nFV_r}{3.6\sum M_i} \tag{13.13}$$

式中，$\sum M_i$ 是电池反应中反应物/生成物的摩尔质量之和，以铅酸电池为例，V_r = 2.03V，$n=2$，$\sum M_i = 642g$，可知其理论比能量为 170Wh/kg。

由式（13.13）可知，理想的正负极配对应选择高负电性元素和高正电性元素，且两者的原子量也应较低。因此，氢、锂或钠应是较合适的负极反应物，较轻的卤素、氧或硫应是较合适的正极反应物。但电池实际使用时，需要电极能够有效利用活性物质，电解液既具备高电导率又能和正负电极中的活性材料相匹配。这样的约束条件使得在一些系统中应用的是氧化物或硫化物，而不是氧或硫本身。水系电解液具备高导电性，适宜在环境温度的条件下运行。由于碱金属会与水发生反应，故不能用作电极材料，应选择具有较好正电性的金属，如锌、铁或铝等。当考虑电极配对时，由于其昂贵的制造成本，最好排除地壳中储量较低的元素，

⊖ 1atm（标准大气压）= 101.325kPa，后同。

同时也要排除那些会对健康和环境造成损害的元素。

为开发适用于电力驱动的安全、高性能、价格低廉的高功率电源,基于可能的电极进行配对分析的结果已应用于超过 30 种不同体系的电池。这些可能适用于纯电动和混合动力电动汽车电池系统的理论比能量见表 13.1,但必须注意的是实际比能量远低于理论最大值。即使不考虑某些会降低单体电池电压和阻碍反应物充分作用的电极反应动力学的限制和其他限制,电池中还有部分不涉及能量过程的结构材料也会增加电池质量,降低实际比能量。

表 13.1 可能应用于 EV 和 HEV 的备选电池的理论比能量

蓄电池		蓄电池单元反应		比能量/
$\oplus$	$\ominus$	充电 $\Leftarrow$	放电 $\Rightarrow$	(Wh/kg)
酸水溶液				
PbO_2	Pb	$PbO_2 + 2H_2SO_4 + Pb$	$\Leftrightarrow 2PbSO_4 + 2H_2O$	170
碱水溶液				
NiOOH	Cd	$2NiOOH + 2H_2O + Cd$	$\Leftrightarrow 2Ni(OH)_2 + Cd(OH)_2$	217
NiOOH	Fe	$2NiOOH + 2H_2O + Fe$	$\Leftrightarrow 2Ni(OH)_2 + Fe(OH)_2$	267
NiOOH	Zn	$2NiOOH + 2H_2O + Zn$	$\Leftrightarrow 2Ni(OH)_2 + Zn(OH)_2$	341
NiOOH	H_2	$2NiOOH + H_2$	$\Leftrightarrow 2Ni(OH)_2$	387
MnO_2	Zn	$2MnO_2 + H_2O + Zn$	$\Leftrightarrow 2MnOOH + ZnO$	317
O_2	Al	$4Al + 6H_2O + 3O_2$	$\Leftrightarrow 4Al(OH)_3$	2815
O_2	Fe	$2Fe + 2H_2O + O_2$	$\Leftrightarrow 2Fe(OH)_2$	764
O_2	Zn	$2Zn + 2H_2O + O_2$	$\Leftrightarrow 2Zn(OH)_2$	888
液流				
Br_2	Zn	$Zn + Br_2$	$\Leftrightarrow ZnBr_2$	436
Cl_2	Zn	$Zn + Cl_2$	$\Leftrightarrow ZnCl_2$	833
$(VO_2)_2SO_4$	VSO_4	$(VO_2)_2SO_4 + 2HVSO_4 + 2H_2SO_4$	$\Leftrightarrow 2VOSO_4 + V_2(SO_4)_3 + 2H_2O$	114
熔盐				
S	Na	$2Na + 3S$	$\Leftrightarrow Na_2S_3$	760
$NiCl_2$	Na	$2Na + NiCl_2$	$\Leftrightarrow 2NaCl$	790
FeS_2	LiAl	$4LiAl + FeS_2$	$\Leftrightarrow 2Li_2S + 4Al + Fe$	650
锂有机电解质				
$LiCoO_2$	Li-C	$Li_{(y+x)}C_6 + Li_{(1-(y-x))}CoO_2$	$\Leftrightarrow Li_yC_6 + Li_{(1-y)}CoO_2$	320①

① 对应 $x = 0.5$ 和 $y = 1$ 的最大值。

为了估计实际比能量与理论比能量的差别,以技术相对较为成熟的铅酸电池作为参考。图 13.5 所示为实际比能量为 45Wh/kg 的铅酸电池各组成部分的质量分布比例。

由图 13.5 可知，铅酸电池中直接与电能相关的物质仅占电池总质量约 26%。其余部分主要包括：①电动汽车工况下未参与反应的潜在活性物质；②用作电解质溶剂的水（不能单独使用硫酸）；③铅栅；④顶部铅，即接线柱和连接片等；⑤电池外壳、接插件和隔膜。

表 13.1 中列出的各种体系电池，其实际比能量和理论比能量的比值与铅酸电池大体相当。目前各种电池实验单体和原型电池所得到的电池参数见表 13.2[1]。近年来，已研发了多种应用于混合动力电动汽车的高功率电池[2]。

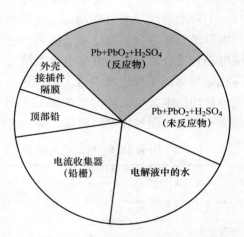

图 13.5 比能量为 45Wh/kg（C5/5 放电倍率）铅酸电池的质量分布比例[1]

表 13.2 应用于汽车的电池系统状况

系　　统	比能量/(Wh/kg)	比功率/(W/kg)	能量效率(%)	循环寿命	自放电(%/48h)	价格/(美元/kWh)
酸水溶液						
铅/酸	35~50	150~400	>80	500~1000	0.6	120~150
碱水溶液						
镍/镉	50~60	80~150	75	800	1	250~350
镍/铁	50~60	80~150	75	1500~2000	3	200~400
镍/锌	55~75	170~260	65	300	1.6	100~300
镍/金属氢化物（Ni-MH）	70~95	200~300	70	750~1200+	6	200~350
铝/空气	200~300	160	<50	?	?	?
铁/空气	80~120	90	60	500+	?	50
锌/空气	100~220	30~80	60	600+	?	90~120
液流						
锌/溴	70~85	90~110	65~70	500~2000	?	200~250
氧化还原钒	20~30	110	75~85	—	—	400~450
熔盐						
钠/硫	150~240	230	80	800+	0①	250~450
钠/镍氯化物	90~120	130~160	80	1200+	0①	230~345
锂/铁硫化物（FeS）	100~130	150~250	80	1000+	?	110
锂有机电解质						
Li-I	80~130	200~300	>95	1000+	0.7	200

① 无自放电，但冷却会引起一些能量损耗。

13.1.4 比功率

比功率被定义为单位质量电池短时间内可提供的最大功率。特别是在如混合动力电动汽车这样的高功率需求应用中，比功率是减小电池质量的重要性能指标。化学电池的比功率基本由电池内阻决定。如图 13.6 中的电池模型所示，电池所能给负载提供的最大功率为

$$P_{peak} = \frac{V_0^2}{4(R_c + R_{int})} \quad (13.14)$$

式中，R_c 是导线内阻；R_{int} 是化学反应产生的内阻。

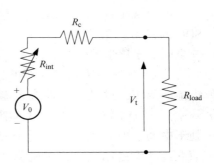

图 13.6 电池等效电路模型

内阻 R_{int} 表征了与电池电流相关的压降 ΔV。在电池术语中，电压降 ΔV 称为过电位，过电位由两部分组成，即由反应活性导致的分量 ΔV_A（活化过电位）和由离子浓度差异导致的分量 ΔV_C（浓差过电位）。ΔV_A 和 ΔV_C 的一般表达式为[3]

$$\Delta V_A = a + b\log I \quad (13.15)$$

和

$$\Delta V_C = -\frac{RT}{nF}\ln\left(1 - \frac{I}{I_L}\right) \quad (13.16)$$

式中，a 和 b 是常量；R 是摩尔气体常数，值为 8.31J/(mol·K)；T 是绝对温度；n 是反应中转移的电子数；F 是法拉第常数，值为 96485C/mol；I_L 是极限电流。一般难以通过解析法来精确求得电池电阻或电压降，所以通常通过实验方法测量获得[1]。如图 13.3 所示，电池压降随着电池放电电流的增加和能量的减少而增加。

表 13.2 也显示了可有效用于电动汽车的电池系统发展现状，虽然一些电池的比能量很高，但其比功率仍需提高，乐观估计比功率可以达到约 300W/kg。据报道，SAFT 已经开发出用于混合动力电动汽车的高功率锂离子电池，比能量为 85Wh/kg，比功率达到了 1350W/kg；其用于纯电动汽车的高比能量电池，比能量为 150Wh/kg，比功率为 420W/kg（在 80%SOC、150A 电流和 30s 条件下）[2]。

13.1.5 能量效率

电池在充放电期间，其能量和功率的损耗以电压降的形式体现。因此电池充放电期间，在任何工况点都可以将效率定义为电池单体的工作电压与其热力学电压的比值，即

$$放电期间 \quad \eta = \frac{V}{V_0} \quad (13.17)$$

和

充电期间 $\eta = \dfrac{V_o}{V}$ (13.18)

电池端电压为电池电流、储存能量或 SOC 的函数，放电时低于化学反应电位，充电时高于化学反应电位。

图 13.7 所示为放电和充电过程中铅酸电池的效率，可见在电池 SOC 较高时放电效率高，SOC 较低时充电效率高，在 SOC 处于中间态时净循环效率具有最大值。因而混合动力电动汽车的电池管理系统应尽量控制电池 SOC 处于中间范围，以便提高电池运行效率，并降低因能量损耗而导致的温升。另外高温会对电池造成损害。

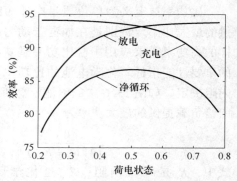

图 13.7 典型电池的充电和放电效率

13.1.6 电池技术

纯电动汽车和混合动力电动汽车常用的电池有铅酸电池、镍铁、镍镉和镍氢等镍基电池以及锂聚合物和锂离子电池。目前来看，镍基电池㊀、锂基电池将成为纯电动汽车和混合动力电动汽车的主要备选方案。

1. 铅酸电池

一个世纪以来，铅酸电池一直是一种成功的商业产品，作为储能装置广泛应用于汽车和其他领域。其优点在于成本低、技术成熟和功率输出能力相对较高。这些优点使其适合混合动力电动汽车应用，因为混合动力应用场合中高功率输出能力是首要考虑的技术条件。铅酸电池中的材料（铅、氧化铅和硫酸）与其他先进电池相比成本更为低廉。铅酸电池的缺点包括能量密度低（主要由于铅的高分子质量）和温度特性差（温度低于 10℃ 时，其比功率和比能量显著降低），这些缺点严重限制了其在寒冷气候下应用于车辆牵引场合[3]。

铅酸电池中的高腐蚀性硫酸会给车辆乘员带来潜在的安全隐患。铅酸电池的另一项潜在危险来自自放电反应过程中释放的氢气（即使低浓度下，氢气也极易燃）。氢的排放也是密闭式电池应用中的一个问题。实际上为了防止酸液泄漏，必须对电池进行密封，产生的气体会积蓄在外壳中并导致电池内压力增加，从而导致外壳和密封件的膨胀并产生应力。另外，铅酸电池电极中的铅有毒性，可能会对环境造成影响，在铅酸电池制造过程、事故造成的漏液或电池寿命终止的后处理阶段，都可能导致铅排放。

多种改进性能的铅酸电池已应用于纯电动和混合动力电动汽车中。改进后的

㊀ 原文误为镉基电池，此处应为镍基电池。——译者注

密封性铅酸电池已具备快充能力，且比能量超过40Wh/kg。例如，Electrosource公司的Horizon电池应用了铅丝编织的横板结构，具有高比能量（43Wh/kg）、高比功率（285W/kg）、较长循环寿命（车载电动汽车应用超过600次循环）、快速充电能力（8min可充电至50%容量，30min可充电至100%容量）、低成本（每辆电动汽车其电池成本约在2000~3000美元）、机械结构强度高（增强横板结构）、免维护（密封性技术）和环境友好等优点。其他改进的铅酸电池技术包括双极式设计和微管状板栅设计等。

已开发出来的新型电池弥补了之前的部分缺点：由于减少了壳体、集电极和隔膜等非活性材料所占的比例，故电池比能量得到了提高；循环寿命增加了约50%以上（但是以提高成本为代价）；可通过电化学过程吸收释放出的氢和氧产物以提高其安全性。

2. 镍基电池

镍是一种比铅轻的金属，其电化学特性能够很好地应用于电池中。现有四种不同类型的镍基电池，即镍铁、镍锌、镍镉和镍氢电池。

(1) 镍铁电池 镍铁电池系统在20世纪初期实现了商品化，其应用范围包括叉式起重机、矿用机车、短途区间车、铁路机车和机动手扶货车等[1]。镍铁电池由羟基氧化镍（NiOOH）正极和金属铁负极组成，电解液为含有氢氧化锂(50g/L)的氢氧化钾浓溶液（通常为240g/L）。表13.1给出了镍铁电池的反应方程式，其额定开路电压为1.37V。

镍铁电池存在泄漏、腐蚀和自放电问题，这些问题在原型电池研究中已得到部分或全部解决。由于镍铁电池需要控制水的含量，故需要对放电过程中释放的氢气和氧气进行安全处理，其结构较为复杂。镍铁电池的性能在低温下也会受到影响，但所受影响没有铅酸电池那么严重。在成本方面，镍的成本明显高于铅。与铅酸电池相比，镍铁电池的最大优点是拥有较高的功率密度，并且能够经受2000次深度放电。

(2) 镍镉电池 镍镉电池的正极和电解液与镍铁电池相同，负极使用金属镉。电池反应式见表13.1，其标称开路电压为1.3V。从发展历程来看，镍镉电池的发展与镍铁电池较为接近，性能也相仿。

镍镉电池技术已经有了巨大提高，其优点包括高比功率（>220W/kg）、长循环寿命（2000次循环）、可承受更严苛的电滥用和机械滥用、宽放电电流范围内压降较小、快速充电能力（18min充电约40%~80%）、宽工作温度范围（-40~85℃）、低自放电率（每天低于0.5%）、低腐蚀性、长期储存能力和多种电池尺寸设计。然而，镍镉电池也存在成本高、单体电压相对较低以及镉的致癌性和环境危害性等缺点。

镍镉电池一般可以分为两大类，即排气型和密封型。排气型电池有多种方案，近期的研究成果是烧结式极板，这种电池的比能量高但价格较为昂贵。排气型电池具有放电电压曲线平缓、放电效率高和低温性能优异的特点。密封型镍镉电池具有特殊单体设计,以防止过充电时由气体生成所导致的电池单体压力升高,因而这类电池不需要特殊维护。

纯电动汽车和混合动力电动汽车所应用的镍镉电池的主要制造商为 SAFT 和 VARTA。近期应用镍镉电池的车型包括克莱斯勒 TE Van、雪铁龙 AX、马自达 Roadster、三菱 EV、标致 106 和雷诺 Clio[4,5]。

(3) 镍氢电池 镍氢电池(Ni-MH)在市场上销售始于 1992 年。镍氢电池的特性与镍镉电池相似,两者间的主要区别在于镍氢电池使用氢(储存于金属氢化物中)代替镉作为负极活性材料。由于镍氢电池具有比镍镉电池更高的比能量,且无毒无致癌性,因此镍氢电池正在逐步取代镍镉电池。

镍氢电池的总反应式为

$$MH + NiOOH \Longleftrightarrow M + Ni(OH)_2 \qquad (13.19)$$

当电池放电时,负极中的金属氢化物被氧化,正极中的羟基氧化镍被还原成氢氧化镍。充电过程中则发生逆向反应。

目前,镍氢电池的额定电压为 1.2V,比能量可达 65Wh/kg,比功率可达 200W/kg。储氢金属合金是镍氢电池的关键组成部分,应在多次循环中保持稳定。目前应用的储氢合金主要有两种类型,一种是基于镧镍的稀土合金,称为 AB_5;另一种是由钛锆组成的合金,称为 AB_2。AB_2 比 AB_5 具有更高的储氢容量,但由于 AB_5 有着更好的电量保持特性和稳定性,故目前趋势是应用 AB_5 合金。

镍氢电池技术仍处于不断发展中,其优势包括镍基电池中最高的比能量(70~95Wh/kg)、最高的比功率(200~300W/kg)、环保(不含镉)、放电曲线平稳(较小的电压降)以及快速充电能力。而镍氢电池的缺点为成本高、具有记忆效应和可能在充电过程中放热。

镍氢电池被认为是近期有望应用于纯电动汽车和混合动力电动汽车的重要选择。GM Ovonic、GP、GS、松下、SAFT、VARTA 和 YUASA 等电池制造商正积极从事相关技术研发(特别是纯电动汽车和混合动力电动汽车应用)。自 1993 年以来,Ovonic 已经在 Solectric GT Force 纯电动汽车上应用镍氢电池进行了试验和示范运行,其电池为 19kWh,比能量为 65Wh/kg,最高车速为 134km/h,零速至 80km/h 加速为 14s,城市循环工况续驶里程为 206km。丰田和本田也分别在其混合动力电动汽车普锐斯和 Insight 中应用了镍氢电池。

3. 锂基电池

锂是最轻的金属,且从电化学角度展现了优异的特性。实际上,锂基电池热力学电压很高,因此其比能量和比功率都很高。锂基电池有两种主要技术,即锂聚合物电池(Li-P)和锂离子电池(Li-I)。

(1) 锂聚合物电池 锂聚合物电池使用锂金属作为负极,使用过渡金属插层氧化物(M_yO_z)作为正极。正极 M_yO_z 具有层状结构,在放电时嵌入锂离子,在充电时脱出锂离子。聚合物锂电池使用很薄的聚合物电解质(Solid Polymer Electrolyte,

SPE），设计灵活且电池安全性得到改善。其电化学反应式为

$$xLi + M_yO_z \Longleftrightarrow Li_xM_yO_z \tag{13.20}$$

放电时，负极形成的锂离子通过固态聚合物电解质迁移并嵌入正极的晶状结构中，在充电时过程相反。使用锂负极和钒氧化物（V_6O_{13}）正极材料的聚合物锂电池（Li/SPE/V_6O_{13}）性能非常突出。该电池的标称电压为 3V，比能量达到 155Wh/kg，比功率达到 315W/kg。其优点还包括自放电率非常低（每月约 0.5%）、形状和尺寸设计灵活且安全性高。缺点是由于离子电导率的温度依赖性导致其低温性能差[4]。

(2) 锂离子电池 自从锂离子电池于 1991 年首次发布以来，锂离子电池技术发展迅速，现在已被认为是未来最有前途的可充电电池。虽然仍处于发展阶段，但锂离子电池在纯电动汽车和混合动力电动汽车中的应用已得到广泛认可。

锂离子电池使用锂嵌入碳（Li_xC）材料形成负极取代传统锂负极，使用锂化过渡金属插层氧化物（$Li_{1-x}M_yO_z$）作为正极材料，采用有机溶液或固态聚合物为电解质。在充放电过程中，锂离子通过正极和负极之间的电解液传递。电化学反应式为

$$Li_xC + Li_{1-x}M_yO_z \Longleftrightarrow C + Li M_yO_z \tag{13.21}$$

在放电过程中，锂离子从负极脱出，通过电解质迁移至正极表面，并嵌入正极。在充电过程中，该过程逆向进行。可选的正极材料包括 $Li_{1-x}CoO_2$、$Li_{1-x}NiO_2$ 和 $Li_{1-x}Mn_2O_4$ 等，它们都具有稳定性好、电压高和嵌锂反应可逆等优点。

$Li_xC/Li_{1-x}NiO_2$ 型锂离子电池可简写为 C/LiNiO$_2$ 或简称为镍基锂离子电池，标称电压为 4V，比能量为 120Wh/kg[⊖]，能量密度为 200 Wh/L，比功率为 260W/kg。钴基锂离子电池具有更高的比能量和能量密度，但成本更高且自放电率明显增加。锰基锂离子电池成本最低，其比能量和能量密度介于钴基和镍基之间。由于锰基材料的低成本、来源丰富和环境友好性，锂离子电池的开发有可能将转向锰基。

许多电池制造商，如 SAFT、GS Hitachi、Panasonic、SONY 和 VARTA 等公司都在积极参与锂离子电池的开发。从 1993 年开始，SAFT 专注于镍基锂电池。近年来，SAFT 公布了应用于混合动力电动汽车的高功率锂离子电池，其具有 85Wh/kg 的比能量和 1350W/kg 的比功率。SAFT 还公布了用于纯电动汽车的高性能锂离子电池，其比能量约为 150Wh/kg，比功率约为 420W/kg（80% SOC，150A 电流和 30s 条件下）[2]。

13.2 超级电容器

由于纯电动汽车和混合动力电动汽车有时工作在频繁起停状态，储能装置的

⊖ 原文误为 12Wh/kg，此处应为 120Wh/kg。——译者注

放电曲线和充电曲线呈剧烈变化，但这种工况下储能装置需求的平均功率远低于在短时加速和爬坡时所需的峰值功率，峰值功率与平均功率之比可以达10∶1以上（见第 2 章）。在混合动力电动汽车设计中，能量储存装置的峰值功率容量比能量容量更为重要，且通常会受到整车体积的约束（见第 9 章和第 10 章）。基于目前的电池技术，电池设计必须在比能量、比功率和循环寿命间进行权衡。若要同时获得高比能量、高比功率和长循环寿命，电动汽车和混合动力电动汽车的储能系统可以是能量源型和功率源型系统的混合。能量源型系统主要由电池和燃料电池构成，具有较高的比能量。功率源型系统具有较高的比功率，在驾驶功率需求不高或再生制动期间，功率源可以实现能量回收，超级电容器是目前受到广泛关注的功率源。

13.2.1　超级电容器的特性

超级电容器的特征在于其具有相当高的比功率，但与电池相比其比能量要低得多，每千克只有几瓦时。但其比功率可达到 3kW/kg，远高于其他任何类型的化学电池。由于能量密度低，以及端电压与 SOC 相关，故难以单独使用超级电容器作为电动汽车和混合动力电动汽车的储能部件，但若将其作为辅助功率源则有若干优点，所以将电池和超级电容器作为混合能量储存系统有较好的应用前景[4,6]。比能量和比功率要求可以相互解耦，因此在无需过多考虑比功率的情况下，可实现电池比能量和循环寿命的优化设计。由于超级电容器的负载－电压特性，电池的高倍率放电和大电流充电的影响被削弱，从而可以显著增加电池的可用能量、耐久性和寿命。

13.2.2　超级电容器的基本原理

双电层电容器技术是实现超级电容器的主要途径。双电层电容器的基本原理如图 13.8 所示。将两根彼此分隔开的碳棒浸入稀硫酸溶液中，并逐步施加从

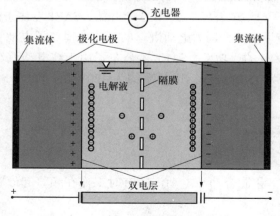

图 13.8　典型双电层电容的基本原理

0~1.5V的电压，当电压达到1V时几乎无现象发生，当电压略高于1.2V时，两个电极表面开始出现微小气泡，这表示水被电解。低于电解电压时，虽然没有电流流过，但在电极和电解液的边界处会出现"双电层"，并构成电容器。

双电层仅在低于电解电压下表现为绝缘体，其储存的能量 E_{cap} 可以表示为

$$E_{cap} = \frac{1}{2}CV^2 \tag{13.22}$$

式中，C 是法拉第电容，单位为F；V 是有效电压，单位为V。式（13.22）表明额定电压越高，对应电容器的能量密度越高。含水电解液形成的电容器额定电压约为0.9V，而无水电解液电容器的额定电压约为2.3~3.3V。

使用双电层代替电容中的塑料或氧化铝薄膜有很多优点，因为双电层非常薄，如同无气孔分子一样，且其单位面积的电容量很大，可达 $2.5~5\mu F/cm^2$。

当使用铝箔时，虽然单位面积的电容量可达到几 μF，但电容器的能量密度并不高。为增加电容值，电极使用具有较大表面积的特殊材料制造，如活性炭，其表面积可达 $1000~3000m^2/g$。离子被吸附在这种特殊材料表面，并达到 $50F/g$（$1000m^2/g \times 5\mu F/cm^2 \times 10000cm^2/m^2 = 50F/g$）的电容量密度。若假设加入的电解质的质量相同，则也能得到 $25F/g$ 的电容量密度。然而这类电容器的能量密度远小于电池，目前典型的超级电容器的比能量约为2Wh/kg，仅为典型铅酸电池（40Wh/kg）的1/20。

13.2.3 超级电容器的性能

超级电容器的性能可由充放电期间的端电压和电流倍率来表示。如图13.9所示，可用三个参数来评价电容器性能，即电容量（电位 V_C）、串联等效电阻 R_S 和介电漏电阻 R_L。放电期间超级电容器的端电压可以表示为

$$V_t = V_C - iR_S \tag{13.23}$$

超级电容器的电位可以表示为

$$\frac{dV_C}{dt} = -\left(\frac{i+i_L}{C}\right) \tag{13.24}$$

式中，C 是超级电容器的电容；i_L 是漏电流。且漏电流 i_L 可以表示为

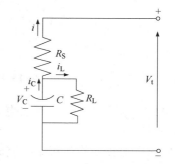

图13.9 超级电容器的等效电路

$$i_L = \frac{V_C}{R_L} \tag{13.25}$$

将式（13.25）代入式（13.24）中，可得

$$\frac{dV_C}{dt} = -\left(\frac{V_C}{CR_L} + \frac{i}{C}\right) \tag{13.26}$$

超级电容器单体的端电压如图13.10所示。式（13.26）的解析解为

$$V_C = \left[V_{C0} - \int_0^t \frac{i}{C} e^{\frac{t}{CR_L}} dt \right] e^{\frac{-t}{CR_L}} \quad (13.27)$$

式中，i是放电电流，是实际运行中时间的函数。Maxwell 2600F超级电容器的放电特性如图13.11所示。在不同的放电电流下，电容端电压随放电时间线性下降。在大电流放电时，电压下降更快。

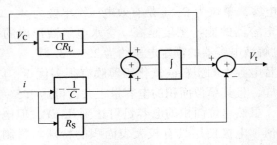

图13.10　超级电容器模型框图

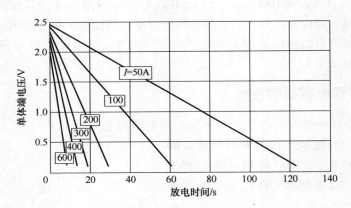

图13.11　超级电容器的放电特性

可用类似模型来描述超级电容器的充电特性，感兴趣的读者可自行模拟和分析这一过程。

超级电容器工作过程中的充放电效率如下：
放电时

$$\eta_d = \frac{V_t I_t}{V_C I_C} = \frac{(V_C - I_t R_S) I_t}{V_C (I_t + I_L)} \quad (13.28)$$

充电时

$$\eta_c = \frac{V_C I_C}{V_t I_t} = \frac{V_C (I_t - I_L)}{(V_C + I_t R_S) I_t} \quad (13.29)$$

式中，V_t是端电压；I_t是输入或输出电流。在实际运行中，漏电流I_L通常非常小

（只有几毫安），可忽略不计。因此，式（13.28）和式（13.29）可以改写为

放电时

$$\eta_\mathrm{d} = \frac{V_\mathrm{C} - I_\mathrm{t} R_\mathrm{S}}{V_\mathrm{C}} = \frac{V_\mathrm{t}}{V_\mathrm{C}} \quad (13.30)$$

充电时

$$\eta_\mathrm{c} = \frac{V_\mathrm{C}}{V_\mathrm{C} + I_\mathrm{t} R_\mathrm{S}} = \frac{V_\mathrm{C}}{V_\mathrm{t}} \quad (13.31)$$

上述公式表明，超级电容器中的能量损失主要由串联等效电阻引起。如图13.12所示，超级电容器在高放电倍率和低电压时效率有所下降。因此，在实际运行过程中，超级电容器应尽量保持在高电压区域（高于额定电压60%的范围）。

超级电容器中储存的能量，可通过充电至某特定电压所需的能量得到，即

$$E_\mathrm{C} = \int_0^t V_\mathrm{C} I_\mathrm{C} \mathrm{d}t = \int_0^V C V_\mathrm{C} \mathrm{d} V_\mathrm{C} = \frac{1}{2} C V_\mathrm{C}^2 \quad (13.32)$$

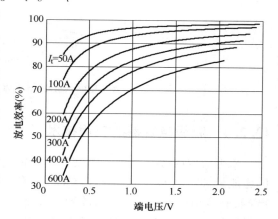

图13.12 超级电容器的放电效率

式中，V_C是超级电容器的电压，单位为V。在额定电压下，储存在超级电容器中的能量达到其最大值。式（13.32）表明，增加额定电压可以显著增加超级电容器所储存的能量，且能量随着电压的二次方而增长。

在实际运行中，低能量状态下的可输出功率也比较低，能量无法完全利用。通常为超级电容器设定底线电压V_Cb，低于此电压时，超级电容器停止能量传输。因此，超级电容器的可用能量小于其完全充电的能量，可以表示为

$$E_\mathrm{u} = \frac{1}{2} C (V_\mathrm{CR}^2 - V_\mathrm{Cb}^2) \quad (13.33)$$

式中，V_CR是超级电容器的额定电压。

超级电容器中的可用能量也可以用能量状态（State of Energy，SOE）来表示，SOE定义为在电压为V_C时超级电容器中的能量与在额定电压V_CR下对应能量的比值，即

$$\mathrm{SOE} = \frac{0.5 C V_\mathrm{C}^2}{0.5 C V_\mathrm{CR}^2} = \frac{V_\mathrm{C}^2}{V_\mathrm{CR}^2} \quad (13.34)$$

例如，当底线电压V_Cb是额定电压V_CR的60%时，其可用能量为总能量的64%，如图13.13所示。

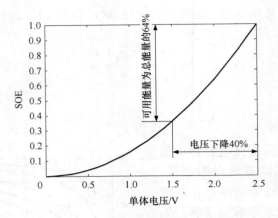

图 13.13　SOE 与单体电压的关系曲线

13.2.4　超级电容器的应用技术

根据美国能源部制定的电动汽车和混合动力电动汽车应用目标,超级电容器的比能量和比功率应分别优于 5Wh/kg 和 500W/kg,而其改进后的性能值应超过 15Wh/kg 和 1600W/kg。到目前为止,尚没有可用的超级电容器能够完全满足这些目标。然而,一些公司正积极从事应用于电动汽车和混合动力电动汽车的超级电容器的研发工作。Maxwell Technologies 宣布其 BOOSTCAP® 超级电容器单体(2600 F/2.5V)和集成模块(145V/42V 和 435 F/14V)已在生产中。技术规格见表13.3[7]。

表 13.3　Maxwell Technologies 的超级电容器单体及集成模块性能

	BCA P0010(单元)	BMOD0115(模块)	BMOD0117(模块)
电容量(-20%~20%)/F	2600	145	435
最大串联电阻 ESR(25℃)/mΩ	0.7	10	4
电压(连续(峰值))/V	2.5(2.8)	42(50)	14(17)
额定电压下的比功率/(W/kg)	4300	2900	1900
额定电压下的比能量/(Wh/kg)	4.3	2.22	1.82
最大电流/A	600	600	600
尺寸(供参考)/mm	60×172(圆柱体)	195×165×415(盒形)	195×265×145(盒形)
重量/kg	0.525	16	6.5
体积/L	0.42	22	7.5
运行温度/℃	-35~65	-35~65	-35~65
储存温度/℃	-35~65	-35~65	-35~65
漏电流(12h, 25℃)/mA	5	10	10

13.3 超高速飞轮

利用飞轮将能量以机械能的形式储存起来并非是一个新概念。早在数十年前，瑞士 Oerlikon 工程公司制造了首辆以大型飞轮作为唯一动力源的载客公共汽车。该大巴采用的飞轮重达 1500kg，工作转速为 3000r/min，大巴在每个公交车站通过电力补充能量。传统的飞轮采用重达数百千克的巨大钢制转子，以每分钟数千转的转速旋转。与其相反，目前的先进飞轮采用质量仅为数十千克的轻型复合转子，转速可达每分钟上万转，因此被称为超高速飞轮。

超高速飞轮这一概念可能是满足纯电动汽车和混合动力电动汽车储能需求的有效途径，能够满足高比能量、高比功率、长寿命、高效率、快速充能、免维护、低成本、环境友好等严苛条件。

13.3.1 飞轮的工作原理

旋转的飞轮以动能形式储存能量，其储能表达式为

$$E_f = \frac{1}{2} J_f \omega_f^2 \tag{13.35}$$

式中，J_f 是飞轮的惯性矩，单位为 kg m²/s；ω_f 是飞轮的角速度，单位为 rad/s。式（13.35）表明，提高飞轮角速度是增大其储能容量并减小其质量和体积的关键技术。目前一些飞轮样机的转速已经超过 60000r/min。

若直接使用飞轮中储存的机械能来驱动汽车，则需采用传动比范围很大的无级变速器，而以当前的技术水平尚难以实现。目前常用的方法是将一个电动机直接与飞轮相连，或将电动机通过变速器与飞轮相连，构成所谓的机械电池。该结构中的电动机作为能量的输入输出接口，可将机械能转化为电能或将电能转化为机械能，其基本结构如图 13.14 所示。

式（13.35）表明，飞轮中储存的能量与飞轮的惯性矩以及飞轮转速的二次方成正比。因此轻型飞轮设计时应选择合适的几何形状，以便在单位质量和单位体积内实现较高的惯性矩。飞轮的惯性矩可计算如下：

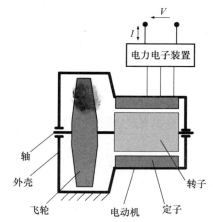

图 13.14 典型飞轮系统（机械电池）的基本结构

$$J_f = 2\pi\rho \int_{R_1}^{R_2} W(r) r^3 \mathrm{d}r \tag{13.36}$$

式中，ρ 是材料的密度；$W(r)$ 是对应飞轮半径为 r 处的飞轮厚度，如图 13.15 所示。飞轮的质量可计算如下：

$$M_f = 2\pi\rho \int_{R_1}^{R_2} W(r) r \, dr \quad (13.37)$$

因此，飞轮的比惯性矩，即单位质量的惯性矩可以表示为

$$J_{fs} = \frac{\int_{R_1}^{R_2} W(r) r^3 \, dr}{\int_{R_1}^{R_2} W(r) r \, dr} \quad (13.38)$$

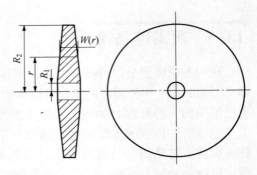

图 13.15 典型飞轮的几何形状

式（13.38）表明，飞轮的比惯性矩与其材料的密度无关，而只取决于飞轮的几何形状 $W(r)$。

等宽飞轮的惯性矩可以表示为

$$J_f = 2\pi\rho(R_2^4 - R_1^4) = 2\pi\rho(R_2^2 + R_1^2)(R_2^2 - R_1^2) \quad (13.39)$$

其比惯性矩为

$$J_{fs} = R_2^2 + R_1^2 \quad (13.40)$$

飞轮惯性矩的体积密度可以定义为单位体积飞轮的惯性矩。实际上飞轮的体积密度与材料密度相关。飞轮的体积可计算如下：

$$V_f = 2\pi \int_{R_1}^{R_2} W(r) r \, dr \quad (13.41)$$

飞轮的惯性矩体积密度可以表示为

$$J_{fV} = \frac{\rho \int_{R_1}^{R_2} W(r) r^3 \, dr}{\int_{R_1}^{R_2} W(r) r \, dr} \quad (13.42)$$

等宽飞轮的惯性矩体积密度可以表示为

$$J_{fV} = \rho(R_2^2 + R_1^2) \quad (13.43)$$

式（13.42）和式（13.43）表明，使用密度大的材料可以在保持惯性矩不变的情况下减小飞轮的体积。

13.3.2 飞轮系统的功率容量

飞轮可提供或接收的功率可由式（13.35）对时间求微分得到，如下：

$$P_f = \frac{dE_f}{dt} = J_f \omega_f \frac{d\omega_f}{dt} = \omega_f T_f \quad (13.44)$$

式中，T_f 是电动机作用于飞轮上的转矩。当飞轮释放能量时，电动机工作在发电模式，将飞轮的机械能转化为电能。另一方面，当飞轮被补充能量时，电动机工作

在电动状态,将电能转化为储存在飞轮中的机械能。式(13.44)表明飞轮系统的功率容量完全取决于电动机的功率容量。

电动机的特性曲线通常如图 13.16 所示,其具有两个有不同特征的工作区域,即恒转矩区和恒功率区。在恒转矩区中,电动机的电压与其角速度成正比,且在电动机气隙中的磁通量为定值。而在恒功率区,电动机的电压为恒定值,其磁场则随着电动机角速度的增加而减弱(即弱磁)。在飞轮的充能阶段,即将飞轮从低速 ω_0 加速至高速时,以达到其最大转速 ω_{max} 为例,电动机输出的转矩为

$$T_m = J_f \frac{d\omega_f}{dt} \quad (13.45)$$

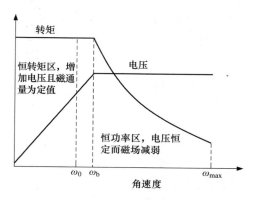

图 13.16 电动机的典型电压-转速曲线与转矩-转速曲线

式中,假设电动机与飞轮直接相连,该过程所需的时间 t 可以表示为

$$t = \int_{\omega_0}^{\omega_{max}} \frac{J_f}{T_m} d\omega = \int_{\omega_0}^{\omega_b} \frac{J_f}{p_m/\omega_b} d\omega + \int_{\omega_b}^{\omega_{max}} \frac{J_f}{p_m/\omega} d\omega \quad (13.46)$$

当给定加速时间 t 时,电动机的最大功率可利用式(13.46)计算如下:

$$P_m = \frac{J_f}{2t}(\omega_b^2 - 2\omega_0\omega_b + \omega_{max}^2) \quad (13.47)$$

式(13.47)表明,设计电动机时若选取基速 ω_b 与飞轮最低速度 ω_0 相等,则电动机功率将达到最小。这一结论意味着飞轮的有效工作转速范围应和电动机的恒功率区一致。此时电动机功率的表达式为

$$P_m = \frac{J_f}{2t}(\omega_{max}^2 - \omega_0^2) \quad (13.48)$$

使飞轮的有效工作转速范围与电动机的恒功率区一致,还具有另一个优点,即电动机的电压始终保持恒定值(见图 13.16)。这一设计有效简化了如 DC-DC 变换器及其控制器等功率控制系统的设计难度。

13.3.3 飞轮应用技术

虽然较高的转速可以显著提高飞轮所储存的能量(见式(13.35)),但转速存在极限值,当飞轮转速超过该极限值时,飞轮材料的抗拉强度 σ 将无法承受由离心力引起的应力作用。作用于飞轮上的最大应力与其几何结构、比密度 ρ 以及转速有关。由于飞轮的最高转速受限于其材料强度,飞轮的理论比能量与其材料的 σ/ρ 值成正比,因此选取具有最大 σ/ρ 比值的材料可以获得最大比能量。表 13.4 给出了超高速飞轮所采用的部分复合材料的特性。

表 13.4 超高速飞轮采用的复合材料[4]

	抗拉强度 σ/MPa	密度 ρ/(kg/m^3)	(σ/ρ)/(Wh/kg)
无碱玻璃纤维	1379	1900	202
石墨环氧树脂	1586	1500	294
高强度玻璃纤维	2069	1900	303
芳纶环氧树脂	1930	1400	383

在设计超高速飞轮时可采用恒应力原则。为获得最大的能量容量,飞轮转子中的每个部分应同时达到其最大应力限制,因此飞轮转子应采用如图 13.17 所示的形状,即飞轮厚度逐渐减小,并理论上于半径无限远处厚度减小为 0。

由于飞轮转速很高,故为减小空气动力学损失和摩擦损失,旋转的飞轮所在的壳套内应保持高度真空,并采用非接触式的磁轴承。

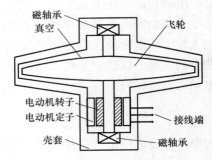

图 13.17 典型飞轮系统的基本结构

电动机对飞轮系统的性能有着关键影响,是飞轮系统中最重要的部件之一。目前飞轮系统中所采用的多为永磁无刷电动机。永磁无刷电动机不仅具有较高的功率密度和效率,还具有转子内部无生热的独特优势,这对于在真空中工作并力求降低空气阻力损耗的飞轮应用尤为重要。

开关磁阻电动机(SRM)在飞轮系统中的应用也很有前景。开关磁阻电动机的结构简单,且在高转速下的运行效率很高。此外,开关磁阻电动机的恒功率区范围较宽,增加了飞轮系统可用的能量(见 13.3.2 节)。对于开关磁阻电动机,其弱磁区域相对较易于实现。与其相反,永磁无刷电动机在弱磁区减小永磁体产生磁通的实现较为困难。

与在固定式电站中的储能应用不同,超高速飞轮在纯电动汽车以及混合动力电动汽车中的应用面临两个特殊问题。首先,当车辆偏离其直线行驶方向,如转向或在坡道上颠簸时,飞轮系统会产生回转力,导致车辆的可操纵性降低。其次,如果飞轮系统受到损伤,则其储存的机械能会在很短的时间内释放出来,相应的释放功率极高,可能引发车辆的严重损坏。例如,如果一个 1kWh 的飞轮在 1~5s 内解体,则其输出的功率高达 720~3600kW。因此,如何遏制飞轮系统破裂是目前将超高速飞轮应用于纯电动汽车和混合动力电动汽车中的最大问题。

减小飞轮系统回转力影响最简单的方法是在系统中采用多个较小的飞轮。这些成对运行的飞轮（即一半飞轮与另一半飞轮的旋转方向相反）产生的净回转力效应理论上为零。但实际上这种方案还存在着飞轮分布设计以及飞轮配对的相关问题。此外多个飞轮构成的总体的比能量和比功率很可能会小于单个飞轮。与之类似，减轻超高速飞轮故障造成的潜在损伤最简单的办法也是采用多个较小的飞轮，但这也可能意味着车辆的比能量和比功率性能下降。近期出现了一种新的飞轮系统故障防护技术，与传统飞轮不同的是，该方案采用的不是基于最大应力原则的中间厚、两边薄的飞轮结构，而是特意增大了飞轮边缘的厚度。因此，当转子发生故障时，靠近飞轮边缘的较薄位置最先发生破裂（实质上形成了一个机械式的保险）。采用这种机械式保险结构可以使飞轮在发生故障时仅需释放或消耗储存在转子边缘内的机械能[4]。

美国的很多企业和研究机构都已参与到开发用于纯电动汽车和混合动力电动汽车储能装置的超高速飞轮技术中，例如劳伦斯利弗莫尔国家实验室、Ashman 科技、AVCON、诺斯洛普·格鲁门公司、Power R&D、罗克韦尔公司、得克萨斯大学奥斯汀分校动力中心等。然而超高速飞轮相关技术的研发仍然处于起步阶段。目前完整超高速飞轮系统的比能量可达 10~150Wh/kg，比功率为 2~10kW/kg。劳伦斯利弗莫尔国家实验室研制的超高速飞轮样机（直径 20cm，高 30cm），转速可达 60000r/min，总能量容量为 1kWh，功率为 100kW。

13.4 混合储能装置

13.4.1 混合储能的概念

混合储能是将两个或多个储能装置组合在一起，使得每个储能装置都能发挥其长处，并以其他储能装置的优势弥补其缺点。例如，由化学电池与超级电容器所组成的混合储能装置可以克服化学电池比功率低与超级电容器比能量低的缺点，从而实现储能系统的高比能量与高比功率。混合储能装置一般会由一个高比能量的储能装置和一个高比功率的储能装置组合而成，该系统运行方式如图 13.18 所示。

在高功率需求的工况下，例如爬坡或加速时，两部分储能装置均向负载输出功率，如图 13.18a 所示。另一方面，在定速巡航等需求功率较低的工况下运行时，高比能量的储能装置向负载输出能量，并为高比功率的储能装置充能，以补偿其在高功率需求工况下损失的能量，如图 13.18b 所示。在再生制动工况下，峰值功率由高比功率储能装置回收，剩余较少的部分由高比能量储能装置回收。在这样的运行方式下，整个混合储能系统将比单独采用其中任何一种储能装置具有更小的重量和体积。

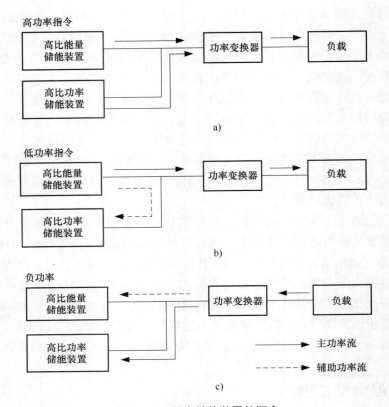

图 13.18 混合储能装置的概念
a) 混合供电 b) 功率分流 c) 混合充电

13.4.2 由电池与超级电容器组成的主/被动混合储能装置

从当前储能装置的相关技术来看，纯电动汽车与混合动力电动汽车有多种可行的混合储能方案，其中由电池-电池组成的混合储能装置以及电池-超级电容器组成的混合储能装置是其中的典型方案。由于超级电容器的输出功率远高于电池，故电池-超级电容器组成的混合储能装置更为合理，且超级电容器能与各种电池组合。其最简单的组成方式就是将超级电容器与电池直接并联，如图 13.19 所示。

在该混合结构中，超级电容器相当于承担电流滤波器的作用，可以显著抑制电池端的峰值电流，并减小电池上的电压降，该混合方案的效果如图 13.20 和

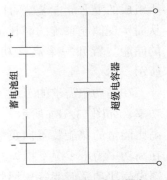

图 13.19 超级电容器与蓄电池组的直接并联

图 13.21 所示。该结构的最大缺陷在于无法主动控制不同储能装置间的功率流,且难以充分利用超级电容器中储存的能量。

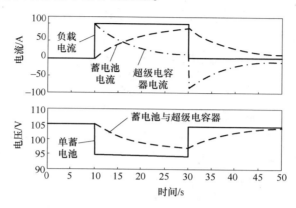

图 13.20　阶跃电流输出下电池-超级电容器电压与电流的变化

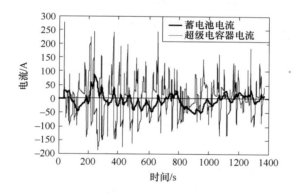

图 13.21　FTP75 城市循环工况下混合动力电动汽车电池-超级电容器的电流

图 13.22 所示为一种使用两象限 DC-DC 变换器连接超级电容器与电池的方案。这种设计方案中使电池与超级电容器两端能够具有不同的电压,两者间的功率可实现主动控制,从而实现超级电容器中能量的充分利用。从长远角度来看,超高速飞轮有可能代替电池,应用于纯电动汽车以及混合动力电动汽车的混合储能系统中,以实现储能系统的高效率、紧凑结构与长寿命。

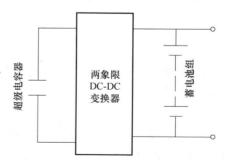

图 13.22　主动控制型电池-超级电容器混合储能系统

13.4.3 电池与超级电容器混合储能设计

由超级电容器与电池组成的混合储能装置的最佳设计方案应使得系统的整体能量和功率恰好满足车辆的能量和功率需求,无需过多余量[8]。车辆对储能系统的能量与功率需求可用其能量/功率来描述,定义为

$$R_{e/p} = \frac{E_r}{P_r} \tag{13.49}$$

式中,E_r 和 P_r 分别是车辆的能量与功率需求。

如本书的第 8~10 章所述,车辆的能量与功率需求主要由其驱动系统的设计和控制策略决定。当车辆的 $R_{e/p}$ 已知时,可通过设计混合储能装置中的电池与超级电容器,使得其总体能量/功率与 $R_{e/p}$ 相等,如下所示:

$$\frac{W_b E_b + W_c E_c}{W_b P_b + W_c P_c} = R_{e/p} \tag{13.50}$$

式中,W_b 和 W_c 分别是电池和超级电容器的重量;E_b 和 E_c 分别是电池和超级电容器的比能量;P_b 和 P_c 分别是电池和超级电容器的比功率。

式 (13.50) 可整理为

$$W_c = kW_b \tag{13.51}$$

其中

$$k = \frac{E_b - R_{e/p} P_b}{R_{e/p} P_c - E_c} \tag{13.52}$$

由此可得,混合储能装置的比能量为

$$E_{spe} = \frac{W_b E_b + W_c E_c}{W_b + W_c} = \frac{E_b + kE_c}{1 + k} \tag{13.53}$$

比功率为

$$P_{spe} = \frac{W_b P_b + W_c P_c}{W_b + W_c} = \frac{P_b + kP_c}{1 + k} \tag{13.54}$$

混合储能装置的设计实例如下:

假设某车辆需要设计功率为 50kW 的储能装置,其期望的能量/功率指标 $R_{e/p}$ = 0.07h。因此该储能装置的总能量为 3.5kWh,可采用的电池-超级电容器的特性见表 13.5 和表 13.6。采用单一储能装置或电池-超级电容器混合储能装置时所需的总质量见表 13.7 和表 13.8。比较表 13.7 和表 13.8 中储能装置的总质量,显然采用混合储能装置可以显著减小系统的质量,且电池的功率密度越低,其效果越明显。

表 13.5　标准测试条件下 CHPS 备选电池类型的主要参数[8]

CHPS 备选电池类别	比能量/(Wh/kg)	比功率/(W/kg)	(能量/功率)/h
铅酸电池	28	75	0.373
镍镉电池	50	120	0.417
镍氢电池	64	140	0.457
锂离子电池（CHPS）①	100	1000②	0.1

① 军用混合供能系统（Combat Hybrid Power System，CHPS），由 TACOM 赞助。
② 锂离子电池的功率容量取决于脉冲的时间以及工作温度。

表 13.6　42V 超级电容器的性能参数[7]

额定容量（DCC①，25℃）/F	145
容量误差（%）	±20
额定电压/V	42
浪涌电压/V	50
最大串联电阻 ESR（DCC，25℃）/mΩ	10
比功率（42V）/(W/kg)	2900
最大电流/A	600
最大存储能量/J	128000
比能量（42V）/(Wh/kg)	2.3
最大漏电电流（12h，25℃）/mA	30
质量/kg	15
体积/L	22
工作温度/℃	-35~65
储存温度/℃	-35~65
寿命（25℃）/y	10②
循环次数（25℃，20A）	500000②

① 恒流放电（Discharge at Constant Current，DCC）。
② 容量损失低于容量初始值的 20%，最大串联内阻小于初始最大串联内阻的 200%。

表 13.7　采用单一储能装置时储能系统的性能参数[7]

	铅酸电池	镍镉电池	镍氢电池	锂离子电池	超级电容器
比功率/(W/kg)	75	120	140	1000	2500
比能量/(Wh/kg)	30	50	64	100	2
总质量/kg	667	417	357	50	1750

表 13.8　采用电池-超级电容器混合储能装置时储能系统的性能参数[7]

	铅酸电池	镍镉电池	镍氢电池	锂离子电池
比功率/(W/kg)	378.5	581.4	703	1222
比能量/(Wh/kg)	26.5	40.7	49.2	85.5
电池质量/kg	116	69	54	35
超级电容器质量/kg	16.5	16.7	16.9	6.05
总质量/kg	132	86	71	41

参考文献

[1] D. A. J. Rand, R. Woods, and R. M. Dell, *Batteries for Electric Vehicles*, Society of Automotive Engineers (SAE), Warrendale, PA, 1988.

[2] Available at http://www.saftbatteries.com, SAFT, The Battery Company, 2007.

[3] T. R. Crompton, *Battery Reference Book*, Society of Automotive Engineers (SAE), Warrendale, PA, 1996.

[4] C. C. Chan and K. T. Chau, *Modern Electric Vehicle Technology*, Oxford University Press, Oxford, 2001.

[5] Y. Gao and M. Ehsani, Investigation of battery technologies for the army's hybrid vehicle application, In *Proceedings of the IEEE 56th Vehicular Technology Conference*, pp. 1505–1509, Fall 2002.

[6] Y. Gao, H. Moghbelli, M. Ehsani, G. Frazier, J. Kajs, and S. Bayne, Investigation of high-energy and high-power hybrid energy storage systems for military vehicle application. *Society of Automotive Engineers (SAE) Journal*, Paper No. 2003-01-2287, Warrendale, PA, 2003.

[7] Available at http://www.maxwell.com, Maxwell Technologies, 2007.

[8] Y. Gao and M. Ehsnai, Parametric design of the traction motor and energy storage for series hybrid off-road and military vehicles. *Power Electronics, IEEE Transactions*, 21(3), May 2006: 749–755.

[9] K. Itani et al. Regenerative braking modeling, control, and simulation of a hybrid energy storage system for an electric vehicle in extreme conditions. *IEEE Transactions on Transportation Electrification*, 2(4), 2016: 465–479.

[10] J. Cao and A. Emadi, A new battery/ultracapacitor hybrid energy storage system for electric, hybrid, and plug-in hybrid electric vehicles. *IEEE Transactions on Power Electronics*, 27.1, 2012: 122–132.

[11] R. Carter, A. Cruden, and P. J. Hall, Optimizing for efficiency or battery life in a battery/supercapacitor electric vehicle. *IEEE Transactions on Vehicular Technology* 61(4), 2012: 1526–1533.

[12] M. Hedlund, J. Lundin, J. de Santiago, J. Abrahamsson, and H. Bernhoff, Flywheel energy storage for automotive applications. *Energies*, 8(10), 2015: 10636–10663.

[13] M. M. Flynn, P. McMullen, and O. Solis, High-speed flywheel and motor drive operation for energy recovery in a mobile gantry crane. In *APEC 07-Twenty-Second Annual IEEE Applied Power Electronics Conference and Exposition*, pp. 1151–1157. IEEE.

[14] J. Lundin, *Flywheel in an all-electric propulsion system*, Doctoral dissertation, PhD thesis, Uppsala University, 2011.

[15] J. G. de Oliveira, *Power control systems in a flywheel based all-electric driveline*, Doctoral dissertation, PhD thesis, Uppsala University, 2011.

[16] Eyer J., *Benefits from Flywheel Energy Storage for Area Regulation in California—Demonstration Results*. Sandia National Laboratories: Albuquerque, NM, USA, 2009.

[17] M. Ahrens, L. Kucera, and R. Larsonneur, Performance of a magnetically suspended flywheel energy storage device. *IEEE Transactions on Control Systems Technology*, 4(5), 1996, 494–502.

[18] M. T. Caprio, B. T. Murphy, and J. D. Herbst, *Spin Commissioning and Drop Tests of a 130 kW-hr Composite Flywheel*. CEM Publications, 2015.

[19] K. Pullen and C. Ellis, Kinetic energy storage for vehicles, In *Hybrid Vehicle Conference*, IET The Institution of Engineering and Technology, 2006, pp. 91–108: IET.

[20] O. Laldin, M. Moshirvaziri, and O. Trescases. Predictive algorithm for optimizing power flow in hybrid ultracapacitor/battery storage systems for light electric vehicles. *IEEE Transactions on Power Electronics* 28.8, 2013: 3882–3895.

第14章 再生制动的基本原理

纯电动汽车、混合动力电动汽车以及燃料电池电动汽车最重要的特性之一是它们可以在制动过程中回收大量能量。纯电动、混合动力和燃料电池电动汽车中的电动机可以工作在发电模式，从而将车辆的动能或势能转化为电能，并储存在储能装置中，以备再次使用。

车辆的制动性能是影响其安全性的重要因素之一。成功的车辆制动系统的设计必须始终同时满足迅速降低车辆速度与保持车辆行驶方向可控这样两个截然不同的需求。前者要求车辆的制动系统必须为每个车轮提供足够的制动转矩；后者需要各车轮上的制动分配满足特定要求（如第2章所述）。

通常，车辆所需要的制动转矩远大于电动机所能提供的转矩，尤其是在紧急制动时更是如此。因此，纯电动汽车、混合动力电动汽车以及燃料电池电动汽车中的机械摩擦制动系统必须与其电再生制动系统共存，组成混合制动系统。与混合驱动系统一样，混合制动系统也有多种不同的配置和控制策略。然而，这些系统设计和控制的最终目标都是在保证车辆制动性能的同时实现尽可能多的制动能量回收。

14.1 城市行驶工况下的制动能量消耗

车辆制动过程中需要消耗大量的能量[1-3]。将1500kg重的车辆从100km/h车速制动到零车速，需要在数十米距离内消耗大约0.16kWh的能量（$(1/2)MV^2$）。如果在滑行过程中仅靠克服阻力（滚动阻力和空气阻力）消耗这些能量而不进行制动，则车辆将可以行驶大约2km，该过程如图14.1所示。

当车辆行驶于城市走走停停的工况时，频繁制动会消耗大量的能量。为了尽可能地实现制动能量回收，一个成功的混合制动系统设计需充分适应车辆在城市循环行驶工况下，其制动特性及其与车速、制动功率、负向加速度等的关系[2-4]。本章中所采用的典型城市循环工况包括EPA FTP75、LA92、US06、纽约城市以及ECE-15。

当行驶在平坦路面上时，作用于车辆轮上的驱动功率（kW）可计算如下：

$$P_d = \frac{V}{1000}\left(Mgf_r + \frac{1}{2}\rho_a C_D A V^2 + M\delta\frac{dV}{dt}\right) \qquad (14.1)$$

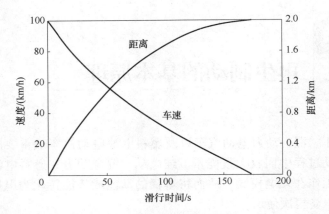

图 14.1 滑行速度和距离的关系曲线

式中，M 是车辆质量，单位为 kg；g 是重力加速度，值为 9.81m/s^2；f_r 是车轮滚动阻力系数；ρ_a 是空气密度，值为 1.205kg/m^3；C_D 是空气阻力系数；A 是车辆迎风面积，单位为 m^2；V 是车速，单位为 m/s；δ 是转动惯量系数；dV/dt 是车辆加速度，单位为 m/s^2（当车辆减速时为负值）。当 $P_d>0$ 时，车辆驱动轮接收动力系统提供的功率，驱动车辆向前行驶，此时车辆制动功率为零。与之相反，当 $P_d<0$ 时车辆制动，车辆的动能被其制动系统消耗，此时车辆的驱动功率为零。

由式（14.1）对时间积分可求出车辆的牵引能量与制动能量。表 14.1 为一辆典型乘用车的参数，该车行驶在 FTP75 城市循环工况下的牵引能量和制动能量数值如图 14.2 所示，车辆制动时的受力分析如图 14.3 所示。

表 14.1 示例用乘用车参数

项目	符号	单位	值
车辆质量	M	kg	1500（满载），1250（空载）
滚动阻力系数	f_r		0.01
空气阻力系数	C_D		0.3
迎风面积	A	m^2	2.2
轮距	L	m	2.7
重心与前轴中心距离	L_a	m	1.134（满载），0.95（空载）
重心高度	h_g	m	0.6（满载），0.5（空载）

表 14.2 为该车在不同循环工况下行驶时的数据。从图 14.2 和表 14.2 可以看出，在典型城市环境行驶时，车辆的制动能量占其总牵引能量的 34% 以上。在纽约这样的大城市中，制动能量占比可达 80%。

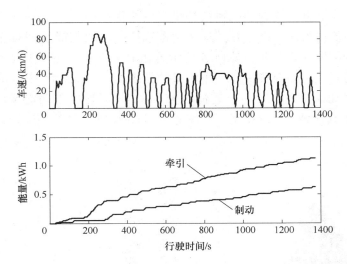

图 14.2　FTP75 城市循环工况下车辆的牵引能量和制动能量

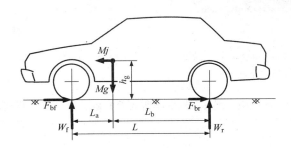

图 14.3　制动时作用于车辆上的力

表 14.2　不同循环工况下的最高车速、平均车速、牵引能量和消耗能量数据

	FTP75 城市	LA92	US06	纽约	ECE-15
最高车速/(km/h)	86.4	107.2	128.5	44.6	120
平均车速/(km/h)	27.9	39.4	77.4	12.2	49.8
每循环行驶里程/km	10.63	15.7	12.8	1.90	7.95
每循环牵引用能量/kWh	1.1288	2.3559	2.2655	0.2960	0.9691
每公里牵引用能量/kWh	1.1062	0.15	0.1769	0.1555	0.1219
每循环制动用能量/kWh	0.6254	1.3666	0.9229	0.2425	0.3303
每公里制动用能量/kWh	0.0589	0.0870	0.0721	0.1274	0.0416
制动能量占牵引能量比例（%）	55.4	58.01	40.73	81.9	34.08

14.2　制动能量与车速

典型城市循环工况下车速范围内的制动能量分布规律是实现再生制动系统设

计和控制的重要信息。在制动能量消耗最多的车速范围内，电动机工作在发电模式下的效率最值得关注。由于在其他车速范围内的可回收能量相对有限，所以可以忽略这部分再生制动能量。图 14.4 所示为在 FTP75 城市循环工况下，车辆在其速度范围内的制动能量分布特性（车辆参数见表 14.1）。图 14.5 所示为在低于给定车速时的制动能量占比，即车速低于 15km/h 时消耗的制动能量仅约为 10%。表 14.3 给出了其他城市循环工况下车速低于 15km/h 时消耗的制动能量。

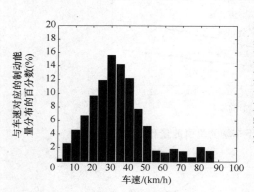

图 14.4 FTP75 城市循环工况下制动能量在不同车速下的分布

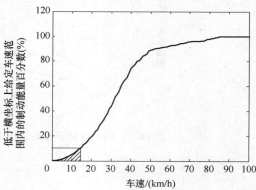

图 14.5 低于给定车速时的制动能量占比

表 14.3 典型城市循环工况中车速低于 15km/h 时耗散的制动能量

	FTP75 城市	LA92	US06	纽约	ECE-15
$V<15$km/h 时的制动能量（%）	10.93	5.51	3.27	21.32	4.25

在低车速范围内，即当所有典型循环工况下车速低于 15km/h 时，消耗的制动能量无足轻重。这一结果表明在设计和控制再生制动系统时并不需要使其在低车速时具有很高的运行效率。事实上由于低车速下电动机转速很低，其产生的电动势（电压）也很低，故很难使其在低速下回收能量。

需要注意的是，车轮转速正比于电动机角速度，当车轮接近抱死时，车轮转速会与车身的平动速度解耦。因此，车辆的混合制动系统必须在车速高于最小阈值时工作。电再生制动主要用于尽可能多地回收制动能量，机械制动应主要用来保证车辆的制动性能。

14.3 制动能量与制动功率

制动系统另一个重要的因素是制动功率对制动能量的影响。理解典型循环工况下的车辆制动功率对制动能量的影响，有助于电动机和车载储能装置的功率容量设计，即可以尽可能多地回收制动能量，又可以防止其容量过剩。

车辆（参数见表 14.1）在 FTP75 城市循环工况下的制动仿真结果如图 14.6 所示。从图中可以看出，只有约 15% 的制动功率超出 14.4kW，即在该循环下，功率为 15kW 的电动机可回收约 85% 的制动能量。表 14.4 列出了其他城市循环工况下的仿真结果，也提供了 85% 制动能量消耗对应的制动功率范围。这些数据有助于从制动角度设计电动机和车载储能装置的功率容量参数。

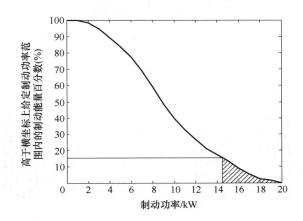

图 14.6　大于横坐标对应制动功率范围内制动能量的百分比

表 14.4　典型城市循环工况下 85% 总制动能量消耗对应的制动功率范围

	FTP75 城市	LA92	US06	纽约	ECE-15
85% 制动功率范围/kW	0~14.4	0~44.5	0~46.7	0~18.5	0~33.5

14.4　制动功率与车速

另一项需要考虑的重要因素是在典型城市循环工况下制动功率与车速的关系。对这一因素的理解将有助于对电动机的转速-功率特性进行合理的设计和控制，以使其能够与车辆实际工况良好匹配。图 14.7 所示为前述车辆的仿真结果，图中的柱状图形代表了特定循环工况下对应车速下需求的最大制动功率，图中的实线代表了可回收至少 85% 制动能量的电动机转速-功率曲线（见表 14.4）。

图中的制动功率-车速特性本质上与电动机的功率-转速特性相匹配，即当车速在零速到电动机基速对应车速之间时（恒转矩范围），功率与车速成正比；车速超出电动机基速对应车速后功率保持定值。因此无需针对再生制动系统要求对电动机进行特殊的设计和控制。

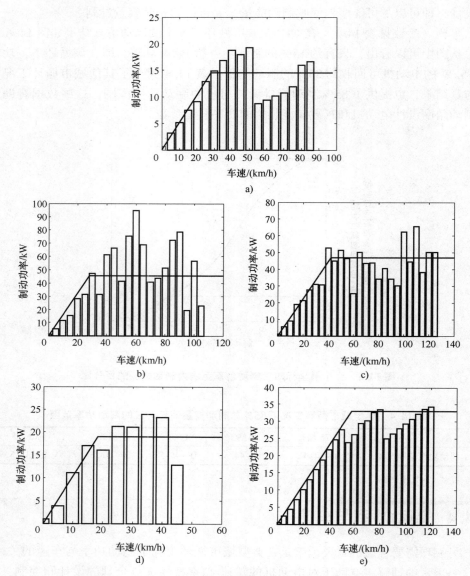

图 14.7 典型城市循环工况下的制动功率与制动速度的关系

a) FTP75 城市　b) LA92　c) US06　d) 纽约　e) ECE-15

14.5 制动能量与车辆减速度

另一项需要考虑的重要因素是制动能量在车辆减速度范围内的分布，而制动减速度与制动力相关。理解这一因素同样有助于实现纯电动汽车、混合动力电动汽车以及燃料电池电动汽车混合制动系统的设计与控制。图 14.8 所示为前述车辆在 FTP75 城市循环工况下，当减速度低于横轴上对应车辆减速度范围内的制动能量消耗。从图中可以看出，该循环工况下的制动较为平缓（最大减速度低于 $0.15g$）。表 14.5 列出了各种循环工况下的最大减速度及减速度低于 $0.15g$ 时的制动能量百分比。

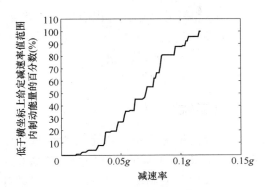

图 14.8 不同车辆减速度下的制动能量消耗

表 14.5 最大减速度以及减速度低于 $0.15g$ 时的制动能量消耗

	FTP75 城市	LA92	US06	纽约	ECE-15
最大减速度/g	0.15	0.40	0.31	0.27	0.14
减速度低于 $0.15g$ 范围内消耗的制动能量百分比（%）	100	56	59	69	100

14.6　前后轴上的制动能量

为保证乘用车的制动性能，车辆前后轴上的制动能量分配需低于曲线 I 并高于制动法规曲线，如第 2 章中的图 2.27 和图 2.28 所示。这一要求表明，大部分制动能量会分配在前轴上，因此乘用车将再生制动布置在前轴上要优于布置在后轴，然而其他类型的车辆（如载重卡车）将再生制动布置于后轴可能更好。

14.7　纯电动汽车、混合动力电动汽车和燃料电池电动汽车的制动系统

纯电动汽车、混合动力电动汽车和燃料电池电动汽车的再生制动要求部分提高了其制动系统的设计复杂度。其中包括两个基本问题，一是如何将总制动力分

解为再生制动与摩擦制动，以尽可能多地实现制动能量回收；二是如何将总制动力分配于车辆前、后轴以实现稳定的制动性能。通常再生制动仅对车辆的驱动轴有效（乘用车一般为前轴）。在制动过程中应控制电动机产生适当的制动力以尽量回收制动能量，并同时保证总制动力足以满足驾驶人对车辆减速度的要求。

本节将介绍两种混合制动系统及其相应的设计与控制原则。其中一种是并联式混合制动系统，其结构与控制较为简单，并保有常规制动系统的所有主要部件。另一种为完全可控的混合制动系统，该系统可独立控制每个车轮上的制动力，从而极大地提高了车辆在不同路面上的制动性能。

下面的分析均基于 2.9 节对于制动性能的论述。

14.7.1 并联式混合制动系统

并联式混合制动系统可能是最为简单，也是最为接近传统纯机械制动（液压或气压）的混合制动系统，如图 14.9 所示，其保留了传统机械式制动系统的所有主要部件，并直接在前轴上添加了电制动。其中，机械制动部分包括制动主缸和增压器，可以选配 ABS 控制器和执行机构，但还配备有制动钳和制动盘。制动时电动机直接将其制动转矩作用于前轴上，其制动力由整车控制器基于车速、对应驾驶人制动需求的制动踏板位置以及集成的控制策略共同决定。并联式混合制动系统的特点在于只有电制动力（力矩）是电控的，而机械制动力（力矩）在 ABS 介入前始终由驾驶人通过制动踏板来控制。与传统制动系统相同，当车轮即将抱

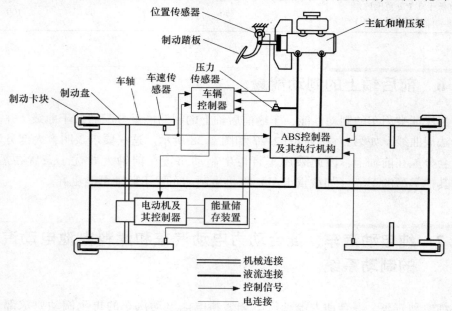

图 14.9 并联式混合制动系统结构简图

死时,机械制动力由 ABS 系统控制。设计和控制并联式混合制动系统的关键在于控制电制动力,以回收尽可能多的制动能量。

1. 电制动力与机械制动力按固定比例分配的设计和控制原则

图 14.10 所示为一种前后轴制动力分配比例固定(如曲线 β 所示)的机械制动力分配策略。曲线 I 是车辆的理想制动力分配曲线,图中还给出了 ECE 法规所要求的最小后轮制动力。总制动力为图中带有"机械+电气"标签的曲线。车辆前轮上的总制动力包括机械制动力 $F_{bf,mech}$ 和电制动力 $F_{bf,regen}$。当车速低于指定的阈值(如 15km/h)或车轮接近抱死时,电再生制动系统不提供制动力,此时的制动完全由机械制动系统完成。

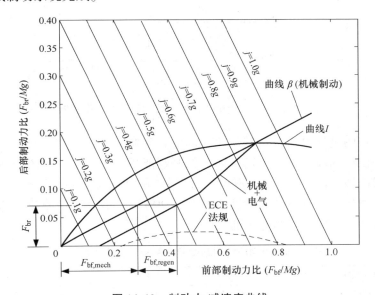

图 14.10 制动力-减速度曲线

当轮速高于指定阈值且由制动踏板位置代表的期望车辆减速度低于指定阈值(图 14.10 中的 $0.15g$)时,所有制动力均由电再生制动系统提供,此时车辆前、后轮上的机械制动力均为零。如 12.7 节所述,大部分的制动能量均分布于该减速度范围内。为实现零机械制动力,可增大制动块与制动踏板的间隙或对制动主缸进行微小改动。当期望减速度大于指定阈值(图 14.10 中的 $0.15g$)时,前轮制动力由机械制动与电制动共同分担。电制动力占总制动力比例的设计与电动机和车载储能装置的功率容量相关,但图 14.10 中的总制动力曲线必须在 ECE 法规曲线之上。当期望减速度高于某个特定值(图 14.10 中为 $0.6g$)时,电再生制动力最终随着期望减速度的增大减小为零(图 14.10 中为 $0.9g$)。这种设计保证了实际的前后轮制动力将与理想制动力分配曲线接近,制动距离较短,且紧急情况下可依靠强有力的机械制动保证安全。图 14.11 所示为车辆前后轮上的总制动力、再生制动力以及机械制动力随车辆减速度变化的关系。

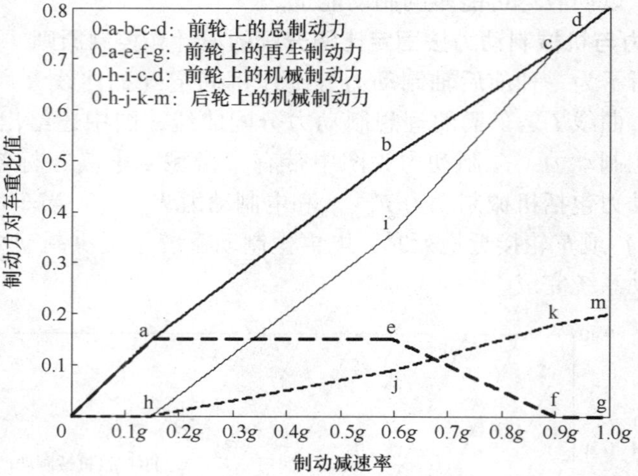

```
0-a-b-c-d: 前轮上的总制动力
0-a-e-f-g: 前轮上的再生制动力
0-h-i-c-d: 前轮上的机械制动力
0-h-j-k-m: 后轮上的机械制动力
```

图 14.11 随减速度变化的前后轮制动力分配关系

根据前述的设计原则以及基于轮速的电再生制动控制策略，可通过计算机仿真得到不同典型循环工况下车辆可回收的制动能量，仿真结果见表 14.6。数据表明，在正常的城市循环工况下行驶时，大部分的制动能量都可被回收。

需要注意的是，电动机所提供的最大制动转矩只需使车辆减速度达到 $0.15g$，因此该系统并不需要大功率电动机。

表 14.6 可回收的制动能量占总制动能量的百分比

FTP75 城市	LA92	US06	纽约	ECE-15
89.69	82.92	86.55	76.16	95.75

2. 最大再生制动能量的设计和控制原则

这种设计和控制原则为在满足制动相关法规（这里为 ECE 法规）的前提下将尽可能多的制动力分配于前轮，即总制动力的分配遵循由 ECE 法规决定的最大前轴制动力曲线（最小后轴制动力），其分配如图 14.12 中的曲线 0-a-b-c 所示。详细论述如下。

当制动强度小于 $0.2g$ 时，全部制动力被分配到前轴用于再生制动，此时前后轴均不施加机械制动力。电动机转矩可根据制动踏板的位置信号进行控制。在这种情况下，制动主缸不形成液压。当制动强度大于 $0.2g$ 时，机械制动系统开始产生压力，车辆前后轮上的机械制动力均依照曲线 β_m 逐渐增加。与此同时电动机将其电制动力矩作用于前轴上使得总制动力满足 ECE 法规曲线。例如，当需要的制动强度为 $0.5g$ 时，总制动力位于点 b，而前后轮上的机械制动力位于点 d。最大再

第 14 章 再生制动的基本原理

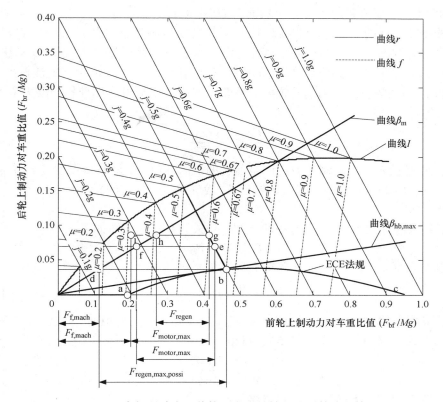

图 14.12 车辆制动力于前轮（电 + 机械）及后轮分配简图

生制动力为线段 d-b，标记为 $F_{regen,max,possi}$。然而，为完全回收最大可能的制动功率，必须满足以下两个条件。

第一个条件为车辆的电动机可以提供该制动力。设制动强度为 $0.5g$，而电动机所能提供的最大制动力如图 14.12 中的线段 f-e 所示，为使制动强度达到 $0.5g$，总制动力应位于点 e，而机械制动力则应位于点 f。

当电动机具备足够的制动功率时，还需满足第二个条件，即路面附着系数应大于 0.67，否则前轮将抱死。图 14.12 中给出了当制动强度 $j = 0.5g$、$\mu = 0.6$，且总制动力工作点为点 g 时的情况，此时制动工作机制与有无 ABS 相关。

当没有 ABS 时，在后轮上产生足够的制动力，机械制动需工作在点 h，再生制动为线段 h-g，小于电动机可输出的最大制动力。当系统具备 ABS 功能时，作用于前轮上的机械制动力将离开曲线 β，代之为 $\mu = 0.6$ 的曲线 f，此时电动机仍可产生最大制动力来回收最大制动能量，该过程如图中的线段 i-g 所示，此时机械制动的工作点位于点 i。

上述以实现最大再生能量为目标的设计和控制原则，是基于前轮上的最大制动力由 ECE 法规所限制的思路。然而，如图 14.12 所示，ECE 法规中的制动力分配曲线是非线性的，而这种非线性特性可能会使得制动系统的设计和控制较为复杂。在混合制动系统的设计和控制中，可采用简单的直线拟合来代替 ECE 法规中的制动力分配曲线，如图 14.12 中的曲线 $\beta_{hb,max}$ 所示，该曲线由以下方法得到。

由 ECE 法规可知，当前轮抱死时后轮上的最小制动力（即前轮制动力最大时）如下：

$$\frac{F_{bf}}{W_f} \leq \frac{q + 0.07}{0.85} \tag{14.2}$$

式中，F_{bf} 是前轮上的总制动力；W_f 是前轮的法向载荷；q 是制动强度（$q = j/g$，见图 14.3）。由 2.9 节中关于曲线 β 的定义，前轮制动力可以表示为

$$F_{bf} = \beta_{hb} F_b \tag{14.3}$$

式中，F_b 是车辆总制动力，与制动强度 q 相关，其对应关系如下：

$$F_b = Mj = Mgq \tag{14.4}$$

制动强度 q 与前轮法向载荷 W_f 有以下关系：

$$W_f = \frac{Mg}{L}(L_b + qh_g) \tag{14.5}$$

式中，M 是车辆的质量；L 是轴距；L_b 是车辆质心到后轮的距离，如图 14.3 所示。

结合式（14.3）~式（14.5），可得

$$\frac{F_{bf}}{W_f} = \frac{\beta_{hb} qL}{L_b + qh_g} \tag{14.6}$$

由式（14.2）和式（14.6）可得

$$\beta_{hb} \leq \frac{(q + 0.07)(L_b + qh_g)}{0.85qL} \tag{14.7}$$

由式（14.7）可知，满足 ECE 法规中 β_{hb} 的上限是制动强度 q 的函数。使 β_{hb} 达到最大值的 q 可由式（14.8）得到。

$$\frac{d\beta_{hb}}{dq}\bigg|_{q=q^0} = 0 \tag{14.8}$$

其中，$q^0 = \sqrt{0.07L_b/h_g}$，推导可得

$$\beta_{hb,max} = \frac{2\sqrt{0.07L_b h_g} + L_b + 0.07h_g}{0.85L} \tag{14.9}$$

式（14.9）表明，制动力分配比例 $\beta_{hb,max}$ 仅由车辆参数所决定。由 $\beta_{hb,max}$ 可绘制出如图 14.12 所示的前后轮制动力分配曲线。该曲线可代替 ECE 法规曲线，从而简化制动系统的设计和控制。制动过程的分析与上一种制动方式类似，此处留给读者。

14.7.2 全可控式混合制动系统

近年来出现了一些更为先进的制动系统，可独立控制各个车轮上的制动

力[1,2,5]。液压电制动系统（Hydraulic Electric Brake System，H-EBS）和机械电制动系统是其中的两个典型实例。一种全可控式混合制动系统的示意图如图 14.13 所示，其由液压电制动与电再生制动共同构成。

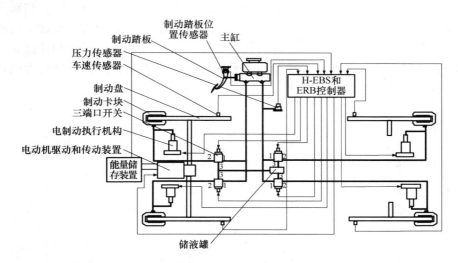

图 14.13　包含液压电制动与电再生制动的全可控式混合制动系统

机械制动系统主要由制动踏板及其位置传感器、主缸、电动和电控的制动执行机构、电控三端口开关、储液罐以及压力传感器所构成。正常工作状态下，三端口开关的端口 1 和端口 3 开启，端口 2 关闭。H-EBS 控制器向各个制动执行机构发出指令，分别控制各个车轮上的机械制动转矩。各个车轮上的制动转矩指令是由 H-EBS 系统基于压力传感器的压力信号、制动踏板位置传感器的制动踏板行程信号、轮速传感器的轮速信号以及 H-EBS 控制器中预设的控制策略生成的。制动液从主缸通过三端口开关流向储液罐，形成压力并模拟传统制动系统的制动感受。若其中某个制动执行机构失效，则其对应的三端口开关将切换到端口 1 和端口 2 开启、端口 3 关闭的状态，从而使制动液从主缸直接流入制动钳缸中，以保持其制动转矩。

电再生制动（Electric Regenerative Brake，ERB）主要包括电动机及其控制器，以及车载能量储存设备。ERB 控制器基于轮速、制动踏板行程、储能系统充能情况以及控制器内置控制策略，实现电再生制动控制。

混合制动系统的关键问题是在于如何控制机械制动与电制动转矩的分配，以获得满意的制动性能，并尽可能多地回收制动能量。本节将介绍两种典型控制策略，其中一种强调制动性能，另一种强调制动能量回收。

1. 基于最优制动性能的控制策略

由于全可控式混合制动系统能够单独控制各车轮上的制动力，因此可根据理想制动力分配曲线调节前后轮上的制动力,从而实现最优的制动性能。

图 14.14 所示为这种控制策略应用于车辆时的工作原理(仅在前轮进行制动能量回收)。当前轮需求制动力小于电动机系统最大制动力时,前轮的全部制动力由电动机产生,而不进行机械制动;后轮制动力全部由机械制动提供,制动力分配满足曲线 I,如图 14.14 中的点 a 所示。当前轮所需的制动力大于电动机可提供的制动力时,电制动与机械制动必须共同工作。为尽可能多地回收制动能量,应控制电动机输出受电动机本身或储能装置限制的最大制动力,剩余制动力则由机械制动提供,如图 14.14 中的点 b 所示。

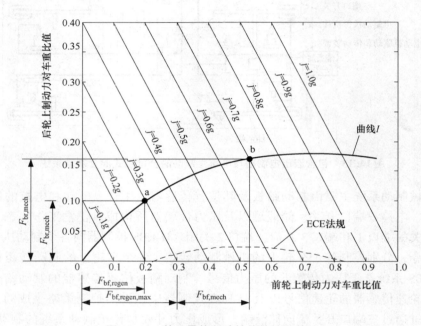

图 14.14 基于最佳制动性能的控制策略

需要注意的是,当车速很低或前轮接近抱死时,前轮转速较低,此时由于电动机定子绕组中产生的感应电动势(电压)很低,使得电动机难以产生制动力矩。在这种情况下,全部所需的制动力都必须由机械制动产生。

如图 14.14 所示,在这种控制策略下,尤其是在弱制动需求(负向加速度较小)时,大量的制动能量被后轮制动所消耗。例如,当 $j=0.3g$ 时,约 33% 的制动总能量被后轮制动消耗,而当 $j=0.1g$ 时,该比例达到 37.8%。遗憾的是,这正是大多数城市循环工况下的制动情况。考虑到当车速较低时(<15km/h)无法实现再生制动,故前轮可回收的制动能量还会进一步减少。表 14.7 所示的仿真结果证明了这一结论。

表 14.7　典型城市循环工况下的制动能量分布情况

	FTP75 城市	LA92	US06	纽约	ECE-15
前轮制动能量占总制动能量的百分比（%）	61.52	63.16	62.98	62.57	61.92
后轮制动能量占总制动能量的百分比（%）	38.48	36.84	37.02	37.43	38.08
前轮可回收制动能量占总制动能量的百分比（%）	55.16	59.85	60.89	50.26	59.27

2. 基于最优能量回收的控制策略

这种控制策略着眼于在任意附着系数的路面上，在前轮不早于后轮抱死的条件下将更多的制动力分配于前轮，从而增大再生制动可回收的制动能量。

下面将借助图 14.15 详细阐述这种控制策略。

车辆在附着系数为 μ 的道路上行驶，其制动负向加速度为 j，且 $j/g < \mu$ 时，可在保证总制动力需求的前提下（$F_{bf} + F_{br} = Mj$）分配前后轮的制动力。如图 14.15 所示，为了满足制动性能的要求，前后车轮均不能抱死，且后轮制动力必须高于 ECE 法规曲线。因此，前后轮上的制动力分配只能在一定范围内变化，而该范围与车辆的负向加速度以及路面附着系数相关。图 14.15 表明，在路面附着系数 $\mu = 0.9$（水泥路面），车辆负向加速度为 $j/g = 0.7$ 和 $j/g = 0.6$（强制动）时，其制动力分配曲线分别为 a-b 和 c-d。当 $j/g = 0.7$ 时，前轮最大制动力取决于 $\mu = 0.9$ 时曲线 f（前轮抱死）对应的点 b。而当 $j/g = 0.6$ 时，前轮最大制动力取决于 ECE 规程

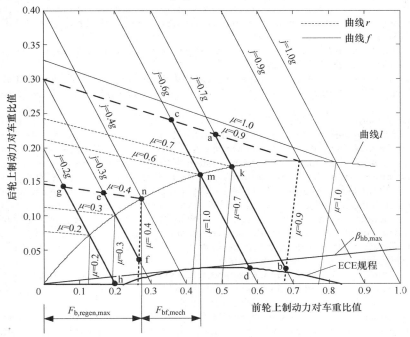

图 14.15　基于最优能量回收的控制策略

决定的点 d。在附着力很高的路面上，当 $j/g<0.7$ 时，后轮上作用的制动力可以很小，使得绝大部分制动力都作用于前轮。然而当路面附着系数较低（路面较滑）时，制动力分配的可调节范围要小得多。图 14.15 中给出了 $\mu=0.4$，$j/g=0.3$ 和 $j/g=0.2$ 的情况，此时前轮上的最大制动力分别取决于点 f 和点 h。

上述分析仅为混合制动系统提供了一种通过最大化前轮制动能量来使得更多制动能量可被回收的控制原理。然而当制动力很大时，电动机与车载储能装置的功率容量往往并不足以应对巨大的制动功率需求。在这种情况下，可假定电动机提供其最大制动转矩，而剩余部分由机械制动系统提供。如图 14.15 所示，在点 n 处电动机足以在前轮施加其最大制动力来制动车辆（$j/g=0.4$）。此时仅靠电动机提供制动力就足以应对（$j/g=0.4$）。但当负向加速度需求更大时（$j/g=0.6$），电动机不足以应对前轮制动力需求，此时必须利用机械制动施加额外的制动力，以使得车辆的制动落在线段 m-d 范围内。显然，此时的最佳工作点为点 m。

若利用简化的直线 $\beta_{hb,max}$ 来代替 ECE 法规曲线，则可采用与 14.7.1 节类似的方法来分析这种控制策略。这一工作在此留给读者。

参考文献

[1] S. R. Cikanek and K. E. Bailey, *Energy Recovery Comparison Between Series and Parallel Braking System for Electric Vehicles Using Various Drive Cycles*, Advanced Automotive Technologies, American Society of Mechanical Engineers (ASME), New York, DSC vol. 56/DE Vol. 86, pp. 17–31, 1995.

[2] Y. Gao, L. Chu, and M. Ehsani, Design and control principle of hybrid braking system for EV, HEV and FCV, In *IEEE VPPC*, 2007.

[3] Y. Gao, L. Chen, and M. Ehsani, Investigation of the effectiveness of regenerative braking for EV and HEV, *Society of Automotive Engineers (SAE) Journal*, SP-1466, Paper No. 1999-01-2901, 1999.

[4] H. Gao, Y. Gao, and M. Ehsani, Design issues of the switched reluctance motor drive for propulsion and regenerative braking in EV and HEV, In *Proceedings of the SAE 2001 Future Transportation Technology Conference*, Costa Mesa, CA, Paper No. 2001-01-2526, August 2001.

[5] Y. Gao and M. Ehsani, Electronic braking system of EV and HEV—integration of regenerative braking, automatic braking force control and ABS, In *Proceedings of the SAE 2001 Future Transportation Technology Conference*, Costa Mesa, CA, Paper No. 2001-01-2478, August 2001.

[6] M. Panagiotidis, G. Delagrammatikas, and D. Assanis, Development and use of a regenerative braking model for a parallel hybrid electric vehicle, SAE Technical Paper 2000-01-0995, 2000.

[7] Y. Hoon, S. Hwang, and H. Kim, Regenerative braking algorithm for a hybrid electric vehicle with CVT ratio control, *Proceedings of the Institution of Mechanical Engineers, Part D: Journal of Automobile Engineering*, 220(11): 1589–1600.

[8] C. Lv, J. Zhang, Y. Li, and Y. Yuan, Mechanism analysis and evaluation methodology of regenerative braking contribution to energy efficiency improvement of electrified vehicles, *Energy Conversion and Management*, 92, 2015: 469–482, ISSN 0196-8904.

[9] J. Ko, S. Ko, H. Son, B. Yoo, J. Cheon, and H. Kim, Development of brake system and regenerative braking cooperative control algorithm for automatic-transmission-based hybrid electric vehicles, *IEEE Transactions on Vehicular Technology*, 64(2), Feb. 2015: 431–440.

[10] C. Lv, J. Zhang, Y. Li, D. Sun, and Y. Yuan, Hardware-in-the-loop simulation of pressure-differ-

ence-limiting modulation of the hydraulic brake for regenerative braking control of electric vehicles, *Proceedings of the Institution of Mechanical Engineers, Part D: Journal of Automobile Engineering*, 228(6), 2014: 649–662.

[11] J. W. Ko, S. Y. Ko, I. S. Kim, D. Y. Hyun, and H. S. Kim, Co-operative control for regenerative braking and friction braking to increase energy recovery without wheel lock, *International Journal of Automotive Technology*, 15(2), 2014: 253–262.

[12] L. Li, Y. Zhang, C. Yang, B. Yan, and C. M. Martinez, Model predictive control-based efficient energy recovery control strategy for regenerative braking system of hybrid electric bus, *Energy Conversion and Management*, 111, 2016: 299–314, ISSN 0196-8904.

[13] P. Gyan, I. Baghdadi, O. Briat, and J. Del, Lithium battery aging model based on Dakin's degradation approach. *Journal of Power Sources*, 325, 2016: 273–285. http://dx.doi.org/10.1016/j.jpowsour.2016.06.036.

[14] S. F. Schuster, T. Bach, E. Fleder, J. Müller, M. Brand, G. Sextl et al., Nonlinear aging characteristics of lithium-ion cells under different operational conditions. *Journal of Energy Storage*, 1, 2015: 44–53. http://dx.doi.org/10.1016/j.est.2015.05.003.

[15] I. Gandiaga and I. Villarreal, Cycle ageing analysis of a LiFePO4/graphite cell with dynamic model validations: towards realistic lifetime predictions. *Journal of Power Sources*, 275, 2015: 573–587. http://dx.doi.org/10.1016/j.jpowsour.2014.10.153.

[16] A. Castaings, W. Lhomme, R. Trigui, and A. Bouscayrol, Comparison of energy management strategies of a battery/supercapacitors system for electric vehicle under real-time constraints. *Applied Energy*, 163, 2016: 190–200. http://dx.doi.org/10.1016/j.apenergy.2015.11.020.

[17] R. E. Arajo, R. De Castro, C. Pinto, P. Melo, and D. Freitas, Combined sizing and energy management in EVs with batteries and supercapacitors. *IEEE Transactions on Vehicular Technology*, 63, 2014: 3062–3076. http://dx.doi.org/10.1109/TVT.2014.2318275.

[18] A. Chauvin, A. Hijazi, E. Bideaux, and A. Sari, Combinatorial approach for sizing and optimal energy management of HEV including durability constraints. In *IEEE International Symposium on Industrial Electronics*, pp. 1236–1241, 2015. http://dx.doi.org/10.1109/ISIE.2015.7281649.

[19] R. Hemmati and H. Saboori, Emergence of hybrid energy storage systems in renewable energy and transport applications, A review. *Renewable and Sustainable Energy Reviews*, 65, 2016: 11–23. http://dx.doi.org/10.1016/j.rser.2016.06.029.

[20] Z. Song, H. Hofmann, J. Li, J. Hou, X. Han, and M. Ouyang, Energy management strategies comparison for electric vehicles with hybrid energy storage system. *Applied Energy*, 134, 2014: 321–331. http://dx.doi.org/10.1016/j.

[21] V. Herrera, A. Milo, H. Gaztañaga, I. Etxeberria-Otadui, I. Villarreal, and H. Camblong, Adaptive energy management strategy and optimal sizing applied on a battery-supercapacitor based tramway. *Applied Energy*, 169, 2016: 831–845. http://dx.doi.org/10.1016/j.apenergy.2016.02.079.

[22] N. Devillers, S. Jemei, M.-C. Péra, D. Bienaimé, and F. Gustin, Review of characterization methods for supercapacitor modelling. *Journal of Power Sources*, 246, 2014: 596–608. http://dx.doi.org/10.1016/j.jpowsour.2013.07.116.

第15章 燃料电池

在最近数十年间,燃料电池的车载应用已成为人们关注的焦点。与化学电池相反,燃料电池并不储存电能,而是在燃料供应充足的情况下持续产生电能。与以电池为动力源的电动汽车相比,以燃料电池为动力源的车辆有着续驶里程长且无需长时间充电的优势。与内燃机车辆相比,燃料电池车辆的能量效率高,且由于燃料电池能够将燃料的自由能不经燃烧直接转化为电能,因此这种车辆的排放远远低于内燃机车辆。

15.1 燃料电池的工作原理

燃料电池是一种原电池,可通过电化学过程将燃料中的化学能直接转化为电能。燃料与氧化剂分别向燃料电池的两个电极持续通入,并在电极上发生反应。燃料电池中还需要电解液,用来将离子从一个电极传递至另一个电极,如图15.1所示。燃料输送至电池的阳极(负极⊖),该电极上经催化剂释放出电子。由于两电极之间存在电动势差,所以释放出的电子经外电路流向阴极(正极⊖),并于阴极处与阳离子和氧结合,形成生成物或废气。

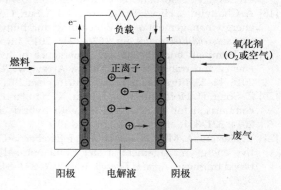

图15.1 燃料电池的基本运行过程

燃料电池中的化学过程与化学电池类似。燃料电池的热力学电动势与反应释放的能量以及反应的电子传递数密切相关[1,2]。电池化学反应释放的能量可由其吉布斯自由能的变化量 ΔG 得到,并通常会写为单位摩尔的形式。化学反应中吉布斯自由能的变化量如下:

$$\Delta G = \sum_{\text{反应产物}} G_i - \sum_{\text{反应物}} G_j \tag{15.1}$$

⊖ 原文的正极与负极有误。——译者注

式中，G_i 和 G_j 是生成物 i 与反应物 j 的自由能。在可逆过程中，ΔG 被完全转化为电能，即

$$\Delta G = -nFV_r \tag{15.2}$$

式中，n 是反应的电子传递数；F 是法拉第常数，值为 96485C/mol；V_r 是电池的可逆电位。在标准状态下（25℃，1atm），电池的开路（可逆）电压可以表示为

$$V_r^0 = -\frac{\Delta G^0}{nF} \tag{15.3}$$

式中，ΔG^0 是标准状态下吉布斯自由能的变化量，可以表示为

$$\Delta G = \Delta H - T\Delta S \tag{15.4}$$

式中，ΔH 和 ΔS 分别是绝对温度 T 下反应的焓变和熵变。表 15.1 列出了一些典型物质的标准焓、熵和吉布斯自由能[3]。表 15.2 列出了燃料电池中一些反应在标准状态下的热力学数据[3]。

表 15.1 典型燃料的标准生成焓与吉布斯自由能

物质	符号	ΔH_{298}^0/(kJ/mol)	ΔS_{298}^0/(kJ/(mol·K))	ΔG_{298}^0/(kJ/mol)
氧	O（气）	0	0	0
氢	H（气）	0	0	0
碳	C（固）	0	0	0
水	H_2O（液）	-286.2	-0.1641	-237.3
水	H_2O（气）	-242	-0.045	-228.7
甲烷	CH_4（气）	-74.9	-0.081	-50.8
甲醇	CH_3OH（液）	-238.7	-0.243	-166.3
乙醇	C_2H_5OH（液）	-277.7	-0.345	-174.8
一氧化碳	CO（气）	-111.6	0.087	-137.4
二氧化碳	CO_2（气）	-393.8	0.003	-394.6
氨	NH_3（气）	-46.05	-0.099	-16.7

表 15.2 不同反应在标准状态下（25℃，1atm）的热力学数据

	ΔH_{298}^0 /(kJ/mol)	ΔS_{298}^0 /kJ/(mol·K)	ΔG_{298}^0 /(kJ/mol)	n	E/V	η_{id} (%)
$H_2 + \frac{1}{2}O_2 \rightarrow H_2O$（液）	-286.2	-0.1641	-237.3	2	1.23	83
$H_2 + \frac{1}{2}O_2 \rightarrow H_2O$（气）	-242	-0.045	-228.7	2	1.19	94
$C + \frac{1}{2}O_2 \rightarrow CO$（气）	-116.6	0.087	-137.4	2	0.71	124
$C + O_2 \rightarrow CO_2$（气）	-393.8	0.003	-394.6	4	1.02	100
$CO + \frac{1}{2}O_2 \rightarrow CO_2$（气）	-279.2	-0.087	-253.3	2	1.33	91

可逆原电池的理想效率与电池反应的焓变相关，如下：

$$\eta_{id} = \frac{\Delta G}{\Delta H} = 1 - T\frac{\Delta S}{\Delta H} \tag{15.5}$$

若电化学反应过程中无气体摩尔数的变化，即 ΔS 为 0，则 η_{id} 为 100%，例如反应 $C + O_2 = CO_2$。然而，若反应的熵变 ΔS 为正，且反应在等温可逆的条件下进行，则可供电池利用以产生电能的能量不仅包括化学能的变化 ΔH，还包括其从外界吸收的热量 $T\Delta S$，如表 15.2 和图 15.2 所示。

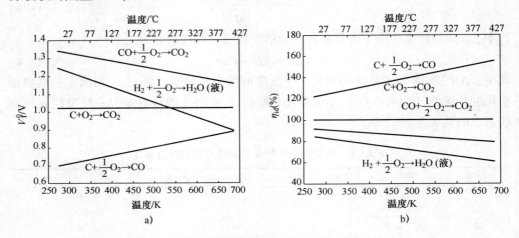

图 15.2 燃料电池电压、可逆效率与温度的关系
a) 电池电压 b) 可逆效率

在化学反应中，自由能的变化量和燃料电池电压是其溶质活度的函数。燃料电池电压与反应物活度的关系可写为

$$V_r = V_r^0 - \frac{RT}{nF}\ln\left[\frac{\prod(\text{生成物活度})}{\prod(\text{反应物活度})}\right] \tag{15.6}$$

式中，R 是摩尔气体常数，值为 8.31J/(mol·K)；T 是绝对温度，单位为 K。若反应物和生成物均为气体，则式 (15.6) 可写为

$$V_r = V_r^0 - \frac{RT}{nF}\sum_i v_i \ln\left(\frac{p_i}{p_i^0}\right) \tag{15.7}$$

式中，V_r 是气体反应物为非标准压力 p_i 下电池的电动势；V_r^0 是当所有气体均处于标准压力 p_i^0（通常为 1atm）下时对应的电池电动势；v_i 是物质 i 的摩尔数（对于生成物，v_i 取正；对于反应物，v_i 取负）。

15.2 电极电动势与电流-电压曲线

实验证明，燃料电池的静电压 V 通常低于其由 ΔG 计算出的可逆电压 V_r^0。该电压降被称为静电压降 ΔV_0。其原因可能是在电极过程中存在着明显的动力学阻碍，或电极过程不符合基于热力学计算时的假设。一般地，这一静电压降取决于电极的材料以及电解质的种类。

当燃料电池输出电流时，由于电极和电解液的欧姆电阻会产生电压降，因此该电压降与电流密度成正比，即

$$\Delta V_\Omega = R_e i \tag{15.8}$$

式中，R_e 是单位面积的等效欧姆电阻；i 是电流密度。

在燃料电池中，由于需要额外的能量来克服反应能垒，因此需要消耗部分产生的能量用于驱动反应物发生反应，这一能量损失被称为活化损失，表现为活化电压降 ΔV_a。该电压降与电极材料以及催化剂密切相关。解释该现象最常用的方法是 Tafel 方程，由该方程可得活化电压降为

$$\Delta V_a = \frac{RT}{\beta n F}\ln\left(\frac{i}{i_0}\right) \tag{15.9}$$

为方便起见，该方程可写为

$$\Delta V_a = a + b\ln(i) \tag{15.10}$$

式中，$a = -(RT/\beta nF)\ln(i_0)$，$b = RT/\beta nF$；$i_0$ 是平衡状态下的交换电流；b 是与反应过程相关的常数。更详细的理论叙述请见本章参考文献 [3] 的第 230~236 页。

当电流流动时，离子会在负极附近放电，使得该区域的离子浓度趋于降低。若要保持电流，则必须向电极传输离子。由于整体电解质中的离子扩散，以及由于离子浓度梯度而产生的浓度场的直接传输作用，这一过程会自然发生。因对流或搅动所造成的电解液运动同样有助于离子传输。

由于离子缺乏而导致的电压降与电极附近电解液中离子浓度的下降有关，因此被称为浓度压降。当电流密度较小时，浓度压降通常很小。然而，随着电流密度的增大，当其达到离子向电极传输能力的上限时，电极表面的离子浓度降低为 0。

在离子迁出的电极处（燃料电池中为阴极），浓度压降为[3]

$$\Delta V_{c1} = \frac{RT}{nF}\ln\left(\frac{i_L}{i_L - i}\right) \tag{15.11}$$

在离子产生的电极处（燃料电池中为阳极），浓度压降为

$$\Delta V_{c2} = \frac{RT}{nF}\ln\left(\frac{i_L + i}{i_L}\right) \tag{15.12}$$

式中，i_L 是极限电流密度。

由离子浓度所导致的电压降并不仅局限于电解液。当反应物或生成物中存在气体时，反应区域内的局部压力变化同样会造成浓度的变化。例如，在氢氧燃料电池中，氧从空气中引入，当反应发生时，氧气在电极孔隙中的电极表面被消耗，该处氧的局部压力相较于整体空气而言必然下降。该局部压力变化造成的电压降

如下：

$$\Delta V_{cg} = \frac{RT}{nF}\ln\left(\frac{p_s}{p_0}\right) \qquad (15.13)$$

式中，p_s 是电极表面的局部压力；p_0 是输入氧气占整体空气的压力。更多细节请见本章参考文献 [3] 的第 236~238 页。

图 15.3 所示为氢氧燃料电池在温度为 80℃ 时的电压-电流曲线。由图可知，化学反应造成的电压降，包括活化压降和浓度压降是图中电压降的来源。从图中还可以看出，改进电极材料、采用纳米技术等更先进的制造工艺以及改进催化剂都可显著降低电压降，从而提高燃料电池的效率。

燃料电池中的能量损失由其电压降表示，因此燃料电池的效率可以表示为

$$\eta_{fc} = \frac{V}{V_r^0} \qquad (15.14)$$

式中，V_r^0 是电池在标准状态下（25℃，1atm）的可逆电压。氢氧燃料电池的效率-电流曲线如图 15.4 所示，可见燃料电池的效率曲线与其电压曲线很相似（见图 15.3）。图 15.4 表明，随着电流增加，燃料电池的效率逐渐降低，而功率逐渐增加。因此，燃料电池在低电流、低功率的工况下运行能够获得更高的效率。然而，考虑到电池辅助设备，如空气循环泵、冷却水泵等的能耗，当电池工作功率很低（如低于最大功率的 10%）时，由于辅助设备的能耗占比较大，故反而将导致运行效率较低。这一问题将在后面详细讨论。

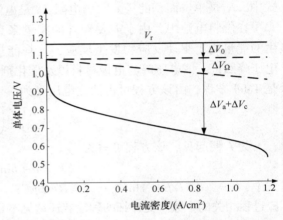

图 15.3 氢氧燃料电池在 80℃ 时的电压-电流曲线

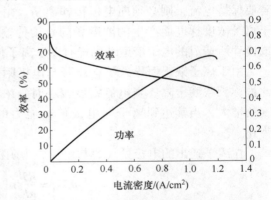

图 15.4 氢-氧燃料电池随电流密度变化的运行效率及功率密度

15.3 燃料与氧化剂的消耗

燃料电池中燃料与氧化剂的消耗量与其输出的电流成正比。燃料电池中的化

学反应一般可描述为

$$A + x_B B \rightarrow x_C C + x_D D \tag{15.15}$$

式中，A 是燃料；B 是氧化剂；C 和 D 是反应产物。

燃料的质量流量与燃料电池输出的电流有关，如下：

$$\dot{m}_A = \frac{W_A I}{1000 nF} \tag{15.16}$$

式中，W_A 是燃料 A 的摩尔质量；I 是燃料电池的电流；n 是式（15.15）中反应的电子传递数；F 是法拉第常数，值为 96485C/mol。

氧化剂质量流量与燃料质量流量的化学当量比可写为

$$\frac{\dot{m}_B}{\dot{m}_A} = \frac{x_B W_B}{W_A} \tag{15.17}$$

式中，W_B 是氧化剂 B 的摩尔质量。

对于氢氧燃料电池（其反应见表 15.2），氢与氧的化学当量比为

$$\left(\frac{\dot{m}_H}{\dot{m}_O}\right)_{stoi} = \frac{0.5 W_O}{W_H} = \frac{0.5 \times 32}{2.016} = 7.937 \tag{15.18}$$

定义氧化剂与燃料的等效比例为实际氧化剂/燃料的比例与其化学当量比的比值，即

$$\lambda = \frac{(\dot{m}_B/\dot{m}_A)_{actual}}{(\dot{m}_B/\dot{m}_A)_{stoi}} \tag{15.19}$$

当 $\lambda < 1$ 时，为浓燃料反应；当 $\lambda = 1$ 时，为等当量反应；当 $\lambda > 1$ 时，为稀燃料反应。在实际情况中，燃料电池通常在 $\lambda > 1$ 的状态下运行，即供应超过其化学当量值的空气以减小由浓度引起的电压降。对于使用 O_2 作为氧化剂的燃料电池，通常使用空气而不是纯氧作为其氧化剂。在这种情况下，燃料和空气的化学当量比可写为

$$\frac{\dot{m}_{air}}{\dot{m}_A} = \frac{(x_O W_O)/0.232}{W_A} \tag{15.20}$$

这里假设空气中氧气的质量分数为 23.2%，对于氢-空气燃料电池，式（15.19）可写为

$$\left(\frac{\dot{m}_{air}}{\dot{m}_A}\right)_{stoi} = \frac{(0.5 W_O)/0.232}{W_H} = \frac{(0.5 \times 32)/0.232}{2.016} = 34.21 \tag{15.21}$$

15.4 燃料电池系统特性

在实际使用中，燃料电池通常需要辅助设备来支持其运行。如图 15.5 所示，

辅助设备主要包括空气循环泵、冷却循环泵、排气扇、燃料供给泵以及电控设备。在这些辅助设备中，空气循环泵（包括其驱动电动机）可能会消耗燃料电池堆总输出功率的10%，而其他辅助设备消耗的能量远小于空气循环泵消耗的能量。

在燃料电池中，在电极表面的空气压力 p 通常高于大气压力 p_0，以减小其电压降（见式（15.13））。由热力学可知，将质量流量为 $\dot{m}_{air}$ 的空气从低压 p_0 压缩至高压 p 需要的能量可计算如下[1,2]：

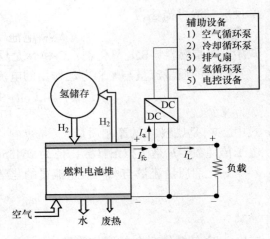

图 15.5　氢-空气燃料电池系统

$$P_{air,comp} = \frac{\gamma}{\gamma-1} \dot{m}_{air} RT \left[\left(\frac{p}{p_0} \right)^{(\gamma-1)/\gamma} - 1 \right] \quad (15.22)$$

式中，γ 是空气的比热容，值为 1.4；R 是空气的气体常数，值为 287.1J/(kg·K)；T 是压缩机的进气温度，单位为 K。当计算空气循环泵消耗的功率时，必须考虑空气泵和驱动电动机的能量损耗。因此，空气循环泵的总功率为

$$P_{air,cir} = \frac{P_{air,comp}}{\eta_{ap}} \quad (15.23)$$

式中，η_{ap} 是空气泵和驱动电动机的总效率。

图 15.6 所示为氢-空气燃料电池运行特性的一个例子，其中 $\lambda = 2$，$p/p_0 = 3$，$\eta_{ap} = 0.8$，净电流与净功率为流入负载的电流和功率（见图 15.5）。图 15.6 表明，燃料电池的最优工作区域为其电流范围的中间区域，即最大电流的 7%~50% 范围。更大电流会使燃料电池堆存在较大压降，从而降低效率；另一方面，电流过小会增大辅助设备能量消耗占总输出能量的比例，同样会造成效率降低。

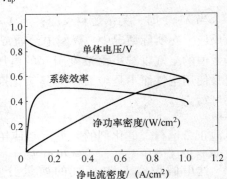

图 15.6　氢-空气燃料电池随净电流密度变化的电池电压、系统运行效率与净功率

15.5　燃料电池相关技术

依据燃料电池电解质的种类，可将其主要分为六类[4]，即质子交换膜（Proton

Exchange Membrance,PEM）或聚合物交换膜燃料电池（Polymer Exchange Membrane Fuel Cell,PEMFC）、碱性燃料电池（Alkaline Fuel Cell,AFC）、磷酸燃料电池（Phosphoric Acid Fuel Cell,PAFC）、熔融碳酸盐燃料电池（Molten Carbonate Fuel Cell,MCFC）、固体氧化物燃料电池（Solid Oxide Fuel Cell,SOFC）以及直接甲醇燃料电池（Direct Methanol Fuel Cell,DMFC）。表 15.3 列出了上述燃料电池通常的工作温度以及电解质的种类。

表 15.3 各种燃料电池系统的工作数据[4]

燃料电池系统	工作温度/℃	电解质
PEMFC	60~100	固态
AFC	100	液态
PAFC	60~200	液态
MCFC	500~800	液态
SOFC	1000~1200	固态
DMFC	100	固态

15.5.1 质子交换膜燃料电池

质子交换膜燃料电池使用固态聚合物膜作为电解质。该聚合物膜为全氟磺酸型聚合物，也被称为 Nafion（美国杜邦公司）。这种聚合物呈酸性，其传输的离子为氢离子（H+）或质子。质子交换膜燃料电池采用纯氢作为燃料，氧或空气作为氧化剂。

聚合物电解质膜的表面被碳基催化剂所覆盖。催化剂与扩散层和电解质直接接触，以获得最大的相互作用面。催化剂构成电极，扩散层则直接位于其表面上。这种由电解质、催化剂层以及气体扩散层构成的组合被称为膜-电极组件。

催化剂是质子交换膜的关键问题。由于这种燃料电池运行温度较低且电解质呈酸性，故催化剂层中需要使用贵金属。在早期实践中，需要大量的铂以使燃料电池正常运行。催化剂的巨大进步使铂含量从 $28mg/cm^2$ 减少到 $0.2mg/cm^2$。由于氧的催化还原比氢的催化氧化更为困难，因此阴极催化更为关键。

质子交换膜燃料电池的另一关键问题是水的管理。为使燃料电池正常运行，聚合物膜需要保持湿润。其原因是聚合物膜上的离子传导需要湿润的环境，若聚合物膜过于干燥，则酸性离子的数量不足以传递质子。若聚合物膜过于湿润（被浸透），则扩散层的孔隙将被堵塞，使得气体反应物无法触及催化剂。

水在质子交换膜燃料电池的阴极处生成。通过使燃料电池工作在特定的温度下，依靠流动足以使水蒸发，并以蒸汽的形式将其输送至外界。然而，由于容错区间狭窄，故该方法较难实现。有些燃料电池堆在运行过程中采用远过量的空气，工作时会使燃料电池干燥，此时需要采用外部的增湿器为阳极供水。

质子交换膜燃料电池的最后关键是其催化剂中毒问题。铂催化剂的活性极强，性能优异，而其强活性的代价是对一氧化碳和含硫化合物的亲和性强于氧。催化剂毒化产物紧紧吸附在催化剂上，并阻碍了氢和氧与催化剂的接触。毒化部位无法发生电极反应，从而导致电池性能下降。若氢气由重整设备提供，则氢气流中可能会含有少量一氧化碳；若空气来自被污染城市的大气，则也可能使一氧化碳随空气进入燃料电池。一氧化碳引起的催化剂中毒现象是可逆的，但其需要一定的成本且需要对每个电池进行单独处理。

质子交换膜燃料电池于1960年首次开发成功，并应用于美国载人航天项目之中。目前车载燃料电池中研究最为充分的是由Ballard等厂家生产的质子交换膜燃料电池。其工作温度为60~100℃，功率密度为0.35~0.6W/cm^2。质子交换膜燃料电池的一些独特优势使其受到纯电动汽车与混合动力电动汽车的青睐[5]。首先，其运行温度较低，有望满足纯电动汽车与混合动力电动汽车所需的快速起动特性。其次，在可行的燃料电池种类中，质子交换膜燃料电池的功率密度最高，而功率密度越高，意味着为满足期望功率需求所需的体积越小。再次，其固态电解质不会变形、迁移或从电池中蒸发。最后，因电池中仅有水一种液体，本质上限制了电池中发生腐蚀的可能性。然而，这种燃料电池也具有一些缺点，例如需要昂贵的贵金属以及交换膜，且其催化剂和交换膜容易中毒[6]。

15.5.2 碱性燃料电池

碱性燃料电池采用了氢氧化钾（KOH）溶液作为电解液，从而实现电极间的离子传递。由于其电解液呈碱性，故离子传输机理与质子交换膜燃料电池并不相同。碱性电解质中传递的离子是氢氧根离子（OH^-），其半反应方程式可写为

$$阳极：2H_2 + 4OH^- \rightarrow 4H_2O + 4e^-$$

$$阴极：O_2 + 4e^- + 2H_2O \rightarrow 4OH^-$$

与酸性燃料电池不同，碱性燃料电池中的水在氢电极处生成。此外在阴极处，氧的还原需要水的参与。水管理问题包括电极防水，以及保持电解液中的含水量等。阴极反应会消耗电解质中的水，同时阳极反应释放出水。过剩的水（单位反应2mol）将蒸发至燃料电池堆之外。

碱性燃料电池拥有很宽的工作温度范围（80~230℃）和压力范围（2.2~45atm）[3]。高温碱性燃料电池可采用高浓度电解质，高浓度致使电解质中的离子传输机理从溶液向熔融盐转变。

由于氢氧根电解液可允许的快速动力学过程，碱性燃料电池的工作效率可以很高。电池中氧的反应（$O_2 \rightarrow OH^-$）相对于酸性燃料电池中氧的还原反应要容易得多，因此电池的活性损耗很低。碱性燃料电池中的快速动力学过程使其允许采用银或镍替代铂作为催化剂，从而大幅降低燃料电池的成本。

通过电解液的完全循环,可进一步提升碱性燃料电池的动力学特性。当电解液循环时,这种燃料电池可被视为"动态电解液燃料电池"。这种结构的优势在于:可将电解液作为冷却介质,使热管理更为简单;电解液中溶质的浓度更为均匀,解决了阴极附近的浓度梯度问题;提供了使用电解液进行水管理的可能性;使更换电解液(当电解液被二氧化碳严重污染时)成为可能;最后,可在燃料电池停止工作时排出电解液,从而潜在地大幅延长电池堆寿命。

但循环电解液时同样会产生一些问题。其最大问题在于增大了泄漏的风险:氢氧化钾腐蚀性极强,即使采用良好密封,也有自然泄漏的趋势。此外,循环泵、换热器以及蒸发器的结构和布置都更加复杂。另一个问题在于当电解液的循环过于激烈或电池单体间绝缘不完善时,燃料电池单元间存在电解质内短路的风险。图 15.7[7] 所示为一种采用循环电解液的碱性燃料电池。

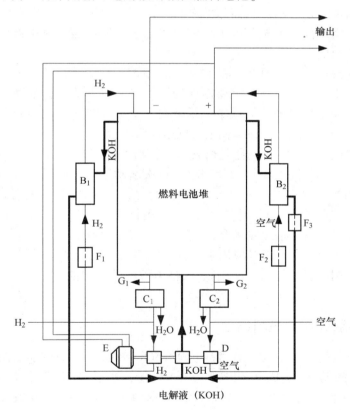

图 15.7　碱性燃料电池中电解质的循环以及氢与空气的供应
B_1、B_2—换热器　C_1、C_2—压缩机　D—泵　E—电动机　$F_1 \sim F_3$—控制器　G_1、G_2—排气口

碱性燃料电池的最大问题在于二氧化碳中毒。碱性电解液与二氧化碳有很强的结合能力,并会在结合后产生碳酸根离子(CO_3^{2-})。这些离子不参与燃料电池反

应，会降低燃料电池性能。碳酸盐还存在沉积并隔绝电极表面的风险。该问题可以通过循环电解液方式解决。另一种解决方案为采用二氧化碳去除装置将空气流中的二氧化碳除去，但增加了电池的成本，并使其结构更加复杂。

碱性染料电池的优势在于其可以使用较为便宜的催化剂和电解液，效率高且工作温度低。但其也有一些缺点，例如电解液腐蚀导致其耐久性较差，燃料端电极上会产生水，以及二氧化碳中毒。

15.5.3 磷酸燃料电池

磷酸燃料电池[7]同质子交换膜燃料电池类似，依靠酸性电解液来传导氢离子。其阳极和阴极反应与质子交换膜燃料电池相同。磷酸（H_3PO_4）是一种黏稠液体，它在燃料电池中通过多孔硅碳化物基体内的毛细管作用实现储存。

磷酸燃料电池是最早成为商品的燃料电池，许多医院、宾馆和军事基地利用磷酸燃料电池实现部分或全部的电力和供暖需求。但可能是由于温度问题，该技术很少在车辆上应用。

磷酸电解液的温度必须保持在42℃（其凝固点）以上。冻结的和再解冻的酸将使电堆产生不可逆的损伤。需要额外的设备将燃料电池堆的温度维持在凝固点以上，这就增加了燃料电池的成本、复杂性、重量和体积。这类问题在大多数固定应用情况下影响不大，但在车辆上的应用较为困难。

磷酸燃料电池的另一个问题是由其高工作温度（150℃以上）所导致的，即与燃料电池堆升温相伴随的能量消耗问题。每次起动燃料电池时，必须先消耗一些能量（即燃料）将燃料电池加热至工作温度；而每次燃料电池关闭时，相应的热量（即能量）则被浪费。对于城市内的短时运行驾驶工况，该损耗较为显著。而对于公共汽车等公共交通运输场合，该损耗造成的影响较小。

磷酸燃料电池的优点是其应用了廉价的电解液、能低温运行及起动时间合理，其缺点是需采用昂贵的催化剂（铂）、酸性电解液的腐蚀性、一氧化碳中毒以及电池效率较低。

15.5.4 熔融碳酸盐燃料电池

熔融碳酸盐燃料电池为高温燃料电池（500~800℃），它依靠熔融碳酸盐（通常是锂-钾碳酸盐或锂-钠碳酸盐）传导离子，被传导的离子是碳酸根离子（CO_3^{2-}）。离子传导机理类似于磷酸燃料电池或高浓度碱性燃料电池中熔盐的相应机理。

熔融碳酸盐燃料电池的电极反应不同于其他燃料电池，反应如下：

$$阳极：H_2 + CO_3^{2-} \rightarrow H_2O + CO_2 + 2e^-$$

$$阴极：\frac{1}{2}O_2 + CO_2 + 2e^- \rightarrow CO_3^{2-}$$

与其他燃料电池的主要区别在于是否必须在阴极处提供二氧化碳。熔融碳酸盐燃料电池由于可以从阳极回收二氧化碳，因此不需要外部二氧化碳供应源。熔融碳酸盐燃料电池不需要采用纯氢，而是使用碳氢化合物。事实上，高温燃料电池的主要优势在于高温会使碳氢化合物在其电极处分解产生氢，即其可以直接处理碳氢燃料。目前碳氢燃料的易得性是高温燃料电池应用于汽车的一个巨大优势。另外，高温提高了反应动力学效应，因此可以使用相对廉价的催化剂。

然而，由于电解质的性质和所需的工作温度，应用熔融碳酸盐燃料电池存在许多问题。首先，碳酸盐呈碱性，具有极强的腐蚀性，特别是在高温条件下更为明显。这会导致安全问题和电极腐蚀问题。其次，在车辆的发动机盖下安装 500~800℃ 的大型设备显然也是不安全的。虽然内燃机的温度可达到 1000℃ 以上，但这些温度仅限于气体本身，且发动机的大部分部件可通过冷却系统控制温度（约 100℃）。再次，与燃料电池升温相伴随的燃料消耗也是一个问题，很高的运行温度和熔化电解液所需的潜热会使问题变得更为严重。这些问题会使得熔融碳酸盐燃料电池更适宜在固定式的或恒定功率需求的场合应用（如船舶等）。

熔融碳酸盐燃料电池的主要优点是：以碳氢燃料为燃料，催化剂成本较低，由于快速的动力学而具有较高的效率，以及中毒敏感性较低。其主要缺点是：起动速度慢，由于高温导致的可选材料有限，由于二氧化碳循环导致的系统复杂性高，以及电解液具有腐蚀性和功率响应慢。

15.5.5 固体氧化物燃料电池

固体氧化物燃料电池在高温条件下（1000~1200℃）利用陶瓷隔膜传导离子。陶瓷材料通常采用钇稳定二氧化锆（YSZ）来传导氧离子（O^{2-}），而其他陶瓷材料则传导氢离子。其导电机理类似于在半导体中的导电机理，常称之为固态器件。固态氧化物燃料电池的名称即由该类似性衍生而来。其半反应式如下：

$$阳极：H_2 + O^{2-} \rightarrow H_2O + 2e^-$$

$$阴极：\frac{1}{2}O_2 + 2e^- \rightarrow O^{2-}$$

反应过程中会在燃料电极处生成水。固体氧化物燃料电池的最大优点是其静态的电解质；除了或许在辅助设备中之外，没有运动部件；非常高的运行温度使其如熔融碳酸盐燃料电池一样，能够应用碳氢化合物燃料。此外，固体氧化物燃料电池不会被一氧化碳毒化，且能够像处理氢气一样高效处理一氧化碳，此时阳极反应为

$$CO + O^{2-} \rightarrow CO_2 + 2e^-$$

固体氧化物燃料电池因其很高的运行温度，有效降低了活化损失。工作过程中的主要损耗为欧姆损耗。固体氧化物燃料电池按照结构大体可分为两类，即平板形和管形。平板形固体氧化物燃料电池的结构类似于其他燃料电池，为双极堆

叠方式；管形固体氧化物燃料电池如图 15.8 所示。管形技术的主要优点包括易于密封且对陶瓷材料的限制较少，但存在效率较低和功率密度较低等缺点。

如同熔融碳酸盐燃料电池，固体氧化物燃料电池的缺点基本上与其高运行温度相关（安全性、燃料经济性）。另外陶瓷电解质和电极的脆性也带来问题，即车载应用普遍具有振动现象，因此陶瓷电解质和电极的脆性就成为其应用于车辆领域的主要缺点。热循环会给陶瓷进一步带来应力，这是平板形固体氧化物燃料电池主要关注的问题。

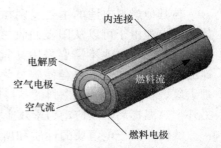

图 15.8 管形固体氧化物燃料电池

15.5.6 直接甲醇燃料电池

甲醇可以代替氢燃料而直接用作燃料电池的燃料，这就是通常所说的直接甲醇燃料电池。在车载应用时直接甲醇燃料电池具有一些明确的优势。首先，甲醇是一种液态燃料，在车辆的应用中易于储存、分装和销售，因此目前燃料供应的基本设施无需过多再投资即可应用；其次，甲醇作为最单一的有机燃料，能最为经济和有效地从相对丰富的矿物燃料（煤和天然气）中大规模生产；此外，甲醇也可从农产品中制造，例如甘蔗[8]。

在直接甲醇燃料电池中，其阳极和阴极采用铂或者铂合金为电催化剂，电解液可以是三氟甲烷磺酸或质子交换膜。其化学反应式为

$$阳极: CH_3OH + H_2O \rightarrow CO_2 + 6H^+ + 6e^-$$

$$阴极: \frac{3}{2}O_2 + 6H^+ + 6e^- \rightarrow 3H_2O$$

$$综合反应: CH_3OH + \frac{3}{2}O_2 \rightarrow CO_2 + 2H_2O$$

相比于前述的燃料电池，直接甲醇燃料电池技术仍未成熟。以目前该燃料电池技术状态而论，其一般运行在 50~100℃ 温度范围内。相比于直接供氢的燃料电池，直接甲醇燃料电池的功率密度低、功率响应慢，且效率低[8-10]。

15.6 燃料供给

就燃料电池电动汽车的应用而言，其车载燃料供给是主要难题。如前所述，氢是应用于燃料电池电动汽车的理想燃料[4]。因此制氢及储氢问题值得关注。通常向燃料电池供氢有两种途径：一种是在地面供应站制氢，而在车上储存纯氢；另一种是利用便携氢载体实现车载制氢，并直接供给燃料电池。

15.6.1 储氢

至今,有三种车载储氢方法:①常温高压气瓶压缩储氢;②低温液态储氢;③金属氢化物储氢。每种方法都有其优缺点。

1. 高压储氢

纯氢可在加压状态下储存在车载气瓶内。储存在容积为 V、压力为 p 的容器中的氢气质量可利用理想气体方程计算得

$$m_H = \frac{pV}{RT} W_H \quad (15.24)$$

式中,p 和 V 分别是容器中的压力和容积;R 是摩尔气体常数,值为 8.31J/(mol·K);T 是绝对温度;W_H 是氢的分子量,值为 2.016g/mol。可以计算出气瓶中储存的能量为

$$E_H = m_H HV \quad (15.25)$$

式中,HV 是氢的热值,取决于是否考虑生成水的冷凝能量,该热值可选择高热值 $HHV_H = 144MJ/kg$ 或是低热值 $LHV_H = 120MJ/kg$。为了便于与内燃机比较,一般采用低热值。

图 15.9 所示为室温 25℃ 时,不同压力下 1L 氢气的质量和能量,以及其汽油当量。此处汽油当量是指与 1L 氢气具有同样热值的汽油升数。图 15.9 还表明在 350bar[⊖] 的压力下,每升氢气的能量不足 1kWh(约相当于 0.1L 汽油)。即使压力增加到 700bar,即被认为目前可应用的最大压力时,每升氢的能量仍小于 2.0kWh,约为 0.2 汽油当量。

另外,将氢气从较低压力压缩至高压时需要消耗一定能量。氢气的压缩过程若假定为绝热过程,即在过程中不发生热交换,则其所消耗的能量可被表示为

$$E_{comp} = \frac{\gamma}{\gamma - 1} \frac{m}{W_H} RT \left[\left(\frac{p}{p_0} \right)^{(\gamma-1)/\gamma} - 1 \right] \quad (15.26)$$

式中,m 是氢的质量;W_H 是氢的分子量;γ 是比热系数,值为 1.4;p 是氢气的压力;p_0 是大气压力。该能量消耗也示于图 15.9 中,由图可见,将氢气从较低压力压缩至高压的过程中消耗

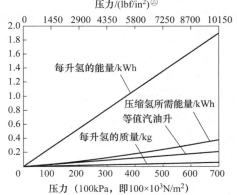

图 15.9 随压力变化的每升氢的能量和汽油当量

⊖ 1bar = 10^5Pa,约为 1atm,后同。

⊜ 1lbf/in² = 6.89476kPa,后同。

了约20%的能量。若考虑到压缩机和电动机的效率，则在此过程中约有25%的能量被消耗。

在数百个标准大气压力下储存气体，对气瓶强度要求很高。为使气瓶尽可能轻且容积合理，目前车用高压储氢气瓶采用了如碳纤维等复合材料制造。因此，高压储氢气瓶的成本可能会较高。

还必须考虑车载压缩氢气的泄漏问题。除了因在罐壁、密封处等开裂导致氢泄漏的危险外，还存在氢穿过罐壁材料的渗透问题。这是由于氢分子很小，致使其能扩散通过某些材料。

此外，一旦发生碰撞事故，高压储氢气瓶是一个潜在的爆炸源。由于氢气可迅速与空气混合，且具有4%～77%的宽爆炸范围[11]；而汽油为液体，其爆炸范围仅为1%～6%，因此氢气比汽油的危险性更高。值得注意的是，氢的自燃温度很高（571℃）；而汽油约在220℃发生自燃，但其必须先被汽化。

至今为止，车载高压储氢技术仍是实现氢燃料车载应用的巨大挑战。

2. 低温液氢

另一种可供选择的车载储氢方法是在低温（-259.2℃）条件下使其液化，这种液态氢被称为LH_2。与压缩氢气类似，LH_2储存同样受到密度问题的影响。实际上液态氢的密度很低，1L液态氢的质量仅为71×10^{-3}kg，因此每升液氢只能提供约8.52×10^{-3}J的能量。

在-259.2℃低温下实现储液存在很大的技术难度。它要求具备良好的绝热环境，力求将周围空气到低温液体的热传递减至最小，以避免液体汽化。通常方法是构造一个足够坚固的良好绝热储罐，使其能够承受因液氢沸腾汽化所产生的压力，并通过安全阀将过高的压力释放至大气中。液氢储罐的绝热、高强度和安全装置需求也显著地增加了液氢储存的重量和成本。

液氢汽化会带来安全问题：假如车辆在一个封闭区域（车库、地下停车场）内停车，氢气可能在有限的大气范围内聚集，从而引发危险。一旦产生火花（开关灯、打火机等），这种混合易爆气体可能会导致爆炸。因此向液氢储罐内加注时需要特殊的防护措施，必须将空气排除在系统之外。一般采用的方法是在加注前先用氮注满储罐，以排空罐中的剩余气体。同时还必须使用专用设备以避免爆炸和低温损害。此外，低温液体可能会导致生物的皮肤和器官发生冷冻灼伤，因此存在一定危险性。而环境温度可能会使低温液氢迅速汽化，使得发生这一危险的概率会降低或消除。

3. 金属氢化物

某些金属能与氢结合，形成稳定的化合物，而在特定的压力和温度条件下，该化合物可释放出氢气。这些金属可以是铁、钛、锰、镍、锂以及它们的某些合金。在标准的温度和压力条件下金属氢化物是稳定的，在有需要时可释放氢。

储氢金属及其合金有 Mg、Mg_2Ni、FeTi 和 La Ni_5。这些金属及其合金吸收氢后，构成 $Mg-H_2$、Mg_2Ni-H_4、$FeTi-H_2$ 和 La Ni_5-H_6。这些金属及其合金的储氢密度理论上会比纯氢更高，见表 15.4。但实际上，储氢容量主要取决于该材料吸收氢分子的表面积。通过由这些金属或其合金的精细研磨粉末所制成的微小多孔材料在单位质量下可获得更大的表面积。图 15.10 所示为储存 6kg 氢（22L 汽油当量）需配置的实际质量和体积。由图可见，$Mg-H_2$ 金属氢化物的特性最好。

表 15.4 压缩氢、液氢和金属氢化物理论上的储氢密度

材 料	H 原子（$\times 10^{22}/cm^3$）	氢重量占比（%）
H_2 气态（200bar（2900lbf/in^2））	0.99	100
H_2 液态（20K（-253℃））	4.2	100
H_2 液态（4.2K（-269℃））	5.3	100
$Mg-H_2$	6.5	7.6
Mg_2Ni-H_2	5.9	3.6
$FeTi-H_2$	6.0	1.89
La Ni_5-H_6	5.5	1.37

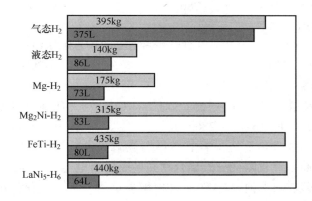

图 15.10 在各种储氢设备中储存 6kg 氢（22L 汽油当量）所需的质量和体积[13]

碱金属氢化物也是可选择的金属氢化材料。这类氢化物会与水发生剧烈反应，释放氢和氢氧化物。例如，氢化钠与水的反应如下：

$$NaH + H_2O \rightarrow NaOH + H_2$$

其主要缺点是车辆必须同时承载高活性的氢化物和具有腐蚀性的氢氧化物溶液。相比于其他许多储氢技术，其储氢密度较好，但仍不足以与汽油相比。这类氢化物的制造及其回收也是一大挑战。

在 1991 年发现的碳纳米管因其潜在的吸氢能力高和重量轻等优点，可能是一种有前景的储氢材料。但碳纳米管技术尚处于萌芽状态，在评价其实用性之前还有很长的路要走。

15.6.2 制氢

目前,氢大部分由碳氢化合物燃料通过重整生成。重整是一种从碳氢化合物中提取氢的化学反应。在这一反应期间,燃料的能量从 C—H 键中转移至氢气中。如汽油、甲烷或甲醇这类碳氢化合物,由于其相对易于重整,成为制氢的较好备选材料。

重整制氢主要包含三种方法,即水蒸气重整(Steam Reforming,SR)、自动供热重整(Autothermal Reforming,ATR)和部分氧化(Partial Oxidation,POX)重整。水蒸气重整可用于加工甲醇、甲烷或汽油,而自动供热重整和部分氧化重整则一般用于加工汽油。

1. 水蒸气重整

水蒸气重整(SR)是一个化学过程,其中氢是由碳氢化合物燃料和高温水蒸气发生化学反应生成得到的。几种燃料的重整化学方程式分别如下:

甲烷(CH_4)重整

$$CH_4 + 2H_2O + 258 kJ/mol\ CH_4 \rightarrow 4H_2 + CO_2$$
$$\Delta H° \quad -79.4 \quad 2\times(-286.2) \quad\quad\quad 0 \quad -393.8$$

甲醇(CH_3OH)重整

$$CH_3OH + H_2O + 131 kJ/mol\ CH_3OH \rightarrow 3H_2 + CO_2$$
$$\Delta H° \quad -238.7 \quad -286.2 \quad\quad\quad 0 \quad -393.8$$

汽油(异辛烷 C_8H_{18})重整

$$C_8H_{18} + 16H_2O + 1652.9 kJ/mol\ C_8H_{18} \rightarrow 25H_2 + 8CO_2$$
$$\Delta H° \quad -224.1 \quad 16\times(-286.2) \quad\quad\quad 0 \quad 8\times(-393.8)$$

上述反应均为强吸热反应,需要燃料燃烧来提供能量。同时,这些反应还会生成一氧化碳,而一氧化碳会导致聚合物交换膜燃料电池(PEMFC)、碱性燃料电池(AFC)和磷酸燃料电池(PAFC)的电解质中毒。但一氧化碳可以通过水煤气变换反应进一步转化为氢气和二氧化碳

$$CO + H_2O + 4 kJ/mol\ CO \rightarrow H_2 + CO_2$$
$$\Delta H° \quad -111.6 \quad -286.2 \quad\quad\quad 0 \quad -393.8$$

在水蒸气重整中,选择甲醇作为燃料具有一定优势,这是因为理论上它无需水煤气转换反应,工作温度较低(250℃)且氢产量高。而甲醇重整最突出的缺点是甲醇中的杂质会导致重整催化剂中毒,且吸热反应过程需要外部热量输入,该吸热过程会使反应延迟[13],需要 30~45min 的起动时间,而且甲醇水蒸气重整装置的动态输出特性差。虽然汽油蒸气重整方法可行,但一般很少采用。

2. 部分氧化重整

部分氧化(POX)重整是将燃料与氧气相结合来实现制氢,这种方法通常使用空气作为氧化剂,重整产物会被氮气稀释,并生成一氧化碳。然后如前文所述,

一氧化碳与水蒸气反应生成氢和二氧化碳。部分氧化重整通常应用汽油（异辛烷）为燃料，其反应可表达为

$$C_8H_{18} + 4O_2 + 16N_2 \rightarrow 8CO + 9H_2 + 16N_2 + 668.7\text{kJ/mol } C_8H_{18}$$
$$\Delta H° \quad -224.1 \quad 0 \quad 0 \quad 8\times(-111.6) \quad 0 \quad 0$$

$$8CO + 8H_2O + 32\text{kJ/mol } 8CO \rightarrow 8H_2 + 8CO_2$$
$$\Delta H° \quad 8\times(-111.6) \quad 8\times(-286.2) \quad\quad 0 \quad 8\times(-393.8)$$

部分氧化重整是强放热反应，因此拥有动态响应快、起动能力快速的优点。且部分氧化重整装置对燃料适应性强，适用于多种燃料。其缺点包括工作温度高（800~1000℃），以及由于不同反应阶段间的热量集成问题而导致结构困难[12]。由前述化学方程式可知，初次反应所生成的热量远大于二次反应所吸收的热量，汽油部分氧化重整的效率略低于甲醇的水蒸气重整的效率。

图 15.11 所示为由 Epyx Cooperation 研发的燃料处理系统[12]的示意图。

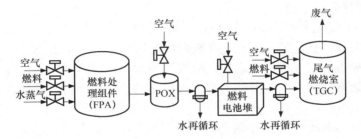

图 15.11　燃料处理系统示意图[12]

3. 自动供热重整

自动供热重整将燃料与水和水蒸气相结合，由水蒸气重整反应吸收的热量平衡了部分氧化重整反应中所放出的热量。其化学反应方程式为

$$C_8H_{18} + nO_2 + (8-2n)H_2O \rightarrow 8CO + (17-2n)H_2$$
$$\Delta H° \quad -224.1 \quad (8-2n)\times(-286.2) \quad 8\times(-111.6)$$

在以上方程式中，根据生成零热量可得 $n = 2.83$。该反应中所生成的 CO 可进一步通过前述的水煤气转换反应与水蒸气反应产生氢气。

自动供热重整与部分氧化重整相比，可产生更富集的氢气流，但相比于水蒸气重整，其氢气流的富集度较差。自动供热重整的热量集成比部分氧化重整容易，但该过程需要催化剂。自动供热重整比部分氧化重整具有更高的效率。

15.6.3　氢的载体——氨

氨为非碳基化学物质，同样可以作为氢源。从氨中提取氢的方法称为裂解，反应如下所示：

$$2NH_3 \rightarrow N_2 + 3H_2$$

通过对氨单独加热或在催化剂层上加热（可降低反应温度），都有助于实现上述反应。由于该反应可逆，因此反应的能量需求很小。另一方面由于氨气液化所需要的压力（约10atm）和温度要求（-33℃）都不高，故在储存方面氨具有很大优势。氨的优点还包括自燃温度（651℃）较高和在空气中易爆范围有限（15%~28%）。

尽管氨具有许多优点，但氨的毒性成为其主要缺点。氨为碱性物质，对水有很强的亲和力，因此会严重伤害眼睛和肺，产生严重灼伤。这种毒性使得将氨用作燃料电池动力汽车燃料较为困难。

15.7 无氢燃料电池

某些燃料电池技术可直接使用氢之外的燃料[4]。一些有希望的方案如下：
1) 直接甲醇质子交换膜燃料电池；
2) 氨碱性燃料电池；
3) 直接碳氢化合物熔融碳酸盐或固体氧化物燃料电池。

和氢气一样，直接甲醇质子交换膜燃料电池也在积极研究之中。该方案有不少优点，例如不需要重整器，液态燃料容易处理，以及系统中不会出现高温。该方案的主要缺点是由于甲醇的渗透特性和缓慢的动力学特性，需要在液态水中稀释甲醇后再供给燃料电极。

氨碱性燃料电池[13]是替换氨热裂解的可选方案。氨气直接进入燃料电池并在阳极上催化裂解。与氢碱性燃料电池相比，氨碱性燃料电池反应的热力学电压较低，活性损耗较高，该活性损耗可通过改进催化剂层予以减小。如果燃料电池电解液的酸性能不被碱性氨所破坏，则氨就有可能直接用于其他燃料电池技术。

熔融碳酸盐燃料电池（MCFC）和固体氧化物燃料电池（SOFC）因其工作温度高而具备直接分解碳氢化合物的能力。此类燃料电池并不直接消耗碳氢化合物，而是从碳氢化合物内部提取氢气。显而易见，该方案存在前述高温燃料电池的所有缺点。

参考文献

[1] J. Bevan Ott and J. Boerio-Goates, *Chemical Thermodynamics—Advanced Applications*, Academic Press, New York, ISBN 0-12-530985-6, 2000.
[2] S. I. Sandler, *Chemical and Engineering Thermodynamics*, Third Edition, John Wiley & Sons, New York, ISBN 0-471-18210-9, 1999.
[3] H. K. Messerle, *Energy Conversion Statics*, Academic Press, New York, 1969.
[4] P. J. Berlowitz and C. P. Darnell, Fuel choices for fuel cell powered vehicles. *Society of Automotive Engineers (SAE) Journal*, Paper No. 2000-01-0003, Warrendale, PA, 2002.
[5] F. Michalak, J. Beretta, and J.-P. Lisse, Second generation proton exchange membrane fuel cell working with hydrogen stored at high pressure for fuel cell electric vehicle. *Society of Automotive Engineers (SAE) Journal*, Paper No. 2002-01-0408, Warrendale, PA, 2002.

[6] J. Larminie and A. Dicks, *Fuel Cell Systems Explained*, John Wiley & Sons, New York, 2000.
[7] W. Vielstich, *Fuel Cells—Modern Processes for Electrochemical Production of Energy*, John Wiley & Sons, New York, ISBN 0-471-90695-6, 1970.
[8] R. M. Moore, Direct methanol fuel cells for automotive power system. In *Fuel Cell Technology for Vehicles*, R. Stobart (ed.), Society of Automotive Engineers (SAE), ISBN: 0-7680-0784-4, Warrendale, PA, 2001.
[9] N. Q. Minh and T. Takahashi, *Science and Technology of Ceramic Fuel Cells*, Elsevier, Amsterdam, 1995.
[10] M. Baldauf and W. Preidel, Status of the development of a direct methanol fuel cell. In *Fuel Cell Technology for Vehicles*, R. Stobart (ed.), Society of Automotive Engineers (SAE), ISBN: 0-7680-0784-4, Warrendale, PA, 2001.
[11] S. E. Gay, J. Y. Routex, M. Ehsani, and M. Holtzapple, Investigation of hydrogen carriers for fuel cell based transportation. *Society of Automotive Engineers (SAE) Journal*, Paper No. 2002-01-0097, Warrendale, PA, 2002.
[12] Hydrogen at GKSS: Storage Alternative. Available at http://www.gkss.de/, last visited in May 2003.
[13] C. E. Thomas, B. D. James, F. D., Lomax Jr, and I. F., Kuhn Jr, Societal impacts of fuel options for fuel cell vehicles. *Society of Automotive Engineers (SAE) Journal*, Paper No. 982496, Warrendale, PA, 2002.
[14] R. O'Hayre et al. *Fuel Cell Fundamentals*. John Wiley & Sons, 2016.
[15] V. M. Ortiz-Martínez, M. J. Salar-García, A.P. de los Ríos, F. J. Hernández-Fernández, J. A. Egea, and L. J. Lozano, Developments in microbial fuel cell modeling. *Chemical Engineering Journal*, 271, 2015: 50–60, ISSN 1385-8947.
[16] H. El Fadil, F. Giri, J. M. Guerrero, and A. Tahri, Modeling and nonlinear control of a fuel cell/supercapacitor hybrid energy storage system for electric vehicles. *IEEE Transactions on Vehicular Technology*, 63(7), September 2014: 3011–3018.
[17] H. Xiaosong, L. Johannesson, N. Murgovski, and B. Egardt, Longevity-conscious dimensioning and power management of the hybrid energy storage system in a fuel cell hybrid electric bus. *Applied Energy*, 137, 2015: 913–924, ISSN 0306-2619.
[18] C. Bao and W. G. Bessler, Two-dimensional modeling of a polymer electrolyte membrane fuel cell with long flow channel. Part II. Physics-based electrochemical impedance analysis. *Journal of Power Sources*, 278, 2015: 675–682, ISSN 0378-7753.
[19] P. Hong, L. Xu, J. Li, and M. Ouyang, Modeling of membrane electrode assembly of PEM fuel cell to analyze voltage losses inside. *Energy*, 2017, ISSN 0360-5442.
[20] E. Miller, K. Randolph, D. Peterson, N. Rustagi, K. Cierpik-Gold, B. Klahr, and J. Gomez, Innovative approaches to addressing the fundamental materials challenges in hydrogen and fuel cell technologies. *MRS Advances*, 1(46), 2016: 3107–3119. doi: 10.1557/adv.2016.271.
[21] A. A. Fardoun, H. A. N. Hejase, A. Al-Marzouqi, and M. Nabag, Electric circuit modeling of fuel cell system including compressor effect and current ripples. *International Journal of Hydrogen Energy*, 42(2), 2017: 1558–1564, ISSN 0360-3199.
[22] R. Cozzolino and L. Tribioli, On-board diesel autothermal reforming for PEM fuel cells: Simulation and optimization. *American Institute of Physics*, 1648, 2015.
[23] L. Tribioli, P. Iora, R. Cozzolino, and D. Chiappini, Influence of fuel type on the performance of a plug-in fuel cell/battery hybrid vehicle with on-board fuel processing. *SAE Technical Paper 2017-24-0174*, 2017, doi:10.4271/2017-24-0174.
[24] Y. Nonobe, Development of the fuel cell vehicle Mirai. *IEEJ Transactions on Elec Electronics Engineering*, 12, 2017: 5–9, doi: 10.1002/tee.22328.
[25] I. Gandiaga and I. Villarreal, Cycle ageing analysis of a LiFePO4/graphite cell with dynamic model validations: Towards realistic lifetime predictions. *Journal of Power Sources*, 275, 2015: 573–587. http://dx.doi.org/10.1016/j.jpowsour.2014.10.153.

第16章 燃料电池混合动力驱动系的设计

第15章中所讨论的燃料电池被认为是一种应用于交通运输的先进能源。与内燃机相比，燃料电池具有能量效率高和排放低的优点，这是因为其直接将燃料中的自由能转化为电能而不需经历燃烧过程。但是，仅装备燃料电池的车辆存在一些缺点，例如因起动时间长、功率响应慢和燃料电池系统功率密度低而导致的电源设备体积和重量大等问题。此外，在车辆牵引应用中，急加速状态下的高功率输出需求以及低速行驶情况下的低功率输出需求均会导致燃料电池系统效率低下，燃料电池系统的典型工作特性如图16.1所示。

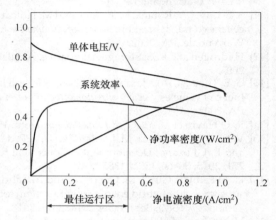

图 16.1 燃料电池系统的典型运行特性

将燃料电池系统与峰值电源加以组合能够有效克服单燃料电池车辆的缺点。燃料电池混合动力电动汽车与传统的内燃机车辆与基于内燃机的混合动力电动汽车完全不同，因而需要全新的设计方法[1]。本章将讨论应用于燃料电池混合动力驱动系的通用系统设计方法以及控制策略，并在本章最后给出一个乘用车混合驱动系的设计实例。

16.1 结构

燃料电池混合动力驱动系统的结构如图16.2所示[1,2]。该混合动力驱动系统主要包括燃料电池系统、峰值电源（PPS）、电动机驱动系统（电动机及其控制器）、整车控制器和燃料电池系统与峰值电源间的电气转换装置[1]。根据从加速踏板或制动踏板接收到的功率或转矩指令以及其他信号，整车控制器将控制电动机的功率（转矩）输出，以及控制燃料电池系统、峰值电源和驱动系统之间的能量流。例如，在急加速工况下，整车需求峰值功率由燃料电池系统与峰值电源两者共同向电动机驱动装置输出。在制动工况下，电动机工作在发电模式，将部分制动能量转换为电能并储存在峰值电源中。当负载功率需求低于燃料电池系统的额定功率时，峰值电源还可以将燃料电池系统的部分能量加以储存。因此，借助于适当的设计及控制策略，无需额外的车辆外部装置来为峰值电源充电。

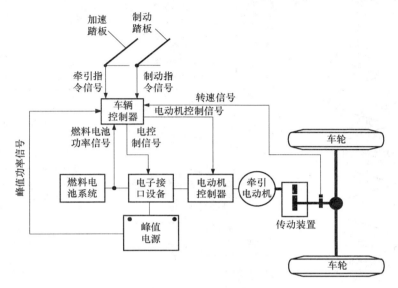

图 16.2 典型燃料电池混合动力驱动系的结构

16.2 控制策略

在整车控制器中预置的控制策略用于控制燃料电池系统、峰值电源和驱动系之间的功率流，它应确保以下功能：

1) 电动机的输出功率始终满足整车功率需求；
2) 峰值电源的储能水平始终维持在其最佳范围；
3) 燃料电池系统运行在其最佳工作区间。

如图 16.3 所示，驾驶人通过加速踏板或制动踏板给出牵引或制动指令，该指令对应电动机的需求功率指令 P_{comm}。因此在牵引模式下，输入到电动机驱动器的电功率可以表示为

$$P_{m,in} = \frac{P_{comm}}{\eta_m} \tag{16.1}$$

式中，η_m 是电动机驱动装置的效率。但在制动时，电动机工作在发电状态，此时电动机的输出功率可表示为

$$P_{m,out} = P_{mb,comm}\eta_m \tag{16.2}$$

式中，$P_{mb,comm}$ 是电动机的制动功率需求。它可能有别于来自制动踏板的功率指令

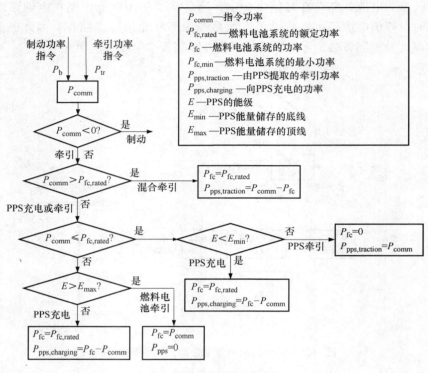

图 16.3 控制策略流程图

P_{comm}，因为如同在第 14 章中的讨论，并非全部的制动功率 P_{comm} 都来自于制动能量回收，机械制动部分也可能提供部分制动功率。

按照电动机功率需求指令和峰值电源能量水平、燃料电池系统的最小运行功率（如图 16.1 所示，当输出功率低于该值时，燃料电池系统效率将明显降低）等车辆信息，控制燃料电池系统和峰值电源提供所需的功率。

驱动系统的各种运行模式及相应的功率控制策略如图 16.3 所示。

功率控制策略详述如下：

（1）停机模式 燃料电池系统和峰值电源都不向驱动系统提供功率，燃料电池系统可能处于待机状态。

（2）制动模式 燃料电池系统处于待机状态，而峰值电源依据制动系统工作特性回收再生制动能量。

（3）牵引模式

1）若受指令控制的电动机需求功率大于燃料电池系统的额定功率，则进入混合动力牵引模式，此时燃料电池系统运行在其额定功率状态，而剩余的功率由峰值电源提供。燃料电池系统的额定功率可设定在燃料电池最佳运行区的顶部。

2）若受指令控制的电动机需求功率小于燃料电池系统预设的最小功率，且峰值电源需要充电（其能量水平低于最小值），则燃料电池系统以额定功率运行，其产生的一部分功率用于驱动电动机，而另一部分功率用于为峰值电源充电。若峰值电源并不需要充电（其能量水平接近于最大值），则燃料电池系统处于待机状态，由峰值电源单独驱动车辆。在后一种情况下，峰值电源所能提供的峰值功率应大于受指令控制的电动机的功率需求。

3）若负载功率需求大于燃料电池所预设的最小功率，并小于燃料电池的额定功率，且此时峰值电源不需要充电，则由燃料电池系统单独驱动车辆。若峰值电源需要充电，则燃料电池系统以额定功率运行，其一部分功率用于驱动系统来驱动车辆，而另一部分功率用于为峰值电源充电。

16.3 参数设计

与基于内燃机的混合动力驱动系统的设计相似，配置燃料电池的混合动力驱动系统的参数设计包含牵引电动机功率、燃料电池系统功率、峰值电源功率及其能量容量的设计。

16.3.1 电动机功率设计

正如前面章节所述，电动机功率需要与车辆的加速性能相匹配。图 16.4 所示为一辆 1500kg 乘用车的电动机功率与由零速至 100km/h 的加速时间的对应关系，以及在平坦路面和 5%坡度路面上以匀速行驶时电动机功率与车速的对应关系。在这一实例中，采用的参数为：整车质量 1500kg；滚动阻力系数 0.01；空气阻力系数 0.3；迎风正面面积 $2m^2$。由图 16.4 可见，若车辆从零速至 100km/h 的加速时间为 12s，则所需求的电动机功率约为 70kW。图 16.4 还给出了该车以匀速行驶在平坦路面和 5%坡度路面上时所需的功率，可以看出，33kW 的电动机功率即可满

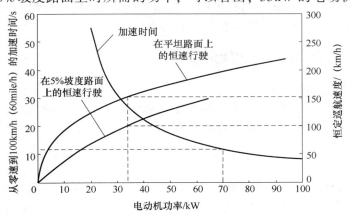

图 16.4　电动机功率与车辆加速时间以及巡航速度间的关系

足车辆以150km/h在平坦路面行驶所需的功率，同时也能满足车辆以100km/h车速在5%坡度路面上行驶所需的功率。换句话说，加速行驶所需的电动机功率远大于匀速行驶所需的功率。综上分析，可为这款车型匹配功率为70kW的牵引电动机。车辆加速时间和加速距离与车速的关系如图16.5所示。

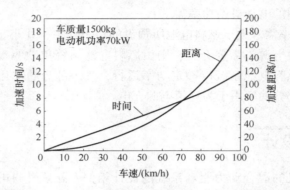

图16.5　乘用车的加速时间和加速距离与车速的对应关系

16.3.2　燃料电池系统的功率设计

如前述章节中的讨论，峰值电源仅用于在短时间内提供峰值功率，且其储存的能量有限。因此当车辆以较高车速在长距离状态（如在两城市间的高速公路）下行驶时，燃料电池系统必须能够向车辆提供足够的功率，并保证车辆在没有峰值电源的帮助下能够在适度坡度上以给定车速行驶。

仍以前述1500kg重的乘用车为例，如图16.4所示，33kW的电动机功率足以满足该车在平坦路面上以约150km/h车速匀速行驶时的功率需求，以及在5%坡度路面上以100km/h车速匀速行驶时的功率需求。考虑到电动机驱动装置的效率，维持车辆长距离行驶所需的燃料电池系统功率约为40kW（在燃料电池系统设计时，其最大功率可稍大于匀速行驶所需的功率）[1]。

16.3.3　峰值电源的功率和能量设计

1. 峰值电源的功率容量

基于由规定的加速性能所确定的电动机峰值功率，以及由匀速行驶所确定的燃料电池系统的额定功率，峰值电源的额定功率可计算如下：

$$P_{\text{PPS}} = \frac{P_{\text{motor}}}{\eta_{\text{motor}}} - P_{\text{fc}} \qquad (16.3)$$

式中，P_{PPS}是峰值电源的功率；P_{motor}是电动机的最大功率；η_{motor}是电动机驱动系统的效率；P_{fc}是燃料电池系统的功率。在前述乘用车实例中，峰值电源的功率约为43kW。

2. 峰值电源的能量容量

当需要峰值功率输出时，峰值电源向驱动系提供能量，同时峰值电源通过再生制动或燃料电池系统来恢复其能量。在行驶过程中，峰值电源的能量变化过程可以表示为

$$E = \int_t (P_{\text{PPS,charge}} - P_{\text{PPS,discharge}}) dt \quad (16.4)$$

式中，$P_{\text{PPS,charge}}$ 和 $P_{\text{PPS,discharge}}$ 分别是峰值电源的充电和放电功率。峰值电源中的能量变化 E 取决于燃料电池系统的容量、车辆控制策略以及随时间变化的负载功率曲线。

图 16.6 所示为前述 1500kg 的燃料电池混合动力乘用车，配备 40kW 功率的燃料电池系统，以 FTP75 城市循环工况行驶并采用前述控制策略时，其车速、燃料电池系统输出功率、峰值电源功率以及峰值电源中能量变化等参数与时间的关系。从图中可以看出，峰值电源中能量变化的最大值 $\Delta E_{\max}$ 相当小（约 0.1kWh）。该结果表明峰值电源在 FTP75 城市循环工况下不需要太多的储存能量。

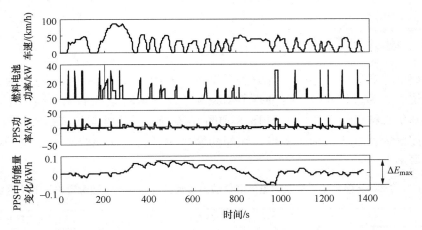

图 16.6 车速、燃料电池功率、峰值电源功率以及峰值电源能量随时间的变化曲线

应该注意，在燃料电池系统预热之前，其产生电力的能力有限，此时车辆的驱动需依靠峰值电源。在这样的情况下，峰值电源中的能量将被迅速释放。图 16.7 所示为峰值电源单独供电情况下，前述 1500kg 的乘用车按 FTP75 城市循环工况行驶时峰值电源中的能量变化。由图可见，约 1kWh 的峰值电源能量用于完成该模式下的行驶（在 23min 内，行程接近 10.62km（6.64mile）），而每分钟峰值电源放电约为 43.5Wh。假设需用 10min 来预热燃料电池系统[3]，则峰值电源约放电 435Wh。

基于前述峰值电源中的最大放电能量，可确定其能量容量为

$$C_E = \frac{\Delta E_{\max}}{C_p} \quad (16.5)$$

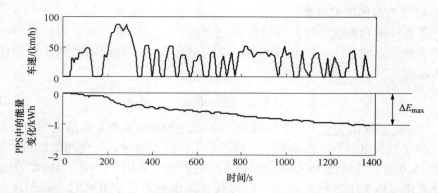

图 16.7 FTP75 城市循环工况下单独由峰值电源供电时峰值电源中的能量变化

式中，C_E 是峰值电源的总能量容量；C_p 是按峰值电源特性允许使用的总能量容量的百分数。

16.4 设计实例

应用前述章节中描述的设计方法，设计一款用于乘用车的燃料电池混合动力驱动系统[1]。为进行比较，也进行了单独配置燃料电池系统的同款乘用车的仿真分析。其仿真结果如表16.1、图16.8和图16.9所示。设计与仿真结果表明，相比于单独配置燃料电池系统的车辆，在相同性能时燃料电池混合动力车辆的燃料效率要高得多。

表 16.1 1500kg 乘用车采用燃料电池混合动力配置和燃料电池单独配置设计的仿真结果

		燃料电池混合动力配置	单独配置燃料电池
车辆质量/kg		1500	1500
电动机额定功率/kW		70	70
燃料电池系统额定功率/kW		40	83
峰值电源最大功率/kW		43	—
峰值电源中最大能量储存/kWh		1.5	—
加速时间（0~100km/h）/s		12	12
爬坡能力（0~100km/h）（%）		5	5
燃料经济性	匀速 100km/h	1.81L/100km（汽油当量） 0.475kg H_2/100km	1.91L/100km（汽油当量） 0.512kg H_2/100km
	FTP75 城市循环工况行驶	2.93L/100km（汽油当量） 0.769kg H_2/100km	4.4L/100km（汽油当量） 1.155kg H_2/100km
	FTP75 高速循环工况行驶	2.65L/100km（汽油当量） 0.695kg H_2/100km	2.9L/100km（汽油当量） 0.762kg H_2/100km

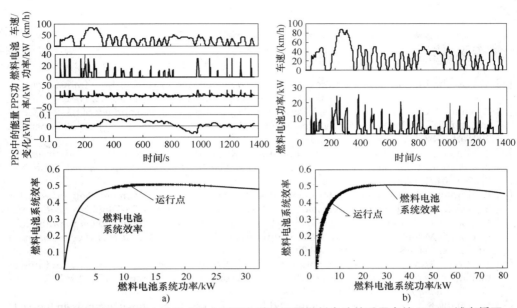

图 16.8 分别采用燃料电池混合动力配置和单独配置燃料电池的乘用车按 FTP75 城市循环工况行驶的模拟情况

a) 混合动力驱动系统 b) 单独配置燃料电池的驱动系统

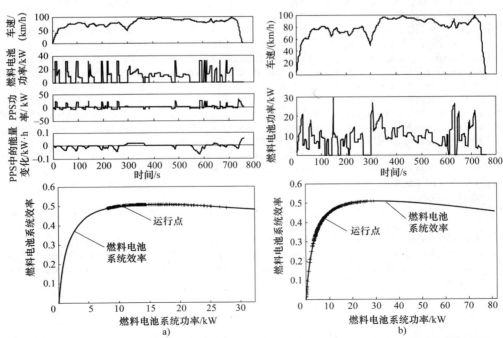

图 16.9 分别采用燃料电池混合动力配置和单独配置燃料电池的乘用车按 FTP75 高速循环工况行驶的模拟情况

a) 混合动力驱动系统 b) 单独配置燃料电池的驱动系统

参考文献

[1] Y. Gao and M. Ehsani, Systematic design of FC powered hybrid vehicle drive trains. *Society of Automotive Engineers (SAE) Journal*, Paper No. 2001-01-2532, Warrendale, PA, 2001.

[2] D. Tran, M. Cummins, E. Stamos, J. Buelow, and C. Mohrdieck, Development of the Jeep Commander 2 FC hybrid electric vehicle. *Society of Automotive Engineers (SAE) Journal*, Paper No. 2001-01-2508, Warrendale, PA, 2001.

[3] T. Simmons, P. Erickson, M. Heckwolf, and V. Roan, The effects of start-up and shutdown of a FC transit bus on the drive cycle. *Society of Automotive Engineers (SAE) Journal*, Paper No. 2002-01-0101, Warrendale, PA, 2002.

[4] K. Simmons, Y. Guezennec, and S. Onori, Modeling and energy management control design for a fuel cell hybrid passenger bus. *Journal of Power Sources* 246, 2014: 736–746, ISSN 0378-7753.

[5] V. Liso, M. P. Nielsen, S. K. Kær, and H. H. Mortensen, Thermal modeling and temperature control of a PEM fuel cell system for forklift applications. *International Journal of Hydrogen Energy* 39 (16), 2014: 8410–8420, ISSN 0360-3199.

[6] X. Hu, N. Murgovski, L. M. Johannesson, and B. Egardt, Optimal dimensioning and power management of a fuel cell/battery hybrid bus via convex programming. *IEEE/ASME Transactions on Mechatronics* 20(1), 2015: 457–468.

[7] L. Tribioli, R. Cozzolino, D. Chiappini, and P. Iora, Energy management of a plug-in fuel cell/battery hybrid vehicle with on-board fuel processing. *Applied Energy* 184, 2016: 140–154, ISSN 0306-2619.

[8] P. Thounthong, P. Tricoli, and B. Davat, Performance investigation of linear and nonlinear controls for a fuel cell/supercapacitor hybrid power plant. *International Journal of Electrical Power & Energy Systems* 54, 2014: 454–464, ISSN 0142-0615.

[9] S. Kang and K. Min, Dynamic simulation of a fuel cell hybrid vehicle during the federal test procedure-75 driving cycle. *Applied Energy* 161, 2016: 181–196, ISSN 0306-2619.

[10] H. Aouzellag, K. Ghedamsi, and D. Aouzellag, Energy management and fault tolerant control strategies for fuel cell/ultra-capacitor hybrid electric vehicles to enhance autonomy, efficiency and life time of the fuel cell system. *International Journal of Hydrogen Energy* 40(22), 2015: 7204–7213, ISSN 0360-3199.

[11] Z. Mokrani, D. Rekioua, and T. Rekioua, Modeling, control and power management of hybrid photovoltaic fuel cells with battery bank supplying electric vehicle. *International Journal of Hydrogen Energy* 39(27), 2014: 15178–15187, ISSN 0360-3199.

[12] S. J. Andreasen, L. Ashworth, S. Sahlin, H.-C. B. Jensen, and S. K. Kær, Test of hybrid power system for electrical vehicles using a lithium-ion battery pack and a reformed methanol fuel cell range extender. *International Journal of Hydrogen Energy* 39(4), 2014: 1856–1863, ISSN 0360-3199.

[13] X. Hu, L. Johannesson, N. Murgovski, and B. Egardt, Longevity-conscious dimensioning and power management of the hybrid energy storage system in a fuel cell hybrid electric bus. *Applied Energy* 137, 2015: 913–24, http://dx.doi.org/10.1016/j.apenergy.2014.05.013.

[14] N. Marx, D. Hissel, F. Gustin, L. Boulon, and K. Agbossou, On the sizing and energy management of an hybrid multistack fuel cell—Battery system for automotive applications. *International Journal of Hydrogen Energy* 42, 2016: 1–9.

第17章 越野车辆用串联式混合动力驱动系的设计

越野车辆（军用、农用和施工用车辆）通常行驶在尚未整修的地面上，且需克服非常复杂和困难的地面障碍物，例如需要爬陡坡或需要穿越很软的路面。根据功能要求，需使用不同的标准来评估各种类型越野车的性能。拖拉机的主要功能是提供足够的挂钩牵引力来拖动各种类型的工具和机械，因此挂钩牵引性能是其首要的考虑因素。牵引性能可以由牵引力与车重之比、牵引功率以及牵引效率来描述。对越野运输车辆而言，运输能力和效率往往被用作评估其性能的基本标准。对军用车辆而言，可采用给定区域内两特定点间的最大可能行驶速度来评估其机动能力[1]。

虽然对于不同类型的越野车会采用不同的标准来评估其性能，但总体而言对于越野车有一个共同的要求，即其在未整修地面上的机动性。从广义上讲，整车机动性与车辆的松软地面通过能力、障碍越过能力、颠簸路面通过能力和涉水能力等性能相关。

本章将讨论履带式越野混合动力电动车辆的设计原理，重点讨论牵引电动机、发动机/发电机和能量储存装置的功率需求，以满足规定的车辆性能指标（包括爬坡能力、加速性能和各种复杂路面上的驾驶性能等）。关于其驱动系的控制请参阅第8章。

17.1 运动阻力

除第2章已讨论过的空气阻力、因轮胎变形导致的滚动阻力和轮胎摩擦阻力外，越野车辆的运动阻力大部分来自车辆运动时地面的显著变形。在越野行驶中，可能会遇到各种特征的复杂地形，包括沙漠地区、泥沼地区以及雪地等。这些地形的物理特性常常会限制越野车辆的机动性和性能。越野车辆性能与物理环境（地形）间的关联性研究已形成专门的研究方向，即地面力学[1]。

尽管对地面力学的研究超出了本书的范围，但为了正确设计车辆动力总成系统，仍有必要简单介绍一些地面力学的相关概念，特别是关于运动阻力和可承载越野车辆正常行驶的地形推力的相关分析。

本节将简要阐明履带式车辆运动阻力和推力的计算方法，并附有一个履带式车辆的实例。关于轮式车辆的更多详情可参见 Wong[1]和 Bekker[2-4]的相关研究。

17.1.1 由地面压实引起的运动阻力

履带式车辆由于压实土壤消耗能量而导致的行驶阻力称为压实阻力，这可用如图 17.1 所示的侵入测试来分析。平板用来模拟履带的接触面积，铅垂方向载荷 P 作用于平板，导致下沉深度 z 和压强 p。

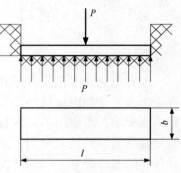

图 17.1 土壤侵入测试

由载荷 P 所做的功可以表示为

$$W = bl \int_0^{z_0} p \, dz \quad (17.1)$$

式中，b 和 l 分别是图 17.1 中平板的短边长度和长边长度。压强 p 和下沉深度 z 之间的关系取决于地面特征，其由实验确定并具有表达式[1]

$$z = \left(\frac{p}{k_c/b + k_\phi} \right)^{1/n} \quad (17.2)$$

式中，k_c、k_ϕ 和 n 是地面参数，k_c 反映地层的黏着特性，k_ϕ 反映地层内摩擦特性，n 反映地面硬度；b 是平板的短边长度。当 $n = 1$ 时，地层呈现线性特性；当 $n < 1$ 时，地面呈现硬特性；当 $n > 1$ 时，地层呈现软特性。地面参数的典型值见表 17.1。

表 17.1 各种地面参数的典型值

地 层	湿度(%)	n	k_c lbf/in$^{(n+1)}$	k_c kN/m$^{(n+1)}$	k_ϕ lbf/in$^{(n+2)}$	k_ϕ kN/m$^{(n+2)}$	c lbf/in^2	c kPa	$\varphi(°)$
干沙（LLL[①]）	0	1.1	0.1	0.95	3.9	1528.43	0.15	1.04	28
沙壤土（LLL）	15	0.7	2.3	5.27	16.8	1515.04	0.25	1.72	29
	22	0.2	7	2.56	3	43.12	0.2	1.38	38
密歇根沙壤土（坚固的 Buchele）	11	0.9	11	52.53	6	1127.97	0.7	4.83	20
	23	0.5	15	11.42	27	808.96	1.4	9.65	35
沙壤土（Hanamoto）	26	0.3	5.3	2.79	6.8	141.11	2.0	13.79	22
	32	0.5	0.7	0.77	1.2	51.91	0.75	5.17	11
黏土（泰国）	38	0.5	12	13.91	16	692.15	0.6	4.14	13
	55	0.7	7	16.03	14	1262.53	0.3	2.07	10
重质黏土（WEBS[②]）	25	0.13	45	12.70	140	1555.95	10	68.95	31
	10	0.11	7	1.81	10	103.27	3	20.69	6
干黏土（WES）	22	0.2	45	16.43	120	1724.69	10	68.95	20
	32	0.15	5	1.52	10	119.61	2	13.79	11
雪地（Harrison）		1.6	0.07	4.37	0.08	196.72	0.15	1.03	19.7
		1.6	0.04	2.49	0.10	245.90	0.09	0.62	23.2

① LLL：Land Locomotion Lab，陆上运动实验室。
② WES：Waterways Experiment Station，航道试验站。

由式（17.2）求出 p，然后代入式（17.1），可得

$$W_c = bl\left(\frac{k_c}{b} + k_\phi\right)\left(\frac{z_0^{n+1}}{n+1}\right) \tag{17.3}$$

履带式车辆的履带和地面之间的相互作用与图 17.1 中平板和地面之间的相互作用类似，应用式（17.3），可求出由于地层压实所引起的车辆运动阻力为

$$R_c = \frac{W_c}{l} = b\left(\frac{k_c}{b} + k_\phi\right)\left(\frac{z_0^{n+1}}{n+1}\right) \tag{17.4}$$

例 1 某履带式车辆，其总重为 196kN，其履带尺寸为 $l = 3.6$m 和 $b = 1.0$m，行驶在参数 $n = 1.6$，$k_c = 4.37$kN/m$^{2.6}$ 和 $k_\phi = 196.73$kN/m$^{3.6}$ 的地面上。由于地面压实引起的车辆运动阻力计算如下：

压强

$$p = \frac{P}{bl} = \frac{196/2}{3.6 \times 1.0} = 27.2\text{kN/m}^2$$

下沉深度

$$z_0 = \left(\frac{p}{k_c/b + k_\phi}\right)^{1/n} = \left(\frac{27.2}{4.37/1.0 + 196.73}\right)^{1/1.6} = 0.2864\text{m}$$

运动阻力

$$R_c = \frac{W_c}{l} = 2b\left(\frac{k_c}{b} + k_\phi\right)\left(\frac{z_0^{n+1}}{n+1}\right) = 2 \times 1.0\left(\frac{4.37}{1.0} + 196.73\right)\left(\frac{0.2864^{2.6}}{2.6}\right) = 5.99\text{kN}$$

17.1.2 推土阻力

在车辆的履带前方，因推动土壤引起的运动阻力称为推土阻力。本节仅引入计算该阻力所涉及的关系式和图表[1]。

为预测推土阻力，Bekker[2,3]假设该阻力等同于作用在前方垂直土墙上的水平分力，即

$$R_b = b(c\, z_0 K_{pc} + 0.5\, z_0^2 \gamma_s K_{p\gamma}) \tag{17.5}$$

式中，b 是履带的宽度；c 是地层的黏着力（见表 17.1）；γ_s 是地面土壤的比重；z_0 是下沉深度。另外有

$$K_{pc} = (N_c - \tan\phi)\cos^2\phi$$

和

$$K_{p\gamma} = \left(\frac{2N_\gamma}{\tan\phi} + 1\right)\cos^2\phi$$

式中，N_c 和 N_γ 是地面的承载力系数，如图 17.2 所示；ϕ 是土壤内剪切阻力角。在软地或松软土壤上，可假设车轮或履带的前方发生局部滑坍，此时推土阻力可计算如下[1]：

$$R_b = b(0.67c\, z_0 K'_{pc} + 0.5\, z_0^2 \gamma_s K'_{p\gamma}) \tag{17.6}$$

式中

$$K'_{pc} = (N'_c - \tan\phi')\cos^2\phi'$$

$$K'_{p\gamma} = \left(\frac{2N'_\gamma}{\tan\phi'} + 1\right)\cos^2\phi'$$

式中，N'_c 和 N'_γ 是局部滑坍情况下，地面的承载力系数，如图 17.2 所示；$\tan\phi' = (2/3)\tan\phi$。

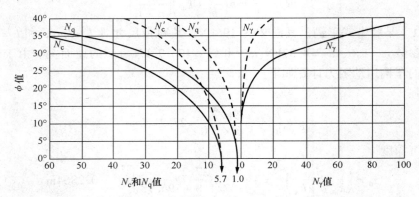

图 17.2　地面承载力系数随内剪切阻力角的变化关系

例 2　与例 1 类似，相同车辆在相同路面上行驶，地层黏着力 c 为 1.0kPa，内剪切阻力角 ϕ 为 19.7°，土壤比重 γ_s 为 2646N/m³。

由图 17.2 可知，在 ϕ = 19.7°情况下，N'_c = 11.37，N'_γ = 1.98。由此可得 K'_{pc} = 10.53 和 $K'_{p\gamma}$ = 16.64。由式（17.6）可计算出 R_b = 7.79kN。

这样，压实阻力和推土阻力组成的总运动阻力 R_{teer} = 5.59 + 7.79 = 13.78kN。定义阻力系数 f_{teer} 为每单位车重的运动阻力，则 f_{teer} = 13.78/196 = 0.07。

17.1.3　行走机构的内阻力

对轮式车辆而言，传动内阻力主要是由第 2 章所论述轮胎材料的迟滞作用所引起的。对于履带式车辆，履带及相关悬架系统产生的内阻力较为明显，其主要由履带销、驱动链轮、链轮轮毂和负重轮轴承中的摩擦损耗组成[1]。

由于履带及其悬架系统内阻力的复杂性，采用解析方法难以实现足够精确的内阻力预测。因此，Bekker 提出了以下一次近似公式，可用于计算传统履带式车辆的内阻力平均值[1,4]：

$$R_{in} = W(222 + 3V) \tag{17.7}$$

式中，R_{in} 的单位为 N；W 是车重，单位为 t；V 是车速，单位为 km/h。

对于现代轻型履带式车辆，其内阻力较小，相应的经验公式为[1,4]

$$R_{in} = W(133 + 2.5V) \tag{17.8}$$

17.1.4 地面牵引力

如图17.3所示,履带牵引力由剪切地面所产生。履带可支持的最大牵引力 $F_{t,max}$ 由地面的抗剪强度确定[1],即

$$F_{t,max} = Ac + W\tan\phi \quad (17.9)$$

式中,W 是履带对地面的铅垂方向载荷;A 是履带与地面的接触面积。c 和 ϕ 分别是地层黏着力和地面内剪切阻力角,其典型值见表17.1。

当车辆的运动阻力大于履带所能生成的最大牵引力,且动力源产生的转矩足够大时,车辆将完全打滑,无法运动。

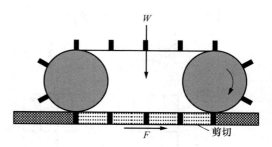

图17.3 履带的剪切作用

对于例1和例2中的车辆,地层参数为 $c=1.0\text{kPa}$,内剪切阻力角 $\phi=19.7°$,$W=196\text{kN}$,$A=2lb=7.2\text{m}^2$,则最大牵引力为

$$F_{t,max} = Ac + W\tan\phi = 7.2 + 196 \times \tan 19.7° = 77.4\text{kN}$$

17.1.5 挂钩牵引力

对用于牵引的越野车辆(如拖拉机)设计而言,挂钩牵引性能是非常重要的,因为这意味着车辆牵引或推进各种类型机械设备(包括农具、施工和土方设备)的能力。挂钩牵引力 F_d 是牵引杆上的可用拉力,它等于牵引力和总阻力 $\sum R$ 之间的差值,即

$$F_d = F_t - \sum R \quad (17.10)$$

牵引力 F_t 可在稳固地面上(如铺砌过的路面)通过动力设备和传动设备测得,或如17.1.4节的分析,通过松软地面所能承载的最大推进力测定。由于本书侧重于运输车辆,故挂钩牵引力性能不作进一步阐述。但是,本书中阐述的原理可直接应用于车辆挂钩牵引力的性能分析。

17.2 履带式串联混合动力电动汽车的驱动系结构

履带式串联混合动力越野车辆的驱动系主要包含主动力源、辅助动力源、牵引电动机及其控制器、功率变换器和整车控制器等子系统,如图17.4所示。

1. 主动力源

主动力源通常由柴油机和发电机组成,用来满足负载的平均功率需求。柴油机用来驱动发电机发电并向辅助动力源(蓄电池/超级电容器)充电,也可直接为

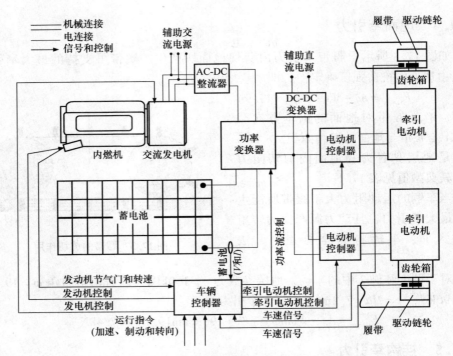

图 17.4 串联式混合动力越野履带式电动车辆的构造

电动机驱动装置供电。发电机发出的电为交流电，如果交流用电设备所需电压与发电机输出电压不匹配，则可通过变压器进行电压变换从而为非牵引用交流用电设备供电。通过 AC-DC 变换器（整流器）可以将交流电变换为直流电。

2. 辅助动力源

辅助动力源通常由蓄电池/超级电容器组成，用来向牵引电动机驱动设备提供峰值功率，从而满足负载的峰值功率需求。辅助动力源可由主电源充电，也可由再生制动充电，或由二者共同充电。再生制动时驱动电动机工作在发电状态，从而将车辆全部或部分的制动功率转化为电功率，并为辅助动力源充电。在正常运行状态下，辅助动力源的总输出能量应等于其工作期间的总充电能量。且充电状态应控制在可接受的范围内。

3. 牵引电动机及其控制器

牵引电动机通过传动装置将转矩传递给链轮，以推进车辆。电动机驱动装置由主动力源或辅助动力源供电，或由两者共同供电，电动机控制器控制电动机输出适当的转矩和转速，以满足驾驶人指令需求（如加速、减速、前进、倒车以及转向等）。

4. 功率变换器

功率变换器由可控电力电子器件构成，其功能为控制主动力源、辅助动力源和电动机驱动装置之间的功率流。驱动系的全部运行模式均通过功率变换器实现。驱动系的运行模式主要包括发动机/发电机单独供电模式、蓄电池/超级电容器单独供电模式、发动机/发电机和蓄电池/超级电容器共同供电（混合牵引）模式、再生制动运行和蓄电池/超级电容器充电模式。各种功率变换器的结构已在第 8 章中阐述。

5. 整车控制器

整车控制器是最高等级的系统控制器，其基于微处理器设计，接收来自驾驶人的操作指令（加速、减速、前进、倒车和转向等）、驱动系的实时状态信息（如车速）和各部件的实时运行信息（如蓄电池/超级电容器的电压和电流、发动机节气门开度、发动机转速等）。基于接收到的全部信息并结合控制策略（存储在整车控制器内的软件代码），整车控制器将产生必要的控制信号，并将信号发送给对应部件（发动机/发电机、功率变换器和电动机驱动装置等），各部件将接收整车控制器的控制指令并执行相应操作。

17.3 驱动系的参数设计

驱动系的参数设计主要包括牵引电动机功率设计、发动机/发电机功率设计、能量储存装置（蓄电池/超级电容器）的功率和能量设计等。

17.3.1 牵引电动机的功率设计

在牵引电动机功率设计中，首先要考虑整车的加速性能、最大爬坡能力和转向性能。

1. 与车速相关的推进力

控制良好的牵引电动机通常在低速范围内具有恒转矩特性，在高速范围内具有恒功率特性，其特性如图 17.5 所示。转折处的电动机转速被称为电动机基速。在牵引电动机设计中，必须首先确定两个重要参数，即峰值功率和速比因子 x，后者被定义为电动机峰值转速与其基速的比值。当电动机功率给定，即已知恒功区中的电动机功率时，电动机转矩可以表示为

$$T_m = \begin{cases} \dfrac{30\,P_m}{\pi\,n_{mb}}, & n_m \leq n_{mb} \\ \dfrac{30\,P_m}{\pi\,n_m}, & n_m > n_{mb} \end{cases} \quad (17.11)$$

式中，P_m 是以上定义的电动机功率；n_{mb} 是图 17.5 所示的电动机基速，单位为 r/min；n_m 是电动机转速，单位为 r/min，其变化范围在零转速至其峰值转速之间。

电动机转矩和功率曲线可变换为车辆推进力与车速的关系

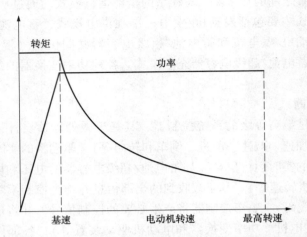

图 17.5 牵引电动机的典型转矩/转速曲线及典型功率/转速曲线

$$F_t = \frac{T_m \eta_t i_g}{r} \tag{17.12}$$

和

$$V = \frac{\pi}{30} \frac{n_m r}{i_g} \tag{17.13}$$

式中，η_t 是传动机构的效率；i_g 是从牵引电动机到驱动链轮间的传动比；r 是驱动链轮的半径。传动结构可以是单档传动，也可以是多档传动（具体细节见第 4 章）。推进力-车速典型曲线和功率-车速典型曲线如图 17.6 所示。后续电机功率计算即基于这些关系曲线加以设计。

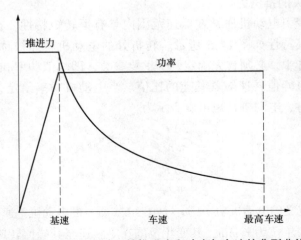

图 17.6 电动机驱动下的推进力和功率与车速的典型曲线

2. 电动机功率和加速性能

根据加速性能设计所需的电动机功率时，应考虑包括各种机械阻力和为加速车辆质量（惯性阻力）所需的功率。机械阻力包括式（17.7）和式（17.8）描述的牵引机械损耗，17.1 节中分析的因路面变形导致的损耗，以及空气阻力等。在硬路面上，由于路面变形引起的损耗可忽略不计，此时用于加速的电动机功率可以表示为

$$P_{acc} = \frac{M}{2 t_a}(V_b^2 + V_f^2) + M V_f \left(\frac{2}{3}c + \frac{1}{2}d V_f \right) + \frac{1}{5}\rho_a C_D A_f V_f^3 \qquad (17.14)$$

式中，M 是车辆质量，单位为 kg；t_a 是车辆由零加速到指定最终车速 V_f 所需的时间，单位为 s；V_b 是图 17.6 所示的基速，单位为 m/s；ρ_a 是空气质量密度，单位为 kg/m³；C_D 是空气阻力系数；A_f 是车辆迎风面积，单位为 m²；常数 c 和 d 分别是由式（17.8）描述的牵引机械阻力的恒定项和与车速成正比的变化项系数，阻力系数表达为 $f_r = c + dV$。在电动机功率设计中相应的车辆参数见表 17.2。

表 17.2 车辆参数值

M	20000kg
t_a	8s
V_f	48km/h（30mile/h）
c	0.0138①
d	0.000918①
C_D	1.17
A_f	6.91m²

① 对应于车重（N）和车速 V（m/s），c 和 d 为常数值 133 和 2.5。

图 17.7 所示为在不同速比因子以及推进力下，根据给定加速特性需求（0 至 48km/h 加速时间为 8s）所得到的电动机需求功率。由图可见，随着速比因子 x 增

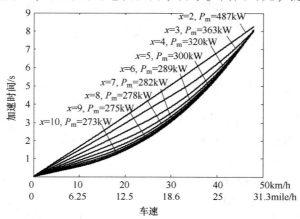

图 17.7 加速性能所需的电动机功率随着不同速比因子 x 的变化情况

加,电动机功率减小;但当 $x \geq 6$ 后,继续增加速比因子 x 对电动机功率的影响效果逐渐下降。

3. 电动机功率和爬坡能力

上坡运行时所需的电动机功率可以表示为

$$P_{\text{grade}} = (Mgf_r + \frac{1}{2}\rho_a C_D A_f V^2 + Mg\sin\alpha)V \qquad (17.15)$$

式中,α 是路面的倾斜角;V 是爬坡能力对应的车速。当车辆在实际行驶过程中以最大坡度(60%)爬坡时,由于地表面通常是未整修的泥土路,因而阻力比整修过的路面要大得多。为此,在计算爬坡能力所需的电动机功率时,应包含反映这一状态的附加阻力。地面变形引起的阻力可由 17.1 节中的相关分析得出,在下面分析时,引入的附加阻力系数为 0.06(雪地或湿度约为 21% 的沙壤土)[5,6]。

根据规定的爬坡能力(如 60%),图 17.8 所示为不同速比因子和电动机功率下牵引力与车速的关系曲线。由图可见,在爬坡能力相同时,速比因子 x 越大,电动机的功率需求越小。

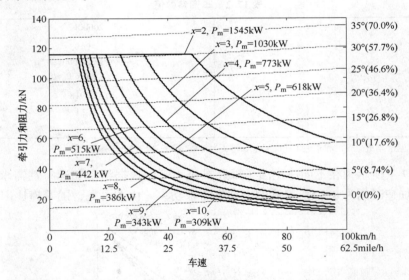

图 17.8 不同速比因子和电动机功率下牵引力与车速的关系曲线

图 17.9 所示为根据加速性能和爬坡能力需求得到的电动机功率与其速比因子 x 的对应关系。显而易见,爬坡能力所需的电动机功率高于加速性能所需的电动机功率,在速比因子 x 较小的情况下更是如此。

以上分析表明,增加速比因子是减小电动机功率的有效方法,但电动机驱动装置的速比因子与电动机类型密切关联。

永磁电动机由于其弱磁能力较为有限[7],因此其驱动装置的速比因子 x 很小,通常小于 2。为满足爬坡能力要求,并将电动机驱动装置的功率限制在适当范围

第17章 越野车辆用串联式混合动力驱动系的设计

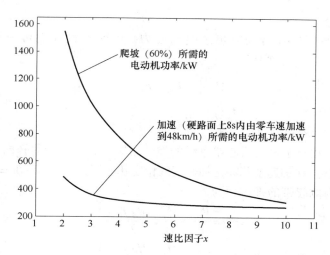

图17.9 按加速和爬坡能力需求的电动机功率随速比因子 x 的变化关系

内,通常需要一个三档或四档的多档变速器。

具备转速控制功能的通用异步电动机的速比因子 x 一般为2,采用磁场定向控制的异步电动机(如主轴电动机)可在基速3~5倍的范围内实现弱磁控制[8-11]。但即使采用这一设计,一般仍需要两档传动装置。

开关磁阻电动机(SRM)的驱动装置能在很宽的恒功率范围内运行,6/4和8/6型开关磁阻电动机都可以达到6~8倍的调速范围[12],因此单档传动装置即可满足特性需求。

4. 履带车辆的转向操作

履带式车辆的转向操作与轮式车辆转向全然不同。目前有多种方法可以完成履带式车辆的转向,其中包括差速转向、中心转向与单边转向等。单体车辆通常使用差速转向,本节仅分析与两侧履带推进力密切相关的差速转向。关于其他转向方法,读者可参阅 Wong[1] 的相关研究。

在差速转向时,增加一侧履带的推进力并减小另一侧履带的推进力以产生转动力矩,并克服因履带在地面上滑动以及车辆转动惯量所对应的阻力矩。由于转向阻力矩通常很大,故转弯时比直线运行时需要更大的功率[1]。

如图17.10所示,履带式车辆执行差速转向时的性能取决于外侧履带推进力 F_{to}、内侧履带推进力 F_{ti}、地面作用于履带的合成阻力 R_{tot}、转向阻力矩 M_r 以及车辆

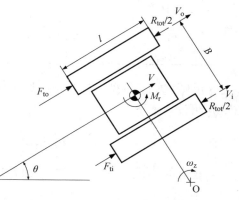

图17.10 差速转向性能

的参数。

在水平地面上低速行驶时可忽略离心力，此时车辆性能可由以下运动方程描述：

$$M\frac{dV}{dt} = F_{to} + F_{ti} - R_{tot} \tag{17.16}$$

$$I_z\frac{d\omega_z}{dt} = \frac{B}{2}(F_{to} - F_{ti}) - M_r \tag{17.17}$$

式中，I_z 是车辆相对于过其重心铅垂线的惯性力矩；ω_z 是车辆的转向角速度。

在低速、零直线加速度和零角加速度的稳定状态下，即当 $dV/dt = 0$ 和 $d\omega_z/dt = 0$ 时，外侧和内侧履带的推进力为

$$F_{to} = \frac{R_{tot}}{2} + \frac{M_r}{B} = \frac{Mgf_r}{2} + \frac{M_r}{B} \tag{17.18}$$

$$F_{ti} = \frac{R_{tot}}{2} - \frac{M_r}{B} = \frac{Mgf_r}{2} - \frac{M_r}{B} \tag{17.19}$$

式中，M 是车辆质量，g 是重力加速度；f_r 是地面变形引起的阻力系数。

转向阻力矩 M_r 可由实测或解析方法确定。若设阻力沿履带均匀分布，则履带每单位长度上的侧向阻力为

$$R_1 = \frac{\mu_t Mg}{2l} \tag{17.20}$$

式中，μ_t 是侧向阻力系数；l 是履带与地面接触区的长度，μ_t 的值与地面特性相关，也与履带设计相关。在松软地面上，车辆会下沉且履带与履带板会一起在地面上滑动，并在转向期间横向推移土壤。由于土壤有侧向位移，故作用在履带和履带板上的侧向力会形成横阻力的一部分。表 17.3 给出了不同类型地面上钢制履带和橡胶履带的 μ_t 值[1]。

表 17.3 各种地面上的侧向阻力系数值[1]

履带材料	侧向阻力系数 μ_t		
	混 凝 土	硬地面（未铺砌）	草 地
钢	0.50～0.51	0.55～0.85	0.87～1.11
橡胶	0.09～0.91	0.65～0.66	0.67～1.14

由图 17.11 可见，相对于两履带中心的侧向阻力合成的阻力矩（即转向阻力矩）可计算如下：

$$M_r = 4\int_0^{l/2} R_1 x dx = 4\frac{Mg\mu_t}{2l}\int_0^{l/2} x dx = \frac{Mgl\mu_t}{4} \tag{17.21}$$

相应的，式（17.18）和式（17.19）可改记为

$$F_{to} = \frac{Mg}{2}\left(f_r + \frac{l\mu_t}{2B}\right) \tag{17.22}$$

第 17 章 越野车辆用串联式混合动力驱动系的设计

$$F_{ti} = \frac{Mg}{2}\left(f_r - \frac{l\mu_t}{2B}\right) \quad (17.23)$$

由式（17.23）可见，当 $l\mu_t/2B > f_r$ 时，内侧履带的推进力 F_{ti} 将为负值。这意味着在这种情况下为达到稳定状态，以柴油发动机为动力的传统车辆必须在内侧履带上施加制动力才能实现转向。也就是说，在如图 17.4 所示的串联式混合动力驱动系中，内侧履带对应的电动机应施加负转矩（再生制动）。

对于正常和可控的转向过程，外侧履带的推进力应小于最大的地面牵引力，即外侧履带推进力满足

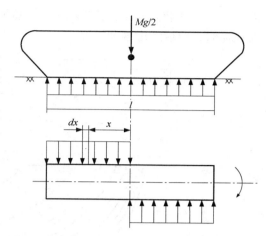

图 17.11 履带的转向阻力矩

$$F_{to} \leq cbl + \frac{Mg\tan\phi}{2} \quad (17.24)$$

$$\frac{l}{B} \leq \frac{1}{\mu_r}\left(\frac{4cA}{Mg} + 2\tan\phi - 2f_r\right) \quad (17.25)$$

或

$$\frac{l}{B} \leq \frac{2}{\mu_r}\left(\frac{c}{p} + \tan\phi - f_r\right) \quad (17.26)$$

式中，A 是履带的接触面积（$A = bl$）；$p = Mg/2A$，是法向压力。

由式（17.22）可知，除克服运动阻力外，外侧履带对应电动机必须产生额外的推进力，以克服转向阻力。最困难的状态是在如图 17.12 所示的斜坡上转向。此时，外侧履带的牵引电动机必须产生足够大的牵引力矩，以克服地面阻力、坡度阻力和转向阻力。在这种情况下，车辆受到的总阻力可以表示为

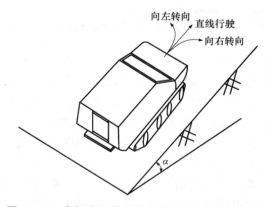

图 17.12 车辆在有坡度的地面上直线行驶及转向

$$R_o = Mg\left(f_r + \frac{l\mu_t}{2B}\right) + \frac{1}{2}\rho_a C_D A_f V^2 + Mg\sin\alpha \quad (17.27)$$

式中，f_r 是包含履带内阻力和地层变形阻力在内的阻力系数。

式（17.27）给出的车辆阻力包含运动阻力、空气阻力、坡度阻力和转向阻力。假设同等条件下电动机的功率与图 17.8 相同，由于需要额外克服较大的转向

阻力，故车辆能完成坡上转向的坡度大幅降低，如图17.13所示。在设计电动机和变速器时，应该考虑这种情况。

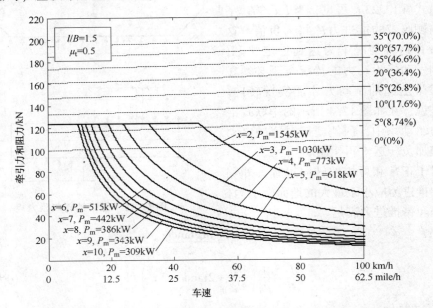

图17.13 不同速比因子 x 和功率的电动机与坡上转向能力及车速的关系曲线

17.4 发动机/发电机的功率设计

发动机/发电机的功率设计应满足在硬质路面上高车速（接近其最高车速）恒速行驶，以及在软路面上以中等车速长距离行驶的需求。为避免能量储存装置在运行期间完全放电，发动机/发电机的功率应大于在变速行驶（循环工况）时所需的平均功率。此外，发动机/发电机组还需要产生附加的功率，以承载非牵引性质的连续功率需求，例如通信、照明、空调、搜索和辅助设备（冷却剂的循环、冷却风扇等）所需的功率。由加速、爬坡、转向以及非牵引设备的高强度脉冲功率所需求的峰值功率应由峰值电源（蓄电池组或蓄电池和超级电容器组合）提供。

由于缺乏关于越野车辆在变速行驶时（循环工况）时的足够信息，故发动机/发电机的功率基于在硬质路面和松软路面上的恒速行驶工况进行设计，可应用以下计算公式：

$$P_{m/g} = \eta_t \eta_m \left(Mgf_r + \frac{1}{2}\rho_a C_D A_f V^2 \right) V \quad (17.28)$$

式中，η_t 和 η_m 分别是传动效率和电动机驱动系的效率；在硬质路面上，阻力系数 f_r 仅包含传动装置的内阻力（由表17.2中的 $c + dV$ 描述，且无路面变形损耗）。但在松软路面上，需增加由路面变形引起的附加阻力系数。应用表 17.2 中的参数，并假设变换器和电动机驱动装置的总效率为 0.85，则在硬质路面和松软路面上，发动机/发电机的功率与车速之间的关系曲线如图 17.14 所示。

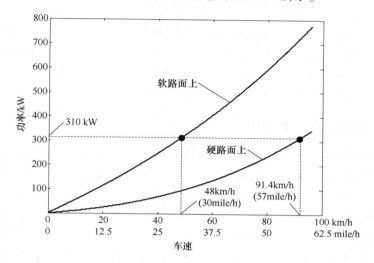

图 17.14　在硬质路面和软路面上恒速运行所对应的牵引功率

发动机/发电机组还需通过附加功率来支持非牵引用的连续功率，如通信、照明、车内负载、侦察和辅助设备（冷却剂的循环、冷却风扇等）的需求功率。由于缺少越野车辆非牵引负载所需功率的精确数据，故此处以民用车辆为参考，估算其为 40~50kW，因此发动机/发电机的总功率设计值约为 350kW。

应该注意，以上设计的发动机/发电机的功率是其最大功率，在实时运行时，取决于实际运行条件和整个驱动系的控制策略，对应功率可能较小。

17.5　储能系统的功率和能量设计

通常采用蓄电池或蓄电池和超级电容器的组合作为能量储存装置，从而向驱动系提供峰值功率。峰值功率可分为牵引功率和非牵引功率。牵引用峰值功率主要包括加速、爬坡和转向时的功率需求，而非牵引峰值功率主要包括如军用车辆的高功率探测装置和电子武器系统所需的功率[5,6]。

17.5.1　牵引用峰值功率

在高功率牵引中，驱动系由发动机/发电机和蓄电池/超级电容器两者共同提供动力，且最大功率受到牵引电动机设计峰值功率的限制。因此蓄电池/超级电容器组的牵引峰值功率为

$$P_\mathrm{b} = \frac{P_\mathrm{m,max}}{\eta_\mathrm{m}} - P_\mathrm{e/g} \qquad (17.29)$$

式中，$P_\mathrm{m,max}$ 和 η_m 分别是电动机驱动装置的最大输出功率和效率；$P_\mathrm{e/g}$ 是发动机/发电机的输出功率。应该注意的是，在加速和爬坡运行中，出于对发动机效率问题的考虑，并不始终要求发动机运行在其最大功率处。对于前述实例车辆，假设牵引电动机驱动系的效率为 0.85，则用于牵引的蓄电池/超级电容器组功率约为 375kW（515/0.85-230），其中发动机/发电机向牵引电动机提供 230kW 的功率，约为发动机/发电机的最大牵引功率（310kW）的 75%。

17.5.2 非牵引用峰值功率

非牵引用峰值功率的大小难以精确估计。在军用车辆中，最值得注意的非牵引脉冲负载可能来自电子武器，例如激光、电热化学枪、电磁装甲和高功率微波等，其脉冲功率可能会在非常短的时间内（10^{-3} s）达到 1GW（10^9 W）。由于车载电池/超级电容器存在内部阻抗，无法提供如此巨大的脉冲功率，故需要通过脉冲成形系统加以实现。脉冲成形系统主要由电容器、电感线圈和电阻器组成，该系统可由直流母线充电，然后在短时间内以巨大的功率将其能量释放到脉冲负载。图 17.15 所示为脉冲功率和蓄电池/超级电容器功率的时间曲线，具体关系可以表示为

$$\frac{1}{2} T_\mathrm{p}(P_\mathrm{b,max} + P_\mathrm{b,min}) = E_\mathrm{pulse} \qquad (17.30)$$

于是有

$$P_\mathrm{b,max} = \frac{2 E_\mathrm{pulse}}{T_\mathrm{p}(1 + D)} \qquad (17.31)$$

式中，$D = P_\mathrm{b,max}/P_\mathrm{b,min}$ 是充电功率比；T_p 是脉冲功率负载的周期。

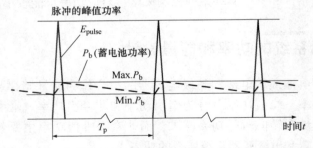

图 17.15 脉冲功率和蓄电池功率的时间曲线概念性图示

图 17.16 所示为用于脉冲功率负载的蓄电池/超级电容器功率随充电功率比 D 以及脉冲功率负载周期 T_p 变化的关系。在本设计中，$T_\mathrm{p} = 4\mathrm{s}$，$D = 0.6$ 是较好的估算结果。此时蓄电池/超级电容器的最大功率约为 300kW。将此功率需求与牵引功率相加，则总功率需求值估计约为 675kW。

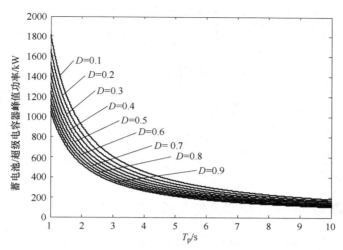

图 17.16　用于脉冲功率负载的蓄电池/超级电容器峰值功率随 D 和 T_p 的变化关系

应该注意，蓄电池/超级电容器必须具备在规定时间内维持特定功率输出的能力，以支持峰值功率运行。对于牵引功率指令，因加速、爬坡、越过障碍和转向需要，这一时间可能会在 20~30s。而对于非牵引峰值功率指令则取决于具体任务的需要。

图 17.17 所示为锂离子电池在 18s 内的放电功率特性，该锂离子电池由 SAFT 公司提供，并由 CHPS（由 TACOM 赞助的 Combat 混合动力系统）完成测试。其结果表明，温度和放电深度对电池功率的影响很大。

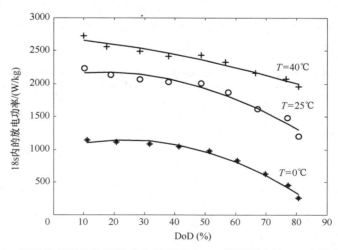

图 17.17　不同运行温度和不同放电深度下 SAFT 锂离子电池 18s 内的放电功率

表 17.4 给出了标准试验下 CHPS 所选电池的比功率、比能量和能量密度。在本设计中，比功率为 1000W/kg，比能量为 100Wh/kg 应是优选值。

表 17.4　标准试验下 CHPS 的蓄电池选择对象的主要参数

CHPS 蓄电池类别	比能量/(Wh/kg)	比功率/(W/kg)	能量密度/(Wh/L)
铅酸电池	28	75	73
镍铬电池	50	120	80
镍氢电池	64	140	135
高能量锂离子电池	144	700	308
锂离子电池（CHPS）	100	1000①	214
高功率锂离子电池	80	1400①	150

① 功率容量取决于脉冲宽度和温度。

17.5.3　蓄电池/超级电容器的能量设计

蓄电池/超级电容器的能量需求取决于特定的任务要求，如静音行驶、静音警戒、电子武器运行等所需的时间。然而，当功率需求确定时，蓄电池能量容量可由所选择电池的能量/功率比得出。

如前所述，电池功率需求约为 675kW，而锂离子电池的能量/功率比为 0.1h（比能量/比功率），因此可得能量容量为 67.5kWh，对应电池重量约为 675kg。

17.5.4　蓄电池和超级电容器的组合

除电池外，超级电容器是另一种可供选择的峰值电源。与电池相比，超级电容器的优点包括比功率密度是锂离子蓄电池的 2~3 倍（见表 17.4 和表 17.5）、温度适应性宽、效率高（内阻低）以及对充放电的快速响应。因此，超级电容器可能是优选的脉冲电源。超级电容器的主要缺点是其比能量密度低（<5Wh/kg），只能在两三分钟的时间内保持功率，故难以单独用于提供车辆峰值功率。

表 17.5　Maxwell MBOD 0115 超级电容器模块的技术规格[13]

电容量		145F（-20%/+20%）
最大串联电阻	25C	10mΩ
比功率密度	42V	2900W/kg
电压	持续	42V
	峰值	50V
最大电流		600A
尺寸		195mm×265mm×415mm
重量	(供参考)	16kg
容积		22L
稳态温度	运行	-35~65℃
	储存	-35~65℃
漏电流	12h, 25℃	10mA

对混合动力电动车辆的峰值电源而言，由锂离子电池和超级电容器组成的混合能量储存装置是一种可行方案，其中由电池提供能量，由超级电容器提供功率[6]。满足功率和能量需求的电池和超级电容器的组合应满足以下关系：

$$P_{\text{tot}} = W_b P_b + W_c P_c \tag{17.32}$$

$$E_{\text{tot}} = W_b E_b + W_c E_c \tag{17.33}$$

式中，P_{tot} 和 E_{tot} 分别是需求的总功率和总能量；W_b 和 W_c 分别是电池和超级电容器的重量；P_b 和 P_c 分别是电池和超级电容器的比功率；E_b 和 E_c 分别是电池和超级电容器的比能量。当给定 P_{tot}、E_{tot}、P_b、P_c、E_b 和 E_c 时，可计算出电池和超级电容器的重量为

$$W_b = \frac{P_c E_{\text{tot}} - P_{\text{tot}} E_c}{P_c E_b - P_b E_c} \tag{17.34}$$

$$W_c = \frac{P_{\text{tot}} E_b - P_b E_{\text{tot}}}{P_c E_b - P_b E_c} \tag{17.35}$$

图 17.18 所示为可提供 675kW 总功率的电池、超级电容器和混合能量储存装置的重量。由图可见，当总能量需求大于 67.5kWh 时，混合能量储存装置比单一电池构成的能量储存装置的重量轻；当总能量的需求小于 67.5kWh 时，则应采用单一电池作为能量储存装置。

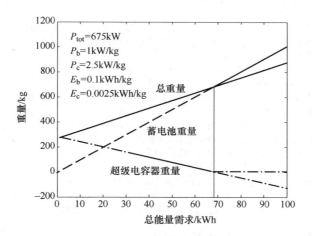

图 17.18 电池重量、超级电容器重量和混合能量储存装置总重量与总能量的关系曲线

混合能量储存装置的另一个优势是电池峰值电流输出需求得到改善，如图 17.19 所示，这将简化电池的热管理，并延长电池循环寿命。由于超级电容器的内阻非常小，故其功率响应速度非常快。混合能量储存的其他方案也可用于提高其性能（相关详细信息见第 13 章）。

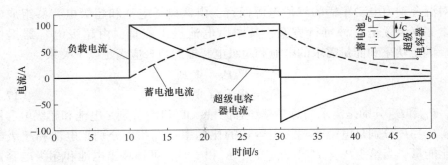

图 17.19　蓄电池/超级电容器能量储存装置的电流图

参考文献

[1] J. W. Wong, *Theory of Ground Vehicles*, John Wiley & Sons, New York, 1978.

[2] M. G. Bekker, *Theory of Land Locomotion*, University of Michigan Press, Ann Arbor, 1956.

[3] M. G. Bekker, *Off-the-Road Locomotion*, University of Michigan Press, Ann Arbor, 1960.

[4] M. G. Bekker, *Introduction of Terrain-Vehicle Systems*, University of Michigan Press, Ann Arbor, 1969.

[5] Y. Gao and M. Ehsani, Parametric design of the traction motor and energy storage for series hybrid off-road and military vehicles, *IEEE Transactions on Power Electronics*, 21(3), May 2006: 749–755.

[6] Y. Gao and M. Ehsani, Investigation of battery technologies for the army's hybrid vehicle application, In *Vehicular Technology Conference, 2002. Proceedings, VTC 2002-Fall, 2002 IEEE 56th*, Vol. 3, pp. 1505–1509. September 24–28, 2002.

[7] M. Ehsani, K. Rahman, and A. Toliyat, Propulsion system design of electric and hybrid vehicles, *IEEE Transactions on Industrial Electronics*, 44(1), February 1997: 19–27.

[8] A. Boglietti, P. Ferraris, and M. Lazzari, A new design criteria for spindle induction motors controlled by field orientated technique, *Electric Machine and Power Systems*, 21, 1993: 171–182.

[9] T. Kume, T. Iwakane, T. Yoshida, and I. Nagai, A wide constant power range vector-controlled AC motor drive using winding changeover technique, *IEEE Transactions on Industry Applications*, 27(5), September/October 1991: 934–939.

[10] M. Osama and T. A. Lipo, A new inverter control scheme for induction motor drives requiring speed range, In *Proceedings of the IEEE-IAS Annual Meeting*, pp. 350–355. Orlando, FL, 1995.

[11] R. J. Kerkman, T. M. Rowan, and D. Leggate, Indirect field-oriented control of an induction motor in the field weakened region, *IEEE Transactions on Industry Applications*, 28(4), 1992: 850–857.

[12] K. Rahman, B. Fahimi, G. Suresh, A. Rajarathnam, and M. Ehsani, Advanced of switched reluctance motor applications to EV and HEV: Design and control issues, *IEEE Transactions on Industry Applications*, 36(1), January/February 2000: 11.

[13]　Available at http://www.maxwell.com, Maxwell Technologies.

[14] S. De Breucker and P. Coenen, Series-hybrid drivetrain with FOC salient-pole synchronous generator and supercapacitor storage for large off-road vehicle, In *2015 IEEE Vehicle Power and Propulsion Conference (VPPC)*, pp. 1–5. Montreal, QC, 2015.

[15] O. Hegazy, R. Barrero, P. Van den Bossche, M. E. Baghdadi, J. Smekens, J. Van Mierlo, W. Vriens, and B. Bogaerts, Modeling, analysis and feasibility study of new drivetrain architectures for off-highway vehicles, *Energy*, 109, 2016: 1056–1074, ISSN 0360-5442.

[16] F. Herrmann and F. Rothfuss, Introduction to hybrid electric vehicles, battery electric vehicles, and off-road electric vehicles, *Advances in Battery Technologies for Electric Vehicles* 2015: 3–16.
[17] R. V. Wagh and N. Sane, Electrification of heavy-duty and off-road vehicles, In *2015 IEEE International Transportation Electrification Conference (ITEC)*, pp. 1–3. Chennai, 2015.
[18] H. Ragheb, M. El-Gindy, and H. A. Kishawy, On the multi-wheeled off-road vehicle performance and control, *International Journal of Vehicle Systems Modelling and Testing*, 8.3, 2013: 260–281.
[19] H. Zhang, Y. Zhang, and C. Yin, Hardware-in-the-loop simulation of robust mode transition control for a series–parallel hybrid electric vehicle, *IEEE Transactions on Vehicular Technology*, 65.3, 2016: 1059–1069.
[20] M. F. M. Sabri, K. A. Danapalasingam, and M. F. Rahmat, A review on hybrid electric vehicles architecture and energy management strategies, *Renewable and Sustainable Energy Reviews*, 53, 2016: 1433–1442.

第18章 具有最优混动比的全尺寸发动机混合动力电动汽车设计

混合动力电动汽车上市已有多年。但其市场占有率一直处于较低水平。部分原因在于原有混合动力设计仅关注改善燃油经济性，设计时倾向于减小内燃机的尺寸，通过电驱动方式来补偿负载需求和发动机能力之间的功率缺口，再加上电动机驱动系和电池包的较低能量密度和高昂价格，因此混合动力电动汽车要么性能表现较差，要么价格远高于传统汽车。本章将提出一种新型混合动力电动汽车设计思路，即采用全尺寸发动机来保证整车性能至少与传统汽车相当，采用并联结构电驱动装置来提高整车燃油经济性和性能。

对全尺寸发动机车辆而言，任何混动系统都将增加汽车的成本和重量。多出来的成本最终将影响购买者的利益，而额外增加的电动机系统与电池组的重量也会对燃油经济性造成不良影响。本章将采用动态规划方法分析增加混合动力电驱动功率与整车油耗的敏感性关系，确定全尺寸混合动力电动汽车的最佳混动比，从而实现整车燃料经济性、性能和成本的最优设计。

为展示全尺寸发动机混合动力电动汽车相对于传统汽车，以及现有混合动力电动汽车在整车燃油经济性、汽车性能和投资回报时间方面的优势，本章将该方案与一款典型的传统汽车（2011年款丰田卡罗拉）以及美国最畅销的混合动力电动汽车（2011年款丰田普锐斯）进行对比。

18.1 全尺寸发动机混合动力电动汽车的设计理念

下一代混合动力电动汽车的性能一定优于传统汽车。这意味着其具有更好的燃油经济性和更好的性能且在成本上与传统汽车相当，或具有相同的燃油经济性和性能且在成本上低于传统汽车。消费者乐于接受稍高的车辆价格，以获得真正意义上的燃油经济性和车辆性能的提升，下面的例子也说明了这一点。如图18.1所示，在过去60年里，新车的平均价格（消除通货膨胀因素影响）已经从12000美元增加到24000美元，美国的汽车保有量从每千人240辆提高到每千人840辆，这意味着消费者愿意为性能更有竞争力的汽车支付额外费用。

基于之前的论述，本章提出一种并联混合动力电动汽车的新颖设计理念，即全尺寸发动机混合动力电动汽车。该设计采用传统的全尺寸发动机作为主动力源，

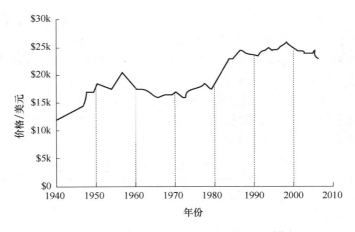

图 18.1　过去 70 年的新车价格曲线图[1]

并为其并联一套电动机驱动装置。全尺寸发动机意味着内燃机有能力在各种典型工况下单独驱动汽车,并可确保在性能和续驶里程上与传统汽车一致。在此基础上,并联的电驱动系能够使整车的燃油经济性和性能表现优于传统汽车。

图 18.2 所示为全尺寸发动机并联混合动力电动汽车的结构示意图。从图中可以看出,全尺寸发动机通过变速器(图中的变速器 1)与转矩耦合器连接;由于电动机具有良好的牵引特性,故电动机可以通过固定齿比的减速器(图的变速器 2)与转矩耦合器连接。

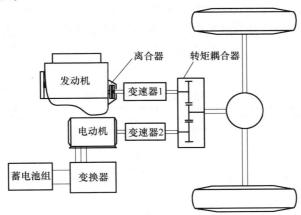

图 18.2　全尺寸发动机混合动力电动汽车的结构示意图

18.2　最优混动比

对于全尺寸发动机汽车,任何混动系统都将增加整车成本和重量。这些额外开销最终将影响购买者的利益,此外增加的电动机系统与电池组重量也会对燃油经济性造成不良影响。然而,可能找到最优混动比或最优混动比范围,使得电驱动系可以在典型工况下显著提升燃油经济性[2,3]。最优混动比可以通过采用动态规划优化方法进行油耗敏感性分析来获得[4,5]。

以下是某 1200kg 乘用车用驱动系的设计实例。车辆主要参数见表 18.1。其发动机的峰值功率为 80kW,发动机的比燃料消耗(sfc)图如图 18.3 所示。低油耗工作点通常位于发动机中速、大功率输出的区域。

表 18.1 全尺寸混合动力电动汽车的主要参数

整车质量	1200kg
滚动阻力系数	0.01
风阻系数	0.30
迎风面积	2.00m^2
变速器参数	
一档速比	2.73
二档速比	1.82
三档速比	1.30
四档速比	1.00
主减速比	3.29

为了确定全尺寸混合动力电动汽车的最佳混动比,分析了最小油耗(mile/USgal)对混合动力驱动功率增加的敏感性。在进行敏感性分析时,还应该考虑电驱动系额外重量对混合动力电动汽车燃油经济性的影响。电驱动系的重量与功率的对应关系见表 18.2。

表 18.2 电驱动系功率和重量对应关系

电驱动系功率/kW	驱动系重量/kg
40	130.0
35	114.5
30	99.0
25	82.5
20	66.5
15	49.8
10	33.3
5	16.8
3	10.6

第 18 章　具有最优混动比的全尺寸发动机混合动力电动汽车设计

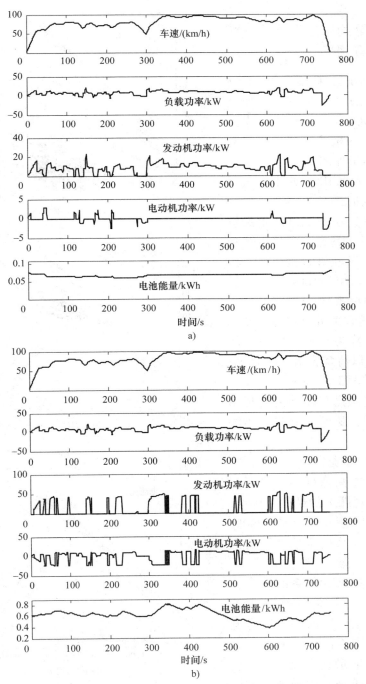

图 18.3　FTP75 高速循环工况下车速、负载功率、最优发动机功率、
最优电动机功率、电池能量的仿真结果
a) 3kW 电驱动系并联混合动力　b) 25kW 电驱动系并联混合动力

18.2.1 高速行驶工况下的仿真结果

上述 1200kg 乘用车在 FTP75 高速循环工况下,当并联电驱动系分别为 3kW 和 25kW 时,发动机功率和电动机功率的动态规划算法仿真结果如图 18.3 所示。其中图 18.3a 为采用 3kW 电动机系统并联驱动时的仿真结果,由于电动机功率较小不足以产生足够的驱动功率,因此大多数负载功率需求都由发动机直接提供,此时的油耗为 6.85L/100km。

当电动机系统的功率提升至 25kW 时,全尺寸混合动力电动汽车的油耗下降为 5.5L/100km。从图 18.3b 可以清楚看出,由 25kW 电动机提供辅助动力时,全尺寸混合动力电动汽车能够灵活利用两个动力源,从而明显改善燃油经济性。

图 18.4 分别针对三种结构,给出了 FTP75 高速循环工况下位于发动机油耗图上的最优工作点。其中图 18.4a 所示为上述 1200kg 传统乘用车(采用全尺寸发动机作为单独动力源),图 18.4b 所示为采用 25kW 电驱动系的混合动力电动汽车,图 18.4c 所示为采用 35kW 电驱动系的混合动力电动汽车。图中不同样式的工作点对应不同的能量管理模式。圆点表明发动机单独牵引模式,方块表明发动机输出功率大于负载需求,其超出功率可为电池充电。

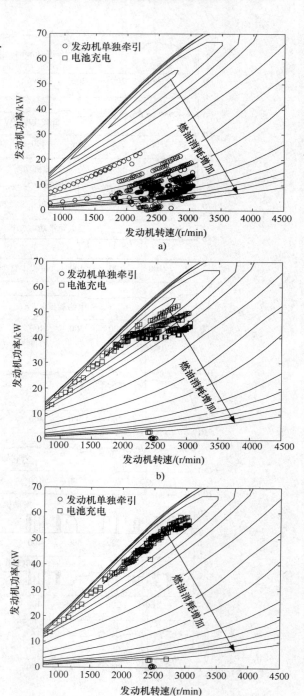

图 18.4 FTP75 高速循环工况下发动机的最优工作点
a)传统车 b)25kW 电驱动并联混合动力
c)35kW 电驱动并联混合动力

传统乘用车的仿真如图 18.4a 所示，由于其不具备电驱动能力，故全部负载需求功率都由发动机提供，这使得发动机工作点都远离其高效区。因此传统车的油耗最高，为 7.02L/100km。

图 18.4b 中的方块表明在车辆配备 25kW 电驱动系时，由于发动机可以向电池充电，故该方案可有效提升整车效率。此时乘用车的燃油消耗率为 5.50L/100km。

如图 18.4c 所示，若继续提升电驱动系功率至 35kW，则发动机绝大多数工作点都位于其高效区内。

继续增加混动比对改善燃油效率效果不大，只会进一步增加整车重量从而降低整车的燃油经济性。

18.2.2 电驱动系功率的最优混动比设计

为分析不同工况下燃油经济性与混动比的敏感性关系，图 18.5 基于仿真结果给出了 FTP75 高速循环工况、FTP75 城市循环工况和 sc_03 循环工况下电动机系统功率与燃油经济性的对应关系图。当电动机功率为零时即对应传统汽车。

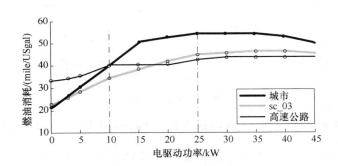

图 18.5　混动比对 1200kg 乘用车（配备 80kW 发动机）油耗的影响

对图 18.5 所示的三种典型工况而言，当电动机功率为零时，整车油耗最高。当混动比逐渐增加时油耗有所降低；但当功率增加到某特定值时油耗曲线会出现拐点，其原因如 18.2.1 节所述，随着电动机功率增加，虽然燃油经济性有所提高，但整车重量也随之提升，反而会导致整车油耗增大。图中的曲线即为燃油经济性与混动比的敏感性关系曲线。

从图 18.5 可以看出，当电动机功率在 0~10kW 范围内时，燃油经济性与混动比的敏感性很高；当电动机功率达到 25kW 时，其敏感性减弱，这意味着继续增加混动比对燃油经济性益处不大，却会导致整车重量以及成本的持续增加。

基于上述讨论可知，对于上述 1200kg 乘用车（配置 80kW 发动机），电驱动系对应的最优混动功率范围应为 10~25kW。

18.3 10~25kW 电驱动系

如 18.2 节所述,对上述 1200kg 乘用车(配置 80kW 发动机)而言,基于仿真结果,10~25kW 为电驱动系的最优混动功率范围。本节将对配备更大发动机功率的 1200~1800kg 乘用车进行类似分析,这代表了北美汽车市场上销售的大部分乘用车,涵盖了从紧凑型轿车(如丰田卡罗拉)到全尺寸汽车(如宝马 5 系)。

18.3.1 发动机功率对混动功率的影响

该仿真基于配备功率 100kW 内燃机的乘用车(质量为 1200kg)。在 FTP75 城市循环工况、sc_03 循环工况和 FTP75 高速循环工况下的混动功率与燃油消耗曲线的关系如图 18.6 所示。

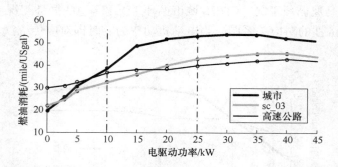

图 18.6 混动功率对 1200kg 乘用车(配备 100kW 发动机)油耗的影响

将图 18.6 与图 18.5 进行比较可知,使用 100kW 内燃机时,燃油消耗与混动功率的敏感性关系与 80kW 传统内燃机类似。因此,10~25kW 的电驱动功率仍然可以满足其高燃油经济性范围。

18.3.2 车重对混动功率的影响

为验证最优混动功率对于车重的敏感性,将车重从 1200kg 增加到 1500kg;与其对应的是中型乘用车的重量(如福特 Fusion)。三种典型工况下的仿真结果如图 18.7 所示。

图 18.7 表明,10~25kW 的混动功率范围仍然适用于 1500kg 乘用车。从图 18.8 中可以看出,1800kg 乘用车仍可得出相同的结论。结合图 18.7 和图 18.8 可以看出,车重增加时,同样电动机功率对应的油耗会高于图 18.5 中 1200kg 乘用车。其原因是车重增加后需要更大的牵引功率来满足整车动态性能,因此油耗有所增加。

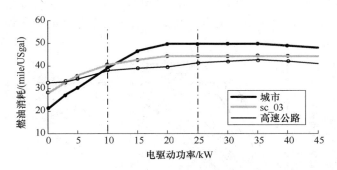

图 18.7　混动功率对 1500kg 乘用车（配备 80kW 发动机）油耗的影响

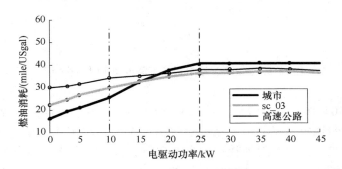

图 18.8　混动功率对 1800kg 乘用车（配备 80kW 发动机）油耗的影响

18.3.3　乘用车最佳混动功率范围

本节将基于典型工况下发动机特性和负载情况，给出乘用车最佳混动功率范围（10~25kW）。

对传统乘用车而言，有两种有效方法能够通过并联电驱动装置来改善其整体燃油经济性。一种方法是提高低车速时的燃油效率，另一种方法是回收再生制动能量并为电池充电，以供将来牵引使用。

图 18.9 所示为典型 80kW 发动机在不同传动比时的燃油消耗图。发动机的低速区域是其效率最低的区域（对于功率更高的发动机也是如此）。提高车辆燃油经济性的有效方法是在低速区域关闭发动机，并使用电动机单独向负载提供动力。

图 18.10 所示为某 1200kg 车辆在 FTP75 城市循环工况下行驶时，车速-负载功率图上的负载点，以及 10kW 电动机和 25kW 电动机的特性曲线。从图中可以看出，25kW 电动机能够在低速区域提供所有牵引负载功率。当车辆重量增加到 1500kg 或 1800kg 时，车辆在 FTP75 城市循环工况下所需求的负载功率分别如图

18.11 和图 18.12 所示。从图中可以看出，25kW 电动机仍能支持绝大多数的负载牵引功率需求。因此将 25kW 作为电驱动混合最优功率范围的上限值。

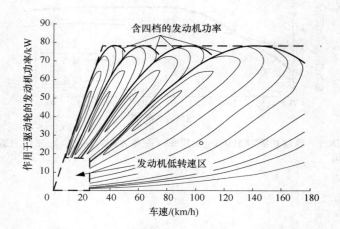

图 18.9　80kW 发动机对应不同传动比时的油耗图

如图 18.10~图 18.12 所示，对 1200~1800kg 乘用车而言，10kW 电动机完全能满足制动能量回收需求，但无法提供足够的牵引功率来代替低速区域中的大多数发动机工作点，以使燃料消耗达到最低。但通过有效回收再生制动能量，10kW 电动机系统仍可明显改善车辆的燃料经济性。此外，10kW 电动机系统还具有重量轻和成本低的优点，这使得其成为电驱动混合最优功率范围的下限值。

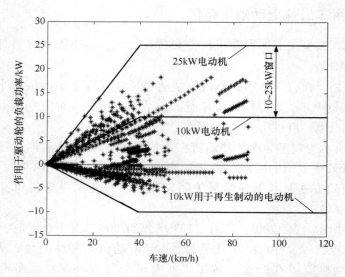

图 18.10　1200kg 乘用车在 FTP75 城市循环工况下的负载功率-车速曲线

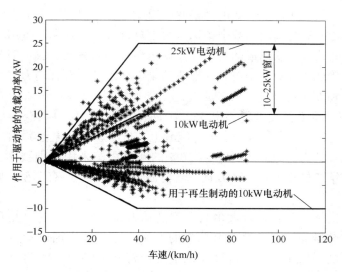

图 18.11　1500kg 乘用车在 FTP75 城市循环工况下的负载功率-车速曲线

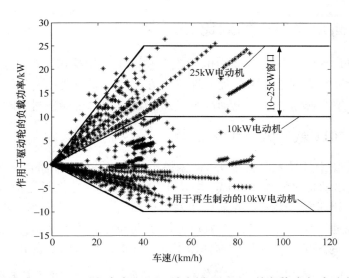

图 18.12　1800kg 乘用车在 FTP75 城市循环工况下的负载功率-车速曲线

18.3.4　乘用车用电驱动系部件

基于前述讨论，可知对于全尺寸发动机混合动力电动汽车，其基于油耗敏感性分析得到的最佳混动驱动系的功率范围为 10~25kW，该混动功率范围适用于北美汽车市场销售的，包括紧凑型轿车到全尺寸轿车在内的大多数乘用车。该结论表明，为在较短的成本回收期内实现更好的性能并显著改善燃油经济性，大多数乘用车可将发动机与 10~25kW 电动机并联组成全尺寸混合动力电动汽车；或者由购车者在 10~25kW 范围内的数个备选方案中自行选择一款加以应用。

由 10kW 电动机并联形成的全尺寸发动机混合动力方案在成本回收期方面具有优势。然而对于由 25kW 电动机并联形成的全尺寸发动机混合动力方案，后者兼具燃油经济性好和加速特性优异（特别是起步加速阶段）的特点。

2012 年前三季度，美国新售出 560 万辆乘用车[7]。假设为获得最佳燃油经济性和加速特性，25kW 动力总成方案（配套电动机驱动系及电池）被广泛应用于全尺寸发动机混合动力电动汽车中；若 20% 的新乘用车采用该项技术，则 25kW 动力总成方案的年产量将超过 100 万辆。若将该方案应用于所有车型，则这个数字还会更高。

因此，无论是"一套适合大多数车型的动力总成方案"或"几套备选动力总成方案"都将显著增加特定类型动力总成的产量，即显著增加电动机、电池和电力电子装置的产量。与此同时，这种大批量生产将显著降低这些动力总成方案的成本，进而增加全尺寸发动机混合动力电动汽车的市场渗透率。

18.4 与商用乘用车的对比

为体现全尺寸发动机混合动力电动汽车相对于商用乘用车的优势，本节将基于燃油经济性、功率部件成本和加速性能等方面，将其与典型传统汽车（2011 款丰田卡罗拉）和典型混合动力电动汽车（2011 款丰田普锐斯）进行对比。

18.4.1 与 2011 款丰田卡罗拉的对比

2011 款丰田卡罗拉是配备了 98kW 内燃机的传统乘用车。将该 98kW 发动机分别与 10kW 电驱动总成装置和 25kW 电驱动总成装置（对应全尺寸混合功率的最小值和最大值）相匹配，组成两种全尺寸发动机混合动力电动汽车。将三种车辆方案在 FTP75 高速循环工况、FTP75 城市循环工况和综合循环工况下（55% 城市循环工况和 45% 高速循环工况）的油耗作了对比分析，其结果见表 18.3。

表 18.3 典型工况下卡罗拉版全尺寸发动机混合动力电动汽车的油耗

（单位：L/100km（mile/USgal））

	城市循环工况	高速循环工况	综合循环工况
卡罗拉	11.83（19.89）	7.66（30.71）	9.50（24.76）
10kW 全尺寸混合动力	6.28（37.46）	6.30（37.31）	6.29（37.39）
25kW 全尺寸混合动力	4.54（51.81）	5.89（39.93）	5.06（46.46）

从表 18.3 中易知，全尺寸发动机混合动力电动汽车在混合电驱动装置的辅助下，其燃油经济性明显改善。

为比较上述三种车辆的功率部件成本,做出以下假设:异步电动机及驱动系的典型价格为 110 美元/kW,发动机的典型价格为 35 美元/kW,锂离子电池包的价格为 1000 美元/kWh[7](虽然锂离子电池的价格每年都在下降,但此处仍选择 1000 美元/kWh 用于最恶劣情况分析)。

表 18.4 分别列出了三种车辆的功率部件成本。对全尺寸发动机混合动力电动汽车而言,其功率部件的成本高于传统车辆。假设燃油价格为 1.06 美元/L(4 美元/USgal),基于每年平均里程数(美国驾驶人大约为 10000mile[8]),易知 10kW 混合动力系统的相关部件约在使用三年后收回成本,25kW 混合动力系统的相关部件约在使用五年后收回成本。

表 18.4 卡罗拉版全尺寸发动机混合动力电动汽车的功率部件成本和回报里程

	成本/美元	回报里程	
		km	mile
卡罗拉	3430	—	—
10kW 全尺寸混合动力	4930	44250	27500
25kW 全尺寸混合动力	7080	77710	48300

如果将上述方案与传统混合动力电动汽车比较,或与插电式混合动力电动汽车进行比较,则发现全尺寸发动机混合动力方案同样可以在较短的时间周期内收回成本。此外,车主还可以借助该方案享受更好的加速性能。

表 18.5 列出了上述方案车型的两种典型加速时间对比,一种是从零车速到 100km/h(60mile/h)的加速,其中全尺寸发动机混合动力方案显示出比传统汽车更好的加速性能。另一种为起步加速性能,即速度范围为零车速到 16km/h(10mile/h)的加速特性(这对驾驶人来说可能更有用)。从上述表格中可以看出,25kW 全尺寸发动机混合动力方案的加速时间比传统车降低约 30%。

表 18.5 卡罗拉版全尺寸发动机混合动力电动汽车的加速时间

	0 到 100km/h	0 到 16km/h
卡罗拉	8.63s	1.57s
10kW 全尺寸混合动力	7.81s	1.33s
25kW 全尺寸混合动力	6.92s	1.09s

18.4.2 与 2011 款丰田普锐斯混合动力的对比

为与丰田普锐斯混合动力电动汽车进行比较,需首先构造"普锐斯传统款"车型。其与现有普锐斯混合动力电动汽车性能相同,但用 80kW 发动机代替了现有普锐斯的动力总成方案。将 10kW 和 25kW 动力总成与"普锐斯传统款"车型的发动机并联耦合,组成全尺寸混合动力方案。

典型循环工况下上述四种车型的油耗情况见表 18.6。对普锐斯混合动力电动汽车的油耗进行了调整，以与仿真模拟中的发动机效率相匹配。根据表 18.6 中的比较结果可知，全尺寸发动机混合动力方案显示出比当前普锐斯混合动力车型具备更好的燃油经济性。

表 18.6 典型循环工况下普锐斯版全尺寸发动机混合动力电动汽车的油耗

（单位：L/100km（mile/USgal））

	城市循环工况	高速循环工况	综合循环工况
普锐斯传统版	10.21（23.04）	6.76（34.81）	8.30（28.34）
10kW 全尺寸混合动力	5.48（42.89）	5.91（39.81）	5.80（40.55）
25kW 全尺寸混合动力	4.22（55.70）	5.48（42.92）	4.71（49.90）
普锐斯混动版	5.40（43.59）	5.73（41.03）	5.50（42.74）

由于全尺寸发动机混合动力电动汽车的燃油消耗是基于典型循环工况优化控制而得到的，为公平起见，在下述仿真模拟中采用一种前文描述过的简单控制策略，即并联混合动力电动汽车的最大 SOC 控制策略。最大 SOC 控制策略的原理是尽可能使用发动机推进车辆，而电功率用于补偿发动机功率在急加速等工况下的不足。上述四种车型应用该大 SOC 控制策略时油耗的仿真结果见表 18.7。

表 18.7 普锐斯版全尺寸发动机混合动力方案应用最大 SOC 控制策略时的油耗

（单位：L/100km（mile/USgal））

	城市循环工况	高速循环工况	综合循环工况
普锐斯传统版	10.21（23.04）	6.76（34.81）	8.30（28.34）
10kW 全尺寸混合动力	5.93（39.64）	6.86（34.30）	6.32（37.24）
25kW 全尺寸混合动力	6.04（38.92）	6.91（34.03）	6.41（36.72）
普锐斯混动版	5.40（43.59）	5.73（41.03）	5.50（42.74）

应用最大 SOC 控制策略时，仅在急加速期间应用电功率，全尺寸发动机混合动力方案难以显示其优势，尤其是在高速驾驶条件下。然而，如表 18.7 所示，即使采用这种效率较低的控制策略，全尺寸混合动力电动汽车的燃油经济性仍然接近普锐斯混合动力电动汽车的燃油经济性，而控制策略的任何改进都会缩小甚至扭转这一差距。

除燃油经济性外，全尺寸发动机混合动力电动汽车还具有成本低、加速性能好的优点，见表 18.8。

对表 18.8 中的功率组件做成本比较时，用于全尺寸发动机混合动力电动汽车的锂离子电池成本使用 1000 美元/kWh 的最恶劣情况数据，而普锐斯混合动力电动汽车则使用更为便宜的镍氢电池。

表 18.8　普锐斯版全尺寸混合动力方案的附件成本与整车加速性能比较

	成本/美元	加速时间/s
普锐斯传统版	2800	9.70
10kW 全尺寸混合动力	4300	8.76
25kW 全尺寸混合动力	6450	7.79
普锐斯混动版	9955	9.70

参考文献

[1] Energy efficiency and renewable energy. Vehicle technologies program, fact of the week [Online]. Available: http://www1.eere.energy.gov/vehiclesandfuels/index.html.

[2] E. Vinot, R. Trigui, B. Jcanneret, J. Scordia, and F. Badin, HEVs comparison and components sizing using dynamic programming, In *Vehicle Power and Propulsion Conference*, pp. 314–321, Arlington, Texas, September 2007.

[3] S. Lukic and A. Emadi, Effects of drive train hybridization on fuel economy and dynamic performance of parallel hybrid electric vehicles, *IEEE Trans. Vehicular Technology*, 53(2), March 2004: 385–389.

[4] U. Zoelch and D. Schroeder, Dynamic optimization method for design and rating of the components of a hybrid vehicle, *International Journal of Vehicle Design*, 19(1): 1998.

[5] M. Kim and H. Peng, Power management and design optimization of fuel cell/battery hybrid vehicles, *Journal of Power Sources*, 165, March 2007: 819–832.

[6] New vehicle sales [Online]. Available: http://www.motorintelligence.com/

[7] M. Lowe, S. Tokuoka, T. Trigg, and G. Gereffi, *Lithium-ion batteries for electric vehicles: The U.S. value chain*, Center on Globalization Governance & Competitiveness, October 2010.

[8] Federal Highway Administration. Average annual miles per driver by age group [Online]. Available: http://www.fhwa.dot.gov.

[9] L. Lai and M. Ehsani, Design study of parallel HEV drive train with full size engine, In *IEEE Transportation Electrification Conference*, Dearborn, Michigan, June 2013.

第19章 动力总成系统优化

19.1 动力总成建模技术

纵向动力学是用于评估车辆动力总成性能的基本建模技术。纵向动力学技术涉及将给定的循环工况分成几个时间步长,并在每个时间间隔结束时计算车辆的状态。为了在给定的循环工况下达到期望的纵向加速度,必须对动力系部件进行合理选型以满足期望性能。由于储备功率需求,传统动力系的功率通常会超出车辆实际需求,导致发动机工作点偏离其最佳工作范围。根据预期需求对混合动力系进行优化,可以在减少排放的同时改善车辆性能。

在动力系规格优化时经常使用后向模型[1,2],后向模型不需要驾驶人模型,因为后向模型中可依据循环工况直接计算得到车速。在此类模型中,可将车速轨迹施加在车辆模型上以计算出车轮角速度和车轮转矩。传统车辆随后可依据每个动力部件的效率模型或效率图,通过车轮"后向"得出发动机的角速度和转矩。由于效率图通常根据实际部件的稳态测试获得,因此后向模型也被称为准静态模型。在后向模型中忽略了瞬态特性,因此仿真时可以采用较长的时间步长,从而缩短仿真时间。这些属性使得后向模型能够广泛应用于动力系部件规格优化领域[3]。

然而,由于后向模型的准静态特性,后向模型对于类似于节气门和踏板位置这样的车辆可观测量只能给出非常有限的信息。因此,后向模型在硬件在环(Hardware in the Loop,HIL)测试系统中实现的意义不大。

相比之下,动态系统包括惯性和电感等部件,其包含用于描述系统状态的微分方程,因此动态系统会应用于所谓的"前向"建模方法中。前向模型可体现真实驱动系统中的可观测量及正确的因果关系。前向模型中还会体现驾驶人模型(通常以比例积分(PI)调节器方式建模得到)。

19.1.1 前向车辆模型

以传统车辆(Conventional Vehicle,CV)为例,驾驶人模型根据循环工况的车速轨迹目标,向发动机模型给出期望的发动机转矩需求及制动转矩需求。前向模型的拓扑结构实例如图19.1所示。

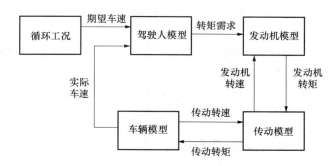

图 19.1　前向（动态）车辆模型[4]

基本的驾驶人模型通常依据车速轨迹期望，通过一个或多个 PI 调节器来得到转矩需求。发动机转矩通过变速器和主减速器传递到车轮，并通过轮胎接触面上的力施加在车辆上，由施加力产生的车速信号又通过驱动系统，以曲轴角速度的方式传递给发动机模型，制动转矩则直接施加在车轮上。

与后向模型不同，前向模型中不会将目标车速直接施加在车辆上，因此，实际车速和目标速度之间不可避免地存在微小误差。驾驶人模型的作用是实现车速误差的最小化，该过程类似于真实世界里进行排放测试以获得车辆类型认证时的测试驾驶人角色。

前向模型可深入了解车辆模型的驾驶性能，且能够体现物理系统的极限。它还有助于基于硬件在环的控制系统开发和实现。然而，由于存在多个状态方程，因此需要通过多状态积分来计算车辆速度（和驱动系统的角速度），这会要求在仿真模拟时使用足够短的时间步长。与后向模型相比，其仿真用时更长。

此外，调整模型中动力系部件的参数会改变系统的动态特性，使得需要重新调整驾驶人模型来实现燃料经济性和纵向加速度等参数最优。

19.1.2　后向车辆模型

后向模型的基本假设是车辆模型能够满足循环工况的要求。基于循环工况的速度特性，可计算出车辆的加速度特性和阻力特性，从而确定轮胎接触面处的牵引力；然后将车轮处的牵引力通过驱动系统传递回发动机，同时得到发动机转速。因此，如图 19.2 所示，在后向模型中功率信息为单向传递方式。

由于速度和转矩二者被同时施加在动力系部件上，因此后向模型也可以被视为具备非因果性（即物理上不可实现），该特性与前向模型不同。前向模型中功率信息的传递是双向的，即力的方

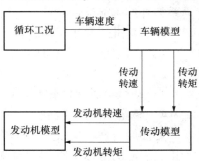

图 19.2　后向（准静态）车辆模型[4]

向（转矩方向）与信息流方向（转速方向）相反。此外，在后向模型中不需要驾驶人模型。

后向模型依赖于系统效率图，而系统效率图通常基于稳态实测的转矩和速度数据得到，这导致后向模型的计算过程比前向模型相对简单（后向模型计算大多是查表而非状态方程），因此可以在相对较长的时间步长上实现仿真。然而，使用稳态图表也限制了后向模型精确捕获动力系瞬态性能的能力。

19.1.3 前向模型和后向模型的对比

后向建模方法适用于研究车辆动力系的燃油消耗和排放特性。其优点是计算成本相对较低，但该方法的主要缺点是不考虑物理因果特性，而且必须事先确认循环工况的速度曲线。因此，该方法无法处理反馈控制问题，也难以正确处理状态事件。

相反，前向模型方法适用于硬件开发和详细控制仿真，其代价是相对较高的计算成本。因此，单纯的前向方法通常不太适合用于动力系初步设计。

表19.1 总结了前向模型方法和后向模型方法间的主要差异。

表19.1 前向和后向建模方法的比较

条件	建模方法		说明
	前向	后向	
仿真步长	约1ms	约1s	后向模型仿真时间更短
物理因果关系	有因果关系	无因果关系	后向模型不适用于硬件在环实现
模型类型	动态	准静态	后向模型基于效率图，计算速度更快
驾驶人模型	要求	不必要	后向模型假设了理想的驾驶人模型，且车速轨迹先前已知

19.2 定义性能标准

性能标准为不同混合动力总成拓扑结构提供了系统和客观的比较方法，其可以依据车辆类别和使用情况所定义的指标对动力系拓扑结构进行比较。这使得动力系拓扑结构能够针对特定应用加以优化。

以下标准通常用于动力总成设计优化：
1) 燃油经济性和排放；
2) 动力总成重量；
3) 动力总成预估成本；
4) 整车纵向加速性能。

燃油经济性和排放是推动替代动力总成技术发展的主要动力。燃油成本和由于排放引起的全球变暖问题也受到日益关注。与替代动力总成方案相结合，降低整体车辆质量也有助于减少排放。另外还需在降低排放和降低动力系成本之间进行权衡。例如，纯电动车辆与传统车辆相比尾气排放很低，但制造成本更为昂贵。这些性能标准构成了动力系优化中使用的代价函数和约束定义的基础。

19.2.1 从油箱到车轮的排放

从油箱到车轮的排放是仅考虑车辆尾气排放的指标。该标准主要由1998年欧洲汽车制造商协会（European Automobile Manufacture Association，ACEA）与欧盟委员会（European Commission，EC）共同制定的目标推动产生。该目标要求整车厂生产更节油、排放更低的车辆，其共识是到2008年将新生产乘用车的车型平均CO_2排放限制在140g/km。

此外，预计欧盟（European Union，EU）的CO_2排放目标将推动未来十年动力系生产类型的巨大变化。根据ACEA协议，从短期来看，欧洲2015年后生产的所有新车的CO_2排放量均应低于130g/km，这比2008年的水平进一步降低了7%。可以预计从油箱到车轮的排放性能将受到日益关注，据此比较动力总成技术的意义重大。此外，若制造商的车辆平均CO_2排放超过此限制，则对每辆注册汽车的超额排放征收罚款：对于超出的第一g/km罚款5欧元，超出的第二g/km罚款15欧元，超出的第三g/km罚款25欧元，并对后来超出的每g/km罚款95欧元。从2019年开始，超出的每g/km都会采取95欧元的固定罚款。

还有其他措施用于激励制造商生产极低排放（低于50g/km）的车辆。在2012年和2013年，每辆低排放汽车可记为3.5辆，在2014年记为2.5辆，在2015年记为1.5辆，在2016~2019年记为一辆车。这种方法将有助于制造商进一步降低新车的平均排放[5]。

19.2.2 从油井到车轮的排放

从油井到车轮的排放被定义为从燃油生产（油井）到其在车辆（车轮）最终使用过程中所涉及的全部阶段，可用于确定整个过程的能耗和温室气体排放。因此从油箱到车轮的排放分析是从油井到车轮排放分析的子集。一般而言，从油井到车轮的研究是未来燃料和动力总成方案选择影响的评价基础，特别是在能源使用和温室气体排放方面。为评估各种动力总成拓扑结构的从油井到车轮的CO_2排放量，有必要考虑与燃油或能源生产过程相关的CO_2排放量（从油井到油箱）。

表19.2总结了多种能源的从油井到车轮的CO_2排放量。

表19.2 多种燃料的从油井到车轮的CO_2排放量实例[6]

动力总成类型	传统汽车	燃料电池电动汽车	纯电动汽车
能源	汽油	氢气	电能
从油井到油箱的排放/(gCO_2/MJ)	14.1	76.9	150
从油箱到车轮的排放/(gCO_2/MJ)	77.6	—	—

(续)

动力总成类型	传统汽车	燃料电池电动汽车	纯电动汽车
从油井到车轮的排放/(gCO_2/MJ)	91.7	76.9	150
给定燃料的消耗/(MJ/mile)	2.93	1.46	0.73
从油井到车轮的排放/(gCO_2/mile)	267	112	110
从油井到车轮的排放/(gCO_2/km)	167	70	68

在表中，每种能源与其相应的动力总成类型相对应（传统汽车、纯电动汽车和燃料电池电动汽车）。蒸汽重整天然气方式制氢时，每 kg 氢气对应产生 11kg 的 CO_2，每 kg 氢气燃烧产生 143MJ 的热值，因此氢气的 CO_2 排放量为 76.9gCO_2/MJ[6]。2008 年英国平均电力排放为 540gCO_2/kWh（2011 年，这一数字增加到 594gCO_2/kWh，数据来自英国公共机构——环境、食品和农村事务部（Department for Environment, Food and Rural Affairs，DEFRA）），其中 5.5% 的发电量来自可再生能源，因此电的二氧化碳排放量为 150gCO_2/MJ。汽油的从油井到油箱的转换系数为 14.1gCO_2/MJ。

表 19.2 示例中使用车辆的车型假设为美国国家旅游调查局（National Travel Survey，NTS）定义的"中型车辆"[7]。完成一次循环工况后，纯电动汽车所消耗的电量可由电网对电池充电至其初始状态过程所消耗的电量来确定；随后，基于 DEFRA 公布的数据，将消耗的电能转换为 CO_2 的克数来计算从油井到车轮的 CO_2 排放量。对于插电式混合动力电动汽车，其从油井到车轮的 CO_2 排放量综合了电和化石燃料能源的 CO_2 排放量。

此示例的目的是力图阐明从油井到油箱、从油箱到车轮以及从油井到车轮几种 CO_2 排放量参数的区别和重要性。

应该注意的是，该 CO_2 排放量估计并不包括用于制造和加工燃料的基础设施相关建设和终止使用过程中所产生的排放，不包括发电厂、输电线路和充电站的调试和终止使用产生的排放，也不包括车辆中动力总成部件的生产制造和报废处理所产生的排放。

19.3 动力总成仿真方法

为评估动力系架构的性能，建模和仿真工具不可或缺。尤其在架构方案的原型设计和测试过程烦琐、昂贵且耗时的情况下更是如此。新的混合动力系配置和控制器也在不断发展，因此在原型设计之前对动力系仿真的能力非常必要。

仿真车辆动力系需要专用的仿真软件。美国阿贡实验室和美国可再生能源实验室（National Renewable Energy Laboratory，NREL）在动力系仿真和优化领域进行了大量研究。基于动力系统的研究基础，上述两家研究机构推出了各自的仿真工具，分别是 PSAT（PNGV 系统分析工具包）和 ADVISOR（高级车辆模拟器）。

这两种工具在与系统级动力总成仿真和优化的相关文献中经常出现。其他动力系仿真工具，如 AVL Boost 和 GTSuite 也可以使用，然而，后者更适合用于仿真模拟发动机的详细属性。

PSAT 和 ADVISOR 使用的方法存在本质的区别，即前者使用前向模型，后者使用混合方法。在 ADVISOR 中主要采用后向模型，仅在组件性能遇到瓶颈时采用前向方法；在其他情况下，ADVISOR 严格按照后向模型运行。苏黎世联邦理工学院的 Lino Guzzella 团队所开发的 QSS 工具箱同样采用后向方法建模[8]，但与 ADVISOR 不同的是，QSS 工具箱仅使用后向模型。

表 19.3 给出了部分使用上述仿真工具进行动力系优化的论文与专著，并对其使用的仿真工具和分析的动力系类型加以总结。每个仿真工具都采用模块化方法进行动力系建模，因此可以针对各种拓扑结构实现灵活仿真。

表 19.3　使用上述仿真工具进行动力系优化的论文与专著总结

	文献来源								
	W. Gao 和 S. K. Porandla[11]	J. P. Ribau 等[12]	A. F. Burke 和 M. Miller[13]	D. Karbowski 等[14]	X. Wu 等[15]	L. Guzzella 和 A. Amstutz[16]	G. Delagrammatikas 和 D. Assanis[17]	A. Rousseau 等[18]	T. Hofman 等[19]
ADVISOR		*	*		*		*		*
PSAT	*			*				*	
QSS 工具箱						*			*
单一动力源						*	*		
串联混合动力		*	*			*		*	*
并联混合动力	*		*	*	*				*
复合混合动力			*						*
传统车辆						*	*		
HEV/PHEV	*		*	*	*			*	*
HEV-Fuel cell		*				*			

PSAT 的发展得到了美国政府对新一代汽车合作伙伴计划（Partnership for a New Generation of Vehicles，PNGV）倡议的支持。该倡议包括由三个美国汽车厂商（福特、通用和戴姆勒-克莱斯勒）联合开发的前向混合动力电动汽车仿真环境。PSAT 的一个基本优点是它在动力系架构中对动力系部件实现了模块化，用户可灵活选用不同级别的动力系组件，并可在必要时采用不同的模块（如专有模块）替换相应部件。该思路很可能是参考了键合图模型技术中的功率键合图。

相比之下，ADVISOR 是一种混合动力电动汽车仿真器，其将需求值（后向结果）与可实现值（前向结果）进行比较，是前向方法和后向方法的结合。但 ADVISOR 需要为每个动力系部件定义两个模型，从而导致引入新部件时会带来更大的编程开销。

QSS 工具箱则是一个完全的后向模型，可以使用相对较长的时间步长，通常大约为 1s。

与 PSAT 类似，ADVISOR 和 QSS 工具箱同样遵循模块化方法，三种软件包都保证了用户建模的灵活性。用户可修改模块内部模型，或使用与模块关联的 MATLAB 的 m 文件以满足建模需求。例如，当用户需要更精确的电动机子系统模型时，如果输入和输出端口均相同，则可使用不同模型替换现有模型；另一方面，用户只更改与程序相关联的 m 文件，这类似于在不同供应商间选用同一部件。

除了模块化之外，ADVISOR 中的动力总成组件还可以扩展级别。这是通过调整特性图的尺度以改变组件级别来实现的。ADVISOR 采用开源模式，从而获得了业界和学术界的支持，以验证和改进模型数据库。

上述三种仿真工具的相似之处还在于它们都使用了 MATLAB 和 Simulink 作为仿真运行的基础。尽管可以采用模块化设计，但在仿真过程中，上述仿真工具中的动力系架构仍然是固定的。因此，如果要比较优化不同动力系架构的结果（如插电式混合动力电动汽车和纯电动汽车），则需要分别运行两组优化。这是因为在优化运行期间的动力系架构不能更改。例如，ADVISOR 在比较串联混合动力和并联混合动力时需要重新配置，如 Same 等人用于优化一辆大学生方程式赛车所展示的那样[9]。

19.4 模块化动力总成结构

可采用模块化动力系结构（Modular Powertrain Structure，MPS），以便于在优化运行期间切换动力系拓扑和动力系部件级别[10]，该框架的高级结构如图 19.3 所示。

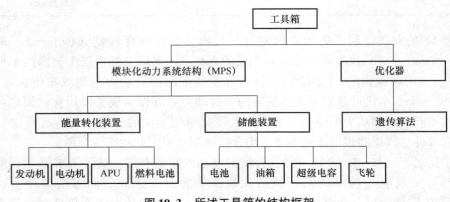

图 19.3 所述工具箱的结构框架

19.4.1 工具箱框架

所有动力总成架构都具有至少一种类型的能量储存装置和能量转换装置。如图 19.3 所示，可以按照图示的结构框架，在 MPS 中选择前文所述的能量储存装置和能量转换装置。与 MPS 交互的优化器可以选择并调整动力总成部件的级别。MPS 同时拥有动力总成架构和拓扑结构的各种配置信息。

19.4.2 模块化动力总成结构

由图 19.4 可以看出，模块化动力总成结构的关键特征是动力总成部件占位符的布局方式。这种特点允许不同能量转换器和储能装置的排列，并可明确区分能量储存装置、能量转换装置和功率转换装置。

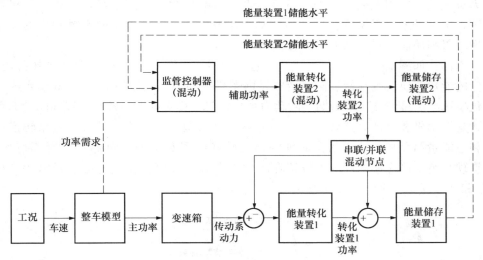

图 19.4 模块化动力总成结构中动力总成部件占位符布局的上级框图

可基于先前讨论的可用动力总成组件来创建若干种动力拓扑。这些拓扑结构见表 19.4。该表的最后一行为每种动力系拓扑分配了相应的动力系变量，该变量为整数，优化器在优化运行期间据此选择合适的动力总成。

表 19.4 动力系架构模型框架

模型类型	单一动力源		串联混合动力	
拓扑	传统车辆	纯电动汽车	插电式混合动力	轻度混合动力
能量转换器 1	内燃机	电动机	电动机	内燃机
能量储存器 1	油箱	电池	电池	油箱
能量转换器 2	—	—	辅助动力装置	—
能量储存器 2	—	—	油箱	飞轮
动力总成变量	1	2	3	4

然而，值得注意的是，模块化动力总成结构的布局允许采用更多类型的动力总成部件（因此有更多类型的动力总成拓扑可供选择），同样也有多种类型的功率键。功率键是能量储存装置、能量转换装置和功率转换装置之间的纽带。每个功率键都根据其"力"和"流"来建模，这与键合图建模方式类似。

以下是各自能源领域的"力"和"流"：
1）机械：转矩和角速度；
2）电气：电压和电流；
3）液压：压力和体积流量。

可应用 Simulink 中的"可变子系统"功能来实现框架内的切换机制。每个能量储存装置和能量转换装置子系统都是包含组件库的占位符。当优化器为模块化动力总成结构应用不同的动力总成变量时，就会把相应的能量转换装置和能量储存装置填充进来。根据优化器选择的动力总成配置，可变子系统选择相应的能量转换装置和储能装置，动力总成变量见表 19.4。

例如，如图 19.5 所示，当优化器选择"变量 1"作为期望的动力系拓扑时，相应的能量转换装置和能量储存装置是内燃机和油箱；类似地如图 19.6 所示，当优化器选择"变量 2"作为期望的动力系拓扑时，相应的能量转换装置和能量储存装置是电动机和电池。这两种方式为非混合动力型拓扑结构，只有主能量转换装置和主能量储存装置被激活，而辅助能量转换装置和辅助能量储存装置不可用，并呈现灰色。可交换部件的占位符在图中以点画线标出，在此处可以看出"变量1"和"变量2"之间的部件差异。

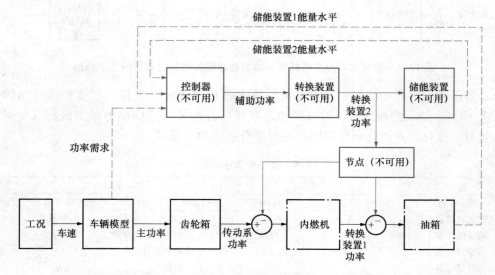

图 19.5　传统车辆（变量 1）对应的模块化动力总成结构布局

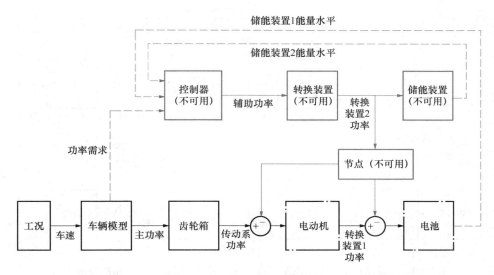

图 19.6 纯电动汽车（变量 2）对应的模块化动力总成结构布局

如图 19.7 所示，串联混合动力架构为"变量 3"。"变量 3"中使用了两组能量转换装置和能量储存装置。可交换部件的占位符在图中以点画线标出，以便于比较不同拓扑的差异。

图 19.8 所示为并联混合动力架构，对应"变量 4"；但其中的辅助能量转换装置呈灰色，其原因是在飞轮和内燃机之间没有能量转换（两者都在机械域中）。

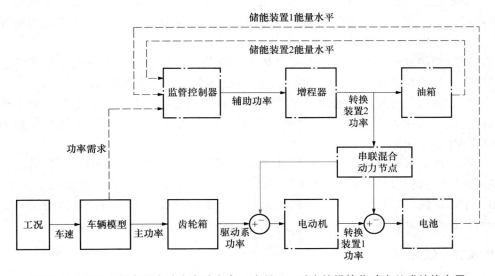

图 19.7 串联式插电混合动力电动汽车（变量 3）对应的模块化动力总成结构布局

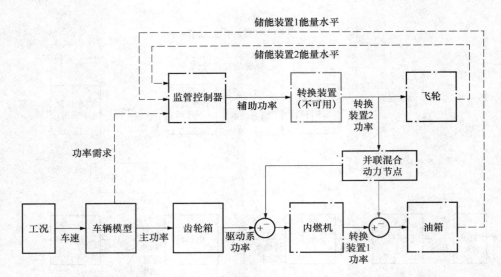

图 19.8 并联混合动力电动汽车（变量 4）对应的模块化动力总成结构布局

模块化动力总成结构的另一个关键因素是功率分流节点，可以看到它位于主辅能量转换和储存装置之间。该功率分流节点的目的是基于当前混合动力系类型来调节各装置间的功率流。

例如，在如图 19.7 所示的串联混合动力配置中（变量 3），分流节点切换至串联混合动力模式，电动机和电池之间的功率连接被激活。因此，除电池外，增程器（APU）能够向电动机补充电能。

类似地，在如图 19.8 所示的并联混合动力配置中（变量 4），分流节点切换至并联混合动力模式，变速器和发动机之间的功率连接被激活。因此，飞轮能够补充变速器和发动机之间的机械能。

通过控制分流节点的状态或完全禁用分流节点，模块化动力总成结构能够模拟串联、并联和混联式混合动力方案，同时也能模拟单一动力源系统。

前述模块化结构还能确保能量储存装置和转换装置相互匹配。例如，电动机仅能与电池连接而不能连接至油箱。每个动力总成组件的参数都存储在单独的 MATLAB 的 m 文件中。

结构体是具有数据段的 MATLAB 数组，用于存储仿真过程中的输入和输出信息。结构体可包含任何类型的数据，例如，一个数据段可以是表示名称的字符串，另一个数据段可以是表示燃油经济性的标量，依此类推。应用结构体使得工具箱更有组织性，且数据访问更为方便。

19.4.3 优化器

在不同动力总成拓扑间切换时，会存在不连续性和非线性的最优化问题。例如，当在给定工况下寻求油井到车轮 CO_2 排放最小时的传统动力总成及纯电动动力总成最优规格时，存在两种可能的解决方案或最小排放。基于梯度的方法不适用于处理此类问题，通常使用基于进化计算的优化技术来解决这种复杂和不连续的工程问题（如遗传算法、群集理论或模拟训练等）。

19.5 最优化问题

最优化问题路线可以用标准形式来表示。给定一组决策变量 X 和代价函数 $\phi(X)$，优化器的目的是在边界 G 内找到使代价函数 $\phi(X)$ 最小的 X^*，其中 G 表示一系列设计约束，可以表示为

$$\min_{X_i, G} \phi(X) \tag{19.1}$$

式中，X_i 是所有的决策变量。无论使用哪种优化算法，决策变量都能够以向量形式表示

$$X_i \equiv \begin{bmatrix} X_1 \\ X_2 \\ \vdots \\ X_n \end{bmatrix} \tag{19.2}$$

式中，i 代表每个决策变量。例如，在纯电动汽车动力总成中，有两个决策变量，分别是电动机功率（kW）和电池规格（kWh）。

另外，每个决策变量 X_i 有其上下界

$$X_{i\text{lower}} < X_i < X_{i\text{upper}} \tag{19.3}$$

图19.9 所示为通过遗传算法解决该问题的流程图实例。

19.5.1 扩展优化器以支持多种动力系拓扑

为了扩展优化器以支持多种类型的动力总成拓扑，决策变量的表示形式必须更具有通用性。因此，用决策变量"能量转化装置规格"和"能量储存装置规格"代替"电动机功率"和"电池规格"。这样就实现了与不包含电动机或电池的动力系拓扑结构（如传统车辆动力系）相兼容。

此外，还需要将"动力总成变量"作为第三个决策变量添加进来。因此，新的决策变量集如下：

1) 能量转换装置规格（归一化为 1~100 的整数）；
2) 能量储存装置规格（归一化为 1~100 的整数）；
3) 动力总成变量（离散选择 1~4，见表19.4）。

因此，每个 X 现在包含三个变量，可以表示为

$$X = [\text{能量转换装置规格}, \text{能量储存装置规格}, \text{动力总成变量}] \tag{19.4}$$

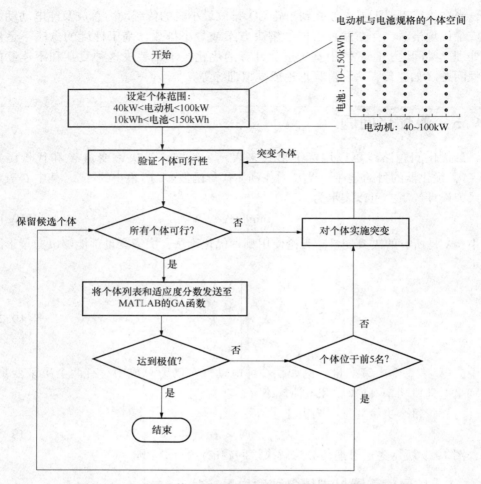

图 19.9 通过遗传算法解决动力总成规格最优化问题的流程图

通过将能量转换装置规格和能量储存装置规格做归一化处理至 1~100 的离散值，优化器能够在单个优化路径中处理不同类型的动力总成拓扑，同时保持相关动力系组件的规格限制。动力总成部件归一化的例子见表 19.5。

表 19.5 用于优化器的动力总成部件规格的归一化

动力总成部件	维 度	最小规格（归一化为 1）	最大规格（归一化为 100）
内燃机	容积	0.5L	3L
电动机	功率	40kW	100kW
电池	容量	10kWh	150kWh
增程器	功率	10kW	100kW
油箱	体积	10L	100L

决策变量"动力总成变量"的值决定了其在优化运行期间的动力总成拓扑结构。模块化动力总成结构通过接口，根据该变量值切换到适当的动力总成拓扑。因此，通过将"动力总成变量"如同拓扑组件规格一样添加为决策变量，可以同时针对动力拓扑结构和组件实现优化以得到最小代价函数。这解决了选择动力总成拓扑并依据给定代价函数优化组件规格的实时性问题。

19.5.2　多目标优化

与单目标优化（只有一个代价函数）不同，在多目标问题中的最优解可能不唯一。当多个目标的解互相冲突时，针对某一目标进行优化（如使某一代价函数最小）可能会使其他目标值恶化。当某个解不能在保证其他目标值不恶化的前提下再优化任一目标时，即在这些解的权衡中达到平衡。这样的解被称为帕累托最优。将这些解绘制在图上，即可得到帕累托最优曲线，如图 19.10 所示。在本例中，通过落在帕累托最优曲线或其附近的解，即可找到成本和 CO_2 排放之间的平衡点。

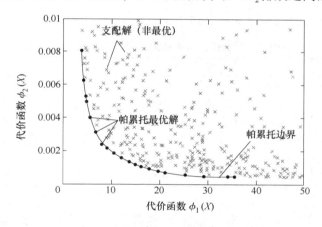

图 19.10　帕累托解实例

19.6　案例研究：动力总成拓扑与部件尺寸的优化

表 19.6 列出了在这些案例研究中将考虑的动力总成结构、相关能量转换装置和储能装置的各种组合。

表 19.6　动力总成拓扑结构

结　构	单一动力源		串联式混合动力	并联式混合动力
拓扑	传统车辆	纯电动汽车	插电式混合动力	轻度混合动力
能量转换器 1	发动机	电动机	电动机	发动机
储能装置 1	油箱	电池	电池	燃料箱

（续）

结构	单一动力源		串联式混合动力	并联式混合动力
能量转换器2	—	—	增程器（APU）	—
储能装置2	—	—	油箱	飞轮
动力总成变量	1	2	3	4

采用不同的循环工况，其功率和能量需求不同，对应的动力总成拓扑结构与部件尺寸选型也不同。例如，作为典型循环工况的 NEDC 工况，其功率需求低于 ARTEMIS 循环工况下的功率需求，因此在给定拓扑结构时，动力总成部件尺寸也相对较小。

本案例中仅对 ARTEMIS 循环工况进行了研究。针对给定的车辆参数和循环工况，采用工具箱评价动力总成拓扑结构，并绘制帕累托边界曲线，展示出不同代价函数间的权衡。这可为制造商和从业者在动力总成设计（如排放和动力总成成本）过程中提供帮助。

动力总成部件的归一化见表 19.7。

表 19.7 用于优化器的动力总成部件规格的归一化

动力总成部件	维度	最小规格（归一化为1）	最大规格（归一化为100）
内燃机	容积	0.5L	3L
电动机	功率	10kW	100kW
电池	容量	8kWh	80kWh
增程器	功率	10kW	100kW
燃料箱	体积	10L	100L
飞轮	能量	100kJ	600kJ

19.6.1 案例研究1：油箱到车轮与油井到车轮的 CO_2 排放

本例中评价的代价函数的定义见表 19.8 所示。本例对 ARTEMIS 循环中的每个增量里程均进行了动力总成的优化，并在每个增量里程的结尾记录相关结果。这一过程的目标在于对动力总成的规格和结构的选择在满足循环工况的能量和功率需求前提下进行持续的优化。

本例中采用了三种不同的优化方法：
1) 油井到车轮 CO_2 排放的单目标优化；
2) 油箱到车轮 CO_2 排放的单目标优化；
3) 包含上述两个代价函数的多目标优化。

对于本例的多目标优化，其代价函数 ϕ_{multi} 为两个目标代价函数的加权和。

$$\phi_{multi} = \beta\phi_1 + (1-\beta)\phi_2 \quad (19.5)$$

其中参数 β 决定了两个代价函数的权重，且满足

$$\beta \in [0,1] \tag{19.6}$$

表 19.8　决策变量 X 与约束 G

动力总成部件	定义	单位
$\phi_1(X)$	油箱到车轮 CO_2 排放	kg
$\phi_2(X)$	油井到车轮 CO_2 排放	kg
X_1	$1 \leqslant$ 能量转换器 $1 \leqslant 100$	—
X_2	$1 \leqslant$ 储能装置 $1 \leqslant 100$	—
X_3	$1 \leqslant$ 能量转换器 $2 \leqslant 100$	—
X_4	$1 \leqslant$ 储能装置 $2 \leqslant 100$	—
X_5	$1 \leqslant$ 动力总成构型 $\leqslant 4$	—
G_1	$1000 \leqslant$ 车辆总质量 $\leqslant 1600$	kg
G_2	行驶循环速度约束	m/s

1. 油井到车轮的 CO_2 排放最低

图 19.11 所示为基于最低油井到车轮 CO_2 排放对动力总成进行优化的结果。本例对每个循环均进行了优化。由图 19.11 可知，优化器为 ARTEMIS 循环工况下的两个循环（行驶范围在 150km 以内）选择了纯电动动力总成方案。

这是因纯电动动力总成方案相较传统汽车、插电式混合动力电动汽车以及轻度混合动力电动汽车，动力总成可实现最低的油井到车轮的 CO_2 排放。当车辆质量达到或超过 1600kg 的质量极限时，将从纯电动方案切换到插电式混合动力方案，其原因是足以满足车辆续驶里程要求的电池将使得整车超重，纯电动汽车动力总成方案不再适用。

图 19.12 所示为与不同动力总成结构相对应的总车质量以及相应续驶里程。

当需要在 ARTEMIS 循环工况下拥有超过 150km 的续驶里程时，采用纯电动动力总成的车辆总质量将超过 1600kg。此外，相较于其他动力总成方案，纯电动汽车车辆质量与续驶里程增

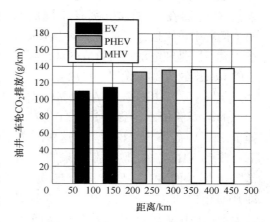

图 19.11　油井到车轮的 CO_2 排放

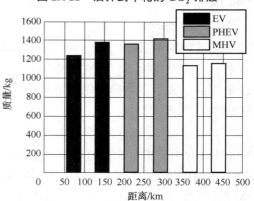

图 19.12　优化器估算的车辆质量
与动力总成结构对应关系

加的曲线有更陡的斜率。这是由于如前文所述，动力电池的能量密度相对于化石燃料要低两个数量级。

另一个转折点出现在 ARTEMIS 循环工况下的第四和第五个循环之间，此时优化器选择以轻度混合动力电动汽车（MHV）替代插电式混合动力电动汽车（PHEV）。当续驶里程较长时，质量更轻的 MHV 较更重的 PHEV 效率更高。由于油井到车轮的 CO_2 排放囊括了车辆在整个行驶循环下使用的总能量，因此更重的 PHEV 相较于相对更轻的 MHV，从油井到车轮的 CO_2 排放更高。

2. 油箱到车轮的 CO_2 排放最低

图 19.13 所示为基于油箱到车轮 CO_2 排放最低的动力总成优化结果。

图 19.13 与图 19.11 的对比揭示了两种不同代价函数对动力总成结果选择的相同点及差异。

如图 19.13 所示（虽然几乎看不出来），优化器在 ARTEMIS 循环工况的前两个循环中再次选择了纯电动动力总成方案。其原因是纯电动动力总成的油箱到车轮的 CO_2 排放为零（无尾气排放）。

与图 19.11 相反，在 ARTEMIS 循环工况的第五和第六个循环中，优化器选择了 PHEV 而不是 MHV。在这种情况下，驱动 PHEV 的部分能量来自"外部"电网，而 MHV 只有一个能量源，即其油箱内的化石燃料。因此，在这种情形下，PHEV 相对 MHV 的油箱到车轮的 CO_2 排放更低。

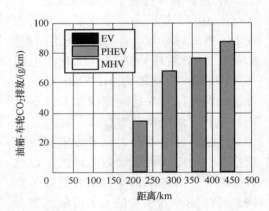

图 19.13 油箱到车轮的排放

3. 多目标优化

与前述的单目标优化不同，多目标优化问题没有唯一的最优解。若对不同的参数 β（见式（19.5）和式（19.6））值进行扫描，则可以得到满足最优解定义的一系列点。关于多目标优化和帕累托边界的更多技术细节可以参阅 Marler 和 Arora 的著作[20]。

在本研究中，多目标优化过程产生了油井到车轮的 CO_2 排放与油箱到车轮的 CO_2 排放的帕累托边界。为了描述优化器的工作结果，图 19.14 和图 19.15 分别给出了 ARTEMIS 循环工况下第一个和第四个循环对应的帕累托边界。为了使结果更为清晰明了，图中给出了五个具体的帕累托最优点。这五个点分别为

$$\beta = [0, 0.25, 0.5, 0.75, 1] \tag{19.7}$$

如图 19.14 所示，对应于 ARTEMIS 循环工况的第一个循环，经过多目标优化

后并没有形成帕累托边界。这是由于在纯电动动力总成模式下,其油箱到车轮的CO_2排放总是为零,而与两个代价函数的比例无关。图 19.13 同样显示了这一点,即纯电动动力总成的尾气排放为零。由于油箱到车轮的CO_2排放总是为零,因此本仿真简单的转换成为了单目标优化问题,所以,优化器仅针对油井到车轮的CO_2排放对动力总成进行了优化,因此在参数β的整个变化过程中都得到了相同的结果。优化后油井到车轮的CO_2排放相同与β的值无关。

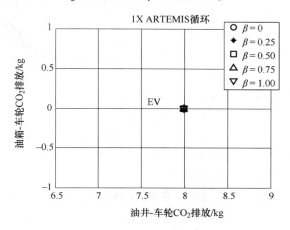

图 19.14　ARTEMIS 循环工况的第一个循环对应的帕累托边界

与之相对的是,图 19.15 给出了 ARTEMIS 循环工况第四个循环下的帕累托边界。与前述讨论相同,当 ARTEMIS 循环工况下的循环次数较高时,由于车重将超过 1600kg 的质量极限,故优化器并没有选择纯电动动力总成。剩余的动力总成选项(CV、PHEV 和 MHV)同时存在油箱到车轮的CO_2排放与油井到车轮的CO_2排放,因此在不同的β值下形成了帕累托边界,如图 19.15 所示。

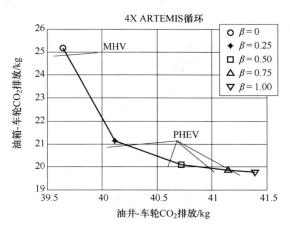

图 19.15　ARTEMIS 循环工况的第四个循环对应的帕累托边界

图 19.16 所示为 ARTEMIS 循环工况下六个循环里程组合对应的帕累托边界。圆圈中的数字表明每个具体循环里程对应的帕累托边界。

与前述单目标优化相同，在 ARTEMIS 循环工况前两个循环里程下均选择了纯电动动力总成而与代价函数无关，这是由于该动力总成的油箱到车轮与油井到车轮的排放最低。

ARTEMIS 循环工况下的第三至六个循环选择的动力总成主要为 PHEV。然而当优化中更倾向于油井到车轮的 CO_2 排放（如 β 接近 0）时，选择的动力总成为 MHV 而非 PHEV，这与图 19.11 中的转折点有关。同样值得注意的是，当

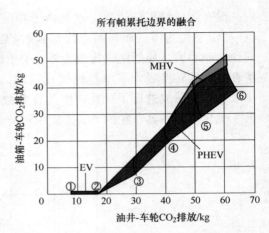

图 19.16 ARTEMIS 循环工况下多个循环扫描得到的组合帕累托边界及动力总成选择
（圆圈中数字代表工况循环数）

被优化车辆所需的续驶里程增加时，选择 MHV 的比例也随之增加。图中在各个行驶循环增量之间的阴影区域为各个帕累托边界下选择的动力总成拓扑结构的插值。

采用这种方法能够有效识别各个动力总成拓扑结构之间的转折点。从业者们可以基于这种方法定义自己的代价函数、相关车辆参数、动力总成部件以及循环工况来进行类似的对比。

19.6.2 案例研究 2：动力总成成本与油井到车轮的 CO_2 排放

本案例将研究与表 19.6 相同的动力总成拓扑结构下，动力总成成本和油井到车轮的 CO_2 排放之间的权衡关系。

本案例研究中需优化的参数见表 19.9。

表 19.9 决策变量 X 与约束 G

动力总成部件	定　义	单　位
$\phi_1(X)$	估计的动力总成成本	美元
$\phi_2(X)$	油井到车轮的 CO_2 排放	kg
X_1	$1 \leq$ 能量转换器 $1 \leq 100$	—
X_2	$1 \leq$ 储能装置 $1 \leq 100$	—
X_3	$1 \leq$ 能量转换器 $2 \leq 100$	—
X_4	$1 \leq$ 储能装置 $2 \leq 100$	—
X_5	$1 \leq$ 动力总成构型 ≤ 4	—
G_1	$1000 \leq$ 车辆总质量 ≤ 1600	kg
G_2	行驶循环速度约束	m/s

基于表19.9的参数在多目标优化过程中生成的帕累托边界如图19.17所示。图19.17所示结果仅针对ARTEMIS循环工况的一个循环。

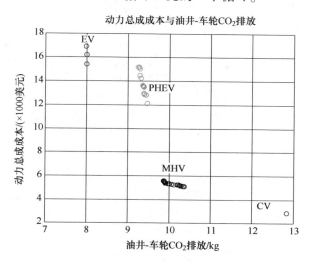

图19.17　ARTEMIS循环工况下第一个循环里程的帕累托边界

在本案例考虑的动力总成拓扑结构中，纯电动动力总成随续驶里程增加而对应的动力总成成本最高。纯电动方案虽然具有从油井到车轮的CO_2排放最低的优点，但该优点以较高的成本作为代价。与之相反，传统内燃机车辆的排放最高，但成本最低。此外还可以观测到传统发动机车辆并没有形成帕累托边界，基于本案例中采用的Willans内燃机模型，当发动机更贵时其排放也更高，因此在优化传统发动机车辆的两个代价函数时无需做出权衡，使得该优化问题的解呈现一个点，而没有形成帕累托边界。

图19.18所示分别为图19.17中各个动力总成的帕累托边界。

当纯电动动力总成的电池较小（相应动力总成成本较低）时，在ARTEMIS循环工况的一个循环内，其油井到车轮的CO_2排放更高，其原因是较小电池的放电倍率较高，因此相较于较大电池，其能量损失更大。与其相反，当纯电动动力总成的电池较大（相应动力总成成本更为昂贵）时，在ARTEMIS循环工况的一个循环内，其油井到车轮的CO_2排放更低，从而形成了图19.18b所示的帕累托边界。

可以观察到对于混合动力总成（PHEV和MHV），其帕累托边界上的解分布在更大的范围上，这是由于相较于单一能量源的动力总成（EV和CV），混合动力总成具有更多的能量转换装置和储能装置，也就具有更多的组件规格组合，使得其解的分布空间也更广阔。

考虑ARTEMIS循环工况的多次循环里程，可绘制出如图19.19所示的三维帕累托边界。可以观察到在循环工况的前两个循环中，四个动力总成方案均在帕累托

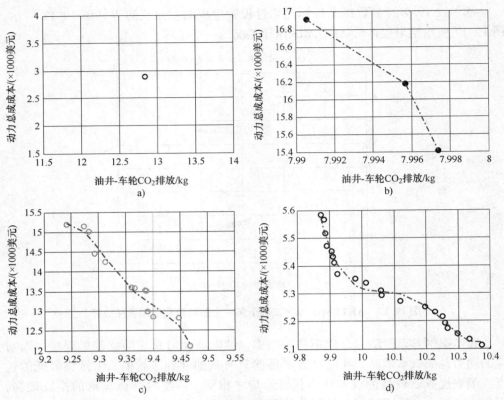

图 19.18 四种动力总成拓扑的帕累托边界
a) CV b) EV c) PHEV d) MHV

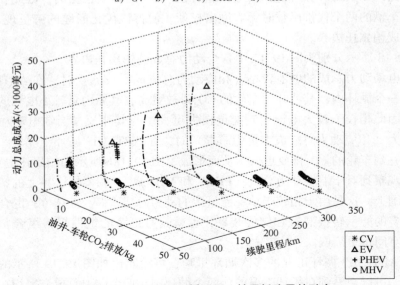

图 19.19 ARTEMIS 循环下，帕累托边界的融合

边界上。然而，从第三个循环开始，PHEV 动力总成方案从帕累托边界上消失。这是由于为实现更高的续驶里程，PHEV 方案必须采用更大的电池以使其成本接近纯电动动力总成，或采用更大的油箱以使其排放接近 MHV（由于在电量保持模式下行驶时，故 PHEV 具有相对较高的质量和较低的效率）。

因此，原本 PHEV 所占据的帕累托边界被 EV 和 MHV 覆盖，消除了对 PHEV 的需求。尽管这看起来有些反直觉，但需要强调的是在本案例中采用的排放标准为油井到车轮的 CO_2 排放。若采用油箱到车轮的 CO_2 排放，则可以想象仿真结果会更倾向于 PHEV 而非 MHV（见图 19.13）。

达到四个循环之后，纯电动动力总成同样从图中消失，这是由于为达到足够的续驶里程，车重会超过 1600kg 的车辆重量极限。这使得第五和第六个循环里程的帕累托边界上仅有 MHV 和 CV 动力总成。

图 19.19 所示的三维帕累托边界是由本文所推荐的工具箱自然输出的。若采用本章参考文献中的优化方法来重复该过程，则可以想象由于需要对每种动力总成拓扑分别进行优化以创建其帕累托边界，故优化所需的时间会相当长。此外，由于有些动力总成拓扑可能在一定的条件下并不适用（如本例中从 ARTEMIS 的第三个工况循环里程就消失了的 PHEV 拓扑），在这种情况下继续进行优化计算是对计算资源的浪费。

此外，随着续驶里程的增加，不同动力总成结构之间存在着各自的适用区间，特别是 EV 和 MHV。纯电动动力总成的成本对续驶里程非常敏感，大约每 km 续驶里程需 171 美元，纯电动车辆对续驶里程的敏感主要是由于电池的成本。然而，由于增加续驶里程所需的化石燃料成本并不显著，故 MHV 和 CV 增加的成本相对较小。PHEV 可以在 ARTEMIS 循环工况的第一和第二个循环下动力总成成本分布的对比中看到这些效应共同作用的结果。

参考文献

[1] G. Rizzoni, L. Guzzella, and B. M. Baumann, Unified modeling of hybrid electric vehicle drivetrains, *Mechatronics, IEEE/ASME Transactions on*, 4(3), 1999: 246–257.
[2] K. B. Wipke, M. R. Cuddy, and S. D. Burch, ADVISOR 2.1: A user-friendly advanced powertrain simulation using a combined backward/forward approach, *Vehicular Technology, IEEE Transactions on*, 48(6), 1999: 1751–1761.
[3] D. W. Gao, C. Mi, and A. Emadi, Modeling and simulation of electric and hybrid vehicles, *Proceedings of the IEEE*, 95(4), 2007: 729–745.
[4] G. Mohan, A toolbox for multi-objective optimisation of low carbon powertrain topologies, PhD thesis, Cranfield University, 2016.
[5] Regulation, E. 443/2009 of the European Parliament and of the Council of 23 April 2009 setting emission performance standards for new passenger cars as part of the Community's integrated approach to reduce CO_2 emissions from light-duty vehicles. Official Register of the European Union, eur-lex.europa.eu/Notice.do.

[6] G. J. Offer, M. Contestabile, D. A. Howey, R. Clague, and N. P. Brandon, Techno-economic and behavioural analysis of battery electric, hydrogen fuel cell and hybrid vehicles in a future sustainable road transport system in the UK, *Energy Policy*, 39, 2011: 1939.
[7] T. Anderson, O. Christophersen, K. Pickering, H. Southwood, and S. Tipping, National Travel Survey 2008 Technical Report, *Department for Transport, National Centre for Social Research*, 2009.
[8] L. Guzzella and A. Sciarretta, *Vehicle Propulsion Systems: Introduction to Modeling and Optimization*, Springer, 2005. https://link.springer.com/content/pdf/10.1007/978-3-540-74692-8.pdf
[9] A. Same, A. Stipe, D. Grossman, and J. W. Park, A study on optimization of hybrid drive train using Advanced Vehicle Simulator (ADVISOR), *Journal of Power Sources*, 195(19), 2010: 6954–6963.
[10] G. Mohan, A toolbox for multi-objective optimization of low carbon powertrain topologies, PhD thesis, Cranfield University, UK, 2016.
[11] W. Gao and S. K. Porandla, Design optimization of a parallel hybrid electric powertrain, *Vehicle Power and Propulsion, 2005 IEEE Conference*, 2005: p. 6.
[12] J. P. Ribau, J. M. C. Sousa, and C. M. Silva, *Plug-In Hybrid Vehicle Powertrain Design Optimization: Energy Consumption and Cost*, vol. 191, pp. 595–613, 2013.
[13] A. F. Burke and M. Miller, *Simulated Performance of Alternative Hybrid-Electric Powertrains in Vehicles on Various Driving Cycles*, Institute of Transportation Studies, University of California, Davis, 2009.
[14] D. Karbowski, A. Rousseau, S. Pagerit, and P. Sharer, Plug-in vehicle control strategy: from global optimization to real time application, *22nd Electric Vehicle Symposium, EVS22*, Yokohama, Japan, 2006.
[15] X. Wu, B. Cao, X. Li, J. Xu, and X. Ren, Component sizing optimization of plug-in hybrid electric vehicles, *Applied Energy*, 88(3), 2011: 799–804.
[16] L. Guzzella, and A. Amstutz, CAE tools for quasi-static modeling and optimization of hybrid powertrains, *Vehicular Technology, IEEE Transactions on*, 48(6), 1999: 1762–1769.
[17] G. Delagrammatikas and D. Assanis, Development of a neural network model of an advanced, turbocharged diesel engine for use in vehicle-level optimization studies, *Proceedings of the Institution of Mechanical Engineers, Part D: Journal of Automobile Engineering*, 218(5), 2004: 521–533.
[18] A. Rousseau, S. Pagerit, and D. Gao, Plug-in hybrid electric vehicle control strategy parameter optimization, *Argonne National Laboratory*, 2007.
[19] T. Hofman, M. Steinbuch, R. van Druten, and A. Serrarens, Parametric modeling of components for selection and specification of hybrid vehicle drivetrains, *WEVA J*, 1(1), 2007: 215–224.
[20] R. T. Marler and J. S. Arora, Survey of multi-objective optimization methods for engineering, *Structural and Multidisciplinary Optimization*, 26(6), 2004: 369–395. https://link.springer.com/article/10.1007/s00158-003-0368-6.

第20章 多目标优化工具箱用户指南

20.1 软件相关

如何利用本书描述的建模技术和大量动力总成部件找到最佳动力总成拓扑结构是一个问题。以下描述的软件基于MATLAB/Simulink，可针对给定行驶工况及预定义的代价函数、动力总成系拓扑和部件来寻找最优解。

该软件采用遗传算法（Genetic Algorithm，GA）生成不同动力总成种群，并使用前一章中描述的后向车辆模型对其进行评估。软件（由Ganesh Mohan，Francis Assadian，Marcin Stryszowski和Stefano Longo开发的2018版）由本书的CRC Press网站提供下载。

20.2 软件结构

该软件由若干模块组成，其结构为如图20.1所示的循环级联结构。

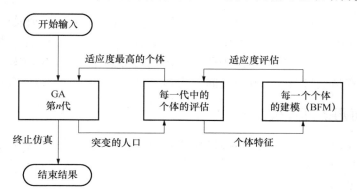

图20.1 优化软件的结构

20.2.1 输入表

输入表是一个名为runGrid.m的文件，该文件包含仿真所需的输入信息。用户可以选择：

1) 循环工况的类型。可在稳态巡航、新欧洲行驶循环工况（NEDC）、Artemis 和 "Cranfieldcycle"（由英国收集的实时数据创建）中选择。

2) 所需的代价函数。即选择解决方案是否根据油井到车轮或油箱到车轮的 CO_2 排放、整车质量、成本或峰值电源（PPS）质量等指标进行优化。

3) 质量和成本约束。重要的是，如果车辆不能遵循速度曲线（由于整车过重或发动机功率不足无法得到满意的加速度），则该方案即被排除。

4) 动力总成类型。可在传统的内燃发动机、纯电动汽车、并联混合动力电动汽车以及插电式混合动力电动车中选择。

20.2.2 遗传算法

遗传算法基于 MATLAB 现有的工具箱，且已通过微调而提高了其收敛速度和稳定性。在每一代中，该算法创建候选解的种群，然后评估候选解的适应性以选出精英个体，并将它们用作下一代变异种群的父代。具体细节请参阅图 20.1 中的流程图。

20.2.3 适应度评价算法

对当前一代中的每个解进行仿真，以计算其适应性（代价）。例如，当最小油井到车轮 CO_2 排放成为期望标准时，会根据计算（仿真）出的排放量对每个解打分。得分为前五的解会不做修改，直接进入下一代以加速计算，其余的解则发生变异。

20.2.4 车辆配置仿真

使用第 19 章中描述的模块化动力总成结构（MPS）来为动力总成的各种拓扑结构和规格建模。如果在某个给定解中没有使用某个 Simulink 模块，则该模块为空函数。采用后向模型对循环工况中遇到的情况进行仿真，并计算车辆配置的性能。后向模型仿真是准静态的，其时间间隔为 1s，并假定在此期间为稳定状态。

20.2.5 可用的部件模型

仿真时 MPS 中的占位符会被适当的模型所取代，所使用的模型是计算速度和结果精度的折中。而且模型必须可归一化，以允许在整个优化过程中调整其规格。可使用的模型如下所示：

(1) 能量转换装置

1) 传统发动机。通过一组线性方程来建模，其效率取决于活塞压力和平均速度，其输入量为转矩和转速，其输出量为燃料质量流量。该发动机的排量可在 0.5~3.0L 之间变化；当其在混合动力结构中作为增程器（APU）时，其功率在 10~100kW 之间变化。

2) 电动机模型基于 Smart ED 车型的测量数据所建立，电动机功率在 40~

100kW 之间变化。

(2) 储能装置

1) 用于储存燃油的油箱，其模型是燃料质量流量的积分。

2) 电池。这是一个具有电压和电阻元件的简单电模型。通过改变电池串的数量，可使其容量在 10~150kWh 之间变化。

20.2.6 运行仿真

当启动 MATLAB 后，用户应打开 runGrid.m 文件，其中可以定义仿真输入、参数和仿真目标。

1. 循环工况定义

第一个选项是选择循环工况。可以选择 NEDC 标准循环工况、Cranfield 循环工况和 Artemis 循环工况。如果选择"空白"选项，则车辆将被建模成零速状态（如用于电动汽车充电场景）。最后一个选项是匀速工况，选中的数字代表车辆巡航车速，单位为 m/s。

通过定义变量 dcType 的值来选择循环工况。下面示例中 dcType 为 2，即选择了 Cranfield 行驶循环。

```
%% Drivecycle to Use
% 0 - Blank
% 1 - NEDC
% 2 - Cranfield
% 3 - Artemis
% 4 - Constant Speed where type is speed value

dcType = 2;
dcIncrement = 1;% Keeping trac of the results by incrementing them
dcLowerLimit = 1;% Lowest number of multiple drivecycle runs
dcUpperLimit = 1;% Highest number of multiple drivecycle runs
```

对于高级仿真可以选择可变距离，例如要评估电池性能衰减所需的距离时，希望行驶距离更远。用户可以选择行驶循环重复的下限和上限以及每个增量中的循环次数。

2. 选择代价函数

代价（或目标）函数定义了优化的目标。可用的代价函数如下：

1) 油井到车轮的 CO_2 排放，这考虑了用于驱动车辆过程的所有排放；

2) 油箱到车轮的 CO_2 排放，这将计算车辆尾气中排放的二氧化碳（如果是纯电动车，则为零）；

3) 车辆的质量也可被认为是优化目标。

对于用于寻找帕累托最优解的多目标代价函数，需要选择加权因子 β。典型的多目标问题有：

1) 油井到车轮的 CO_2 排放和整车质量;
2) 油井到车轮的 CO_2 排放和整车成本;
3) 电池质量和超级电容器质量。

```
%% Cost Function
% 1 - Well-to-Wheel CO2
% 2 - Tank-to-Wheel CO2
% 3 - Mass
% 4 - WtW CO2 and Mass (multi-objective)
% 5 - WtW CO2 and Cost (multi-objective)
% 6 - Mass of Battery vs Mass of UCap (multi-objective)
costFunction = 1;
```

3. 动力总成类型选择

最后,用户可以选择优化过程中要考虑的动力总成拓扑结构。传统动力总成采用发动机驱动,其中油箱作为能量储存装置。纯电动汽车是一种简单的电动汽车,采用电动机驱动,其中电池作为能量储存装置。最后两种选项允许在计算中考虑电池的健康状态(State of Health,SOH)。电池 SOH 以电池电流绝对值的归一化总和为基础进行建模。

用户可以通过将相应的编号添加到数组 PowertrainSelection 中来选择要考虑的拓扑结构。但需注意,该数组中的数字应该从小到大排列。

```
%% Powertrain Selection
% 1 - Conventional Powertrain
% 2 - EV
% 3 - Series PHEV
% 4 - Fuel cell + Ultracap
% 5 - Parallel Flywheel + CVT
% 6 - Battery + Ultracap
% 7 - EV (with SOH)
% 8 - Battery (with SOH) + Ultracap
powertrainSelection = [1 2 3 4]; %Please ensure selection array is in
ascending order!
```

4. 高级设置

希望得到更精细仿真结果的高级用户可以在工具箱提供的 m 文件中进行操作。以下是对可用主要文件的简要说明。

1) runModel. m。在该文件中,用户可以定义车辆的初始变量,如初始电池 SOC 和 SOH、车轮半径、风阻系数、母线电压和变速器速比。在 Simulink 模块中还可以进一步更改部件模型。

2) createGA. m。在该文件中,用户可以调整遗传算法终止界限,如时间界限、停滞界限和变异函数内的参数。

3) runDCRange.m。在该文件中，用户可以调整遗传算法的一般设置，例如进化代数的上限和精英个体的数量。

20.2.7 仿真运行

一旦通过运行 runGrid.m 文件开始仿真，用户便可以在 MATLAB 控制台中跟踪进程，每次迭代之后的信息都会更新。

仿真所提供的信息包含在一个表格中，其中包含进化所经过的代数、仿真计算的累计计数（f-count）、最佳和平均适应度值，以及连续停滞的代数。停滞代表现为收敛速度缓慢，这意味着可能已经实现了收敛。

```
Loading Genetic Algorithm...
Creating Initial Population...
Running Genetic Algorithm...
Checking license for GADS_Toolbox...

                              Best        Mean        Stall
Generation      f-count       f(x)        f(x)        Generations
     1           324         5.928        2903            0
     2           648         5.924        1501            0
    ...          ...          ...          ...           ...
    15          4860         5.914        6.247           7
    16          5184         5.914        6.251           8
Optimization terminated: average change in the fitness value less than
options.TolFun
```

图 20.2 所示为遗传算法程序进程示例，共九幅图，以供评价遗传算法的性能。从图的左上角开始，分别展示了：

顶行：

1) 第一幅图显示每一代的平均值和最佳（最小）适应值。
2) 第二幅图显示最近一代的精英个体数量。
3) 第三幅图显示多样性。

中间行：

1) 第四幅图显示与分数相关的预期适应度。
2) 第五幅图显示每一代的最佳分数、最差分数和平均分数。
3) 第六幅图是所有个体得分的直方图。

底行：

1) 第七幅图显示这一代中每个个体的适应度值。
2) 第八幅图显示每个个体的子辈数量。
3) 第九幅图显示仿真终止条件。一旦连续停滞代的数量足够多或者达到进化代数的上限，即可停止仿真。

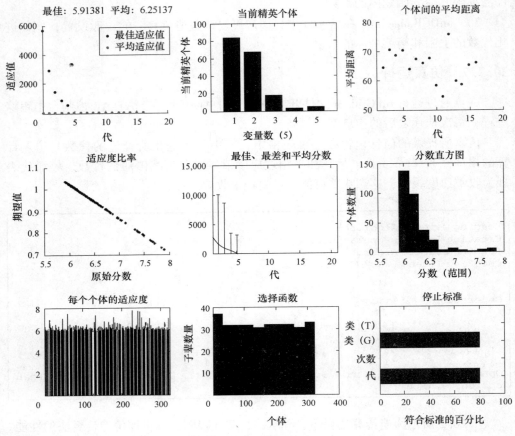

图 20.2 仿真运行状态图示

20.2.8 仿真结果

优化程序终止后，结果将储存在变量 resultArray 中，用户可以访问该变量来获得仿真结果。下图显示了 Cranfield 单次循环工况的结果，代价目标为油井到车轮的 CO_2 排放，备选拓扑方案为传统发动机、纯电动汽车、插电式混合动力电动汽车和燃料电池+超级电容器。

需要注意的是，能量储存装置和转换装置的规格可在 0~100 范围内变化。用户可以使用表 19.5 中的数据将归算值转换回对应物理量。

从前面图中，可得出以下结论：

1）CO_2 排放：5.91kg；

2）动力总成变量：4，由带超级电容器的燃料电池组成；

3）主能量转换装置归算值：83，相当于 83kW（90×0.83+10）电动机功率；

```
resultArray = 
         cycleNumber: 1
               value: 5.9138
             wtw_CO2: 5.9138
             ttw_CO2: 5.9138
            conScale: 83
            stoScale: 67
           conScale2: 18
           stoScale2: 3
             vehMass: 1.4843e+03
             vehCost: 1.0426e+04
    powertrainVariant: 4
             in_simu: [1×1 struct]
```

4）主储能装置归算值：67，相当于104kWh 电能（140×0.67+10）；

5）辅助能量转换装置归算值：18，相当于26kW（90×0.18+10）燃料电池功率；

6）辅助储能装置归算值：3，相当于油箱储存12.7L（90×0.03+10）；

7）车辆质量：1484kg；

8）车辆成本：10430 美元。

in_simu 数组显示了结果中的更多细节，其中最重要的部分在 in_sumu.in 中（其中储存了所有动力总成部件参数）。例如若用户想要查看电动机的参数，则可在 resultArray.in_simu.in.em 中找到这些参数。其他参数可以使用 TAB 按钮查看。

```
resultArray.in_simu.in.em =
         s: [1×100 double]
         t: [1×150 double]
       eff: [150×100 double]
       pow: 83000
     peakT: [1×100 double]
     peakS: 1.0023e+03
      mass: 120
      cost: 2.2261e+03
```

对于电动机，可以验证先前的估计，即电动机功率为83kW，预计重量为120kg，预计成本为2200 美元。

20.3 软件的功能和限制

软件提供的工具箱允许用户为给定车辆应用找到最佳拓扑结构和部件规格。可利用遗传算法生成拓扑，然后使用后向模型对其进行评价。但该软件的仿真时间步长较大（1s），因此无法捕获瞬态行为。而该软件的另一个限制是所用模型比较简单，这些模型虽可用其他更为复杂的模型替换，但是它们需要可扩展才能进行优化。

附录 丰田普锐斯技术概述

近年来越来越多的混合动力电动汽车正在推向市场，其中丰田普锐斯具有代表性，其上路行驶的数量最多。为了给读者提供一个成功的混合动力电动汽车商业案例，附录将对丰田普锐斯相关技术进行改善。

附录还将展示普锐斯的重要技术特征，包括结构、控制和部件特性。此类材料的主要来源是 autoshop101.com，但其中的图表都经过了重新绘制，感谢 autoshop101.com 提供的可用资料。

A.1 车辆性能

Prius（普锐斯）是一个拉丁语，其含义为"先行者"。当普锐斯首次发布时，它就当选为 2002 年度世界最佳设计乘用车，其当选原因为这辆车是第一辆可以容纳四到五个人（含行李）的混合动力电动汽车，是最经济、环保的车型之一。2004 年，第二代普锐斯获得了著名的 Motor Trend 年度车型，以及年度最佳设计乘用车奖。

初代普锐斯的丰田混合动力总成 THS 和第二代普锐斯的动力总成 THS-II，均为整车提供了令人印象深刻的电动助力转向性能（Electric Power Steering, EPS）、燃油经济性和清洁排放性能，见表 A.1。

表 A.1 美国环境保护署（EPA）燃油经济性和排放特性 （单位：mile/USgal）

THS（2002-2003 版普锐斯）		THS-II（2004 及以后版普锐斯）	
城市	52	城市	60
高速公路	45	高速公路	51
SULEV		AT-PZEV	

注：高超低排放车辆（Super Ultra-Low Emission Vehicles，SULEV）在废气排放方面，比超低排放车辆（Ultra-Low Emission Vehicles，ULEV）严格约 75%，比低排放车辆（Low Emission Vehicles，LEV）严格近 90%。相当于 SULEV 在 10 万英里行驶过程中，碳氢化合物排放不足一磅。先进技术部分零排放车辆（Advanced Technology Partial Zero Emission Vehicles，AT-PZEV）使用先进技术，能够在车辆行驶的至少一部分过程中保持零排放。

A.2 普锐斯混合动力总成和控制系统概述

丰田普锐斯混合动力总成采用如第 6 章和第 10 章所述的混联结构。图 A.1 所示为该混合动力总成和控制系统的示意图。其中混合动力相关部件包括：

1）混合动力驱动桥，包括电动机/发电机 1（MG1），电动机/发电机 2（MG2）和行星齿轮单元（更多细节见图 A.2）；

2）1NZ-FXE 发动机；

3）逆变器组件，包含逆变器、升压变换器、DC-DC 变换器和 AC 逆变器；

4）混合动力电动汽车电控单元（Hybrid Vehicle Electronic Control Unit，HV ECU），从传感器中收集信息并将计算结果发送到发动机控制单元（Engine Control Module，ECM）、逆变器组件、电池管理单元和制动防滑控制单元，以控制混合动力系；

5）档位传感器；

6）踏板位置传感器，将踏板角度转换为电信号；

7）防滑控制单元，用于控制再生制动；

8）发动机控制单元（ECM）；

9）高压（HV）电池；

10）电池管理单元，用于监控高压电池的充电状态并控制冷却风扇的运行；

11）维修开关，用于为系统断电；

12）系统主接触器（System Main Relay，SMR），用于连接和断开高压电源；

13）辅助电池，可为车辆控制系统提供 12V 直流电。

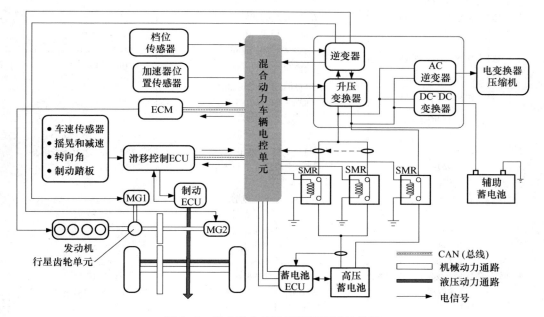

图 A.1　混合动力传动系和控制系统总览

A.3 主要部件

A.3.1 发动机

1NZ-FXE 发动机是一款排量为 1.5L 的四缸直列式发动机，配备可变气门正时（Variable Valve Timing intelligence，VVTi）和电子节气门控制系统（Electric Throttle Control System with intelligence，ETCS-i）。在 2004 款及之后的车型中，配备有特殊的冷却液蓄热系统，可以从发动机中回收热的冷却液并将其存放在隔热罐中，热量在其中可以保持长达三天。随后，热的冷却剂可通过电动泵在发动机冷却系统中预循环，从而减少与冷起动相关的碳氢化合物排放。

表 A.2 1NZ-FXE 发动机的技术特征

车型	2004 款普锐斯	2003 款普锐斯
发动机型号	1NZ-FXE	←
冲程数和布置	4 冲程，直列式	←
气门机构	16 气门，双顶置式凸轮轴，链传动，配备 VVTi	←
燃烧室	屋脊形	←
歧管	横流	←
燃油系统	燃油分层喷射（SFI）	←
排量/cm^3（in^3）	1497（91.3）	←
缸径×行程/mm（in）	75×84.7（2.95×3.33）	←
压缩比	13.0：1	←
最大功率（SAE-Net）	57kW（5000r/min） (76hp（5000r/min）)	52kW（4500r/min） (70hp（4500r/min）)
最大扭矩（SAE-Net）	111Nm（4200r/min） (82ft·lbf（4200rpm）)	
气门正时		
进气		
打开	−15°~18°（上止点前）	−25°~18°（上止点前）
关闭	−105°~72°（下止点后）	−15°~18°（下止点后）
排气		
打开	34°（下止点前）	←
关闭	34°（上止点后）	←
点火顺序	1-3-4-2	←
理论辛烷值	91 及以上	←
辛烷值	87 及以上	←
发动机运行质量[①]/kg(lb)（供参考）	86.1（198.8）	86.6（190.9）
机油等级	API SJ, SL, EC, ILSAC	API SH, SJ, EC 或 ILSAC
尾气排放法规	高超低排放（SULEV）	
蒸发排放法规	AT-PZEV, ORVR	LEV-Ⅱ, ORVR

① 该质量为机油和发动机冷却液已全部加满时。

A.3.2 混合动力驱动桥

如图 A.2 可知,驱动桥包括:
1) 用于发电的 MG1;
2) 用于驱动车辆的 MG2;
3) 行星齿轮单元,可提供连续可变速比,并实现功率分流;
4) 包含无声链条、副轴齿轮和末端齿轮的减速装置;
5) 标准的双齿轮差速器。

表 A.3 给出了混合动力驱动桥的主要参数,表 A.4 给出了 MG1 和 MG2 的技术规格。

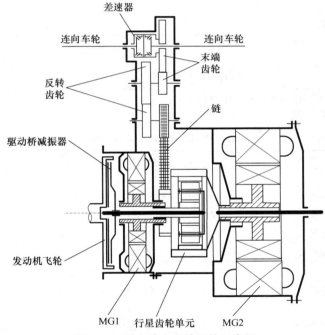

图 A.2 混合动力驱动桥的示意图

表 A.3 驱动桥的主要参数

	2004 版	2003 版
驱动桥类型	P112	P111
行星齿轮		
齿圈齿数	78	←
行星架齿数	23	←
太阳轮齿数	30	←
差速器传动比		

(续)

	2004 版	2003 版
驱动桥类型	P112	P111
链		
链节数	72	74
驱动链轮	36	39
被动链轮	35	36
副轴齿轮		
驱动齿轮	30	←
被动齿轮	35	←
末端齿轮		
驱动齿轮	26	←
被动齿轮	75	←
机油容量		
升（US qt, lmp qt）①	3.8（4.0, 3.3）	4.6（4.9, 4.0）
类型	ATF WS 或同等变速箱油	ATF 型 T-IV 或同等变速箱油

① 1US qt（美制夸脱）= 0.946 升 = 0.000946m^3
　1 lmp qt（英制夸脱）= 1.1365 升 = 0.001136m^3

表 A.4　MG1 和 MG2 的技术规格

技术规格	2004 版	2003 版
MG1		
类型	永磁电动机	
功能	发电及发动机起动机	
最高电压/V	AC 500	AC 273.6
冷却系统	水冷	
MG2		
型式	永磁电动机	
功能	发电及发动机起动机	
最高电压/V	AC 500	AC 273.6
最大输出功率/(kW(hp)/(r/min))	50（68）/1200～1540	33（45）/1040～5600
最大输出转矩/(Nm(kgf·m)/(r/min))	400（40.8）/0～1200	350（35.7）/0～400
冷却系统	水冷	

A.3.3　高压电池

高压电池是由一系列电池模组构成的，每个模组由 6 个 1.2V 镍氢电池单体串联而成，模组电压为 7.2V。

在 2001～2003 版普锐斯中，高压电池由 38 个电池模组串联得到，额定电压为 273.6V，这些电池模组被分为两组。

在 2004 版及新版普锐斯中，高压电池由 28 个电池模块串联得到，额定电压为 201.6V，其中电池单体间有两处连接以降低电池内阻。

高压电池的信息见表 A.5。

表 A.5 高压电池参数

高压蓄电池包	2004 及更新版	2001~2003 版
电池总电压/V	206.6	273.6
电池包中镍氢电池模组数量	28	38
电池单体数量	168	228
镍氢电池模组电压/V	7.2	←

电池管理单元可提供以下功能：

1) 估算充放电电流，并向混合动力电控单元输出充电和放电要求，以使电池的荷电状态（SOC）恒定地保持在中等水平。

2) 估算电池充电和放电过程中产生的热量，调节冷却风扇以控制高压电池的温度。

3) 监控电池温度和电压，当检测到故障时限制电池充放电功率或停止电池工作，以保护高压电池。

电池管理单元实现电池的 SOC 控制，SOC 的控制目标为 60%。当 SOC 下降到该目标以下时，电池管理单元将信号传递至混合动力电控单元，后者向发动机控制单元发送信号以增加其功率，从而为高压电池充电。正常由低到高的 SOC 变化范围为 20%，如图 A.3 所示。

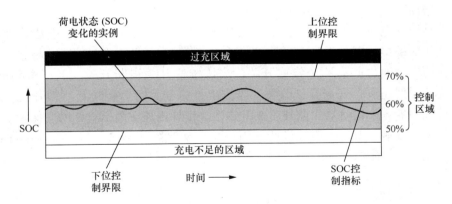

图 A.3 蓄电池 SOC 的控制区间

高压电池采用风冷方式。电池管理单元通过高压电池中的三个温度传感器和一个进气温度传感器来检测电池温度。基于传感器读数，电池管理单元将调节冷却风扇的占空比，使高压电池的温度保持在规定范围内。

基于电池管理单元指令，系统通过三个接触器㊀来连接或断开高压电源。两个接触器与电池正极相连，一个接触器与电池负极相连，如图 A.4 所示。

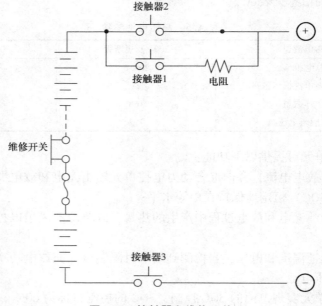

图 A.4　接触器和维修开关

当高压上电时，预充接触器（SMR1）和主负接触器（SMR3）吸合；与预充接触器串联的电阻可保护电路中过大的初始电流（称为浪涌电流）；随后，主正接触器（SMR2）吸合，预充接触器关断。

当高压断电时，主正接触器和主负接触器按指定顺序关闭，且电池管理单元将验证相应的接触器是否已正确关闭。

在两组电池之间有一个维修开关。当该维修开关被断开时，高压电路断路。维修开关组件还包含安全互锁开关，当拔出维修开关时，会断开互锁开关，从而断开系统中的各个接触器。此外，在维修开关组件内还有高压电路的主保险。

与传统车辆类似，丰田普锐斯采用一个 12V 吸附式玻璃纤维（Absorbed Glass Mat，AGM）免维护辅助电池给车辆的低压电气系统供电。

A.3.4　逆变器组件

如图 A.1 和图 A.5 所示，逆变器组件包括逆变器、升压变换器、DC-DC 变换器和交流逆变器。

㊀ 原文误为 SRM，此处应为 SMR。——译者注

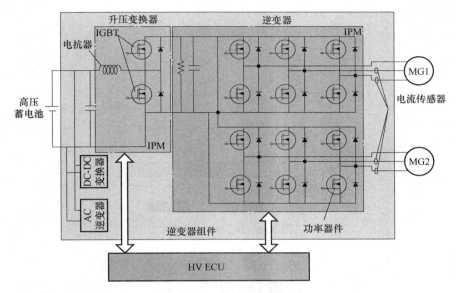

图 A.5　逆变器组件

1. 升压变换器（2004 款及以后车型）

升压变换器将高压电池输出的 206.1V 直流电压（额定值）升至 500V 直流电压。为实现升压，变换器使用集成式升压功率模块，通过 IGBT 实现开关控制，并使用电感作为储能元件，其结构如图 A.5 所示。

当 MG1 或 MG2 工作在发电模式时，电动机发出的交流电首先转化为直流电，并通过变换器将电压降到 201.6V 直流电压（额定值），用于给高压电池充电。

2. 逆变器

如图 A.5 所示，逆变器将高压电池的直流电转换为三相交流电，用来为 MG1 和 MG2 供电，由混合动力电控单元控制其工作。此外，逆变器将相关信息（如输出电流、输出电压等）发送给混合动力电控单元。

逆变器、MG1、MG2 由独立于发动机冷却系统的专用散热器和冷却系统进行冷却。混合动力电控单元控制该系统的电动水泵。

3. DC-DC 变换器

DC-DC 变换器用于将电池的高压转化为 12V，用来为 12V 辅助电池充电。DC-DC 变换器的结构如图 A.6 所示。在 2001～2003 年间的车型中，DC-DC 变换器将 273.6V 电压转换为 12V 电压；在 2004 款及以后车型中，DC-DC 变换器将 201.6V 电压转换为 12V 电压。

4. 交流逆变器

在 2004 款及以后车型中，逆变器组件中包含用于空调系统的一个独立交流逆变器，该逆变器将高压电池的 201.6V 额定直流电转换为 206.6V 交流电，从而为空调系统的电动机供电,如图 A.7 所示。

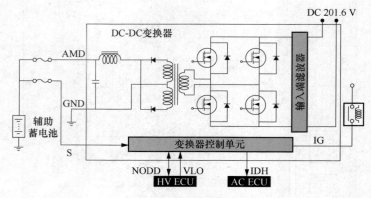

图 A.6 DC-DC 变换器

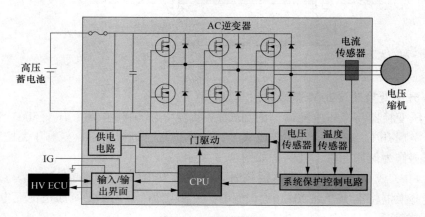

图 A.7 交流逆变器

A.3.5 制动系统

混合动力电动汽车制动系统包括标准液压制动系统和再生制动系统,再生制动系统能够将车辆的动能转换为电能从而为电池充电。一旦加速踏板松开,混合动力电控单元就会起动再生制动,MG2 工作在发电模式,并由车轮驱动,从而为电池充电,在此制动阶段,液压制动系统不工作。当需要更快减速时,液压制动器将工作,以提供额外的制动力。为提高效率,系统应尽可能使用再生制动器。在换档机构上选择"B"可以最大限度地提高再生效率,且可以控制下坡速度。混合制动系统的整体结构如图 A.8 所示。

1. 再生制动的协同控制

再生制动协调控制是指平衡再生制动和液压制动的制动力,尽量减少动能中损失为热和摩擦的部分,并将其余回收能量转化为电能。

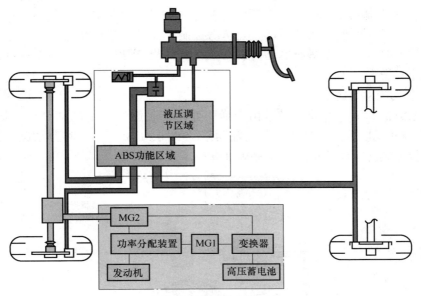

图 A.8　混合动力制动系统

2. 电子制动力分配控制（2004 款及以后车型）

在 2004 款及以后的新款中，由防滑控制单元实现制动力分配控制。防滑控制单元根据车辆的行驶场景可实现制动力的精确控制。

(1) 前后轴制动力分配　通常，当车辆制动时，车辆的重量前移，从而会减小后轴负载。当防滑控制单元基于速度传感器输出信号识别出这种情况时，防滑控制单元会向制动执行器发出指令以调节后轴制动力，从而在制动期间使车辆保持受控。施加到后轮上的制动力值会随速度的减小而改变。施加到实际车轮的制动力也会根据道路状况不同而改变。图 A.9a 和 b 所示分别为后轮上没有载荷和有载荷时的前后轮制动力分配。

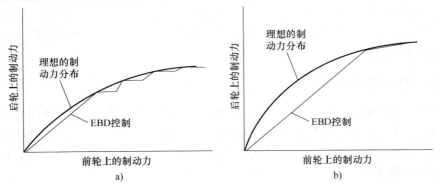

图 A.9　前后轮上的制动力分配
a) 后轮上没有载荷　b) 后轮上有载荷

（2）左右制动力分配 若车辆转弯时施加制动，则施加到内侧轮上的载荷减小，而施加到外侧轮的载荷增加。当防滑控制单元基于速度传感器输出信号识别出这种情况时，防滑控制器单元向制动执行器发出信号以调节左右车轮间的制动力以防止打滑。

3. 制动辅助系统

在紧急情况下，驾驶人经常由于慌张而未能足够快地给制动踏板施加压力，因此在 2004 及以后的车型中，制动辅助系统如图 A.10 所示，将制动踏板的快速动作解析为紧急制动并相应地补充制动功率。

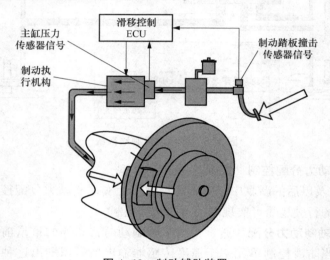

图 A.10　制动辅助装置

为判定是否需要紧急制动，防滑控制单元基于主缸压力传感器和制动踏板行程传感器的信号确认制动踏板速度和踏板位置。如果防滑控制单元判定驾驶人正在尝试紧急停止，则会向制动执行器发出信号以增加液压。

制动辅助系统的关键特征在于辅助制动时间和辅助制动时间程度，以确保驾驶人不会发现制动操作的异常。一旦驾驶人放松制动踏板，系统就会减少其提供的辅助制动力。

A.3.6　电动助力转向

将 12V 电动机用于电动助力转向，以便在发动机关闭时不影响转向控制。电动助力转向电控单元根据转矩传感器输出信息、防滑控制单元的车速信息和转矩辅助需求来确定辅助方向和力的大小，并据此控制直流电动机。电动助力转向系统的结构如图 A.11 所示。

电动助力转向电控单元通过转矩传感器信号来解析驾驶人的转向意图。电控单元将此信息与来自其他传感器的当前车辆状况信息相结合，以确定所需的转向

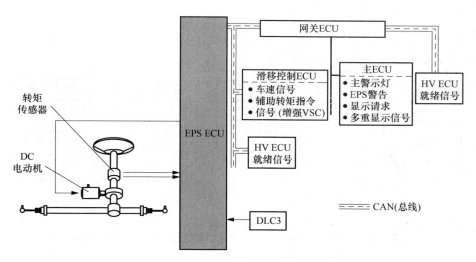

图 A.11 EPS 系统

辅助量，然后控制直流电动机电流以实现转向辅助。

当转动方向盘时，转矩传递给小齿轮，并使输入轴旋转。连接输入轴和小齿轮的转动杆旋转，直至转矩和反作用力平衡。转矩传感器检测转动杆的旋转并据此产生与转矩量成比例的电信号。电动助力转向电控单元使用该信号计算直流电动机应提供的功率辅助量。

A.3.7 车身稳定性控制系统

在 2004 款及以后的车型中，在车辆轮胎超过横向抓地力时，车身稳定性控制（Vehicle Stability Control，VSC）系统有助于保持车身的稳定性。当车身稳定性控制系统检测到车辆处于以下状态时，会通过调节每个车轮上的驱动力和制动力以控制车身稳定：

1）前轮失去牵引力，但后轮没有（前轮打滑趋势，或称为转向不足）。

2）后轮失去牵引力，但前轮没有（后轮打滑趋势，或称为过度转向）。

当防滑控制单元判定车辆处于转向不足或过度转向的情况时，会降低发动机输出，并分别向相应车轮施加制动力，以控制车辆。

1）当防滑控制单元检测到转向不足时，将制动前后轴的内侧车轮以使车辆减速，此时载荷向外侧前轮移动，改善前轮打滑。

2）当防滑控制单元检测到过度转向时，将制动前后轴的外侧车轮，从而改善打滑并使车辆沿其预定路径移动。

如图 A.12 所示，通过电动助力转向单元和车身稳定性控制单元的协同控制，车身稳定性控制单元还能基于行驶情况提供适当的转向辅助。

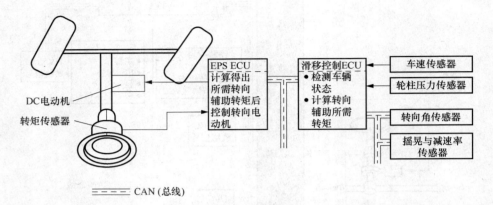

图 A.12 车身稳定性控制单元和电动助力转向单元的协同控制

A.4 混合动力系的控制模式

如前文所述,丰田普锐斯应用了混联式混合动力结构,其具有以下控制策略:

1) 当车辆起步且以低速运行时,MG2 提供主要驱动力,如果高压电池的 SOC 较低,则发动机会立即起动;否则发动机会在车速增加至 24~32km/h（15~20mile/h）时起动。

2) 当正常行驶时,发动机功率分为两部分,一部分用于驱动车轮,另一部分用于驱动 MG1 产生电能。为获得最大的运行效率,混合动力电控单元将控制该能量分配的比例。

3) 在全加速期间,部分功率由发动机提供,其余部分功率由高压电池向 MG1 提供。此时发动机转矩和 MG2 转矩相结合,共同输出车辆加速所需功率。

4) 在减速或制动期间,MG2 工作在发电模式,此时车轮驱动 MG2 实现再生制动能量回收,制动回收得到的能量被储存在高压电池组中。

发动机、MG1 和 MG2 不同行驶情况下的工作模式如下:

1) 停车。若高压电池满电,且车辆静止不动,则可关闭发动机。当高压电池需要充电时发动机自动起动。对于 2001~2003 款,若选择 MAX AC 模式,则由于空调压缩机需要由发动机驱动,因此发动机将持续工作。在 2004 款及以后的车型中,采用电驱动压缩机方式。发动机、MG1 和 MG2 的运行模式如图 A.13 所示。

2) 起步。若在轻载荷和节气门较小的状态下起步车辆,则只有 MG2 工作以提供功率,发动机不工作,车辆仅由电功率提供行驶。此时 MG1 反向空转且不发电,发动机、MG1 和 MG2 的运行模式如图 A.14 所示。

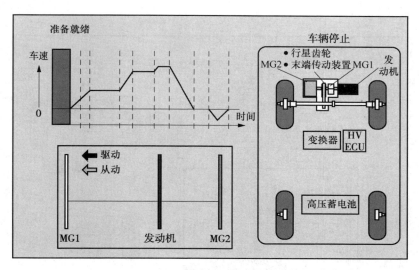

图 A.13　停车情况下的运行模式

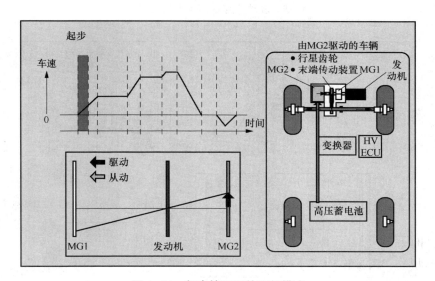

图 A.14　起步情况下的运行模式

3）发动机起动。当车速增加至 24~32km/h（15~20mile/h）时，发动机借助于 MG1 起动。发动机、MG1 和 MG2 的运行模式如图 A.15 所示。

4）借助于发动机的轻微加速。在这一模式中，发动机向驱动轮和 MG1 传递功率，其中 MG1 工作在发电模式。根据发动机功率和行驶需求功率，在必要时 MG2 可辅助发动机牵引车辆。该模式下，MG1 的发电能量可等于传输给 MG2 的能量。驱动系统作为无级变速器（CVT）运行。发动机、MG1 和 MG2 的运行模式如图 A.16 所示。

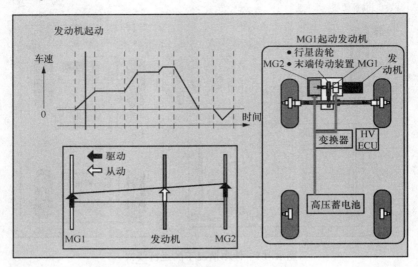

图 A.15 发动机起动情况下的运行模式

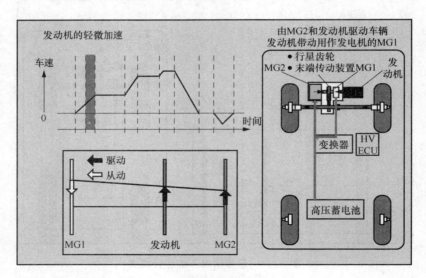

图 A.16 发动机轻微加速情况下的运行模式

5）低速巡航。这一模式与借助于发动机的轻微加速模式相类似，如图 A.17 所示。

6）全加速。在这一模式中，发动机向驱动轮和 MG1 传递功率，MG1 工作在发电模式。MG2 辅助发动机输出功率，并传递给驱动轮，如图 A.18 所示。此时 MG2 从高压电池获取的功率大于 MG1 的发电功率，因此高压电池向驱动系统提供能量，电池 SOC 下降。

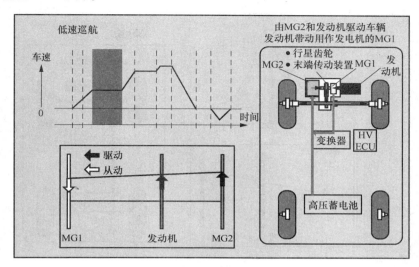

图 A.17　低速巡航情况下的运行模式

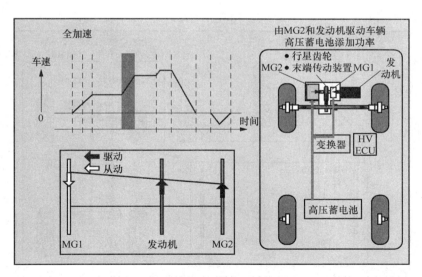

图 A.18　全加速情况下的运行模式

7）高速巡航。在这一模式中，MG1 的轴被锁定，驱动系统运行在纯转矩耦合模式。发动机和 MG2 共同牵引车辆，如图 A.19 所示。

8）最高车速行驶。在这一模式中，MG1 和 MG2 都工作在电动模式，接收高压电池提供的功率，并向驱动系统输出机械功率。此时，MG1 反向旋转，如图 A.20 所示。

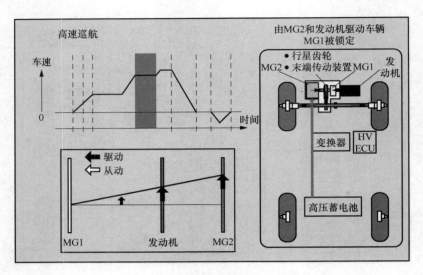

图 A.19　高速巡航情况下的运行模式

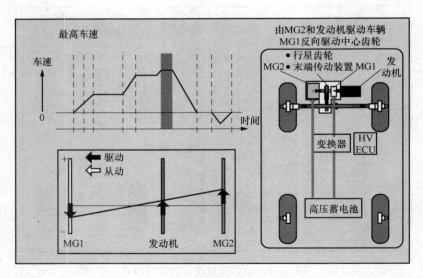

图 A.20　最高车速行驶情况下的运行模式

9）减速或制动。当车辆减速或者制动时，发动机关闭。MG2 工作在发电状态，由驱动轮带动向高压电池充电。这一运行模式如图 A.21 所示。

10）倒车。当车辆倒车时，MG2 工作在电动模式且反向旋转，发动机关闭，MG1 正向空转，如图 A.22 所示。

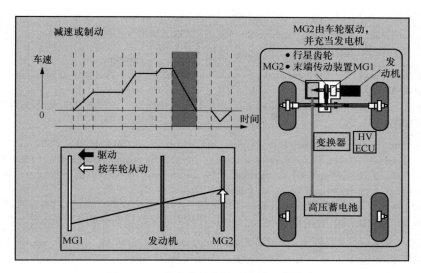

图 A.21 减速或制动情况下的运行模式

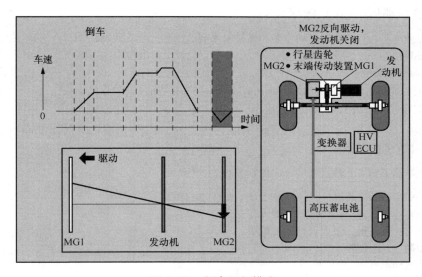

图 A.22 倒车运行模式

Modern Electric, Hybrid Electric, and Fuel Cell Vehicles, Third Edition/by Mehrdad Ehsani, Yimin Gao, Stefano Longo, Kambiz M. Ebrahimi/ISBN: 9781498761772

Copyright © 2018 by Taylor & Francis Group, LLC.

Authorized translation from English language edition published by CRC Press, part of Taylor & Francis Group LLC; All rights reserved.

本书原版由 Taylor & Francis 出版集团旗下，CRC 出版公司出版，并经其授权翻译出版，版权所有，侵权必究。

China Machine Press is authorized to publish and distribute exclusively the Chinese (Simplified Characters) language edition. This edition is authorized for sale throughout Mainland of China. No part of the publication may be reproduced or distributed by any means, or stored in a database or retrieval system, without the prior written permission of the publisher.

本书中文简体翻译版授权机械工业出版社在中国境内（不包括香港、澳门特别行政区及台湾地区）出版与发行。未经出版者书面许可，不得以任何方式复制或发行本书的任何部分。

Copies of this book sold without a Taylor & Francis sticker on the cover are unauthorized and illegal.

本书封面贴有 Taylor & Francis 公司防伪标签，无标签者不得销售。

北京市版权局著作权合同登记　图字：01-2018-1873 号。

图书在版编目（CIP）数据

现代电动汽车、混合动力电动汽车和燃料电池电动汽车：原书第 3 版/（美）梅尔达德·爱塞尼（Mehrdad Ehsani）等著；杨世春等译 .—北京：机械工业出版社，2019. 6

（新能源汽车关键技术丛书）

书名原文：Modern Electric, Hybrid Electric, and Fuel Cell Vehicles, Third Edition

ISBN 978-7-111-62332-8

Ⅰ.①现… Ⅱ.①梅… ②杨… Ⅲ.①电动汽车②混合动力汽车 – 电动汽车③燃料电池 – 电动汽车 Ⅳ.①U469. 72

中国版本图书馆 CIP 数据核字（2019）第 087320 号

机械工业出版社（北京市百万庄大街 22 号　邮政编码 100037）
策划编辑：付承桂　责任编辑：翟天睿
责任校对：肖　琳　封面设计：马精明
责任印制：张　博
北京铭成印刷有限公司印刷
2019 年 6 月第 1 版第 1 次印刷
169mm×239mm · 29 印张 · 599 千字
标准书号：ISBN 978-7-111-62332-8
定价：128. 00 元

电话服务　　　　　　　　网络服务
客服电话：010-88361066　　机　工　官　网：www.cmpbook.com
　　　　　010-88379833　　机　工　官　博：weibo.com/cmp1952
　　　　　010-68326294　　金　书　网：www.golden-book.com
封底无防伪标均为盗版　　机工教育服务网：www.cmpedu.com